WIZARD

野蛮な来訪者

新版

RJRナビスコの陥落

Barbarians at the Gate
The Fall of RJR Nabisco

Bryan Burrough, John Helyar
ブライアン・バロー、ジョン・ヘルヤー［著］
鈴田敦之［訳］

上

Pan Rolling

BARBARIANS AT THE GATE
The Fall of RJR Nabisco

by Bryan Burrough and John Helyar

Published by arrangement with HarperBusiness,
an imprint of HarperCollins Publishers
through Japan UNI Agency, Inc., Tokyo.

企業経営者なら誰でも肝に銘じていなければならない。自社の株主の配当だけではなく、アメリカ合衆国全体の繁栄と道義の向上に責任を負っているということを……

――アドルファス・グリーン（ナビスコ創業者）

ある天才が「オレオ」を発明した。我々はその遺産を食いつぶしているだけだ。

――F・ロス・ジョンソン（RJRナビスコ会長）

このビジネスは合法的な詐欺である。

詐欺ではないとされるのは、このビジネスをするにも金が要るからだ。ただし多くは要らない。有り体に言えば、20億ドルの会社を買うより靴磨きの店を開くほうが金が掛かる。靴磨きの店が3000ドルするとしたら、その3000ドルが必要だ。現金の持ち合わせがなければ木曜日までに持ってこなければならない。

ところがLBOでは、金を持ってくるどころか、金を見る必要もなければ、どこで手に入れるか知らないでもいい。どこから金がくるか知っている者は誰もいない。完全に何もないところから、すべてが生まれてくるのだ。

無論、大きなものを買おうとするほど、必要な金は少なくてすむ。言い換えれば、金にかかわったらこのビジネスにかかわることはできないのだ。自分に金はないが、金をもっていながら投資をしていない人物を知っている人たちのためのビジネスなのである。

――ジャッキー・メーソン『LBOのすさまじさ』

［上巻］目次

［下巻］目次

刊行二〇周年に寄せて（二〇〇九年版所収）

私たちが一九八九年に本書〝Barbarians at the Gate〟を執筆した時、それは目の前で起こっている出来事だったが、今は歴史になっている。本には時がたっても劣化しないものがあり、私たちは、この本もそのひとつであると考えたい。本書は、今でも多くの主要なビジネススクールで、倫理から投資銀行業務までさまざまな項目における教科書になっている。一九九三年には、HBOが映画化もした。そして、緊迫した騒動から一四年がたった二〇〇二年に、RJRを巡る戦いは、再びヒストリー・チャンネルでドラマ化された。

一九八九年に本を書こうと思い立ったとき、本書がこのように受け止められるとは考えもしなかった。実は、私たちの最大の目的は、本を書くことだった。私たちのどちらにとっても、初めての試みだったのだ。それに、この企画を出版社が競って扱いたがったわけでもなかった。私たちは数社に出版を打診したが、ハーパー&ロー（現・ハーパー・コリンズ）がわずかに関心を示してくれただけだった。当時、新聞には何週間にもわたってRJRのニュースがあふれていた。これ以上、読みたい人がいるのだろうか。

私たちは、ウォール・ストリート・ジャーナル紙の記者として学んだことを生かして、この事件に関する高水準の情報を、正確に伝えたいと願っていた。本書は、編集者のノーマン・パールスタインとポール・スタイガーの励ましと、八カ月間の無給休暇がなければ、完成しなかった。

この年の一〇月、RJRの記事が報道されたとき、ブライアン・バローはウォール・ストリート・ジャーナルの社外レポーターとして、ウォール街のM&A（企業の合併・買収）をスクープしていた。一方、ジョン・ヘルヤーは、アトランタを拠点に、RJR本体を取材していた。私たち二人は、一緒にこの会社の六週間の紆余曲折を追っていたのだ。そして、この混乱が収まったとき、私たちは初めて本を書こうと思い立ち、初めて会うことにした。待ち合わせをしたアトランタ空港で、私は目印の『タイム』（ロス・ジョンソンが表紙を飾って不評を買った号）を掲げていたジョンを無事見つけることができた。

実を言うと、私たちは本書の取材と執筆にわずか八カ月（一九八九年の一～八月）しかかけられなかったことを後ろめたく感じることがよくある。しかし、この間はどうかなりそうなほど働いた。ブライアンは、毎日ブルックリンのパーク・スロープにあるエアコンのないアパートから地下鉄でマンハッタンに通い、多い日は六件の取材をこなした。私たちには、取材は直接会って話を聞くべきだという強い思いがあった。そして、夜は情報を整理して、取材メモを基に原稿を書いていった。真夏の暑さの中、Tシャツと海水パンツで作業することもあった。

ジョンはアトランタからノースカロライナ州やニューヨークに何回も通い、ロス・ジョンソンの出世の足取りをまとめていった。私たちは、ジョンソンへのインタビューという重要な取材以外は別々に活動し、アトランタとマンハッタンでピザとソフトドリンクを糧に延々と執筆を続けていった。

本書の執筆を続けるうちに、私たちはＲＪＲをはるかに凌ぐ規模の大胆なディールが起こることを心配するようになった。一九八〇年代のビジネス界は、企業の乗っ取り屋や、ＬＢＯ（レバレッジド・バイアウト）アーティスト、ジャンクボンド投資家などが入り乱れて活動していたからだ。彼らの次の攻撃によって、この歴史的な事件が注釈程度の出来事になってしまうことを恐れたのだ（だからハーパーは本書を早く出したがった）。私たちはその最悪の日を恐れながら作業を続けていったが、結局、その日は来なかった。

ＲＪＲを巡る攻防は、結局ひとつの時代を作り、終わらせた。ＫＫＲの二五〇億ドルの買収額は、史上最高額としてそれから一〇年近く破られなかった。この案件から数年間は、いくつかの要素が重なって、ディールの規模が抑えられていた。ＬＢＯを支える資金を生み出していたジャンクボンドが激減し、実質的に使われなくなった。マイケル・ミルケンが刑務所に送られ、ドレクセル・バーナムは破産し、一九九〇年代前半の不況では、打ちのめされたレバレッジ過多の会社が、レバレッジの印象を悪くした。ヘンリー・クラビスは巨額案件を狙うのをやめ、ＲＪＲの対処（負債の返済）に専心した。一九八〇年代にウォール街で活躍し、ＲＪＲの案件にも参戦していたほかのスタープレーヤーたちも、傲慢が過ぎて消えていった。ジョン・グットフロイントは、一九九一年に国債の不正入札事件でソロモン・ブラザーズの会長の座を追われた。当時、社長だったトム・ストラウスも辞任し、人知れずピーター・コーエンのヘッジファンドに入っていた。ほかの何人かはブティック系の小規模ファンドに移り、この中には、ブラックストーン・グループに行ったトム・ヒル、ヨーロッパのプライベート・エクイティ・ファンドのコンパス・パートナーズに入ったスティーブ・ウォーターズなどがいた。

本書の野蛮な登場人物の中で、唯一活躍したのはスティーブ・ゴールドストーンだった。彼は、もともとロス・ジョンソンの弁護士だったが、のちにRJRナビスコのCEO（最高経営責任者）になった。しかし、そのゴールドストーンでさえ、主な仕事は、かつての巨大企業を解体することだった。一九九九年、彼はナビスコをフィリップ・モリスに売却し、RJRの国外のタバコ事業を売却した後、本体を創業地のノースカロライナ州セーラムに戻した。KKRは、その後RJRを売却したが、さほどのリターンにはならなかった。

しかし、一九八〇年代のウォール街の高リターン狙いの投資家がいつの間にか姿を消すと、より激しい九〇年代が始まった。アメリカのCEOたちは、最初は野蛮な来訪者にショックを受け、恐怖を感じたが、しばらくすると彼らの真似をし始めた。彼らは、RJRを見て、素晴らしい富が手に入ることを知り、自分の取り分を強要し始めたのだ。

九〇年代を通して主要なディールに関わってきたディック・ビーティーはこう言っている。「C

ＥＯたちはＬＢＯから二つのことを学んだ。一つは、財産を蓄えるならば、給料やボーナスではなく株を持つこと。もうひとつは、株を集めるのにＬＢＯをする必要はないということ。自分にストックオプションを付与すれば良いだけのことだ」

九〇年代のＣＥＯたちは、株を通貨にして、ロス・ジョンソンでも赤面するくらいの富を構築し、ウォール街以外でも強欲は当たり前のことになっていった。この精神は、かつては真面目だった会計事務所にも波及し、会計士たちは監査人というよりも、カジノのクルーピエのようになっていった。ＦＲＢ（連邦準備制度理事会）元議長のポール・ボルカーは、スキャンダルに苦しんでいたアーサー・アンダーセンの救済に失敗した時、「すべては投資銀行のせいだ」とうなった。彼が二〇〇二年初めに救済に乗り出したとき、ウォール街の連中は、まじめな人たちを一掃していた。ボルカーは、当時の様子について「会計士たちは『彼らと能力は変わらないのに、実務はすべて自分たちがやらされている』と感じていた。全体として『お金は取るためにある』という雰囲気だった」と語った。

これは「野蛮人の勝利」とでも言うべき状況であり、本書が今でも読まれている大きな理由のひとつかもしれない。今日の、悪名高いＣＥＯ（例えば、デニス・コズロウフスキやバーニー・エバース）は、まさに現代のロス・ジョンソンなのである。彼らはジョンソンが先駆けとも言えるＣＥＯ――会社よりも自分の利益を優先し、大胆で、無法者で、会社の資産をごっそり巻き上げるＣＥＯ――の進化形なのである。彼らは、九〇年代のブル相場やＩＴバブルのせいで、リスクと金額がはるかに大きくなっただけなのだ。テレコム業界がはやりのころには、自社株の株を売って八億ドルずつ手に入れたブロードコム会長のヘンリー・サミュエリやヘンリー・ニコラスのような連中もいた。それに比べれば、ロス・ジョンソンの、一時は非常識と言われた五三〇〇万ドルのゴールデンパラシュートでさえかすんでしまう。

ただ、金額的にRJRを上回る案件が出てきたとしても、これほどドラマチックな話はない。そして、これは著者の脚色の成果ではない。神のみぞ知ることだが、一九八八年のあの六週間に、ビジネス界の新たな勢力が巨大企業を獲得し、ウォール街の勝犬になるための戦いを繰り広げ、あらゆる偶然が重なったのだ。当時の時代精神――むき出しの感情、エゴのぶつかり合い、あり得ないような展開、それ以上に現実離れした登場人物たちなど――がRJRをめぐる戦いにすべて表れていた。ビジネス界のノンフィクションの傑作は数多あるが――例えば、皆が手本にしているデビッド・マクリンティックの『インディセント・エクスポージャー Indecent Exposure』――本書ほど素材に恵まれたものはない。甘い餌を貪るためにマンハッタンの中心を疾走し、最後の瞬間まで戦った投資銀行や、ペットの犬を社有機で運び、「数百万ドルかいつの間にか消えてしまった」が人生のモットーのCEOなど、私たちは彼らみんなに感謝している。事実は小説よりも奇なりなのである。

（この項、訳・井田京子）

初版はしがき

本書は、一九八八年一〇月から一一月にかけてのＲＪＲナビスコの買収合戦をウォール・ストリート・ジャーナル紙で我々が取材したことから生まれた。買収の背景を探るに際しての基準は、ウォール・ストリート・ジャーナル紙が全国のジャーナリストに要求する正確さと質の高さを満たすことであった。

本書の材料の九五パーセントは、一九八九年一月から一〇月にかけて、ニューヨーク、アトランタ、ワシントン、ウィンストン－セーラム、コネチカットそしてフロリダで実施した一〇〇を超えるインタビューから採られている。ウォール・ストリート・ジャーナル時代のコネのおかげで、我々は買収に関係した主役のすべて、そして脇役の多くの方々と詳細なインタビューを行うことができた。本書で触れた人々で、インタビューを断った者はほんの一握りにすぎない。

手始めのインタビューの相手は、勝ち目のなかった求婚グループのジム・マーハー（ファースト・ボストン）とテッド・フォーストマン（フォーストマン・リトル）。テッド・フォーストマンはニューヨークのオフィスと自家用ジェットの機上でインタビューに応じてくれた。コールバーグ・クラビス陣営では、ヘンリー・クラビス、ジョージ・ロバーツ、そしてポール・レイザーに個別および合同で二〇時間を超えるインタビューを行った。インタビューの大半はRJRナビスコの元のニューヨーク・オフィス（火事でコールバーグ・クラビスが一時転居した場所）で行われた。クラビス自らが六回のテープ・インタビューに付き合ってくれた部屋は、一回を除いて以前のジョンソンの控えの間だった。

最後にインタビューに応じてくれたのがロス・ジョンソン。ジョンソンは当然ながら神経過敏になっていた。マスコミの集中砲火を浴びており、それ以上さらし者になるのはごめんだったのだ。結局ジョンソンは、我々との一対一のインタビューに三六時間応じてくれた。アトランタのオフィスで終日のインタビューを数回行った。ジョンソンはシガリロを吸い、ノーネクタイのスポーツ・ジャケット姿。深更に及んだインタビューの一つはニューヨークの彼のアパートで行われた。その時のジョンソンはグレーのRJRナビスコ・スウェットパンツを身に着け、一緒にペパローニ・ピザを食べ、ビールを飲んだ。

買収関係者の協力のおかげで、我々はどうにかおのおののやりとりを詳しく再構成することができた。当然ながら、時に応じて記憶の取捨選択が生ずる。その時には、ケン・オーレッタの名著『ウォール街の欲望と栄光』（日本経済新聞社）の一節をぜひ想い起こしていただきたい。

「どんなレポーターと言えども、過去にあった出来事を一〇〇パーセント正確に再構築はできない。記憶は各出演者をあざむくものだ。結果が明らかになった後ともなれば、なおさらである。レポーターたるものはさまざまな取材源に当たり、努めて正確を期すべきではあるが、それには限界があるという謙虚な気持ちになることも、読者と著者にとって大切なことである」まさしくその通りである。ただ、ここで言っておきたいのは、重要な会合を再構成する上で、我々はたいていその場に居合わせた全員のインタビューができたということだ。多くの場合、その人数は八名から九名に上った。記憶が大きく食い違う場合は本文や注で触れておいた。心境や印象がゴシックで記されている場合は当の本人の心境や印象（または強調）である。

ここで重大なひと言。アメリカ経済に対するLBO（レバレッジド・バイアウト。買収先の企業資産を担保にした借金による買収。少ない自己資金で巨額の買収ができる）の影響について、本書に決定的な判断を求める読者は、きっと失望するだろう。企業によって厳しいLBOにふさわしいものもあれば、そうでない企業もある――というのが我々の考えである。RJRナビスコについて言えば、LBOは今の時代が生み出したものであることを思い出してもらいたい。LBOの成否は多くの場合、三年、四年、五年、さらには七年を経ても判断することはできない。本書に記した出来事があるLBOを成立させたのであるが、執筆の時点で再生RJRナビスコはわずか一歳である。赤子は健康そうに見えるが、将来の運命を占うには時期尚早にすぎる。

ウォール・ストリート・ジャーナルの編集主幹、ノーマン・パールスタインに感謝したい。本書完成のため、職務を離れることを認めてくれた。ハーパー＆ローの編集担当者、リチャード・コットにも大いに感謝する。鋭い判断と絶えざる励ましで、我々には未知の経験である出版交渉を助けてくれた。彼のアシスタント、スコット・テラネッラも同様である。ロレイン・シャンリーは、我々の計画をハーパー&ローに持ち込んでくれた。人が思うほど意地悪ではない我らがエージェント、アンドルー・ワイリーにも感謝する。彼の同僚のデボラ・カールは何かにつけ相談に乗ってくれた。

ウォール・ストリート・ジャーナルのスティーブ・スワーツは、内容の構成に貴重な助言をしてくれた。RJRナビスコとRJRドラマの多数の参加者が写真提供に協力してくれた。ジョン・ヒューイへの感謝も忘れられない。一九八八年当時のウォール・ストリート・ジャーナル・アトランタ支局長として、筆者ジョン・ヘルヤーにRJRの自由な取材を認めてくれた。彼はまた、一九八九年時点の『サウスポイント』誌の編集者として、ヘルヤーが職務上の原稿を書く前に本書を執筆する許可を与えてくれた。

この種の計画で忘れがちな英雄は我々の妻である。ベッツィ・モリスは二役を引き受けてくれた。ウォール・ストリート・ジャーナルの同僚として、彼女はロス・ジョンソンの「発見」に手を貸し、次々に展開するRJRナビスコ事件の記録を付けてくれた。ジョン・ヘルヤーの妻として、何週間もの夫の不在に耐え、何日もの執筆に耐えてくれた。同じくマーラ・バローは原稿の最初の読者であり、原稿整理者であり、尽きせぬ支援と忍耐の源であった。彼女たちの助言と指導は本書の各ページにはっきり表れている。

一九八九年一〇月

ブライアン・バロー、ジョン・ヘルヤー

主要人物相関図

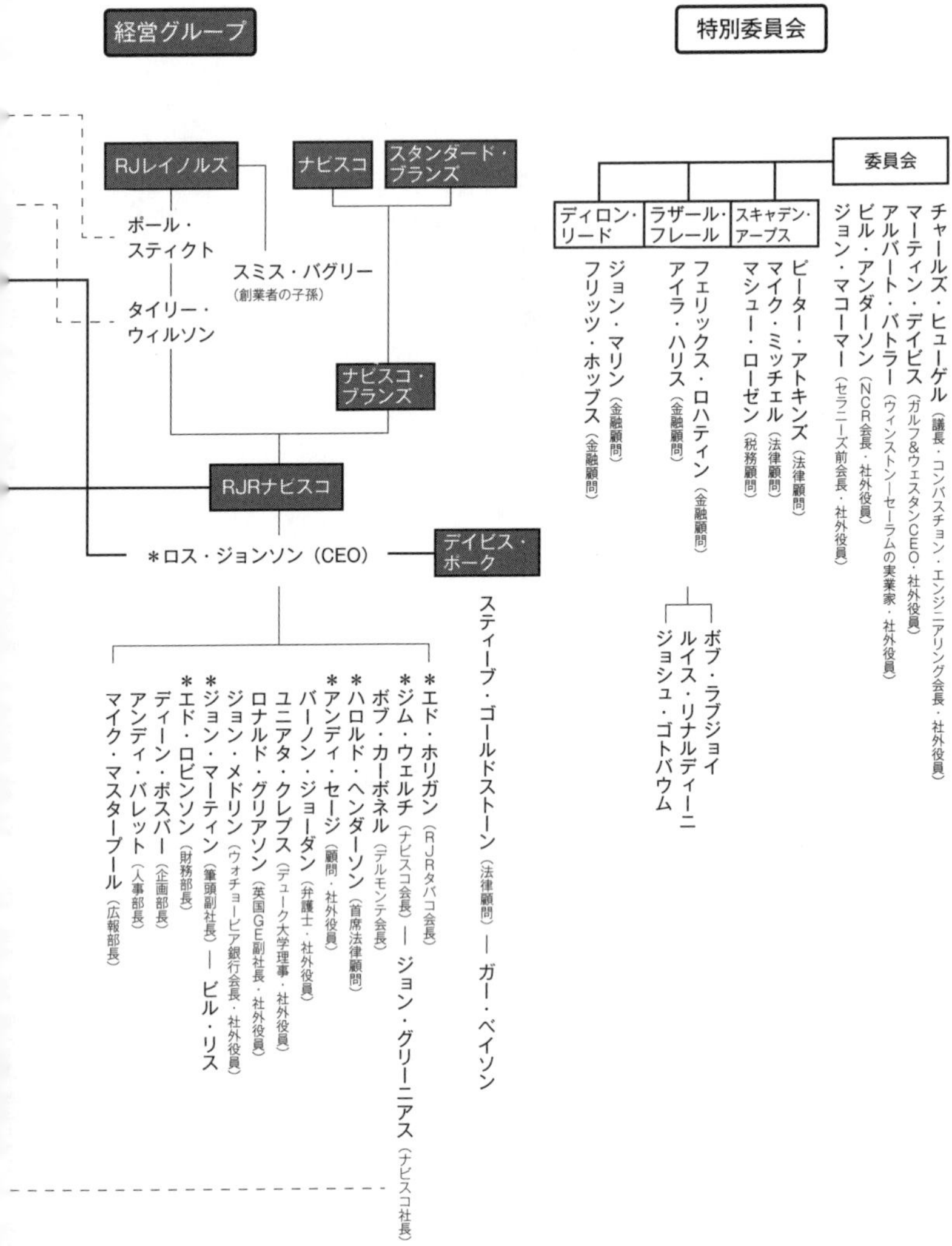

ファースト・ネームは原則として本文中での使用が多い愛称を掲載。
── は出資・提携・顧問契約などの関係があるもの、- - -はグループの枠を外れた協力関係を示す。
＊RJR ナビスコ社内で買収にかかわった役員・顧問（7 人組）

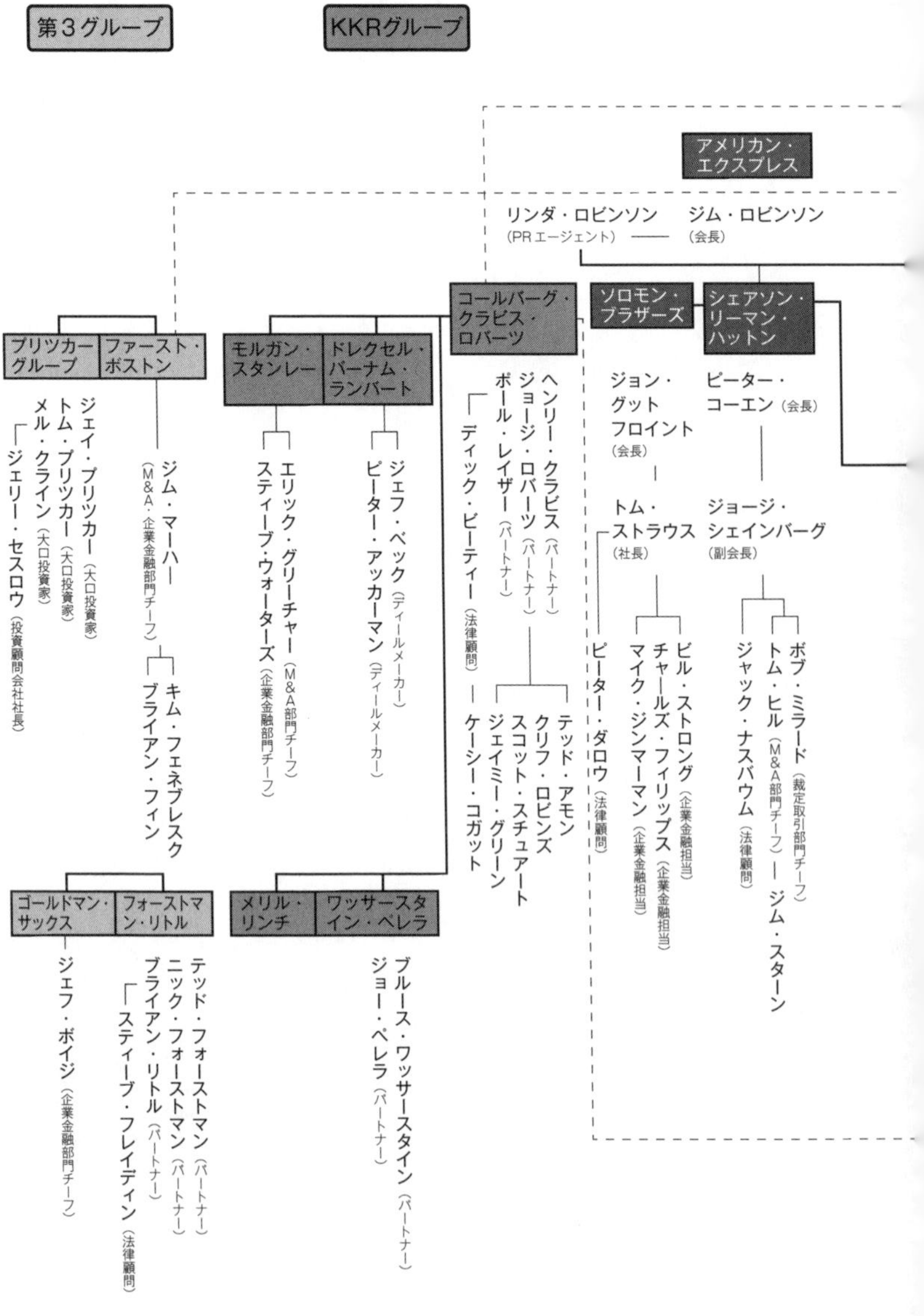
第3グループ
KKRグループ
アメリカン・エクスプレス
リンダ・ロビンソン (PRエージェント)
ジム・ロビンソン (会長)
コールバーグ・クラビス・ロバーツ
ソロモン・ブラザーズ
シェアソン・リーマン・ハットン
ヘンリー・クラビス (パートナー)
ジョージ・ロバーツ (パートナー)
ポール・レイザー (パートナー)
ディック・ビーティー (法律顧問)
ケーシー・コガット
テッド・アモン
クリフ・ロビンズ
スコット・スチュアート
ジェイミー・グリーン
ジョン・グットフロイント (会長)
トム・ストラウス (社長)
ピーター・ダロウ (法律顧問)
ビル・ストロング (企業金融担当)
チャールズ・フィリップス (企業金融担当)
マイク・ジンマーマン (企業金融担当)
ピーター・コーエン (会長)
ジョージ・シェインバーグ (副会長)
ボブ・ミラード (裁定取引部門チーフ)
トム・ヒル (M&A部門チーフ)
ジム・スターン
ジャック・ナスバウム (法律顧問)
モルガン・スタンレー
ドレクセル・バーナム・ランバート
エリック・グリーチャー (M&A部門チーフ)
スティーブ・ウォーターズ (企業金融部門チーフ)
ジェフ・ベック (ディールメーカー)
ピーター・アッカーマン (ディールメーカー)
プリツカー・グループ
ファースト・ボストン
ジェイ・プリツカー (大口投資家)
トム・プリツカー (大口投資家)
メル・クライン (大口投資家)
ジェリー・セスロウ (投資顧問会社社長)
ジム・マーハー (M&A・企業金融部門チーフ)
キム・フェネブレスク
ブライアン・フィン
ゴールドマン・サックス
フォーストマン・リトル
ジェフ・ボイジ (企業金融部門チーフ)
テッド・フォーストマン (パートナー)
ニック・フォーストマン (パートナー)
ブライアン・リトル (パートナー)
スティーブ・フレイディン (法律顧問)
メリル・リンチ
ワッサースタイン・ペレラ
ブルース・ワッサースタイン (パートナー)
ジョー・ペレラ (パートナー)

プロローグ

何時間となく二人はバックポーチで話し合いを重ねた。

若いほうの人物、ニューヨークから着いたばかりの弁護士の目には、またとない平和な午後に思われた。水平線を太陽が赤い球になって沈んでいく。夕日の下を、優美なシロサギが「内陸大水路」の葦を縫って進んで行く。

こんな絵葉書のような景色に暗雲を招き寄せるとは残念な話だ、とスティーブ・ゴールドストーンは思った。暖かいフロリダの風が薄くなった褐色の髪をもみくちゃにする。これから繰り広げる陰欝な話を予想すると気が重かった。だが自分以外に、あえてそれをやる人物はいそうもなかった。

誰かが告げる必要がある。

二人はしばし沈黙を守った。ゴールドストーンはジントニックを口に運び、隣のパティオチェアーに座る年上の人物に視線をやる。ロス・ジョンソンをもっと知っていたらと思うことがある。知り合ってからまだ三カ月にしかならない。ジョンソンという人間はとても開け広げで、人を疑わず、とても――何と言うか――そう、ナイーブに思われた。これから口に出そうという衝撃の重さを認識できるだろうか？

ジョンソンはラフなスラックス姿。ライトブルーのゴルフウェアにはＲＪＲナビスコのロゴマークが付いている。銀髪は流行遅れに長かった。金のブレスレットが左手首にぶら下がる。このジョンソンが自分の生活を一変する決定、おそらくは自分たち全員の生涯を変えるかもしれない決定を頭に描いていることを、ゴールドストーンは知っていた。

なぜそんなことをやる気になったのです？　ゴールドストーンは尋ねてみた。あなたはアメリカ有数の大企業のＣＥＯ（最高経営責任者＝企業のナンバーワン）ではありませんか。もうお金は要らないはずだ。というのに、全財産を失いかねない取引をやろうとしている。そこから生ずる修羅場をあなたはご存じなのですか？

こうした説得にもまだ相手は納得しなかった。ゴールドストーンはさらに強く出る必要があった。「すべてを失いかねないのですよ」と繰り返す。自家用機、マンハッタンのマンション、パームビーチ（フロリダ州）のマンション、カッスルパインズ（コロラド州）の別荘。弁護士は相手の反応を待った。

分からないんですか？　全財産を無くしかねないんですよ。

「かと言って、買収によるメリットが変わるわけではない」。ジョンソンがポツリと答えた。基本的な状況を変えるものではない。「私には選択の余地はないのだ」

ゴールドストーンは再度説得にかかる。行動に打って出た瞬間、あなたは会社の支配権を失うのですよ。この手続きに手をつけた以上、あなたはもうCEOではなくなります。権限は役員会に引き渡すことになる。でも、取締役たちは友人だとお考えなのでしょう？

ジョンソンがうなずく。いったい誰のおかげで、連中は社用ジェットで全世界を回れるというのだ。誰のおかげで贅沢な顧問契約がもらえるというのだ。

ゴールドストーンが続けた。あなたがこれに手を染めた瞬間、彼らはもう友人ではありません。友人にはなれません。好意は期待できません。連絡もなくなります。あなたが顔も知らないウォール街のアドバイザーたちの管理下に入るのです。彼らは三〇ものグループから訴えられ、数百万ドルの賠償を要求されるでしょう。そのプレッシャーたるや大変なものです。彼らはあなたを恨むでしょう。

ゴールドストーンはここで言葉を切り、西の空を燃やすブルーと赤の鮮やかな縞模様に目をやる。未来をどれほど陰うつに描こうとも、ジョンソンは動じないようだ。どれだけ効き目があるのやら、よく分からなかった。いずれにしろ、あと五日もすれば、お互いの目に結果は明らかになるだろう。

その後、ガルフストリーム・ジェットでアトランタに北上する途中、ゴールドストーンはジョンソンがすでにホゾを固めているのを感じた。弁護士はＲＪＲナビスコの社長をじっと見つめる。全米一九位のＲＪＲナビスコ社。一四万の従業員の運命を手中に握る男。オレオ、リッツ・クラッカー、ライフセーバー（訳注①）、ウィンストン、セーラム（訳注②）などの商品で、津々浦々の棚をいっぱいにする男。

ゴールドストーンは危ぶんだ。ジョンソンは楽天的にすぎる。人を疑わない。全く、誰も彼もが親友だと思っている。

本気でやるつもりだ。弁護士は思った。**あくまでもやる気でいる。**

訳注①　ナビスコ社の代表的な食品。
訳注②　ＲＪＲ製シガレットの有力ブランド。

その一〇月の夕刻、アトランタの空気は冷えて澄んでいた。ウェイバリー・ホテルの外に黒塗りのリンカーン・タウンカーが横付けを始めた。ウェイバリーには、サンベルト地帯の都市でよく見かける緑色の近郊型オフィスパークが付いている。すぐ隣がマルチスクリーン映画館。ガレリア（高級ショッピングモール）には噴水が並び、広々とした通路が客を招き寄せる。そして、高くきらめく一群のオフィスビルディング。リムジンからＲＪＲナビスコの取締役たちが降り立った。ナビスコ本部はそこから数百メートル離れたグラスタワーの一一階分のフロアを占拠している。重役たちはいつものＲＪＲナビスコ・ジェットで、アトランタまでひと飛びでやって来た。ホテルのアトリウムロビーを抜け、グラスエレベーターを昇り、階上の会議室に足を運ぶ。会議室では、飲み物を手に輪になって、今晩の集まりが始まるのを今や遅しと待ち構える。雑談の話題はジェットの短い旅、ワールドシリーズ、あとひと月もない大統領選挙。

今日は定例の一〇月役員会の前夜で、通例なら役員がCEOのロス・ジョンソンと非公式の夕食を取り、その闊達でユニークなおしゃべりから会社の最新情報を知る機会だった。だが今夜は明らかに雰囲気が違う。ジョンソンが役員全員に電話を入れ、彼（または彼女）に夕食会に出るように求めた。本来、夕食会出席は義務ではなかったはずだ。ごく少数の者が集まりの目的を知っていた。ほかの者は推測をめぐらすしかなかった。

何人かの役員がスティーブ・ゴールドストーンに紹介され、けげんな面持ちでその場を離れた。「よそ者がここで何をしようというのだ」。頭のはげたノースカロライナの名門出身のアルバート・バトラーは思った。ユアニタ・クレプス（前商務長官）はチャールズ・ヒューゲル（コンバスチョン・エンジニアリング会長）を脇に呼んだ。ヒューゲルはRJRナビスコの名誉会長である。「ロスは何をしようというの？　これから何があるの？」。ヒューゲルは知っていた。だが今話すつもりはなかった。ヒューゲルは相手をかわすと、配膳係に夕食を急ぐように命じた。今夜の議題は盛りだくさんだった。

ジョンソンはウォッカ・アンド・ソーダを手に、散らばっている役員の間を歩き回った。満面に笑みをたたえ、よく響く笑い声を絶やさない。役員会での数々の争いを勝ち抜いた男として、ジョンソンは重役を支配する腕に自信を抱いていた。計算されたジョーク、軽妙な警句で険しい状況を打破する天才であり、紛れもない役員会のリーダーだった。いつ会っても「気のおけないロス」であり、自分自身やビジネスのことをあまり真剣に考えたことはなかった。今晩、そのジョンソンは新たに知り合いになったウォール街のパートナーたちの意見に逆らい、勘に任せて飛び立とうとしていた。

エド・ホリガンはジョンソンの調子が最高であってほしいと思った。RJRナビスコ最大の事業部門レイノルズ・タバコを率いるホリガンは、ジョンソンが今晩明らかにする計画を熱心に支持している。ずんぐりとした、闘志あふれるアイルランド系のホリガンは、朝鮮戦争時代、単身で機関銃部隊に奇襲をかけた時と変わらぬ、猛烈なスタイルをビジネスに持ち込んだ。まるで世間を気にしない様子のジョンソンと違って、ホリガンはピンと張りつめていた。ジョンソンがやって来る前から、役員たちをよく知っており、信用していなかった。連中の小さな反乱をその目で何度も見てきた。高額の顧問契約その他の便宜を提供することで、ジョンソンは連中を手なずけたと思っている。だがホリガンにはそれほどの確信はなかった。この大計画を口実に、その場でジョンソンのくびを切るかもしれない……。

ホリガンの白日夢のさなかに、見たこともない男が会議室に入って来た。『ジェントルマンズ・クオータリー』誌から抜け出したようなスーツ姿。きちんと分けた白髪交じりの髪。周囲に配るクールな視線。ホリガンは古い西部劇を想い浮かべた。よそ者がドアを開け、酒場に入って来るシーンだ。数分後、ホリガンはこの男に紹介された。ピーター・アトキンズというウォール街の弁護士だった。彼が来た理由は、役員会にその権利と義務について助言するためだと言う。

「よろしく、ホリガンさん」。握手を交わしながら、アトキンズがクールに言った。

こいつは大変だ……。ホリガンは思った。

長いT字型のテーブルから夕食が片付けられたところで、八時三〇分、ジョンソンがスピーチに立ち上がった。細かな会社雑務を論じ、給与委員会のメンバーに明日一番に集まるように念を押してから、定例役員会の議題に入った。「皆さんご承知の通り、今晩はもう一つ議題があります」とジョンソン。「今からそれに入りましょう。会社の将来の方向に関するものです」

愛用のシガリロをくゆらせつつ、ジョンソンはRJRナビスコの舵取り役としての二年間を振り返った。収益は五〇パーセントアップ。売上も同様。問題は、ご案内の通り株価である。一年前に七〇ドル台前半でピークをつけて以来、下落を続けている。一年前の株式市場の大暴落（ブラックマンデー）このかた、どんな手を打っても価格が回復しなかった。今春の自社株買いの後でも（ここでジョンソンは鋭く口笛を吹いた。爆弾投下だ）、株価は再び四〇ドル台に落ち込んだ。タバコ産業が数年越しの厳しい訴訟運動を見事に乗り切ってからも株価は低迷した。会場の全員がそれは心得ていた。ただジョンソンほど憂慮している者はなさそうだった。

「当社が大幅な過小評価を受けているのは明白な事実であります」とジョンソン。「我々は食品事業とタバコ事業を融合しようとしておりますが、うまくいっていません。多角化は成功しておりません。我々は二二倍から二五倍のPER（株価収益率）があってもいい食品部門を見殺しにしている。現在の株価収益率は九倍です。それというのもわが社は相変わらずタバコ会社と見られているからです。で、私どもは株主の資産を拡大する方法を検討してまいりました」。ジョンソンはここで一息入れた。「こうした資産価値を理解していただく方法は、思いますに、LBOによるしかありません」

水を打ったような沈黙。

会場の全員がLBOのことは心得ていた。LBOに当たっては、少数の幹部社員が通常ウォール街のパートナーと連携し、莫大な借入金をテコに、一般株主から当該企業の株式を買い上げる提案を行う。こうしたやり方を批判する人は、LBOはオーナーたちから会社を盗み取るものであり、また、かさむ一方の企業負債がアメリカの対外競争力の妨げになっていると心配する。LBOということになれば、研究予算をはじめ、あらゆる予算が大幅に削られ、すべてが借金の返済に充てられる。LBOを擁護する人は、厳しい返済を迫られた企業はスリムでつつましくなっていくと主張する。ただ一点、全員が一致することがある。LBOを推進する役員たちが大金持になるということである。

「狼が戸口にいるのではありません」とジョンソン。買い占め屋のせいでLBOに追い込まれたわけではない。「これはひとえに株主にとってベストと考えられる道なのです。実行可能な取引であり、現在の株価よりはるかに高い値段で取引ができるのです。ただ必ずしも現時点では、LBOを提案するという決定を下したわけではありません」

ジョンソンは言葉を切り、取締役の面々を見渡した。大半が現役または引退したCEOで、平均年齢は六五歳。彼らはRJRナビスコの経営をジョンソンに一任しており、ジョンソンが同社を由緒あるノースカロライナの企業から金ピカのにわか成金企業に変身させても、これまでは文句を言わなかった。だが以前は、今回よりもささやかな越権行為を理由に、ジョンソンの前任者をくびにしたこともある。

「これだけはご理解いただきたい」。ジョンソンが続ける。「断を下すのは皆さんです。これでは解決にならない、もっとよい方法があると皆さんがお考えになるのなら、私に異論はありません。LBOはやりません。ほかに私ができることもありますし、そうするつもりです。食品部門を売却します。もっと自社株買いを進めます。LBOを棚上げにし、第二案を行うことに問題はありません。私に異論はないのです」

沈黙。

バーノン・ジョーダン（市民権運動のリーダーでワシントンの弁護士）が最初に口を開いた。「いかね、ロス。もし君がこの件を進行させることになれば、当社がばくちの対象にされる恐れが十分ある。第三者が登場し、そちら以上の値段で当社を買収するかもしれん。君は負けるかもしれない。要するに、何が起こるか分からないということだ」

「そこなんだよ、バーノン」とジョンソンが言った。「当社は賭けの対象にされても構わないんだ。一番高い値を付けた者に売却されるべきなのだ。もし第三者が（一株）八五ドルとか、こちらの価格以上のオファーをしたいというなら、結局我々一同は株主のために さらに良い仕事をしたことになる。当社の経営陣は株主を犠牲にしてまで職にしがみつくものではない」

「今どんな段階にあるのかね」とジョン・マコーマー（セラニーズ前会長）が尋ねた。マコーマーは長年ジョンソンを悩ませてきた男だ。

「秘密を保持する意味で」とジョンソン。「我々はまだ銀行と深いかかわりを持ってはいません。ビタ一文借りてはいません。しかし役員会の同意が得られれば、ただちに交渉を始めます」

しばし間を置いてから、ユアニタ・クレプスが口を開いた。「こうして我々が会社の分割を強要されるのは残念な気がします」と彼女は言う。「私が顧問をしている別の役員会でも、株価の低迷には文句が出ます。でも、よその対応は違っている。経営陣は目前の株の値下がりより、もっと未来に目を向けている。なぜ当社もそうしないんですか。売上が落ちてるのはタバコの問題でしょう？　タバコ産業の問題なのでしょう？」

「ユアニタ、CEO連中の多くが自社株の過小評価に文句を言っています。だが彼らは何もしようとはしない」とジョンソン。「これはやればできる対策なんです。他の連中は怖がって何もしようとはしない」

確かに一理も二理もあるように思われた。誰が論じてもロス・ジョンソンほど説得力はないだろう。だがジョンソンの計画を知っていたら、役員たちはもっと質問を浴びせたかもしれない。ジョンソンが彼らの知らない間に手渡そうとした鼻薬や、ウォール街のシェアソン・リーマン・ハットンのがめついパートナーたちからジョンソンが絞り取った、LBO収益の空前の分け前のことを知っていれば、彼らはもっと質問を浴びせたかもしれない。だがこうしたさまざまな問題は、彼らにとって一番間の悪い時機に初めて明らかになったのだ。

チャーリー・ヒューゲルが室内を見渡した。質問は出尽くしたようだ。彼はジョンソンとゴールドストーンに退席を促し、取締役会に鳩首協議する時間を与えた。「経営陣でほかにこの件にかかわりあっているのはどなたですか」。ヒューゲルが尋ねた。

ジョンソンが名前を挙げた。ホリガン、ジム・ウェルチ（ナビスコ会長）、ハロルド・ヘンダーソン（首席法律顧問）。アンドルー・G・C・セージ二世（社外役員兼顧問）。ヒューゲルは彼らにも退席を促した。

ジョンソンの退席後、役員たちは短い休憩を取った。アルバート・バトラーがヒューゲルの元に歩み寄る。「あんた、あれを見たかね？」とバトラー。「アンディ・セージも仲間だった」

ヒューゲルがうなずく。

「ロスは自分の契約料を五〇万ドルに倍増してほしいと言っている」とバトラー。「給与委員会の議題に入っているが、こうなっては無理だろう」

その通りだ、とヒューゲル。それはできんだろう。彼は不安だった。ジョンソンは友人だが、この三日間の出来事を見ると、どうも彼のよく知っているジョンソンとは違うような気がする。もひとつピンとこないのだ。

他の役員たちは黙々とトイレに立った。おのおのがこれから下す決断の重さを知っていた。産業界の大物たちが便器ににじり寄る中、ある役員の声が響き渡った。「こいつがいいかげんな取引じゃないかどうか、はっきりさせる必要がある」。一同はうなずき、手を洗い、会議室に引き返した。

ヒューゲルが発言をアトキンズに譲り渡した。アトキンズは役員たちに対して、RJRナビスコをはじめ数々の大企業が設立の認可を受けている、デラウェア州の法律に基づく取締役の義務を読み上げげた。それが終わると今度はヒューゲルが、一週間前に韓国にいた彼の元にジョンソンから電話が入り、LBOの話を聞かされたことを一同に伝えた。ただしヒューゲルは個人的な懸念とか、つい二日前にジョンソンからおかしな申し出があったことには触れなかった。

取締役たちが協議する間、ジョンソンは一階上のスイートルームを歩き回り、ホリガンやシェアソンのグループと時間をつぶした。さほど待つこともなく、役員会からジョンソンに会いたいというメッセージが届いた。ゴールドストーンと一緒に、ジョンソンは緊張して会議室に戻った。

「ロス」とヒューゲルが言った。「役員会の総意は君にやってもらおうというものだ」。役員会の議論は、実のところ盛り上がりを欠いたものだった。ジョンソンの意志がここまで固ければ、やらせるより仕方がなかった。もし彼が会社の買収を真剣に考えているのなら、デラウェア州法に照らし、株主たちの利益を図るのが取締役に委託された義務というものだ。「ただし」

とヒューゲルが続けた。「我々としては、君が念頭に置く数字がいいかげんなものではないことを確認したい」

「じゃあ、どの程度ならいいかげんでないのか教えてくれないか」とジョンソン。

「数字としては、ぜひ当社株の史上最高値であってほしい」

「よろしい、その点は大丈夫だ」

「そういうことなら役員会に異論はない。君が話を進めたいのなら、役員会としては明朝プレスリリースを出さねばならない」

「ピーター、草稿はあるかね」。ゴールドストーンがアトキンズに尋ねた。「読み上げてくれないか」

アトキンズが読み上げ、ゴールドストーンは、自分とジョンソンが草稿を上のフロアで検討する許可を求めた。

プレスリリースとは厄介なことになった。もっとも、ヒューゲルがアトキンズを連れて来たことを知った時点で、ゴールドストーンには予想がついていた。秘密のベールを剥げば、買収作業が始まる前につぶされる公算も十分にある。いったん公表されれば、経営側がそれなりの買収価格の検討を進める前に、買い占め屋をはじめ、好ましからざる求婚者がどっと会社に攻勢をかけてくる。とはいえ、ジョンソンとその仲間は狼狽はしなかった。何といってもRJRナビスコは巨大企業であり、彼らの提示額を上回る相手がざらにいるとは思われない。しかも当方は経営陣による友好的な買収なのだ。

一階上でゴールドストーンとジョンソンはシェアソン・リーマンのチームを探した。クールな戦略チーフのトム・ヒルと法律顧問のジャック・ナスバウムがスイートに見当たらない。ゴールドストーンは階段を駆け降り、ロビーにいる二人を見つけた。二人は部下と一緒に目と鼻の先のRJR本部から戻ったところだった。「ジャック」。ゴールドストーンが叫んだ。「いったいどこに行ってたのだ？」

プレスリリースの準備中なのだ、とゴールドストーンが説明する。ジョンソンがどうしても買収価格を入れたがっている。数字を出さないと株価が暴騰し、必要以上のビッド（買収価格の提示）に追い込まれることをジョンソンは恐れていた。一同はスイートに引き返す。ヒルがそこで従来の提案を繰り返した。一株当たり現金で七二ドル、優先株（訳注）で三ドルというものだ。ジョンソンが首を振った。

「そんなのはだめだ」とジョンソン。「いいかね、現金で七五ドルでなければいかん。そんな答案では通らない。劣等生の答だ」

――訳注　配当や会社清算時の資産分配に当たって普通株より優先される株式。通常は議決権に制限がある。

金額はあえて計算してみるまでもなかった。**一七〇億ドル**（当時の為替レートで約二兆二〇〇〇億円）。史上最大の企業買収であり、過去最高のLBOを三倍も上回っている。これを超えるビッドは考えられなかった。競争相手もいないのに、そんなことを考える必要はなさそうに見えた。

ジョンソンが例によって議論を制した。時計がまさに真夜中を回ろうという時、ゴールドストーンがプレスリリースの修正案を持って役員会議室に派遣された。

何週間も計画を練り、数々の舞台裏の折衝を経て、今ここに、すべてが現実のものになった。まさしくＬＢＯを実行しようというのだ。「さあこれからだ」。ジョンソンがスイートに集まったグループに言った。「いよいよ一七〇億ドルを手当てしなければならない」

ジョンソンは改めてプレスリリースに思いを馳せた。この一件は役員会との間の小さな秘密のままにしておきたかった。世間に公表すればどっと喧伝されて、不気味な対抗ビッドが出現するかもしれない。しかも明朝にはリリースが出るのだ。覚悟はできていたつもりだが、ジョンソンは改めてまともに衝撃を覚えた。「事態は我々が考えた以上に急展開している」。夜半すぎの電話で、ジョンソンは側近の一人にそう警告した。

第1章 風雲児、ロス・ジョンソン

ロスの人生哲学『さあ、パーティーをやろうぜ。粋で、洗練されたパーティーをさ』――O・C・アダムズ（RJRナビスコ心理カウンセラー）

ロス・ジョンソンは尾《つ》けられていた。私立探偵だな、とジョンソンは思った。雇い主はきっとあのけち親父のヘンリー・ワイグルだ。来る日も来る日も、マンハッタンの街をどこに行こうと、尾行がついてくる。とうとう彼も頭にきた。

ジョンソンには友人が多く、やくざ稼業に顔が利く者もいる。その友人にこれこれで困っている、とジョンソンは説明した。「尾行を追っ払いたいんだ」。「まあ任せておけ」と友人は言った。確かに数日のうちに探偵の姿が見えなくなった。やつが今何をしていようと、おそらく変な歩きっぷりのはずさ、とジョンソンの友人が請け合った。

時は一九七六年春。スタンダード・ブランズという二流の食品会社では日増しに事態が険悪になっていた。気難しいワイグル会長が、ジョンソンというナンバーツーの追い出しにかかっていた。ジョンソンはボサボサ頭の若いカナダ人で、フランク・ギフォードや〝ダンディ〟ドン・メレディスら、派手な友人たちとマンハッタン界隈を飲み歩いていた。ワイグルは異常に膨れ上がったジョンソンの交際費の監査チームを作り、かつての腹心の浮気ネタを収集した。ジョンソンの飲み友達の若き反逆グループも反撃に出た。重役を抱き込んで、社内の腐敗の証拠を集める。マディソン街の会社本部では、クーデター近しとの噂が駆け巡り始めた。

そして緊張が公の場で爆発した。ジョンソンとワイグルの間でののしり合いが始まる。人気のある役員の一人が急死する。役員会が四分五裂になる。すべては五月半ばの役員会で最高潮に達した。ワイグルが会議室にまっ先に入り、ジョンソン排斥を今や遅しと待ち構える。やがてジョンソンが入室。こちらも準備に抜かりはない。

時間が刻々と経過する。ジョンソンの仲間たち「メリーメン（陽気な連中）」はセントラルパークをうろついて、勝利宣言を待ち構えた。会議での流血は避けられそうもない。だが、こと企業内政治に関してロス・ジョンソンの手腕を疑う者はいなかった。なぜか彼は生き残る術を心得ているようだった。

一九八八年の秋まで、ロス・ジョンソンの生涯は企業遍歴の連続だった。その過程で自ら権力を握るだけでなく、ビジネスの旧秩序に戦いを挑んだ。

旧秩序では、大企業はゆったりと安定した存在であった。『フォーチュン500』（訳注）に載る企業は「会社人間」によって運営されていた。会社人間、すなわち出世階段を昇りながら、一つの会社にすべてを捧げる若手幹部。そして会社の世話役であり、社を守りつつ慎重に拡大させる上席幹部。

――訳注　『フォーチュン』誌が毎年掲載する全米の大企業五〇〇社のランキング。

ジョンソンは完ぺきな「非会社人間」だった。伝統を引き裂き、縄張りを無視し、経営陣をかく乱する。ジョンソンは七〇年代、八〇年代に花開いた一群の非会社人間の一人――取引に憑《つ》かれ、報酬に憑かれた放浪者だった。彼らに言わせれば、自分たちの使命は、企業の伝統ではなく投資家に利益を供与することである。と同時に、自分への贅沢な利益供与も怠らない。

だが非会社人間が数ある中で、ジョンソンほどの人物もいなかった。どでかい取引をやり、大口を叩き、多額のボーナスを手にする。ジョンソンこそ、ビジネス界の「狂乱の八〇年代」の申し子である。そして世紀の大取引――アメリカ最大級の由緒ある企業をあっさり処分する取引を実行し、八〇年代を最高潮に導いたのだ。

ビジネス新時代を代表することになるこの男は、一九三一年、ビジネス旧時代のどん底で産声を上げた。フレデリック・ロス・ジョンソンは、大恐慌時代のカナダ・ウィニペグで下層中産階級の一人っ子として大きくなった。常に「ロス」で通り、フレッド（父親の名でもある）と呼ばれることはなかった。父親の職業は金物類のセールスマン、趣味は木工という口数の少ない男だった。

ジョンソンの小柄な母親キャロラインは一家の刺激剤で、共稼ぎがほとんど見られない時代に簿記を操り、仕事を離れれば腕の良いブリッジプレーヤーだった。若いロスが数字に強いのと、おしゃべりの才能はこの母親譲りだ。だが、早くからの企業家志向は時代のせいであった。家族が暮らしに困ることはなかったが、ジョンソンが八歳になるまで一家には持ち家がなかった。

ほぼそのころから、子供のロスは放課後にあちこちで働き始めた。稼いだ金は、服を買うなどまともなものに遣った。当初は子供が誰でもやる仕事をした。近所に雑誌を届けたり、サーカスでキャンディを売ったりする。やがて少しは頭を使う金儲けを考え、手持ちのコミック誌を貸し出したりする。さらに大きくなると、一軒一軒赤ん坊の写真撮影引換証を売り歩く。大学でも、資金が必要になるといつもこうしたアイデアをひねり出した。

高校時代のジョンソンは特にできる学生ではなかった。一番は友人のニール・ウッドで、将来は巨大なキャデラック・フェアビュー不動産を率いることになる。ジョンソンはさしたる努力の跡も見せず、クラスの上位四分の一に入るタイプの生徒だった。また、学内有数のスポーツマンでもないが、身長はひょろりと高く、卒業時には一九〇センチもあった。投手の速球を打ち返すより『スポーティング・ニュース』の野球記録を覚えるほうがはるかに得意だった。

高校を出ていない父親と違って、ロス・ジョンソンは大学進学を望み、毎日市内横断バスで、ウィニペグのマニトバ大学に通った。クラス内では平均的な学生だったが、クラス外では光った。社交クラブや大学バスケット部の会長であり、カナダの予備役将校訓練部隊の傑出した士官候補生だった（それでも彼には悪ふざけの癖がある。ある晩、ジョンソンら数人の学生は上級将校に待ち伏せをかけた。彼らに言わせれば相手はすこぶるつきの嫌なやつだった。一同は将校を飛び込み板に縛りつけ、そのまま朝日が昇るまで反省させた）。いたずら好きの若きロス・ジョンソンを特徴づけるものがあるとすれば、それは同級生、さらにはもっと年上の学生まで引き付けて放さない力だ。クラスの生徒の大半は第二次大戦の復員兵だったが、クラスをまとめてリードしたのはティーンエージャーのジョンソンだった。

大学を出たジョンソンは中堅クラスのカナダ企業を渡り歩いた。そこでほぼ二〇年間、芽の出ないままもがくことになる。最初はモントリオールにあるカナダGE（ゼネラル・エレクトリック）の経理係として六年間勤めた。それが嫌になると、トロントにあるマーケティング部門に移り、セールスマンとしての力を試そうとした。「トロントにはいいパーティーがあるんだ」とジョンソンは友人に説明した。下級マネージャーとして電球を売って回る仕事を任せられ、生まれて初めて販売への強い意欲を発揮する。内側を着色した特別な電球を思いつき「シャドウ・バン」と名付けた。これはよく売れた。ジョンソンはまたクリスマスツリー電球の販売でも異才を発揮した。

電球に劣らず、ジョンソンの創意がとりわけ光ったのは交際費の遣い道だ。部下のセールスマンの交際費を削って、大半を自分のほうに回した。その資金を遣ってお客を贅沢にもてなした。特に情熱を傾けたのが、ジョンソン言うところの「一〇〇ドル・ゴルフゲーム」の企画と実施である。市内の一流コースを回り、アフターゴルフは市内の一流レストランで夕食と酒。一九六〇年代の初めに一〇〇ドルも落とすのは大変なことだが、ジョンソンには朝飯前だった。金遣いの腕を目上の人間に取り入る才能と結び付け、ジョンソンは着実に出世階段を昇っていった。「金を遣うことはロスにとって常に楽しく、喜ばしいことだった」とカナダ人の友人ウィリアム・ブランデルは振り返る。「あらゆる商談は上の者との交際費で決まると信じていた。交際費の遣い方に自信をもっていた」

ジョンソンは生来のパーティーフリークである。スコッチをすすり、明け方までしゃべるのが何より好きだ。それでも朝はしゃきっとして仕事に出る。GE時代にこの気ままで気のきいたやり方を身に付けた。物事を正面から言うか、冗談半分に言うかを選ぶ局面があれば、ジョンソンは決まって後のほうを選ぶ。中でも自分をからかう冗談はお得意だ。「会計係というやつは」。経理係時代のジョンソンはよくこう言った。「頭を過去に突っ込み、尻を未来に向けている人間さ」。彼は同じような考え方をする若い部下を引きつけた。その催眠的な、歌うような声で彼らを感化した。低音の鼻にかかった声で、ささやきと大声とをうまく使い分けた。「一緒に来ないか」。その物腰や態度が若手を招き寄せる。「これから面白いことがあるんだ」。彼が結婚した時、花婿の付き添いたちはタキシード姿のまま水上スキーに繰り出し、徹夜のドンチャン騒ぎを締めくくった。

だが卒業から一三年たち三二歳になっても、ロス・ジョンソンは相変わらず芽が出なかった。年収はわずか一万四〇〇〇ドル。夜はトロント大学で教え、収入の足しにした。そのころ、初めての子供が生まれる予定になっていた。カリスマ性を除けば、彼も出世願望の強いトロントの大勢のやり手の若者と変わらない。彼は焦っていた。で、最盛期にあったGEのアメリカ本部への転職がかなわなかった時、彼は船を飛び降りた。

T・イートン（カナダの大手百貨店チェーン）で中堅管理職になったジョンソンは、そこでトニー・ペスケットという師匠を見出した。イートンは大世帯で活気に欠けているが、ペスケットは人事部長として、社を二〇世紀の企業に引き上げようと懸命だった。ジョンソンは元来、五〇年代のGEのぬるま湯育ちだ。それが今や「ペスケット派」として知られるゲリラ的マネージャーの一員として六〇年代に突入した。ペスケットは権威をものともせぬジョンソンの天賦の才を伸ばそうとした。

ペスケット派は変化のための変化を信奉し、時代遅れの経営者の改造に取りかかった。絶えざる革新を標榜し、通りの向こうのライバル、シアーズ・カナダを常に監視し、対抗策を打った。ペスケット派はいわばボブ・ディランが作り出した時代のせりふに呼応したのだ。すなわち「のんびり生まれた者は慌てて死ぬ」。ジョンソンに混沌の活用術を伝授したトニー・ペスケットは、このせりふをこう言い換えた。「組織は作られたその瞬間に衰退を始める」。ジョンソンはその思想をあらゆるビジネスに持ち込み、これを「かき回し」、つまり絶えざる再構築志向という個人哲学にまで昇華させた。

ペスケットに対する熱が冷めると、ジョンソンは再び船を飛び出した。今回の転職先はGSW（ゼネラル・スチール・ワークス）というトロントの企業で、ジョンソンにナンバーツーの高いポストと五万ドルの年収、そして交際費をたっぷり約束した。大金持の同社オーナーの仲介で、ジョンソンはトロントの上流のランプトン・カントリークラブに入会し、町のエリートと知り合いになった。有名なホッケー選手ボビー・オーやナショナル・ホッケー・リーグ選手組合を代表するアラン・イーグルソン弁護士と親しく交わり、水を得た魚のようだった。

こうした社会的地位の上昇にもかかわらず、ジョンソンはGSWに幻滅を感じた。しょせんは機械部品、ごみの缶、肥料散布機などのちっぽけなメーカーだった。不況で機械部品ビジネスが落ち込むと、ジョンソンは本能的に金を注ぎ込んで問題に当たろうとした。イートンやGEで開発した金を食うマーケティング計画を推進しようとしたが、ラルフ・バーフォードという始末屋の手ごわいボスがことごとにこれを退けた。「ラルフのモットーは、安く買って高く売る、請求書には文句をつけるというものだった」。ジョンソンの友人で、昼食の席でよく彼に同情したジム・ウェスコットは回想する。「全く、今日はラルフのやつに背中の皮をむかれちまったよ」とジョンソンはよくこぼした。

ジョンソンは中小企業での毎日にいら立っていた。経営は綱渡りで多額の借金を抱え、ジョンソンは毎週のように取引銀行から責め立てられた。「ショックだったのは」とジョンソンが振り返る。「銀行の広告を書いているやつは金を借りていないと知った時だ。銀行の連中にはひどい目にあわされた」。これが厳しい企業債務の現実にさらされた最初の経験だった。以来ジョンソンは借金を忌み嫌う。

結局、ジョンソンとボスは一種の妥協点を見つけ、それから五年間力を合わせた。教えればたちまち方向を変えるバーフォードの能力をジョンソンは評価するようになる。「こちらのほうが正しいことを納得すれば、彼は一八〇度転換できた」とジョンソンは回想する。「彼なら機甲師団の指揮だってとれる」。ジョンソン自身、変わり身の大家になっていた。おかげで部下たちはその後二〇年間にわたって振り回されることになる。

一九七〇年代初めにロス・ジョンソンは四〇歳になったが、なお存分に腕を振るうにはいたらない。で、あるヘッドハンターから誘われると飛びついた。今回はアメリカの食品会社スタンダード・ブランズのカナダ子会社の社長だった。スタンダード・ブランズは一九二八年にモルガン家によって創設され、やがて三つの会社を合併して一つの企業になった。それだけでもジョンソンには会社の問題点が分かった。一社は気が抜けた古いブランドで、あとの二社は開拓時代の遺物のように見えた。鈍重で二流の組織だったスタンダード・ブランズは、いつの間にやら地味な食品の何でも屋になり、砂糖の代用品の果糖シロップとか、低コレステロールのマーガリンなどを開発した。来る年も来る年も、かびの生えた社のモットーが年次報告の巻頭を飾った。「スタンダード・ブランズは大地の恵みを活かして、お客様に質の良い暮らしを提供することをお約束いたします」

ジョンソンはスタンダード・ブランズは救いがたいほど時代遅れだと思った。現代はマーケティングの時代、変動の時代だというのに、連中は相も変わらず油ものばかり扱っている。このカナダの子会社は最低だった。ジョンソンは元ペスケット派として、スタンダード・ブランズ・カナダに嵐のように襲いかかる。一年目、トップ役員二三人中二一人のくびをはね、後釜としてこれまで目星をつけていた活きのいい若手を物色した。

カナダのキャンディ会社で働いていたイギリス人のピーター・ロジャーズは、頭の切れる、奔放な自信家との評判があった。「冗談じゃない」。ジョンソンから最初のアプローチを受けた時、ロジャーズは言った。「あなたの会社の待遇はなってない。どんな人材でもめちゃめちゃにしてしまう」。だがロジャーズはやって来て、それから一五年間ジョンソンの元を離れない。ジョンソンはまたマーティン・エメットをスカウトした。エメットは誇り高き南アフリカ人で、オーストラリア転勤を断って、ジョンソンの「メリーメン」グループに参加する。やがて、マーティンとロジャーズは意気投合し「マティーニとロッシ」で通るようになる。

このコンビはジョンソンの腕白経営陣の中核となり、昼はスタンダード・ブランズ・カナダの再建に力を尽くし、夜はボトルを何本も空にした。一同にジョンソンがニックネームを進呈する。ロジャーズはカナダ酒飲みオリンピックチームのルーキーという意味で「ザ・ルーク」、エメットはそのひょろ長い体型から「ザ・ビッグE」、人事コンサルタントのジム・ウェスコットは肥満体型と分別くささから「仏陀《ブッダ》」、ジョンソン自身は「法王《ポープ》」だった。

トロント時代と同じように、ジョンソンは巧みにモントリオール社交界に食い込んでいく。大手メーカー、パワー・コーポレーションの大物会長ポール・デマレイが会員制クラブ入会の保証人となり、モントリオールのビジネス界にジョンソンを紹介した。新しい知り合いの中にブライアン・マルルーニという若い弁護士がいた。やがてカナダ首相となる男である。こうして信用を築きながら、ジョンソンはそれから一五年続く日常パターンを確立した。仲間と夜更けまで過ごし、ビジネスを語り、スコッチをすすり、葉巻をくゆらす。確かに型破りの日常だが、彼のゲリラ部隊は実績を上げ、ジョンソンは注目されるようになる。一九七三年には昇進して、スタンダード・ブランズの国際部門を率いるようになった。

そしてニューヨークに転勤。うぬぼれが強く、楽天家で足腰の軽いジョンソンは、少しもニューヨークに圧倒されない。むしろ生まれ変わった気分だった。が、スタンダード・ブランズ本部の同輩たちから見れば、ジョンソンは厚かましい、一夜の成り上がり者だった。カナダでの苦しい子供時代、二一年間の無名時代など、まるでご存じなかった。事実、ジョンソンは完全な遅咲きタイプで、四二歳にしてようやく人生に大きく踏み出そうとしていたのだ。

コネチカットのしゃれた郊外ニューケイナンに家を買い、ニューケイナン・クラブカー（特別車）の貴重な座席を確保する。この列車は七時半のニューヘイブン鉄道に連結し、企業幹部のたまり場になっていた。一般通勤者には縁のない特典として、ジョンソンは有力者グループ、たとえばモービル・オイル会長のローレイ・ウォーナーなどに車内で紹介された。

彼らは毎朝ブリッジをやり、朝刊を読み、ビジネスの話をする。ジョンソンの褐色の長髪、幅広のタイ、豚皮のコートは異彩を放ち、きちんと髪を整えてピンストライプ柄のスーツを着込んだ他の重役たちから文句が出た。すると、最新ファッションの若いカナダ人は快活にやり返す。「年寄りはそれだから困る。世間は皆さんを置き去りにしたのです」

しかし、ジョンソンの新しいボス、ヘンリー・ワイグルには冗談は通じなかった。ワイグルはきまじめで質実剛健な会社を統治する専制君主だった。ワイグルが誇る業績は、五〇年代に社長になって以来二〇年連続の増益である。ただし、これは毎年わずかずつ業績を上げることによって達成されたものだ。そうすれば、翌年それほど頑張らなくても前年を上回ることができる。そしてワイグルは経費を思いきり切り詰めても業績を向上できるのだ。

マンハッタンのミッドタウンに点在する他社の優雅な企業本部と違って、スタンダード・ブランズのオフィスはぱっとしなかった。リノリウムの床、スチール製のデスク。わずかに最高幹部だけが絨毯《じゅうたん》と木製デスクを持っている。毎日五時以降は電話ダイヤルがロックされ、終業後は私用電話ができなくなる。スタンダード・ブランズのマネージャーが出張する時は、飛行機はエコノミークラスで、空港には一番安上がりなバスで行かなければならない。

旅先ではハワード・ジョンソン・モーテルに宿をとる。このモーテル・チェーンのレストランが得意先なのだ。高価な買物でも締まり屋ぶりに変わりはない。スタンダード・ブランズの役員を務めるアンドルー・G・C・セージ二世という投資銀行家が、同社のためにある買収を斡旋した際、ワイグルから次のような手紙をもらってあっ気に取られた。いわく「あなたの時間を寄贈していただき、感謝しております」。セージは用意していた請求書を破り捨てた。

騒々しいジョンソンと違い、ワイグルは一日の大半をオフィスに閉じこもって過ごし「隠者のヘンリー」で通っていた。部下たちはいつ呼ばれるか戦々恐々だった。ジョンソンはある若手幹部が怒鳴られている脇にいたことがある。ジョンソンはそのままワイグルとしばらく話をした。オフィスから出ると、くだんの男が通路でぐったりしている。過換気症候群を起こしていた。

以前ワイグルは、税務課長が終業前にこっそり早引けしているのを見つけた、と思ったことがある。そこで側近に調査させ、くびにするように命じた。側近は戻ると、ワイグルの勘違いだと言った。課長は遅くまで働いていた。「いいか」。ワイグルが言い返す。「やつをくびにするか、それともおまえがくびになるかだ」（結局くびにはならなかったが、以後ワイグルのフロアの従業員は終業時間が来ると忍び足で階段を降り、下のフロアでエレベーターに乗るようになる）。クリスマス・パーティーで、ワイグルはある幹部がはしゃぎ過ぎたと思った。そこでジョンソンにクリスマス前にくびにするように命じた。ジョンソンはそれを実行するが、当の幹部と家族にカナダ旅行をプレゼントしてショックを和らげた。「目くらましさ」とジョンソンはそのやり方を形容した。

やがてジョンソンは「目くらまし」の名手となる。上席副社長のレスター・アップルゲートがワイグルに追放されると、ジョンソンは彼をカナダの子会社でひそかに雇い入れた。初めのうちジョンソンはワイグルの怒りには触れなかった。実績は上げたし、仕事の半分は国を離れて遠くの海外部門を回っていたからだ。だが、ジョンソンの派手なスタイルは、いずれ負けん気の強いボスと衝突する運命にあった。

電話ロックがカチリとかかりスタンダード・ブランズの一日が終わると、ジョンソンの第二ラウンドがそこからスタートする。有名人に目のないジョンソンは、すぐ元フットボール・スターのフランク・ギフォードと親しくなり、やがて「マンデーナイト・フットボール」と称してスタンダード・ブランズのドライサック・シェリーの広告を打った。二人はマニュシェの店に入り浸るようになった。そこはトゥーツ・ショーの店を継ぐものとして、ニューヨーク・スポーツ界のエリートが集まる社交場だった。どうしようもないほどスポーツ狂のジョンソンは、ギフォードを通じて大物たちに紹介された。ジョンソンとギフォードはとても親密になり、二人で組んで毎年「チャンピオンたちの夕餉《ゆうげ》」と称するチャリティ晩餐会を開くようになる。集まった人々はたっぷり寄付をして、ギフォードの有名な友人たちと語り合った。ギフォード・ファンクラブ、華麗なコネ。ジョンソンはご機嫌だった。

スタンダード・ブランズの抑圧された幹部社員たちは、この派手な新入幹部の周りに集まった。上席マネージャーは月一回、ワイグルとの丸一日の会議に耐えねばならない。ジョンソンは「月曜の晩の破滅クラブ」と称して徹夜の飲み会を開催、萎縮した彼らの心を癒やした。

彼はまたスタンダード・ブランズ役員会のお気に入りになった。癇しゃく持ちのワイグルと対照的に、ジョンソンは役員会のメンバーに気軽に話しかけた。そのお返しとして、一九七四年に彼らはジョンソンを取締役に任命、一年おいて社長に昇進させた。権力への挑戦を嗅ぎとったワイグルはじわじわと反撃に出る。ワイグルがいない場所での役員と幹部社員との接触を禁じた。役員の一人でワット・ダニントンというニューヨークの弁護士がカクテルパーティーを催し、ジョンソンと社の首席法律顧問を招待すると、ワイグルはこの三人に対して癇しゃくを破裂させた。

ジョンソンはワイグルが彼を引っ掛ける道を探しているように感じた。彼には「不可能な任務」が与えられた。惨たんたる社の化学部門を売却しろというのだ。奇跡的に二三〇〇万ドルのオファーがあった。だが、ワイグルは二四〇〇万ドル以下ではどうしても売らないと言う。そこでジョンソンは巧妙な裏取引を思いついた。買い手は二四〇〇万ドル払うが、スタンダード・ブランズの子会社からひそかに一〇〇万ドルを返済するのだ。取引の後半を知らないワイグルはこれを承認した。「わが最高の取引だった」とよくジョンソンは言う。

一九七六年一月、取締役会はジョンソンをCOO（業務執行責任者・企業のナンバーツー）に任命、ワイグルの正式な後継者とした。多くの従業員は来たるべき解放を歓迎したが、例外もあった。カナダのスタッフからワイグルの元に二通の匿名の手紙が届いた。手紙は、浪費（たとえばマーティン・エメットは三台の専用車に運転手をつけている）と交際費の濫用を非難していた。これまでも後継者の芽を摘んできたワイグルは、この話に飛びついて監査グループをカナダに派遣した。監査はなかなか進まなかったが、やがてワイグルは会社の払いになっていたジョンソンの莫大なリムジン伝票に気が付いた。彼はまたジョンソンの浮気ネタの収集も始めた。ジョンソンの最初の結婚は暗礁に乗り上げており、有望な分野だった。

一方、ジョンソンも戦いに備えた。ワイグルのために従業員情報を集めているヘッドハンターが二重スパイになり、ジョンソンにも報告をくれた。週末になると、ニューケイナンのジョンソンの自宅に同志たちが集合する。シカゴからはピーター・ロジャーズ（シカゴのプランターズ・ナットとカーティス・キャンディを統轄）、トロントからはマーティン・エメット（トロントのスタンダード・ブランズ・カナダを指揮）、そしてニューヨークからはルーベン・グートフ（上席副社長）。一同はここで、締まり屋のワイグルの経営がスタンダード・ブランズを窒息させているという報告書をまとめた。ジョンソンへの尾行については「目には目を」だ。やがてワイグルは自分も尾《つ》けられていることを知る。

そして激突。ジョンソンはワイグルにくびにされたある幹部に、ストックオプションの行使を許した。それを知ったワイグルがカンカンになる。ストックオプションで儲けさせるためにくびにしたのではないのだ。ワイグルはジョンソンの出張先に電話を入れ、ありとあらゆる罵声を浴びせた。「そんなオプションは反故《ほご》にすべきだ」。ワイグルはしつこく怒鳴り続けた。「オプションの行使は完全に合法的です」とジョンソンが反論。それをやめろと言うのは法律に反する。「法を決めるのは会社なんだ」。ワイグルが宣言した。

ついにジョンソンの堪忍袋の緒が切れた。「ヘンリー、じゃあ勝手にするがいいさ」と言って電話を切ってしまう。

溝は決定的だった。その午後ジョンソンは有力な役員二人に電話を入れ、そのことを知らせた。「いいですか、私は辞めます」とエルモア・パターソン（モルガン・ギャランティ・トラスト会長）に言った。「あの人は完全におかしい。これまではどうにか耐えるつもりでしたが、もう我慢できない」。アール・マクローリン（カナダ・ロイヤルバンク会長）にも同じ話をした。マクローリンはスタンダード・ブランズでのジョンソンの出世の支援者だった。「まあ、いずれこうなると思っていたよ」とマクローリン。だが、ことを早まらないようにと勧めた。臨時役員会でこの問題を取り上げることが決まると、ジョンソンも辞意を取り下げ、同志たちにメッセージを回した。「万一に備えるように」

役員会まであと二週間足らずという時、ビル・ショーというスタンダード・ブランズでは人気のあった幹部社員が心臓発作で急死した。長年ヘンリー・ワイグルにいびられたためというのが、もっぱらの噂だった。この死因分析は医学的に見て疑問であったが、ショーの急死は反乱に名分を与えた。「ロス、あんたが何とかしてくれなければ……」とボブ・カーボネル（研究開発責任者）が言う。「あんたが何もしないなら」とエメットが唾を飛ばす。「我々はみんな辞める」

五月中旬の金曜日午前の役員会で、すべてがクライマックスに達した。ジョンソンが外で待つ間、ワイグルは監査役が提出した職権濫用を並べ立てた。最後にワイグルは自分の契約の二年延長を申し出た。

仲間たちがセントラルパークをうろついているころ、ジョンソンが会議室に招じ入れられた。彼は交際費のちょっとした濫用は認めたが、これ以上ワイグルと争うつもりはないと言った。ワイグルはとても仕事を共にする相手ではない。「皆さん」とジョンソンが述べる。「申し上げたいのは私が辞職するつもりだということだけです」。ほかの幹部社員がどうするかは彼ら自身が決めることだ。そして、彼と仲間で用意したスタンダード・ブランズの厳しい経営分析を提出した。「あと二四カ月以内に会社はひどいことになるでしょう」と彼は予言した。

役員が相談している間にジョンソンは部屋を後にした。戻ると、ワイグルはもうテーブルの上座の会長席にはいなかった。上座を少し下がった所で、幽霊のようにまっ青だった。「ロス、我々の結論はこうだ」。役員の一人が言った。「ヘンリーは引き続き会長兼ＣＥＯに留まる。そして来年彼が引くと、君が社長兼ＣＥＯになる」

ジョンソンは興奮してしかるべきところを、こう言った。「それは納得できません」。彼が退出すると新提案が出された。つまり退任までワイグルは会長に留まり、ジョンソンはただちにCEOになる。ジョンソンは「条件つきで」これを承諾した。条件とは「ヘンリーのオフィスを本部ビルに置かない」ことだった。

こうした強気の作戦で、ジョンソンはニューヨーク証券取引所の上場企業の支配権を手にした。会議の後、彼と「メリーメン」グループは夜遅くまでマティーニで祝杯を挙げた。見事なクーデターだった。だが彼らのクーデターはこれだけでは終わらない。

ヘンリー・ワイグルは後日ちょっとした復讐を果たすことになった。しばらくしてから、フロリダに別荘を探していたジョンソンは、パームビーチの高級地区ロストツリーに黄色の派手な別荘を購入した。ロストツリーの暮らしは地元のカントリークラブを中心に回っていたが、ジョンソンが入会を求める前に、これもロストツリーの住人のワイグルがジョンソン排斥運動を始めていた。ジョンソンは困惑して入会をあきらめ、沿岸を北上したジュピターという町に、海に臨む二棟の分譲マンションを購入した。クーデターの支援者で役員のアンドルー・セージが、彼のロストツリーの別荘を手に入れた。「ヘンリーが死んで三〇年たっても、俺はまだ墓のそばには行きたくないね」。後年ジョンソンは言った。「墓の下から手が伸びて、首を締められるに決まっているからさ」

ワイグルの追放後、おっとりしていたスタンダード・ブランズはジョンソンの学生クラブと化した。リノリウムの床やスチール・デスクが姿を消す。ファーストクラスの出張禁止も解除される。ジョンソンはすかさず企業ジェットをリースし、企業名義のジャガーを購入する。ジョンソンの軽やかな手法を映して、企業文化が一夜にして変身した。今やマネージャー連中が集まれば、会議は猥雑で騒々しい言い合いの場になった。

「オーケー」。ジョンソンは問題解決会議の招集を好んだ。「今回はどなたのイチモツが俎上に載せられるのかな」。学生クラブの雰囲気があらゆるレベルに広がった。スタンダード・ブランズの幹部は「ひとつ異論を述べさせてください」などとは言わない。「あんたの話はアホみたいなアイデアさ」と言う。レポートもスライドも無用。直截に物事の核心に踏み込むことが要求された。そうしないと、ジョンソンお気に入りのきついせりふが待っている。「そういうのを〝目玉は節穴〟と言うんだ」

いつもジョンソンはちょっと話しただけで、だめなアイデアを却下した。一度プランターズの幹部が地域広告テスト案を持って来たことがある。「この手のものを全国規模でできるのかね」とジョンソンが尋ねる。「いいえ」と相手が答えた。「じゃあ、何のためにこんなことをやるんだ」とジョンソン。話はそこまでだった。大胆な発想にあふれた企業にあっても、大胆な言葉でジョンソンをしのぐ者はなかった。雑誌のインタビューを受ける時も汚い言葉が次々に出てくる。速記をとった女性がインタビュアーにできあがった速記録を渡して言う。「さあこれが、すっごーい速記録よ」

ジョンソンは短くて済むのに長引く会議とか、ゴルフの予定がある時の会議は大嫌い。そういう点では、普通の勤務時間にもとらわれない。「よく彼は五時に電話してきて、真夜中に会いたいなどと言う」とジョン・マレー（スタンダード・ブランズ販売部門チーフ）は回想する。「そうでなければ、午後七時にディナーにそろって出かけ、結局朝の五時まで付き合わされる」。真の妙案とか見識は定刻過ぎに湧き出るもの、とジョンソンは固く信じていた。「赤ん坊というやつは」とジョンソン。「夜にしか生まれないものさ」

その平均的な一夜。七時半ごろ仕事を切り上げ、「メリーメン」一同とそろって夜の街に繰り出す。マニュシェの店でテーブルの一つを占領し、閉店まで酒を飲む。その後は会社名義のジョンソンの新しいマンションに集まる。そこからピザや中華料理の出前を頼む。ほかの『フォーチュン500』企業の幹部が深い眠りについているころ、ジョンソン一行はしわくちゃのスウェットスーツに着替え、腰を据えて深夜まで酒を飲む。ビジネスの話をし、ああだこうだと議論する。明け方、まだ意識のある者は二つある寝室のツインベッドか、居間の長いすに倒れ込む。朝はピーター・ロジャーズが朝食を作る。そして再び昼間の競争に戻っていく。「あれはまさしく」とジョンソンが振り返る。「ボーイズ・タウン（訳注）のようだった」

――訳注　一九一七年、フラナガン神父が開設した非行少年のための社会事業施設。

ジョンソンの生活は終わりのない「男性映画」に似てきた。何せニックネームだらけ。ジョンソンが相手にニックネームをつけない場合は「パードナー」（相棒）を縮めて「パーズ」と呼んだ。彼の一番親しいパートナーはエメットになった。今やエメットがジョンソンに代わって国際部門を率いている。「マティーニとロッシ」は名コンビとなり、二人だけの速記法で打ち合わせをした。ジョンソンは、贅沢な社用アパートから無制限の交際費まで、エメットにはプレゼントを惜しまない。ほかの「学生クラブ」のメンバーは大いにこれを怪しんだ。「ビッグE」はなぜそんなに「法王」と親密になれるのだろう？「マーティンのやつは」と一人が皮肉る。「きっとロスが豚とやってる写真を握ってるのさ」

しかしジョンソンは気まぐれだった。相手を落とすだけのために持ち上げるところがあった。ただもう飽きてしまうこともある。そして八歳の子供みたいに遊び相手を変えてしまう。ルーベン・グートフは一七カ月しかスタンダード・ブランズの社長でいられなかった。グートフの罪はどうやら動きの鈍さのようだった。時間単位で商品の決定が必要なところを、月に一度しか商品委員会を開こうとしない。またスタンダード・ブランズの「はぎ取りページ広告」は月何千枚もあるというのに、一枚一枚丹念に見たがるのだ。ジョンソンはグートフを容赦なくびにした。寵愛を失ったほかの若手幹部も同じだった。

「ロス、あんたは腐ったろくでなしだよ」。特にひどいクビ切りを受けた取り巻きメンバーの一人がジョンソンに言った。

ジョンソンはにやりと笑い「君は私を知る数少ない一人だ」。

アンディ・セージ（ジョンソンのフロリダの不動産を引き受けた役員）はまた、スタンダード・

ブランズの給与委員会議長としても彼を助けた。ジョンソンが社を掌握した当時、ワイグルの給与二〇万ドルに対しジョンソンは一三万ドル。だがセージの助けを借りて、ジョンソンは自らのサラリーを四八万ドルにアップし、多くの役員もサラリーが倍増した。スタンダード・ブランズの給料は業界の底辺から一躍トップに躍り出た。

ジョンソンはまだ手を緩めない。ワイグルを追い出してから数カ月の間に、会社の払いで一八のカントリークラブの会員権を手に入れた。ワイグル時代には社用マンションがなかったスタンダード・ブランズはジョンソンが辞めるまでに一八のマンションを保有するにいたった。気前よくチップをやるのが好きで、いつも「督励資金」と称する札束を持ち歩いていた。背広のポケットからポイと出してくれてやるのである。チップ・シーズンのクリスマスの前に、ジョンソンが「五〇ドル札の束を用意してくれないか」と秘書に言ったのを覚えている幹部もいる。

ジョンソンの統治の特徴はその個人的なタッチだ。至上のルールがあって、いつでもこれを発動する。CEOは何でも望みがかなうというルールだ。友人でマンハッタンのレストラン経営者マイケル・マニュシェが商売をやめると、ジョンソンはマニュシェを広報係に採用し、後日ダイナ・ショア女子ゴルフトーナメントの責任者に充てた。またフランク・ギフォードとは法外な契約を結びスタンダード・ブランズにオフィスを与えた。ジョンソンはギフォードをそばに置きたがり、ついにはスポーツ選手（たとえばボビー・オーとか、テニス・スターのロッド・レイバー）を一堂に集め、販促活動に利用した。

選手にはまたスーパーマーケット役員とのゴルフにも声がかかった。スーパーはスタンダード・ブランズ商品の販売に欠かすことができない。選手の多くがジョンソンのご機嫌をとっているように見え、中には戸惑いを感じる者もいた。アレックス・ウェブスター（元ニューヨーク・ジャイアンツのフルバック）は一九七八年にエレベーターの中でジョンソンと鉢合わせし、共通の友人ギフォードから紹介を受けた。翌日ギフォードから電話が入り、モントリオールに行って雑貨商のグループに講演してほしいというジョンソンの希望を伝えた。「だが俺はスタンダード・ブランズのことは何も知らんよ」とウェブスターが異議を唱えた。「連中にちょっと話をして、相手を持ち上げてくれればいいのさ」とギフォードが助言する。結局、ウェブスターはジョンソンのために一〇年以上講演を続けることになる。

スポーツ選手はほんの手始めにすぎない。スタンダード・ブランズのトップとしてのジョンソンは「接待王」となり、企業の領袖との友情を開拓した。そうした企業の大物にはマーティン・デイビス（ガルフ&ウェスタン）やジェームズ・ロビンソン（アメリカン・エクスプレス）のほか、オウレグ・カシーニ（ファッション・デザイナー）などもいた。ジョンソンはそういうことには金を惜しまない。「そのセーターいいですね、などとうかつに言わないほうがいい。すぐにセーターを脱ぎ、こちらにくれるからだ」とあるスタンダード・ブランズの幹部は回想する。

彼のスタイルは慎重に考え抜かれている。大げさな登場もその一つだった。何事にもジョンソンはきっかり二〇分遅れて登場する。「ぴったり到着すれば、誰も見やしない」とよく彼は言った。「遅れて行けば、みんなが注目する」。また常に快活さを忘れなかった。朝の特別車の中では傑作なわい談を披露し、ゴルフコースでは群を抜いて楽しいパートナーだった。

ジョンソンの当面のビジネスの目標はスタンダード・ブランズをつぶさないことだった。一九七六年に会社を握ったのも束の間、砂糖価格が低落した。これがスタンダード・ブランズの目玉商品のコーン甘味料マーケットを直撃、営業利益が二期連続して低下した。ジョンソンは若手監査係のエド・ロビンソンにいわゆる「悪材料」レポートをまとめさせ、社内の腐った部分に焦点を絞った。その一つがアルコール部門で、膨大なワインの在庫を抱えていた。ジョンソンはそこの「ボトル・キッサー」（ワイン部門マネージャー）たちと面談する。

「いやー、ジョンソンさん、このワインは売るには上等過ぎるんですわ」と連中が言った。ジョンソンの返答。「半値にしてさっさと処分しろ」

元経理係として、ジョンソンはちょっとした財務手法で業績の悪化を粉飾した。たとえば、時に応じて一般的な会計原則を限度いっぱいまで拡大解釈した。ただ、スタンダード・ブランズが減益を計上しても、経費の削減には一切関心を払わない。「創造的な金遣いのできる男が欲しい」というのがジョンソンの口癖だ。「予算の最後の一セントまでケチるような男は要らない」。（接待業務と華麗な催しを扱う広報部のトップは、ジョンソンが特に「ヌメロ・ウーノ」「ナンバーワン」と呼ぶ男だった。ジョンソンは愛情をこめて言う。「マイク・マスタープールは無制限の予算を引き出し、それを超えられる唯一の男だ」）。だが事業部門のマネージャーたちは、四半期から四半期と数字合わせで駆け回らねばならなかった。当時の社内のモットーは「一夜漬けで乗り切れ」というものだった。

ジョンソンは社の不振を派手な新製品開発でカバーしようとした。これが某アナリスト言うところの「食品業界の名だたる失敗」につながっていく。製品の手始めが「スムーズン・イージー」。マーガリン形式で販売された即席グレイビーミックスで、鍋で溶かすとチキンスープ、ホワイトソース、ブラウン・グレイビーフレイバーなどになる。徹夜続きのジョンソンの商品会議の結果も、スーパーマーケットでは惨敗した。さらにメキシコ料理の新製品もライバルのフリトレー社のマーケティング力に粉砕された。

一九七八年には、ジョンソンのスポーツ好きと生来のマーケティング下手が一つになり、悲運の「レジー！」バーが誕生した。ジョンソンの新しい友人レジー・ジャクソン（大リーグのスター選手）にちなんだキャンディは、七八年の開幕日にヤンキー・スタジアムに入場したファンの一人ひとりに配られた。ジャクソンがホームランをかっ飛ばせば、フィールドに「レジー！」バーが雨あられとばらまかれた。この「レジー！」キャンディ自体はインディアナ州フォートウェインで長年製造されてきたチョコピーナッツ・クラスターの複製で「ウェイン・バン」で通っていた。ジョンソンはこれを改称しただけで全国マーケットに乗せたのだ（改称の効果はまるでなかった。ジャクソンのCM出演も、野球を語るより美女を口説くのに熱が入っているように見えた）。販売は振るわず、一九八〇年になると「レジー！」は退場処分の運命となった（だがジャクソンは違う。ジョンソンは長年ジャクソンを会社のマンションに住まわせた上、社の車と年額四〇万ドルの個人サービス手当を支給した）。

少々度外れて見えようともジョンソンは平気である。むしろそれを推進した。生涯の「ペスケット派」として、彼は時計のようにきちんとスタンダード・ブランズを年二回ずつ手直しして、職掌を変え、部署を作り、また解体し、戦略部門を転換した。部外者には変更のための変更のように見えるが、ジョンソンは専門化に逆らう個人的改革運動と位置づけた。「君たちのやっていることは仕事じゃないんだ」と彼は「メリーメン」に言う。「使命なのだ」

「ロスにとって」とポール・コルトン（スタンダード・ブランズ元取締役）は言う。「組織とは元来、肥満し、鈍くなり、満足してしまうものなのだ。彼の場合、『破綻さえしなければ手直しなどいらぬ』とは断じて言わない。彼にすれば常にどこかが破綻しているのだ」

この困難な時期に、スタンダード・ブランズの役員会は若きCEOを決して責めなかった。ジョンソンはワイグルの運命を肝に銘じて、役員を王様のように扱い、仲間のスター選手の紹介に気を配った（「さあ、僕の友人のフランク・ギフォードに会ってください！」）。「CEOの一番大切な仕事の一つが役員に対する気配りだ」とジョンソンは言う。元来、年長者のご機嫌とりにはたけていたし、悪いニュースを巧みに転換し、危ない場面をジョークで切り抜ける天才だった。たとえばスタンダード・ブランズの監査役が、メキシコの合弁事業の怪しげな会計手続きについて、二期続けて役員会に文句をつけたことがある。役員会はジョンソンに説明を求めた。実のところ、メキシコのパートナーにアメリカの会計ルールを守らせるのはとても無理な話で、ジョンソンはとうにあきらめていた。だが彼は役員たちにこう言った。「皆さんは今までに、水上スキーからモーターボートを操ろうとしたことがおありですか？」。役員たちはドッと笑い、追及はそれでおしまいだった。

たまに、彼の大口や卑わいな冗談が役員会の規制を押し切ることもあった。ある時ジョンソンは文句なしに当たると言って、役員会に新種ワインの報告をした。名前は「フレンチ・キス」です、とジョンソンが発表する。役員たちはひるんだ。もう少し控え目な名にできないのかね？ジョンソンは耳を貸さなかった。当のワインがマーケットに登場するとフレンチ・キスは「レジー！」と同じくらいの寿命だった。

スタンダード・ブランズのパーティーはこうして四年間続いた。毎日の盛り上がり、失敗続きのマーケティング、冴えない収益。だがジョンソンと仲間には、大いなる楽しみと豊かな役得。そして一九八〇年、ジョンソンが育てた金遣いの荒い社風が本人を窮地に追い込んだ。上席幹部のボブ・シェイドラーは、社の国際部門がダミー会社らしきものに支払った一連の使途不明金を発見した。問題のペーパーカンパニーの主は、マーティン・エメットの運転手と分かった。どうもエメットの数千ドル単位の個人支出（食品、衣服、家具、絨毯、テレビなど）をスタンダード・ブランズに請求しているらしい。

エメットのライバルのシェイドラーは、一件をひそかにハワード・パインズ（人事部長）とレス・

アップルゲートに報告した。ジョンソンの寵愛を失ったアップルゲートは、明日にもほかならぬエメットに社長ポストを譲り渡す状況にあった。この件をジョンソンに持ち込むわけにはいかないということで、三人組は一致した。ジョンソンはおそらく親友を守ろうと一件をもみ消すだけでなく、三人組を追放する恐れもある。ここは役員会にじかに訴えることだ。

七月の役員会の前日、監査役会が開かれた日には、ジョンソンは上機嫌だった。エメットの社長昇進は翌日承認される運びで、その人事は『ビジネス・ウィーク』の早版に合わせ、マイク・マスタープールがすでにリークしてあった。二人の取締役、パット・パターソン（モルガン・ギャランティ）とポール・コルトンが固い表情で遅れてやって来た。シェイドラーと今まで会っていたのだ。シェイドラーはスーツケースいっぱいのエメットの領収書を提示した。二人の役員はジョンソンに問い質した。説明してもらえるかね？

ジョンソンは衝撃を受けたようだ。何があったのか分からないと役員たちに言った。だが誓って調査してみせます。そして翌日、調査の一端を報告した。まず、エメットの運転手は普通の運転手ではなく元ＣＩＡの工作員で、スタンダード・ブランズ・インターナショナルただ一社と勝手に取引関係を結んでいた。そしてエメットの依頼で物品を購入していた。だがエメットに問い質すと、やましい点は何もないと主張した。ジョンソンは親友を擁護した。徹底的に調査する、とジョンソンは言った。だがエメットは今すぐ社長にしてください。

エメットの社長昇進が発表されたが、社と長い付き合いのある法律事務所が行った内部調査は発表されなかった。月日がたち調査が進むうち、ジョンソンとエメットの辞職の噂がしきりに社内を駆け巡った。九月に最終決定が出た。誤った決定かもしれないが、悪い結果ではなかった。エメットの罰は手首のシッペだけだった。代わりにジョンソンがくびにしたのは、エメットを告発したシェイドラー、パインズ、そしてエド・ダウンズという三人の幹部だった。アップルゲートは顧問に降格された。

「君たちをボートに乗せて追放する」。ジョンソンが三人組に言った。「もう戻っては来られないぞ」。このエピソードは、ジョンソンの取り巻きの間では末長く「ボートピープル事件」として語り継がれる。

その後ジョンソンは落ち着かない様子だった。ジョンソンと役員会との間はかつてないほど危機的な状況だった。

業績は相変わらず不安定。収益は増加に転じたものの、その伸びが物価上昇率を上回ることはなかった。利益率は産業界の平均をはるかに下回っている。研究開発センターではカーボネルがありとあらゆるプロジェクトを試していた。無脂肪ピーナッツ、発酵法を改良したコーンシロップ、イースト、ビネガー。だが新製品は時間を食い、ジョンソンの焦りは募る。ジョンソンはあわただしくイースト事業を売却し、酒類の会社をいくつか買収した。だが、クリスマスにもらったおもちゃのように、スタンダード・ブランズで五年も遊べば飽きがきていた。

愛想をつかした理由の一端は、四〇代の後半に向かうジョンソンがすでに七〇年代半ばの天才少年ではないという事実だ。おとなしい企業熟年になるのかと思うと背筋がゾッとする。齢を重ねることに関心はない。アンファン・テリブル（手に負えぬ子供）でいたかった。永遠の「かき回し屋」でいたかった。ジョンソンを取り巻くすべてが――相変わらずボサボサの髪の毛から、二六歳の二度目の妻まで――実業界のピーターパンを連想させた。今や新しい冒険が必要なことは明らかだった。

チャンスは一九八一年三月、仲間のＣＥＯからの興味深い電話で始まった。ボブ・シェイバリ（食品大手のナビスコ会長）がジョンソンに言うには、コネチカットで彼の部下がスタンダード・ブランズの代理という男から電話をもらったという。ジョンソンはシェイバリの意図を図りかねた。ナビスコ会長は言った。「いいかね、その男はスタンダード・ブランズとナビスコの合併案を持っていたのだ」。ジョンソンは何も知らない。

「多分、実体はないのかもしれない」とシェイバリ。「だが我々で話し合う必要があると思う」。それはそうだ、とジョンソンが答えた。

だが、まずジョンソンは彼の会社をおもちゃにしようという代理人の正体を知りたいと思った。「いったい、どこのどいつなんだ！」。月曜朝の幹部会議の席上でジョンソンが声を荒らげた。ジェーク・パウエル（財務部長）とディーン・ポスバー（企画部長）があっさり白状した。問題の男はグリニッチを本拠とするビジネス・ブローカーで、小規模の買収案件でこの二人がちょくちょく使ってきた者だった。ブローカーがどうも出過ぎたようだ。「まあ合併案がどうなろうと、現在ボブは断じて何も望んではいない」とジョンソン。「それにしてもボブは、自分の会社の出来事を社長が何もご存じないと考えるだろう。当然だろう？　その通りなんだから……。私は会社の出来事を何も知らんのだ」

にもかかわらず、ジョンソンは興味をそそられた。彼はシェイバリと会談してみて、相手が気に入った。数週間のうちに両首脳は互いの会社の合併で意見が一致した。一九八一年、ナビスコ・ブランズ（合併会社の新社名）が一九億ドルの株の交換で設立された。当時の基準からすれば、消費財産業同士の大型合併だった。形式的には対等合併である。ただそれはあくまでも表向きの話である。誰が考えても、リッツやオレオなどの有名ブランドを持つナビスコのほうが実力のある会社だ。そのトップに誰が就くかも明らかだった。

ナビスコは生まれながらのモンスターだった。ナショナル・ビスケット・カンパニー（最初の社名）は一八九八年に結成された。これは合併の産物で、東部の大手ベイカー（パン類製造販売）の大半を保有する企業と、西部の大手ベイカーの大半を保有する企業が合体し、血で血を洗う競争に終止符を打ったのだ。世紀の変わり目のトラスト時代の産物として、ナビスコはよく「ビスケット・トラスト」と呼ばれた。同社はビスケットのパイオニアでもある。クラッカーを樽ではなく、初めてパッケージに収める規格商品に変えた。また従来の地域生産に、全国的なマーケティングと流通を持ち込んだのもナビスコが最初だった。

ナビスコを創った人物はシカゴの弁護士アドルファス・グリーンである。初代会長のグリーンは自らの手で八角ソーダクラッカーを開発、ナビスコ初の全国商品にして、これを「アニーダ・ビスケット」と呼んだ。グリーンは今でも使われている社の商標を選んだ。中世イタリアの印刷業者たちのシンボルマークで、二本棒の十字架と楕円からなり、悪と物質に負けない道義と精神の勝利を表している。グリーンはパッケージをデザインし、箱の宣伝文を起草した。「アニーダ・ビスケット。毎食のお供に、旅にもお忘れなく。サンドイッチに最適、ピクニックに最高、万能の用途。砂糖を含まず、万人の完全食品。値段もお手頃」

N・W・エア（ナビスコの広告代理店）がその後を引き継ぐ。一八九九年初頭、この代理店は「アニーダ」の一語を新聞と広告掲示板《ビルボード》に載せた。第二弾が「アニーダ・ビスケット」。その次が「あなたはアニーダ・ビスケットをご存じ？」。そして最後に「もちろんアニーダ・ビスケット！」。エアはさらに広告キャンペーンを展開した。レインコート姿の一人の少年がアニーダ・ビスケットの箱を抱えている。マディソン街（訳注）が盛える幾時代も昔、それはシンプルで強烈なイメージだった。当時としては空前の規模の広告キャンペーンで、パッケージ化した簡便食品をテーマにした最初のものであった。

——**訳注**　広告代理店が多いニューヨークの通り。

アニーダ・ビスケットは大当たり。以後、ナビスコの新製品がなだれを打って登場する。「フィッグ・ニュートン」はボストンのベイカーの手で作られ、名の由来はボストン郊外の町ニュートンに敬意を表したもの。「ソールティーン」クラッカーはミズーリ州セントジョセフのべイカーから。「アニマル・クラッカーズ」はニューヨーク市の二つのベイカーの手による。ナビスコはバタークッキーの大量生産を最初に考え出した企業で「ローナ・ドゥーン」という名でたちまち大ヒットする。またマシュマロとゼリーを混ぜ合わせ、チョコレートで飾り「マロマール」と名付けた。

転んでもただでは起きなかった。一九一三年、ひとまとめにして「トリオ」と呼ばれる新製品三種をグリーンが発表し、うち二つには特に高い期待を寄せていた。「マザーグース・ビスケット」は童謡の名場面をかたどったもので、「ベロネーゼ・ビスケット」は高級なハードクッキーだった。だが当たったのはトリオの三番目のクッキーで、二つの丸いチョコレート・ウエハースの間にバニラ・フロスティングをあしらったものだ。これが世界のベストセラー・クッキーになる「オレオ」である。

グリーンは食品ビジネスに、仲介業者を通さず直接販売方式を採用したパイオニアで、セールスマンを派遣しナビスコ製品を国じゅうに広めた。「アニーダ・カデッツ」をはじめとする巨大な猛烈セールスマン軍団を擁し、週六日間、毎日一二時間、ナビスコ・ロゴを鮮やかに描いた馬車に乗せてあちらこちらを巡回させた。

グリーンは従業員を「偉大な家族」と呼び、ナビスコを働き手に優しい企業にした。設立から三年のうちに特別割引の従業員持ち株制度を導入して、彼らを「株主仲間」と呼んだ。また、それが当然の時代に児童労働者を雇わなかった。従業員に対して、おそろしく暑くて時には危険なこともあるベイカリーで、朝から晩までスナックの量産を期待する一方では、彼らに栄養ある食事を出す責任も感じていた。「わがニューヨーク工場の場合」とグリーンは株主への報告書に記している。「従業員は一一セントで、温かい肉、ポテト、パンにバター、コーヒーまたは紅茶からなる夕食を取ることができる」

一九一七年にグリーンが死に、ナビスコの革新精神の多くも彼と共に死んだ。後継者のロイ・トムリンソンという弁護士は、ビスケットよりも営業成績のほうに関心があった。一九二〇年代を通じて利益は四倍になるが、大成功を収めた先代の製品と販売力の上にナビスコはあぐらをかいていた。新製品が必要ならば金で買う。たとえば一九二八年の「シュレデッド・ホイート」、一九三一年の「ミルク・ボーン」（犬ビス）のように。

それでも大恐慌のさなかには、ナビスコの各ベイカーが新機軸を打ち出した。ナビスコは長年、ライバル会社の製品に似たバタークラッカーの開発を進めてきた。その結果、ココナッツオイルを薄く塗り、塩をまぶした画期的なクラッカーが誕生した。これが「リッツ」と命名され、一夜にして全米随一の人気クラッカーになった。ナビスコはわずか一年で五〇〇万個を製造し、三年たつと日に二九〇〇万個。リッツは世界のベストセラー・クラッカーになった。

だが再びナビスコは成功にあぐらをかいた。次の一〇年ナビスコは惰性に流れ、ひたすら配当を払い、借金をせず、何年も同じクッキーやクラッカーを焼き続けた。やがて収益が低下し、ベイカリーが老朽化、経営陣も老化した。一九四〇年代半ばでナビスコの首脳陣の平均年齢は六三歳。社内では「九人の年寄たち」で通っていた。トムリンソンが二八年の治世の後退任すると、会社はようやくまた動き出す。

だが一九四五年に役員会がCEOに据えたのは、これまた弁護士で首席法律顧問のジョージ・コパーズだった。コパーズはハーバード・ビジネススクールで週末の経営学講座を履修し、ナビスコの再建に乗り出した。「九人の年寄たち」を整理して一群の若手を登用した。一二年間に二億ドルを投じてベイカリーを近代化した。当時の二億ドルは大変な金額だが、この資金はすべて収益で手当てした。善良で保守的なナビスコに借金などもってのほかである。

コパーズは巨額の予算を研究と宣伝に割り当て、収益は圧迫したものの明日のための基礎を築いた。一九五八年、ニュージャージー州フェアローンに最後のクッキー・クラッカー新工場が完成したころ、ナビスコは経費削減と品質改善を済ませ、二〇世紀の後半に向けて船出した。コパーズが死んだ一九六〇年に『ダンズ・レビュー』誌は経営の優秀な企業二〇社の一つにナビスコを挙げた。

コパーズの若手の輝く星の一人で、リー・ビックモアというアイダホ出身のモルモン教徒が次の経営者だった。ビックモアはポカテーロでの出荷担当者としてナビスコの仕事を始めた。やがてセールスマンとなり、ユタ、ワイオミング、アイダホの隅々にリッツやオレオを拡販して歩いた。ビックモアが注目を集めたのは、セールスマンの訓練と技術に関する提案を山のようにまとめ、ニューヨーク本部に熱心な手紙を書き送ってからである。

社長としてのビックモアはナビスコを海外市場に拡大した。オーストラリア（一九六〇年）、イギリス、ニュージーランド（一九六二年）、ドイツ（一九六四年）、イタリア、スペイン、中央アメリカ（一九六五年）。ビックモアは始終海外を旅行し「空飛ぶ社長」として有名になった。また多角化を進めて冷凍食品に進出したり、ナビスコを世界最大のシャワーカーテン・メーカーに変えたりもした。さらに絨毯やおもちゃのビジネスにも進出した。シェービングローションや家庭医薬品を造っているJ・B・ウィリアムズという会社も買収した。

これがそろって裏目に出た。海外進出、シャワーカーテン、おもちゃ――何もかもだ。損失をカバーしようと、ビックモアはナビスコのクッキー、クラッカー部門から利益を目いっぱい絞り取った。絞り方がひどくて両部門にひびが入った。コパーズ時代のベイカリーは老朽化してきたが、それを改造して近代化する資金がもうナビスコにはない。ビックモアが一九七三年に引退しても、事態は少しも変わらなかった。七〇年代のナビスコは品のある、鈍重な役員たちによって運営され、もっぱら過去の栄光を尊ぶ企業文化を育成した。そろって善良だが、変化の触媒にはなれなかった。ナビスコの広告代理店の役員が言う。「オレオを作る人間がどうして性悪《しょうわる》になれるだろうか」

ナビスコは低迷した。誰もくびにならない。誰も五時以降は働かない。誰も声を荒らげない。新しいCEOのボブ・シェイバリさえ自分のオフィスにはドアがない。シェイバリさえ社の車やゴルフクラブ会員権を持っていない。

ここにロス・ジョンソンが登場する。まさしくそれは、ある才人の指摘のように、暴走族グループがロータリークラブと合併した観があった。

ボブ・シェイバリがナビスコ・ブランズの会長兼CEOに、ロス・ジョンソンが社長兼COOに就任した。シェイバリの下に二社の経営陣が合体され、ジョンソンの「メリーメン」はことのほか不満顔だった。

ひとつには、ナビスコの朝の会議の開始が八時半前後で、まさに一同の二日酔いのピークだったためだ。スタンダード・ブランズの言いたい放題の会議とは対照的に、ナビスコの討議は慎重に行われた。幹部社員がテーブルを囲んで座り、それぞれ担当のクッキーやクラッカーについて一五分の説明をする。終わったところで、質問があるかと聞かれる。めったに質問は出ない。質問は不作法なようだ。会議は昼食を挟んで、だらだらと昼過ぎまで続く。よくジョンソンはわざと電話で呼び出しを受け、そのまま戻って来なかった。後に残されたロジャーズやカーボネルはひそかに身もだえした。

そしてある日、ジョン・マレー（スタンダード・ブランズの販売担当副社長）の我慢が限界に達した。吹雪の時にオフィスを閉鎖する手続きについての、とりわけ退屈な会議だった。ひどい嵐が起きた場合は、とナビスコ役員の一人が述べる。従業員に対してあと数時間でオフィスを閉めると通告いたします。こうすれば車の足がいる従業員は名乗り出て、会社が手持ちの車を手配することができ、その日一日が整然と終了するというものです。明らかに自分の説明に満足し、当の幹部は質問を許した。

「そんなこと、俺はまるで信用できん！」。マレーが声を荒らげた。「もし天気がそんなにひどいのなら二時間も待たすな。さっさと閉鎖しろ。いずれにしろその二時間、何をしようというんだ。アホみたいな話だ」。呆気に取られたような沈黙。やがてジム・ウェルチ（会議を主宰するナビスコの上席幹部）が沈黙を破った。

「私はジョンに一〇〇パーセント賛成だ」

これがナビスコを変身させる文化革命の最初の一撃だった。会議がほぐれてきた。マレーが「フライシュマンズ・マーガリン」の実績などを説明すると、ピーター・ロジャーズが大声でさえぎる。「連中にブルーボネット・ベーキング・マーガリンの話をしてやれよ」。もちろん売れ行き不振のブランドだ。ナビスコの幹部は、厚く積み上げられた年次計画と事業予測からなる、入念な企画手続きに誇りを持っていた。ジョンソンはそれを一切追放した。「企画とは、諸君、『来年は今年やったのとまるで違うことをやろう。さて何をやりましょうか？』というものだ」と彼は一同に言う。「私が求めるものは、たった五項目で済む」

ナビスコ・ブランズのトップは形式上はシェイバリだが、ジョンソンは自由に自分のやり方を進めた。二人のオフィスは隣り合っており、絶えずボスの機嫌を取ることを忘れない。何事もシェイバリに相談し、会議でも相手を立てて「会長殿」と呼びかける。数あるジョンソンのカントリークラブ会員権の費用は会社持ちだった。彼はシェイバリの会費もそうすべきだと主張して、それを実現させた。ジョンソンと部下の幹部社員は会社の派手な車に乗っていた。ジョンソンはシェイバリとその側近もそうするように主張して実現させる。ジョンソンはペース大学に二五万ドル寄贈し、会計学に「ロバート・M・シェイバリ講座」をつくった。ペース大学のディナーでその発表があると、名誉だが当惑したようにシェイバリが言った。「その資金は誰が出すのかね？」

もちろん会社である。会社はまた給与体系を大幅に改善する必要があった。何しろ三六人のスタンダード・ブランズの幹部は、一五人のナビスコの幹部よりそれぞれ一〇万ドルも余計にもらっていた。ジョンソンの基本給はシェイバリの倍以上あり、会長給与を大幅に増額する必要があった。会長はこれを渋々認めたが、その後、一九八三年の自分のサラリーとボーナスの総額が一〇〇万ドルを超えると教えられて、ぎょっとした。株主は何と言うだろう？ シェイバリはボーナスをカットして、六ケタに戻すように命じた。だが会長はそれに値すると言って、ジョンソンが思い留まらせた。シェイバリが一〇〇万ドル稼げば、むろんジョンソンもまたそれに値するのだ。

ジョンソンは引き続き自らのライフスタイルの向上に意を注ぎ、ニュージャージー州スパータに一六万平方メートルの敷地をもつフランスの古城スタイルの巨大な邸宅を購入した。さらにイーストハノーバーにあるナビスコ本部にヘリコプターで通おうとしたが、町の創設者たちからヘリの着陸を繰り返し断られ、これは実現しなかった。

一歩一歩、だが着実に、ジョンソンはシェイバリの周辺に力を及ぼしていく。古参のナビスコ幹部がポツリポツリと姿を消し、ジョンソンの配下に取って代わられた。ナビスコの有力な財務担当役員ディック・オーエンスの没落は、ジョンソン流のやり方の典型である。合併当時、オーエンスは権力の絶頂にあるかに見えた。取締役副社長に任命され、合併役員会の席に連なった。オーエンスがどんな要求を出してもジョンソンはのんだ。オーエンスの求める側近人事も次々に承認する。こっちに上席副社長、あっちに副社長、おびただしい数の副社長補。ジョンソンの温かい理解を受け、オーエンスの財務王国は着実に強化された。

そしてある日、眉間にしわを寄せてジョンソンはシェイバリのオフィスを訪れる。「ディックが膨大な財務組織をつくっているんだが」とジョンソンが懸念を示す。そしてすきのない論理で、財務マネージャーたちの分析と判断が本部に取って代わる危険性を指摘する。「財務マネージャーのために数字をいじっているのはどうかと思われます」とジョンソンがほのめかす。

シェイバリが尋ねる。「では、どうしたものかな？」

「ディックは本質的に集中排除の能力に欠けると思います」。ジョンソンが答える。「異動の必要があるのでは……」

で、オーエンスは脇に外され、ポストはジョンソンの一時預かりとなった。ただちにジョンソンはその下にスタンダード・ブランズの人間を配し、ナビスコの財務様式をスタンダード・

ブランズ方式に変更した。新システムが分かるのはスタンダード・ブランズの人間だけとなり、ジョンソンには好都合だった。試合のルールを変更したことによって、組織内部の戦いでは今やジョンソン軍団は向かうところ敵なし。「どんな会議でも、ナビスコの連中を手玉に取ることができた」とジョンソンの元側近は言う。

ジョンソンはスタンダード・ブランズのディーン・ポスバーを企画担当役員に任命した。かくしてポスバー、ひいてはジョンソンが役員会の運営責任者となり、ジョンソン軍団が役員会の討議内容をコントロールできるようになる。さらに、ジョンソンの分身たるマイク・マスタープールが広報を掌握した。こうしてポスバーの企画グループと財務機構とで組織内部にたがをはめるとともに、対外広報も管轄下に置いた。

ジョンソンのもう一つの働きのおかげで、人事でも同じようなことが起きた。シェイバリの当初の計画では、ナビスコの運営とスタンダード・ブランズの運営を分離する予定だった。だがジョンソンの提案で両者が統合された。各部署が一つになり、おとなしいナビスコの役員がスタンダード・ブランズのサメどもと一緒に泳ぐ羽目になった。トップ人事を選択する時になると、ジョンソンはシェイバリのオフィスに足を運び、えこひいきはしないと言いながら、どうしてもスタンダード・ブランズの人間が適任だと主張する。「なるほど」とシェイバリは言う。「その人物のほうがふさわしい」

こうしたジョンソンの動きを垣間《かいま》見る者にとって、彼はダイナミックなビジネスマンというより、

「ビーバーちゃん」をやっつけながらシェイバリにゴマをする、企業の「エディ・ハスケル」（訳注）のように思えてくる。事実はどうあれ、これは成果を上げた。三年もたつと、社内のトップ二四人のうち二一人がスタンダード・ブランズ出身だった。ナビスコの役員たちはそっと抹殺され、シェイバリは事態にまるで気が付かなかった。会議があると彼はこう言った。「こうして若い皆さん方とお目にかかるのはとても嬉しい」

一訳注　テレビ映画『ビーバーちゃん』で主人公をいじめる脇役。

ジョンソンに力が付いてくると、ナビスコの将来はますます彼のマンションの徹夜のアルコール会議で計画されていくようになる。メンバーは一〇年たってもさほど変わらない。ピーター・ロジャーズ「ザ・ルーク」がいる。マーティン・エメット「ザ・ビッグE」がいる。そしてボブ・カーボネル「エル・スプレーモ（至高者）」がいる。「法王」ジョンソンはこうした集まりで、ありとあらゆるアイデアを開陳した。企業の再編成、保守派社員の早期追い出し、新製品。アイデアの多くはやじり倒されるが、スコッチをすすりながらジョンソンは気軽に提案を引っ込め、次のアイデアを持ち出す。

幹部機構の化粧直しの最中も、ジョンソンはナビスコの企業組織を自らの色に染める手を打っていった。ちょっと見には不可能な作業だ。ナビスコの膨大で堅牢な官僚組織は変化を寄せつけないように見える。だがシェイバリに対する新たな影響力をてこに、ジョンソンは着実にことを進めた。常にジョンソンが発案し、シェイバリが賛成する。ジョンソンがもっともらしい理由をつけ、シェイバリがこれを受け入れる。「いいですか。業界一位や二位でない事業を抱えていても、何の意味もありません」とジョンソンが言う。「確かにその通りだ、ロス」。シェイバリが答える。

一九八二年の第4四半期だけで、ジョンソンは冷凍食品、酒類、シャワーカーテンなどの事業部門を売却した。と同時に、スタンダード・ブランズの旧事業の一部も切り離した。コーヒーや果糖シロップである。

ジョンソンは自分が腕のいい競売人であることに気付いた。こけの生えたブランドしか持っていないJ・B・ウィリアムズが、まさか五〇〇〇万ドル以上で売れるとは誰も考えなかった。だがジョンソンはその倍額で売り渡した。持ち前の愛嬌を振りまき、買い手にはナビスコ事業の経営の苦しさをしきりに訴えた。だがウィリアムズには未知の可能性があることを納得させた。「要するに」とジョンソンは言う。「ウィリアムズの経営がいかにまずかったかを繰り返すことで、相手側はそこに上昇の兆しを見たのだ」

いかに操縦の腕が確かでも、ナビスコ・ブランズの完全なオーバーホールを成し遂げるには、何か戦争のような状況が必要だった。驚いたことに、間もなくそんな状況が出現する。世にいう「クッキー戦争」である。

数十億ドルのクッキー・ビジネスを背景に、ナビスコは堂々と挑戦を受けてきた。だがそこに甘えが生ずる。社のベイカリーは古くなり、マージンは膨らんで、ライバル企業は年々少なくなっていた。そこに、カンザスシティーでナビスコの「真珠湾」が起きた。攻撃したのはフリトレー社。ソルティスナックの大手メーカーである。そのフリトレーが一九八二年半ば「グランマズ」という新開発のソフトクッキーをひっさげ、カンザスシティの売り場に殴り込みをかけた。意気盛んなフリトレーの幹部はグランマズがソフトクッキーを持っていないナビスコをたちまち圧倒すると広言した。ナビスコのクッキービジネス支配は崩壊し、二五億ドルの市場は「一種のコークーペプシ体制」に変質するだろう、というのだ。フリトレーの幹部の言う通り、当初はカンザスシティ市場の二〇パーセントを制覇した。

ジョンソンが奇襲の対処に大わらわの最中に、もう一人の攻撃者が襲いかかった。シンシナティの消費財の大手プロクター＆ギャンブル（P＆G）が、独自のソフトクッキー「ダンカン・ハインズ」を発表したのだ。P＆Gは巨大ベイカリーの建設にかかり、クッキーの特許を申請、独自にカンザスシティへの攻撃を開始した。カンザスシティはたちまちクッキー戦争の戦場と化した。クーポンや特別展示や広告に釣られ、市民のクッキー消費量は二〇パーセントも増大する。

ナビスコは圧倒されていた。だがジョンソンは例によって陽気で自信満々だった。ソフトクッキーにはまだ誰も気付いていない問題がある、と心配顔の役員たちをジョンソンが励ます。彼が言うには、ライバル社のクッキーを朝遅く食べたところ、味が良過ぎて昼飯を食べる気になれなかった。その後で戻ってみると、残りのクッキーは腐りかけていた。

「だが、どの程度腐りかけていたのかね?」。ある役員が尋ねた。

「アイスホッケーのパックにかみ付いたことがありますか?」。ジョンソンが答えた。一同はドッと笑う。「法王」はすでに役員会のお気に入りだった。

最初にジョンソンがやった反撃は、せいぜいナビスコのチップス・アホイ(チョコレート・チップ・クッキー)にさらにチップスを詰め込むぐらいだった。そのうち、この戦争状態を口実に、彼はナビスコ生え抜きの幹部の追い出しにかかった。「よろしいですか」とシェイバリに言う。「あなたを窮地に追い込んだ者たちでは、あなたを救うことはできません」。例によってシェイバリは納得した。ピーター・ロジャーズが新たに戦争の指揮官に任命される一方、カーボネルが研究開発陣の尻を叩き、ナビスコ独自のソフトクッキーの開発を急がせた。

一九八三年の半ばにナビスコの反撃態勢が整った。同社独自のソフトクッキー「オールモスト・ホーム」の導入を武器に、ナビスコはカンザスシティ戦争に参戦した。「あれは殺りく戦だった」と後日ジョンソンは回想する。「P&Gが一ドルのクーポンを出せば、こちらは一ドル半のクーポンを出す。死体がそこらじゅうに転がっていた」。ジョンソンはクーポンのコストを気にしなかった。セールスマンの超過勤務手当も気にしなかった。ナビスコは何としても売り場を奪回するつもりだった。

ジョンソンとナビスコは結局カンザスシティの闘いに敗れた。だが戦争には勝った。新参の二社には、電光石火の全国制覇に必要な量産システムも流通システムもなかった。ひとたび新製品を持つや、ナビスコは都市から都市に強力な橋頭堡を築き、ライバルの侵入を許さなかった。一九八四年の時点でクッキー戦争は終結したも同然だった。

硝煙が晴れてみると、ナビスコ社の内外でジョンソンだけが大きく見えた。シェイバリと役員会に関する限り、彼には悪い点が何もなかった。その年にCEOのポストを譲って、シェイバリはジョンソンの労に報いた。ナビスコの巨大な新研究センターのお披露目が控えていた。ご機嫌を取らなければと思ったジョンソンは、相手の好意に応えて「ロバート・M・シェイバリ技術センター」と命名した。シェイバリも感激した。「メリーメン」の考えでは、それはシェイバリに暇をだす見事なやり方だった。彼らに言わせれば、建造物に名を刻んだ人間は死んだも同然だった。

ニューヨークに来てからわずか一〇年のうちに、ジョンソンは成功を極め、アメリカの大手食品会社のCEOの座を射止めた。新時代のアメリカ・ビジネス界における新人類のCEOだった。スタンダード・ブランズの旧人類たちは自らを企業の召使と見た。「会社は船だ。CEOはその船長にすぎない」と彼らは言う。こういう「船にお任せ」のスタイルは、不況の三〇年代に痛めつけられ、波風を恐れる男たちにはぴったりくる。だがジョンソンはほかの同世代と同様に大恐慌を知らず、世界大戦を経験せず、いさぎよく限界を認めるようなことはしない。旧式なチームプレーヤーどころか、彼は偶像破壊的なスーパースターなのである。おのれの気まぐれにのみ忠実な、テレビ時代のクールな世代なのである。

第三者にとって、彼はいつに変わらぬ愛想のいいロスである。五〇代、上背があってスリム、ボーイッシュな長い銀髪。カナダをわずかに感じさせるのはそのアクセントだ。ジョークは英国風で「bloody」（ひどい）をまき散らし、語尾にはよく「eh?」が付く。

だが、ナビスコの王座には就いたものの、ジョンソンは経営に興味を失ったように見えた。今ではリッツよりグリッツ（きらびやかさ）のほうがはるかに彼を魅了する。ジョンソン夫妻がギフォードやそのガールフレンドと一緒に休暇を過ごさない時は、ジム・ロビンソン（アメリカン・エクスプレス会長）や妻のリンダ（売り出し中のウォール街の広報エキスパート）と地中海の休暇に出かける。ジョンソン夫妻の親友の一人に、カナダ首相のブライアン・マルルーニと妻のミラがいる。ミラとローリー・ジョンソンはマンハッタンをぶらついては、首相官邸用の豪勢な買物をした。ナビスコがダイナ・ショア女子ゴルフトーナメントの後援を始めると、ジョンソンがこれをスター集会に変身させた。今や「チーム・ナビスコ」と呼ばれる、知り合いの有名スポーツ選手団がトーナメント会場を練り歩いた。ジェラルド・フォードやボブ・ホープがプロアマ競技に華を添える。ジョンソンの友人のオウレグ・カッシーニがジョンソンの名前を広告掲示板《ビルボード》に掲載した。

ジョンソンは無論、これまでも有名人との交遊に目がなかった。だが、昔は上流階級への劣等感に根ざしたところがあった。それが今やイギリスの社交界の集まりから帰って来ると、ニヤニヤしながら、王室一家がどのくらい「間の抜けた連中」だとか、あのマギー・サッチャーは「嫌な女」などと得意げに言う。クッキーとクラッカーにどっぷり漬かっている「メリーメン」はこれを喜んだ。もっとも、ジョンソンのほうがばかにしている連中の仲間に入ろうとしていると懸念を抱く者もあった。

ジョンソンがナビスコに無関心になったとすれば、それはもうナビスコにさほどの未来を感じなくなったせいだ。クッキー戦争が彼の考え方を変えた。フリトレーやP&Gとの戦いを最終的な勝利とは見ず、たまたまの幸運な勝利と考えた。いずれP&Gのような怪物が、あるいはP&G自身が彼を襲うだろう。しょせんナビスコは致命的な弱点を抱えている。どうあがいても老朽化したベイカリーを急には活性化できない。ジョンソンにナビスコ再編のマスタープランをつくる気などなかった。長年のやっつけ仕事が長期計画に対する興味を失わせていた。むしろ社交生活を大いに楽しみ、企業のゆらめく炎を消し、じっと待機する。

その昔、スタンダード・ブランズの文化を「ジョンソン主義二〇項目」にまとめた人がいる。その一三項目にいわく「究極の成功は、臨機応変かつ大胆な動きから発することを知れ。これは、当然計画不能なもの」

一九八五年の春の一日、ナビスコのCEOに指名されてまだ一年もたたないころ、ジョンソンにJ・タイリー・ウィルソンから電話が入った。相手はノースカロライナのタバコ最大手RJレイノルズ・インダストリーズの会長兼CEOである。ウィルソンが言った。昼食でも一緒にいかがですかな？　そう、ビジネスの話になるかもしれません。

第2章
社内クーデター成功

「大きな古い家に住んでいたとしよう。その家で育ち、楽しい想い出もいっぱいあって、次の世代のために家を大切にしている。ところが、ある日家に戻ってみると、何とそこが売春宿に変わっていた。これがRJRに対する今の私の印象だ」――RJRナビスコ元従業員（ウィンストン－セーラム在住）

もしRJレイノルズ・タバコ・カンパニーがなければ、ウィンストン－セーラム（ノースカロライナ州）のダウンタウンの地味な高層ビルはまるっきり存在しないだろう。この二二階建ての石造ビルを本拠に、長年ビジネスが続けられてきた。ビルの完成は一九二九年。当時は建築の金字塔とされ、同じデザイナーの手により、ニューヨークに一段と大きなスケールで建物を造ることになった。それがエンパイアステート・ビルである。

　このミニ・エンパイアステートのかたわらに、ウォチョービア銀行のもっさりした本部がある。金庫にはレイノルズの株式と預金が詰まり、南部を代表する銀行に成長した。レイノルズ・ビルからだいぶ離れた場所にもっと背の高いモダンな建物があり、本部に収容しきれない従業員がここに入っている。さらに二ブロック先に、町で一番高いガラス張りの高層ビルがそびえる。そこの第一テナントは「ウォンブル・カーライル・サンドリッジ＆ライス」。ノースカロライナ最大の法律会社で、レイノルズ・タバコと切っても切れない関係にある。

　もしレイノルズなかりせば、ウィンストン－セーラムは南部のどこにでもある人口一四万の小都市にすぎないだろう。半高層のビル群を除けば、ダウンタウンは概してみすぼらしい。くたびれた店と、くたびれた人々の街だ。レイノルズがウィンストン－セーラムを際立った町にしているのだ。

　その影響はダウンタウンから四方に広がっている。高速道路四〇号線を西に進めば、広告掲示板の三つに一つはレイノルズ製品を掲げており、やがてボウマン・グレイ医学校が前方に見えてくる。名高いこの教育研究病院は、病院を遺贈したレイノルズの元会長の名を取ったものだ。さらに西に進むと、タングルウッドの入口に着く。この広大な公園はR・J・レイノルズの弟ウィリアムが郡に寄贈したもの。死後四〇年を経てなお「ミスター・ウィル」で通る彼は、タングルウッドを郡の白人住民用に寄贈したのである。

レイノルダ・ロードを北に進むと、R・J・レイノルズ自身の私有地がある。彼は死後七〇年を経た今でも「ミスターRJ」と呼ばれている。その広大な邸宅「レイノルダ・ハウス」は国内有数のアメリカ絵画のコレクションを所蔵している。また市の最高級カントリークラブ「オールドタウン」も邸内にある。敷地はまだその上に、ウェークフォレスト大学のキャンパスを収める余裕がある。この大学は一九五〇年代にレイノルズ一族が一六〇キロ先からウィンストン－セーラムに移転させたものである。

レイノルダ・ロード沿いにあるモデル農家は、その昔、R・J・レイノルズ夫人「ミセスRJ」が建てたもの。今は気の利いたさまざまなブティックと、レイノルズ家の資産の公共部門を管理する事務所に改造されている。Z・スミス・レイノルズ基金は、メアリー・レイノルズ・バブコック基金とともに、毎年数百万ドルをノースカロライナの有益な事業に寄付している。レイノルズ農場の古いボイラー室には「ラ・ショウディエール」というしゃれたフランス・レストランがあり、お客様にはウィンストンとセーラムを無料で進呈する。断る者はめったにいない。何せこちらは「喫煙ありがとう」の看板があちこちに出ている町なのだ。

レイノルズ家の影響は町の貧しい一角にも及んでいる。ミスター・ウィルは白人を優遇したかもしれないが、黒人用のケイト・B・レイノルズ病院の開設にも資金を提供した（この病院は今はない。だがケイト・B・レイノルズ基金は、保有するRJR二四〇〇万株の配当収入の四分の一を町の「貧窮者」に回している）。豊かな郊外にあるR・J・レイノルズ・ハイスクールは町一番の中等教育を提供する。だが、ＲＪＲ元会長の名を冠するジェームズ・Ａ・グレイ・ハイスクールも、長い間中流階級に立派な教育を施してきた。現在、敷地にはノースカロライナ美術学校がある。評判の良いこの美術学校の運営もＲＪＲが援助している。

蒸し暑い夏の朝、風がまるでない日など、今でもタバコの強い香りがウィンストン－セーラムのダウンタウンに立ち込める。ＲＪＲ最古のタバコ工場から運ばれて来る香りである。ミニ・エンパイアステートから丘を下った所で今でも操業を続け、なぜ今日のウィンストン－セーラムがあるのか、常に思い出させてくれる。そこから数ブロック離れた市庁舎の前にもう一つの記念物がある。これこそ、馬にまたがって町に乗り込むリチャード・ジョシュア・レイノルズの像である。

彼がウィンストン－セーラムに乗り込んだのは一八七四年。二四歳のバージニア人で、全米随一のタバコ産地に惚れ込んでいた。身長一九〇センチ近い堂々たる体躯で、整備途上の埃っぽい道を馬を歩ませて行った。育った所は、一〇〇キロほど北のロックスプリングス。州境をまたいだ所だ。父親はその地に噛みタバコ工場を持っていて、レイノルズは若いころから商売を覚えた。南北戦争後の食うや食わずの南部の世界では、商売も楽ではない。現金はめったになく、高度の才覚が要求された。だが若きＲ・Ｊ・レイノルズにはこの才覚があり、物々交換に天賦の才を発揮する。荷馬車いっぱい噛みタバコを積んで行商に出て、荷がひと回り大きい品々と取り換えて戻って来た。三、四頭の馬にラバを引き連れ、蜜蝋、牛や羊の革、朝鮮人参、絨毯、家具などが積んである。ロックスプリングスではこうした品物が二五パーセントのマージンを乗せて競売された。

R・J・レイノルズが育ったのは確かに「戦前の南部」であるが（子供時代、北軍兵の略奪を避けるため一家の馬を森に隠したこともある）、本人は台頭する「戦後の南部」の所産だった。つまり農民というよりは事業家、土地に縛られるより土地を離れる人種である。馬で町に乗り込んだ時、レイノルズには大望があった。近辺の畑で採れる乾燥処理した葉っぱが、最近とみにタバコ嚙みの人気を集めていたのだ。町には葉タバコの競売所がある。町から出る鉄道はマーケットにつながっている。すぐレイノルズは一区画の土地を三八八ドルでモラビア教会から購入、工場の建設にかかった。翌一八七五年、RJレイノルズ・タバコ・カンパニーは他のライバルに伍して営業を開始した。人口二五〇〇の町に、すでに一五のタバコ会社があった。

これほど競争の激しい世界でも、R・J・レイノルズは頭角を現した。サッカリンを混ぜて嚙みタバコの味を良くすることを、他社に先駆けて実行した。積極果敢なビジネスを展開し、工場には常時生産余力があった。レイノルズは猛烈に働き、何年も工場で寝起きした。同時に盛大に遊んだ。大酒を飲み、派手な賭けをやり、女たちを引き連れて歩く。スピードを上げるため二頭立てにした馬車で田舎道を飛ばし、文字通り自らを疾駆させていた（一八九〇年のレイノルズ社の役員会では、今日の社用ジェットに相当するレイノルズの馬車チームに二四〇ドルの年間支出を承認している）。R・J・レイノルズがただ一つ遅かったのは彼の話し方である。生まれついての吃音癖を克服するためである。

ミスターＲＪの事業感覚と地元の粘り強いモラビア式労働倫理とが融合して、将来に及ぶレイノルズの企業文化の基礎が築かれた。モラビア人がここにやって来たのは一七五三年。英国のグランビル卿から買った四万ヘクタールの土地に入植したのだ。これらチェコの移民たちは、中央カロライナのピードモント地域で宗教の自由を求めるとともに、経済的には自給自足を目指した。頑固で勤勉な人々で、製造、交易、手仕事にたけていた。セーラムを重要な町に変身させ、一八〇〇年代には鉄道がラーレーから西に延長されてきた。

レイノルズ・タバコの方針はモラビア的価値観を強く反映している。モラビア人の信念は、個人は地域社会に奉仕し、財布の中身と同様につつましく振る舞うことだった。祖国の地名にちなんでウォチョービアという名前の堅実な銀行を創り、数年後にウィンストンと合併した際、ウィンストン－セーラムによそのバイブルベルト地帯（アメリカ南部、南西部。キリスト教右派や保守勢力の地盤）の町とは違う趣を与えた。モラビア人は教育を大切にし、町は先進的だった。町民は地域で初めての女子大、セーラム女学院を設立した。Ｒ・Ｊ・レイノルズと従業員は一体となって働き、一八九〇年代の時点で、彼らの会社は同地域の数あるタバコ企業のトップに立っていた。

事実、レイノルズ・タバコの成長があまりに早かったので、まさしく一〇〇年後と同じように、貪欲な北部の資本家から求婚される羽目になった。一八九〇年代はジェームズ・バック・

デュークの全米タバコ・トラストが台頭した時代で、RJレイノルズのような地方のタバコ会社をのみ込んで大きくなっていった。バック・デュークの生地はノースカロライナの片田舎ダラムであったが、彼は自分のアメリカン・タバコ・カンパニーをニューヨークに移して、全国展開ができるように金融上のコネを開拓した。会社が大きくなるにつれ、デュークはジョン・D・ロックフェラーのスタンダード・オイルに範を求め、見事に全国の新興シガレット市場を制覇した。バック・デュークは次に噛みタバコ業界の支配に関心を移した。

R・J・レイノルズは脅威を見てとり、戦いを誓った。「バック・デュークがうちをのみ込もうというなら、ひとつ目にもの見せてやろうじゃないか」と彼は誓いを立てる。だが一八九九年、なぜかミスターRJはひそかにニューヨークを訪れると、デュークのトラストと契約を結び、レイノルズ・タバコの持ち株の三分の二を三〇〇万ドルで譲り渡した。売却に応じた理由は、どうやら拡張のためにさらに資本が欲しかったことと、社の経営権を保証されたからのようだ。

バック・デュークはR・J・レイノルズが協力すると思ったかもしれないが、ミスターRJには別の思惑があった。トラストの管理の下で地元のライバルを次々に買収し、ノースカロライナ最大の企業に成長する。成長の代償が四半期ごとのニューヨーク詣でで、バック・デュークの部下たち、いまいましいニューヨークの連中に報告書を出すことだった。

R・J・レイノルズはヤンキー（北部人）の支配を嫌ったかもしれないが、その下で栄えたことは間違いない。今や彼はパイプタバコを全国に流通させる夢を抱いていた。秘密のブレンド法を陣頭に立って開発し、自分で「プリンス・アルバート」と名前を付けた。これは後にイギリス国王エドワード七世となる人気の高い皇太子にちなんだ名で、レイノルズ自らぴったりの王子の写真を探し出して（マーク・トウェインと一緒のお茶会の写真）、商標のモデルに使った。会社としては初めてニューヨークの大きな広告代理店N・W・エアを雇い、全国的な広告キャンペーンを実施した。

『サタデー・イブニングポスト』『コリヤーズ』その他の雑誌で、プリンス・アルバートは「舌がひりひりしないジョイ・スモーク」と宣伝された。レイノルズ社は流通、小売業者を相手に、大幅な値引きでプリンス・アルバートの発注を働きかけ、さもないと泣きを見るぞと脅した。プリンス・アルバートの在庫がないとお客さんが文句を言うぞ。なぜなら「舌がやけどをしたようにひりひりしないタバコの製法はうちが一手に握っており、類似商品さえあり得ない」からだ。ナビスコのアニーダ・ビスケットのように、ミスターRJの全国制覇プランは大成功を収めた。プリンス・アルバートの年産は、一九〇七年の二五万ポンドから、一九一一年には一四〇〇万ポンドを上回るまでになる。

だがこの年のそれ以上のビッグニュースは、ニューヨークの山師バック・デュークの失墜である。長年デュークのタバコ産業支配の打破を試みてきたテディ・ルーズベルトの「トラスト攻撃」が、ついに功を奏したのだ。米国上訴審裁判所がレイノルズ・タバコの独立を認めると、ウィンストン―セーラムは喜びに沸き返る。レイノルズのセールスマンは「自由の知らせ」と題する手紙でトラストの解体を知らされた。

「まあ、期待してくれ」上機嫌のミスターRJがモラビア人の幹部たちに言った。「バック・デュークをひとつギャフンと言わせてやる」。数日後、まさに夕闇がマンハッタンを包むころ、巨大な新型の電気広告掲示板に灯がついた。そこには、町を見下ろすように、アルバート皇太子が大写しになっていた。足下の言葉は「国民のジョイ・スモーク、RJレイノルズ・タバコ・カンパニー、ウィンストン―セーラム、N・C（ノースカロライナ）」

北の侵入者から解放されると、会社が二度と「ニューヨークの連中」の手に渡らないよう、ミスターRJはただちに行動に移った。まず従業員にレイノルズの株式を押し付けた。「諸君はこの会社の利害にかかわりを持つ必要がある」。そう言って、株式購入の銀行ローンを斡旋する。借金を嫌う従業員がいると「借金がなんだ。悪いことは言わないから」と説得した。その通りだった。やがてレイノルズの株価が急騰すると、ウィンストン―セーラムは「渋々、百万長者になった人たちの町」として有名になる。

ミスターRJはさらに歩を進め「クラスA」株を創設して（地元では「期待株」と言われた）、すべての議決権を従業員の手に集めようとした。その配当は破格で、二二〇万ドルを超える全収益の一〇パーセントである。従業員は競って新株を求め、給料をはたいて目いっぱいクラスAを購入した。毎年の配当支払日は一種の土地のお祭になり、車のディーラーや高級品の業者は今や遅しとこの日を待ち構えた。ウィンストン－セーラムのある子供が、クリスマスの朝プレゼントを山のようにもらったのに、火が付いたように泣き出したという話がある。クラスA株がもらえると思い込んでいたのだ。一九二〇年代からIRS（国税庁）がクラスAを禁止した五〇年代まで、レイノルズの従業員が企業株式の大半を支配していた。

社の安全と引き換えに、レイノルズは従業員に格別の配慮をした。本人資産の三分の二までのローンを貸し付け、原価で食堂を運営し、蒸し暑いタバコ工場では冷たい水がすぐ飲めるようになっていた。女性従業員の子供は託児所で預った（もちろん白人用と黒人用がある）。レイノルズ社はその上、ウィンストン－セーラムに働きに来た田舎の娘たちのために管理人付きの下宿を開設し、そのほかにも一八〇世帯に住宅を原価で提供した。こうした改革の陣頭指揮に当たるのは、もっぱらミスターRJの若き妻キャサリンであった。

時代の常識からすればレイノルズは画期的な会社である。南部が極端に貧しく、農業経済にどっぷり漬かっていた時代に、地元の農産物を使って、これを一大産業に変えた企業であった。南部のビジネスがおおむねヤンキーの「不在オーナー」の手で支配されていた時代に、地元民の支配の下、地域社会に現金の雨を降らせた企業であった。一九一三年時点で、二万五〇〇〇人のウィンストン－セーラムの住人のうち、四人に一人がRJレイノルズで働いていた。

当時、六三歳のミスターRJは新製品に賭け、生涯で最大の勝負に出た。シガレットである。市場に

その年、パック入りシガレットの需要はほとんどなく、愛煙家は自分で巻くのを好んだ。

出るのは地方ブランドに限られ、評判はいまひとつだった。だがミスターＲＪはプリンス・アルバートの成功に励まされ、味に魅力があればシガレットも全国的に売れて当然と考えた。陣頭指揮でありとあらゆるタバコを研究し、これしかないというブレンドを考案する。地元と隣のケンタッキー州でとれたバーレー種とトルコ種とのミックスである。トルコ種の神秘的な東洋の香りを強調して、彼はこれを「キャメル」と名付けた。その年サーカスがウィンストン－セーラムにやって来ると、カメラマンがパッケージ用にひとこぶラクダの写真を撮影した。

キャメルはＮ・Ｗ・エアが大々的に宣伝した。プリンス・アルバートやアニーダ・ビスケットと同じ手法である。小出し広告を次々に打って、マーケットにシガレットを紹介する。最初は「キャメル」という言葉だけ。次に、ひとこぶラクダの写真を付けて「キャメルがやって来る！」そして「明日、アジアやアフリカにいるより多くのキャメルが町にやって来る！」そして最後に「キャメル・シガレット、ついに登場！」と宣言し、タバコの特徴と値段を表示する。

息もつかせぬ騒々しさで、現在の基準からすればわざとらしい。だがこの宣伝は初の国民的シガレットの登場を一大イベントにしてしまった。レイノルズ社は二〇本入りのキャメルをほかのブランドより五セントも安い一〇セントで売り出した。類似品のライバル三社がたちまち衰退し、死んでいった。キャメルは一大現象だった。発売一年でレイノルズは四億二五〇〇万箱を販売、カートンで売れる最初のシガレットになった。さらにレイノルズは、ヨーロッパで第一次大戦を戦っているアメリカ軍に、シガレットを出荷する独占免許を獲得した。またもミスターRJはヒットを飛ばし、タバコ・ビジネスを塗り替え、変革したのである。

必死の競争相手はあらゆる手段でキャメル抹殺を試みた。バック・デュークのアメリカン・タバコは、キャメルの工場の労働者が伝染病持ちだという噂を広めた張本人とされた。キャメルに硝石が入っているという噂もそれなりに流布された。憤激したミスターRJは反撃に転じ、噂の犯人探しに五〇〇ドルの懸賞金を出した。「卑しむべき中傷者の悪臭ははげ鷹さえ鼻をそむける」とは、RJの戦闘的なポスターの一つである。

これが彼の最後の戦いとなった。一九一八年、ミスターRJは膵臓がんで倒れる。死に臨んでも自分の生涯に満足し、経営を誤らなければ会社は二度とやくざ者の手に落ちないことを確信していた。

「わしは本を書いた」と彼は言った。「君たちはこれを守るだけでいい」


会社の経営はほどなく一族の手を離れた。ミスター・ウィルが会長に就任するが、もっぱら馬の飼育に時間をかけた。ミスターRJの長男ディックはビジネスより政治が好きで、ウィンストン－セーラムの市長になり、民主党全国委員会の財務係を務めた。次男、ザカリー・スミス・レイノルズは、名うてのプレイボーイで飛行家。リビー・ホルマンという歌手と結婚し、二〇歳の年に奇怪でスキャンダラスな状況で射殺された。夫殺しで妻が起訴されたが裁判にはいたらなかった。彼の名は今もウィンストン－セーラム空港を飾っている。

レイノルズ・タバコ経営の重荷は地元出身の幹部たちの手に委ねられた。何人かはミスターRJが生前選んだ者だ。まずボウマン・グレイ――一家のお気に入りだった。グレイはきまじめな人物で、真の成長を促す迫力も想像力も持ち合わせていなかったが、レイノルズ社に方向を誤らせることはなかった。彼は毎朝、夜明け前にダウンタウンのオフィスに入り、夜が更けるまでそこを離れなかった。弟のジェームズ・グレイはウォチョービア銀行の頭取を務め、同銀行の利害はレイノルズと切っても切れないものとなる（後年彼はレイノルズの経営を引き受けた）。レイノルズ一族、グレイ兄弟、モラビア人の長老で構成するウォチョービア銀行の役員会は、町を導く選良となった。そのメンバーは格式あるオールドタウン・クラブに所属し、一〇〇キロほど離れた山あいのローリングギャップで夏を過ごす。彼らは狭いサークルの中で結婚し、複雑な姻戚関係が網の目のように絡みあった。

これは当然、今日でもウィンストン－セーラムに付きまとう偏狭な地元意識をはぐくむことになった。一九三〇年代のレイノルズのある幹部は、ウィル・レイノルズの姪と結婚したこともあって、そのポストを手にした。彼がくびになったのは、ウィンストン－セーラムに住みたがらなかったことが原因だった。外部世界から隔絶されたレイノルズは、流行に対する反応が鈍く、うかつにも拡大する女性愛煙家市場を見過ごしてしまった（ところが銀行強盗のボニー・パーカーはキャメルの愛好者で、逃亡中に工場を見学したこともある）。

その結果、キャメルはシガレット業界での優位を失い、一九二九年にアメリカン・タバコの「ラッキー・ストライク」に全米ベストセラーの座を明け渡した。レイノルズはウィリアム・エスティが率いるニューヨークの小さな広告代理店の助けを借りて必死の反撃に転じ、ようやく三〇年代にトップの座を奪回した。レイノルズ－エスティ同盟はそれから半世紀以上、同社の各種ブランドの競争力を維持している。

ウィンストン－セーラムは地元の大企業に大きな誇りを抱き、町を「キャメルシティ」と呼ぶ。つなぎ姿の工場労働者が紙袋に現金をいっぱい詰めて株式ブローカーのオフィスを訪れ、レイノルズ・タバコ株に買い注文を出す。ホバート・ジョンソンという労働者は社の長年の大株主で、クラスA株が売り出されるたびに懐をはたいて手に入れてきた。持ち株は家訓とともに親から子に継承された――「**絶対に**レイノルズの株を売るな」

地域社会のモラビア的価値観はどこよりも深く社内に浸み込んでいる。「労働」――ライバルの葉タバコ仲買人は八カ月の競売シーズンを終えて故郷に帰ると、ぐったりして休む。レイノルズの仲買人はさらに買い入れた葉タバコの選別を命じられ、ライバルに業務内容の反省を迫る。「倹約」――レイノルズの従業員は鉛筆の使い残りを提出して新しい鉛筆をもらう。蒸し暑い夏の日、オフィスで小さな扇風機を回していた若いマネージャーは、プラグを抜くように諭された。電気の無駄である。「工夫」――タバコの茎と切れ端のリサイクル法を開発して、葉っぱの利用度を増やし、大幅な増益に結び付けた。これは「再生タバコ」と呼ばれ、レイノルズの伝統と見なされている。社の製造ノウハウと「無駄にしない」「欲しがらない」会社文化の合作なのである。

無論ピードモントに天国が出現したわけではない。一九三〇年代にボウマン・グレイが死ぬと、レイノルズは一〇年以上に及ぶ生ぬるい経営を続けるが、労働者には常に小さな不満があった。W・S（ウィンストン－セーラムの略称）とは「ワーク・アンド・スリープ」（働いて眠れ）のことだと冗談を言い合った。四〇年代に入ると工場労働者がしばらくの間組合化された。レイノルズは一〇年の大半をかけて組合の壊滅を図り、組合の指導者を共産党員呼ばわりして、ようやく成功した。だがこうした遠回りは高く付き、売上高は商売敵のアメリカン・タバコを下回るようになる。

だが、それも長くは続かない。ミスター・ウィルの甥ジョン・ウイテカーの指揮の下、レイノルズは五〇年代の新黄金時代に突入した。レイノルズに初のシガレット製造機を導入し、厳しい組合時代を切り抜けたウイテカーは、会社に再び家族意識を復活させた。工場を見回るのが好きで、従業員に名前で呼びかけ、家族のことを尋ねる。「ある朝なんか、ウイテカーさんの茶色の小さなスチュードベイカーの横に車を付けたもんだ」と元従業員は回想する。「彼が手を振り、こちらも振り返す。そして一緒に仕事に向かう。みんな同じだった」（レイノルズの幹部社員はビュイックより大きな車には乗らないという不文律があった。それから何年もたって、ジョン・D・ロックフェラーがウィンストン－セーラムに講演にやって来た時、アシスタントの一人がリムジンの提供を求めた。だが町のどこを探しても一台もなかった）。

ウイテカーの元、レイノルズは一九五四年に最初のフィルター付きシガレット「ウィンストン」を発表した。九カ月で六五億箱売れた。この勝利の後を、初の全国販売メンソール・シガレット「セーラム」が追いかける。これも数十億箱売れた。一九五九年、うるわしくも生みの親の町名を冠した二つの新ブランドのおかげで、レイノルズの売上は急上昇し、アメリカン・タバコを追い抜いた。ウィンストン-セーラムでは皆が町で踊り狂った。

ウイテカーは町と従業員を大事にするレイノルズの伝統を守った。労働組合がある会社の賃金より高い給料を出し、全国でも最高クラスの健康管理プログラムを実施した。わずかな手数料を払えば、従業員と家族は会社後援のクリニックで無料の医療サービスが受けられる。五〇年代の半ば、会社とレイノルズ一族はウェークフォレスト大学のキャンパスを一六〇キロ東から移転させた。かつてアメリカン・タバコの後継者たちはある大学をダーラムに移し、それをデューク大学と改称した。レイノルズはウィンストン-セーラムでも同じことができるのを立証したのだ。

まさしく黄金時代だった。レイノルズのウィンストン、セーラム、そしてキャメルで、四大ベストセラーの三つを占め、プリンス・アルバートはなおパイプタバコのトップ、さらに「デイズ・ワーク」というブランドは嚙みタバコの首位である。アメリカ人は煙突のように煙を吐いていた。六〇年の時点で、全男性の五八パーセント、全女性の三六パーセントがタバコを吸った。レイノルズに問題があるとすれば、タバコをいかに早く吸わせ、売上をいかにウォチョービア銀行に戻すかだと言われたものだ。

ある意味でそれは当たっていた。会社幹部の観点からすれば、レイノルズは手持ちの現金が多過ぎた。一九五六年に会社は社是を改正し、初めて非タバコ事業の買収を認めた。二年後、あと一歩でワーナー・ランバートという製薬会社を買収するところまでいった。だが取締役・上席副社長のチャーリー・ウェイドがニュージャージー州のワーナー本社を訪れた際、彼はショッキングなものを目にした。ワーナー・ランバートの会長が何と社用のヨットに乗っていたのだ。「社に戻ると私は言った。『我々向きではない。彼らとは人種が違う』」。取引はそこで終わった。

ほかの人によれば話はもっと複雑だという。つまり役員たちはワーナー・ランバートの組合がレイノルズの足かせになることを恐れたのだという。確かにこれは当時のレイノルズの考え方をとらえている――けちで、よそ者を警戒し、現状維持に懸命で、心の底からの組合嫌い。「ちっぽけな町の考え方なのだ」と元幹部の一人は言う。彼の記憶する何人かの取締役は「ヤンキーや組合とは一切かかわりを持ちたがらなかった」。

五〇年代を通じてレイノルズは幸福な一つの大家族だった。社の幹部が常に心に銘記していることは、自分たちの会社を動かしているのは、毎朝暗いうちにノースカロライナの片田舎で起き、ピックアップ・トラックに飛び乗り、レイノルズ工場に向かう人々だということだ。工場では葉タバコの的確な選別にプライドを持ち、包装機の構造が一台ごとに頭に入っている人たちである。新発売のシガレットの売れ行きはどうか？　肝心要の疑問にレイノルズが答える必要が生ずると、従業員二五〇人からなる審査団に下駄を預ける。ウィンストンのブレンドは、それぞれの従業員が二五〇種を超える試作品を吸ってみた上で、ようやく決定した。最終段階で、当時の販売責任者ボウマン・グレイ・ジュニアが最後の一服を吸う。「まさしくこれだ！」。グレイが叫ぶ。

グレイは一九五九年にウイテカーを継承した。当時の典型的なレイノルズの幹部社員であった。ミスターRJの右腕だったボウマン・シニアの息子である。日に四箱のウィンストンを吸い、一一の年からレイノルズで働いていた。その当時は葉タバコの取り入れをして夏を過ごした。ウィンストンを選んでから、彼はとりわけ自分の嗜好に自信を抱くようになる。「もしあるシガレットが私にアピールすれば、自分はごく普通の平均的な人間だから、それは大衆にもアピールするということです」と、一九六〇年にグレイは『タイム』誌に語っている。

だが次の一〇年、大衆は自分たちにシガレットが必要かと問いかけざるを得なくなる。タバコがシガレットに巻かれたその日から、喫煙に反対する人々は存在した。イギリス国王ジェームズ一世は「生きた地獄のイメージとサンプル」と呼んで、タバコに輸入税を課した。フランスのルイ一三世とロシア皇帝ミハイル一世は、喫煙に対し去勢から死刑までの刑罰を課した。ローマ法王ウルバヌス八世は、教会またはその敷地内で喫煙した者は、破門に処すると述べた。だが、アメリカとタバコとの蜜月関係はほぼ一九六四年まで続いた。その年、公衆衛生局長官のルーサー・テリーが喫煙とがんとを結び付ける画期的なレポートを提出した。年平均五パーセントの割で成長してきたタバコの売上ががくんと落ちた。

成長は再開したが、レイノルズは先行きに警戒信号を見た。グレイは積極的にタバコ以外の産業、特に食品産業の買収を始めた。レイノルズの幹部は、こんな商品のマーケティングは朝飯前と見なしていた。がんにつながる商品を売れる者なら、「どんなものだって売れるさ」と彼らはよく言った。かくて、レイノルズはごちゃ混ぜのブランドをそろえた。メープルシロップ、プディング、中華料理、メキシコ料理……。

だが、島国根性のせいでレイノルズが二の足を踏んだチャンスを、ニューヨークの新興ライバル、フィリップ・モリスは最大限に活用した。海外市場だ。フィリップ・モリスはトップ・ブランドの「マールボロ」を全世界に販売、大変な売上を記録した。レイノルズの幹部たちは長年の市場支配に気が大きくなり、会社の持ち物なら本部の二二階からすべてが見えると豪語していた。「もし世界のどこかの人がキャメル一箱をお望みなら」と彼らは軽口を叩く。「ひとつ電話をしてほしい」

だが六〇年代になると、レイノルズが踏ん反り返る時代は終わりに近づいていた。ミスターRJの権威につながる最後の人グレイが一九六九年に死んだ。後継者と見なされていた二人の上席幹部も亡くなる。で、グレイのいとこに当たるアレックス・ギャロウェイという意志薄弱な財務担当役員が後継者となった。ギャロウェイはレイノルズの途方もない多角化に乗り出した。ちょうどナビスコの衰退につながったように、これが社の中核のタバコ事業に大変な悪影響をもたらす。

マルコム・マクリーンという元ウィンストン－セーラムの事業家の助言で、ギャロウェイはマクリーン所有の船会社シー－ランドを買収した。レイノルズの役員会に名を連ねるマクリーンが次に提案したのがアミノイルという小さな石油会社で、レイノルズは翌年これを買収する。アミノイルの石油をシー－ランドのタンカーで輸送しようという狙いである。翌年、社の多角化を反映させようと、ギャロウェイは社名をRJレイノルズ・インダストリーズに変更した。次の一〇年で二〇億ドル以上をシー－ランドとアミノイルに注ぎ込み、シー－ランドを世界最大の海運会社につくり変えた。当然のようにタバコ工場が少しずつ切り売りされた。

短い統治の間、ギャロウェイはマクリーンをはじめとする有力な部外者に振り回された。そうした部外者の一人で、J・ポール・スティクトというレイノルズの役員が後継者問題に関心を抱いた。スティクトはごく少数だった社外取締役で、一九六八年に就任した時にはほかに二人しかいなかった。その上彼はピッツバーグ郊外の借家で育ったヤンキーで、ドイツ移民の鉄鋼労働者の息子だった。高校時代は製鉄所で働き、近くのグローブシティ・カレッジという一般教養大学に通った後、製鉄所に復帰した。やがて組合の職場代表となり、職場主任に昇進する。だが、ソフトな物腰とブルーカラー育ちの陰に、どんな溶鉱炉にも負けぬ火のような野心が燃えていた。

スティクトはやがてホワイトカラーの世界を目指し、トランスワールド航空の人事部に就職、さらにキャンベル・スープに転職する。そこで出世階段を駆け昇り、五〇年代末にシンシナティの大手小売業フェデレーテッド百貨店に入社、六〇年代の半ばに社長兼COO（業務執行責任者）となった。だがその上のポストは阻まれ（解雇されたという者もいる）、一九七二年に五五歳で早期退職を選択した。

スティクトがレイノルズの取締役会に入ったのは、チャーリー・ウェイドの要請による。ウェイドとは以前、組合対策を一緒に検討しているうちに知り合いになったものだ。そして一九七二年、ギャロウェイの後継者と目されていたデビッド・ピープルズという財務担当者の追い落とし運動を展開した。スティクトは他の社外役員三人と相談を重ね、ピープルズが選ばれたら社外役員全員が辞職するとギャロウェイに告げた。新しい後継者選出のための調査委員会が設けられ、時間に余裕のあるスティクトが委員長に任命された。数カ月に及ぶ長い調査の末、スティクト委員会は七〇年代後半のレイノルズの指導者に、あっと驚く人間を選んだ。選ばれたのはポール・スティクト本人だった。

実を言えば、スティクトはナンバーツーになったわけだが、新しい多頭重役構造のおかげで、そのポストをはるかに上回る力を振るえるようになった。名ばかりの彼の上司コリン・ストークスという地元育ちのタバコ・マンは古典的なレイノルズ幹部だった。父親はミスターＲＪの元でタバコ乾燥工場の責任者。レイノルズの生え抜きで四〇歳になるチェーンスモーカーのストークスは、工場現場を振り出しに、タバコのことなら隅々まで承知している。が、ノースカロライナ以外の世界は何も知らないに等しかった。ストークスはスティクトの言いなりになる。

七〇年代を通じてレイノルズを指揮したこの二人の違いは、社用ジェットに対する姿勢に象徴されている。会社は五〇年代からジェットを二機保有、一機はキャメルの箱の色、一機はセーラムの箱の色に塗ってあった。機はめったに使用されず、あるベテラン・パイロットによれば、フライト記録が月にわずか三七分ということもあった。三七分と言えば離陸して調子を確認するだけで終わりだ。これはレイノルズの平等精神を示すと同時に、幹部社員たちの出不精の反映でもあった。ストークスと友人たちはとりわけニューヨーク行きを毛嫌いした。ニューヨークの宣伝担当ラリー・ウォソンは大汗をかいて重役たちをなだめ、彼らを空港まで出迎えてお気に入りのレストランを予約し、マンハッタンの街角で迷子にならないよう気を配った。たいていはウォソンのほうがウィンストン-セーラムにやって来た。

だがスティクトは社用ジェットが大好きだった。機内電話を取り付け、食事と飲み物がたっぷりあるか自ら確認する。シカゴやボストンのような新天地をストークスに見せるのが使命だと、スティクトは考えていた。「国際諮問委員会」をつくり、メンバーに田部文一郎（三菱商事）やヘルマン・アプス（ドイツ銀行）などを加えた。年二回、これら外国の大物財界人が招待され、レイノルズの幹部とともに片田舎の町で地球規模の問題を議論した。スティクトはレイノルズの島国根性を一掃する決意だった。

野心的な男の夢がまさしく現実になったのだ。一時は引退した小売業者が今や産業界のリーダーである。スティクトはニューヨークのビジネス円卓会議やワシントンの全米商工会議所で、企業エリートとの親しい交わりを楽しんだ。そうした人物の名前を口にするのが好きだった。そういうスティクトを、ビジネスの内容よりも飾りのほうに興味があるとささやく者もいた。

派手な動きとはうらはらに、スティクトは優柔不断で重役室の対立からは身を避けるようにした。喧騒の圏外に立つようにして、教養人半分、評論家半分だった。話し方は穏やかで振る舞いは控え目。運転手の名前を覚え、パイロットには妻たちの様子を尋ねる。その優雅なスタイルと世慣れたマナーによって、スティクトはある意味では旧式で島国的なレイノルズを現代世界に橋渡しした功労者だった。

だが、よそ者は、ウィンストン－セーラムの生え抜きからは決して快く迎えられなかった。ノンスモーカーのスティクトは時にパイプをやるが、それも楽しみというより演出と思われた。週末になると、冬はパームビーチの家に、夏はニューハンプシャーの家に、レイノルズ・ジェットが彼を運ぶ。妻のファーンはウィンストン－セーラムにはめったにいない。レイノルズの幹部クラスは町の市民生活や社交生活の中心にいるべきだ、と考えている人々を侮辱するものだった。当初スティクトは上流のオールドタウン・クラブへの入会が認められず、成金グループのバーミューダランのほうに回された。

コリン・ストークスを牛耳ることによって、スティクトは激動の七〇年代を通じてレイノルズの舵を取る。その一〇年で会社を一族支配のビジネスから変身させ、一種の現代的なコングロマリットに近づけた。またウォーターゲート時代に不正な政治献金の疑惑にかかわった上席幹部三人を追放し、権力を強化した。さらにスティクトは次なる問題として、シー－ランドによる一九〇〇万ドルの海外不正リベート事件を収拾し、その過程で会社に対する権力をいっそう強固なものにした。

一部の者には不吉な予感があった。社の良きモラビア的規範の低下とポール・スティクトの台頭は、破滅的な変化の予兆だと感じた。「見ているがいい」と地元の株式ブローカー、スチュアート・ロバートソンは警告した。「やがてヤンキーの一旗組が大挙してこちらにやって来る。これほど豊かな富を連中は見たことがない。どうしたものか途方に暮れるだろう」

誰もが次に気が付いたことは、レイノルズがヤンキーであふれたことである。七〇年代を通じて、レイノルズは商売敵のフィリップ・モリスからますます圧迫され、相手のマールボロは好調に売上を伸ばしていた。挑戦を退けるには、もっと洗練されたマーケティング担当者が必要とスティクトは思うようになった。で、史上初めてウィンストン－セーラムに外部の血をたっぷりと注入した。ジム・ピーターソン（元ピルズベリー社長）を筆頭に、よそ者が国内のタバコ事業を取り仕切った。モーガン・ハンター（アメリカン・シアナミド上席副社長）がレイノルズ・タバコの社長、ボブ・アンダーソン（リーバー・ブラザーズ役員）がタバコ販売の責任者となり、J・タイリー・ウィルソン（チーズブラ－ポンド副社長）が当初は食品事業、後に長年の懸案であった海外市場進出を統轄した。

一人残らず北部出身の新参者たちは、レイノルズでは見ておれないほど目立った。「何もここは地の果てじゃない」。ウィンストン－セーラムについて彼らは軽口を叩く。「だが、ここからなら地の果てが見える」。北部人は地元民の穏やかさを弱さととり、のんびりペースを勘の悪さと取り、南部アクセントをうすのろと勘違いした。「頭の切れる連中を田舎者扱いした」と宣伝担当幹部のラリー・ウォソンは回想する。

だが当人たちの自信とはうらはらに、新参グループはタバコ販売にまるで力を発揮できなかった。一九七一年にタバコ広告の放送が禁止されると、レイノルズは「ウィンストンの味はシガレット最高の味」という、覚えやすいコマーシャルを捨てざるを得なくなる。スティクトの新参組は何年もそれに代わるものを模索し、出版広告用のコマーシャルに懸命に手直しを加えた。たとえば「ウィンストンは〝最高〟をはるかにしのぐ」。ボブ・アンダーソンはタバコの宣伝に不可欠な広告掲示板からレイノルズのブランドを外し、問題をさらに複雑にした。

モーガン・ハンターは広告代理店のはしごを始めた。それぞれの代理店が勝手なアイデアを出し、それぞれの方向を示し、それぞれこける運命にあった。シガレットはイメージ商品であり、レイノルズ経営陣は長年ブランドイメージを大切にしてきた。フィリップ・モリスが数百万のマールボロ愛好者を獲得したのも、五〇年代からずっと変わらぬカウボーイのイメージを守ってきたからだ。ところがレイノルズは「男《マッチョ》」のイメージで大攻勢をかけ、木こりや船乗りを中心に据えたキャンペーンを打った。要するに「アメリカの働く男」のキャンペーンで、本来のブルーカラー・ブランドを強調しようというのだ。どれ一つとして成功しなかった。

マールボロは製造部門でも戦いに勝っていた。レイノルズを二〇年間トップにした強固な伝統が、今度は時代に合う変革を妨げた。レイノルズの製造部門の幹部が長年活用してきた再生タバコは、資金は節約できるが品質が犠牲にされた。再生タバコはきつい荒削りの味が特徴で、ブルーカラー層に人気があった。だが七〇年代になると、もっと洗練された若者の口に合わなくなる。マールボロはより口当たり良くブレンドしたシガレットで、そうした若者を獲得した。レイノルズが手をこまねいている間に、フィリップ・モリスは新工場や設備に資金を投入する。あまりにも長くシガレット産業を牛耳ってきたことで、レイノルズの現場責任者は満足しきっていた。「パーク・アベニューの連中に何が分かる」。そう言って、工場やタバコ畑から遠く離れた人間の判断を小ばかにした。

七〇年代の中ごろ、フィリップ・モリスとレイノルズはともに生産の大幅なスピードアップを実現しようと、第一世代の電子制御シガレット製造機の導入を図った。だが大半のレイノルズの機械工にはこれを扱うだけの知識がない。で、もっぱら自分たちで分解、組み立てを心得ているなじみの旧式機械のほうを活用した。フィリップ・モリスはたちまち新しい機械に転換した。レイノルズがミスに気付くころ、あらゆるタバコ製造業者はフィリップ・モリス方式にならっていた。これがとどめの一撃だった。一九七六年、マールボロは全米ベストセラーの座をウィンストンから奪い取り、今なおこれを守っている。レイノルズはシガレットの売上総額でようやく首位を保っているだけだ。

新参組の不手際が既成ブランドだけに留まってほしいという願いも、残念ながら裏切られた。「純天然」製品がもてはやされる時代だった。マールボロにトップの座を奪われた直後、スティクトの新参組は「純天然シガレット」の量産を決定、新製品を「リアル」と命名した。例によって地元の批判は無視した。「健康マニアにタバコを売るつもりか？」と反対派の一人がつぶやく。「タバコを吸う人間が健康など気にするものか」。だが新参のマーケティングの異才たちは、リアルのヒットをまるで疑わず、市場テストを省いてそのまま全国販売に持ち込んだ。大金を投じ、いかにも健康そうな若者がリアルの味を満喫している広告を打ち、街角でリアルを大量に配る。もちろん完全な大コケ《リアル》だった。

七〇年代末、ストークスが退任し、スティクトは正式にCEO（最高経営責任者）となった。レイノルズは創設五〇年のダウンタウンの本部を捨て、六、七キロ先に建設したガラス張りの高層ビルに移転する。レイノルズは「マス（大量）とクラス（高級）とガラスの時代」に到達した、とある幹部が宣言した。だが、ほどなく新しいビルで発生した陰謀のために、もっと強烈なあだ名が付いた。いわく「ガラスの動物園」。

自分の唯一のミスは早く年を取り過ぎたことだ、と後年ポール・スティクトは言う。CEO

（最高経営責任者）就任の時点で六〇歳を過ぎており、就任早々後継者をめぐる思惑が流れ始めた。当初のお気に入りはタイリー・ウィルソン。社の海外事業の運営を二年間任され、八〇年代に歩を進めた第一次「新参組」でただ一人の生き残りだ。一九七九年にスティクトはウィルソンを社長に指名した。スティクトのナンバーツーとして、社のタバコ部門全体がウィルソンに委ねられた。彼がスティクトの目に留まったのは、赤字で冴えないレイノルズの食品事業部門をうまくリードして黒字に転換させたことによる。社長としてのウィルソンは数十億ドルを投じて、レイノルズの老朽工場を活性化する大変な作業に取りかかった。

間もなく彼は上品なスティクトの気に障るようになった。ウィルソンは冷徹な戦術家でテクニシャン。前進一方の戦車のような経営者で、自分と目標の間にあるものはすべて押しつぶして行く。若いころ陸軍の教官を務め、その時の無愛想なプロシア風スタイルを重役室にも持ち込んだ。ウィルソンの笑いにはユーモアがなく、ひねくれた言葉使いには定評があった。「小生、鑑《かんが》みるところ……」。ウィルソンの言葉はこんな具合に始まる。

スティクトの後継者レースが起きるのは明らかだった。二番手は社の中核、タバコ部門の社長を務めるエドワード・A・ホリガン・ジュニア。レイノルズに大きな足跡を残してきたエド・ホリガンは戦闘的なタイプの人物で、常日ごろ、自分は「スリーポイント・スタンス（訳注）で生まれてきた」と豪語する。ホリガンはスティクトが招聘した典型的な新世代の幹部社員で、生まれてから一度もタバコを手にしないままタバコ事業を切り盛りした。酒類のマーケティングで名を上げた後、七〇年代にレイノルズに参加。一般の新参組とは違って、ウィンストン−セーラムにぴたりとはまっていた。

――**訳注**　アメリカンフットボールの攻撃側バックスが取る攻守両用のフォーメーション。

生まれはブルックリンで、大恐慌時代、職探しに懸命な会計士の息子だった。フットボールの奨学金でコネチカット大学に進む。背は一七〇センチしかないが、本人の告白によれば「人をぶっ飛ばすことが好きだった」。夏は建設作業のアルバイトをしてコネチカット大学を卒業、軍隊に入った。朝鮮戦争ではオールド・ボールディの戦闘で二〇〇人の小隊の指揮を取った。北朝鮮軍が丘に立てこもり、攻めるアメリカ軍をなぎ倒す。だが若きホリガン中尉は隊を組み直し、数少なくなった小隊を率いて奇襲をかける。ホリガン自ら機関銃陣地に殴り込みをかけて、小隊は丘を占領した。その勇気により「銀星章」を受賞するが、負傷のため二度と戦場には戻れなかった。

帰郷後ホリガンはマーケティングの仕事を次々にこなし、タイリー・ウィルソンによってレイノルズに引き抜かれた。直前の仕事は、シカゴのコングロマリット、ノースウエスト・インダストリーズのバッキンガム酒類部門の責任者だった。レイノルズでは、少なくとも当初は二人の元兵士が当然のごとく同盟を結んだ。酒を酌み交わしてレイノルズの冴えない足取りを心配した。ホリガンはレイノルズの礼儀正しい南部風の労働倫理にいら立ちを見せ「ここではもっと強い緊張感が必要なのだ」と部下たちに言う。ホリガンは軍隊調激励演説の権化だった。

浜辺で、空で、コンビニエンスストアの商品棚で、ありとあらゆる場所でフィリップ・モリスと戦わねばならぬ。部下が成果を上げるとホリガンが功績をひとり占めした。部下が疑問を挟もうものなら延々たる長広舌が待っている。彼らは陰でホリガンを「小シーザー」と呼んだ。こうしたことはスティクト好みの優雅な作法ではない。にもかかわらずホリガンは後継候補だった。

スティクトの王座を目指す三番手はジョー・アブリーで、ゼネラル・フーズからスカウトされた慇懃《いんぎん》な財務部長。銀髪が人目をひくアブリーは一番CEOらしく見えた。ハーバードの法律、ビジネスの学位を持ち、血統の良さを誇る。対外関係評議会の一員でスティクトの教養人趣味に合っていた。だがアブリーにはウィルソンさえ穏やかに見えるような個性があった。紳士の基準にかなうとは思えないが、アブリーはスティクトと組んで各種の買収に携わり、財務システムを暗黒時代(たとえばシーーランドの会計システムは、納品伝票を靴箱に詰め込んでいた)からの近代化に成功した。

一〇〇年に及ぶ「単独候補」時代を経て、スティクトの後継者争いはレイノルズを各戦闘グループに分断した。もはや従業員は一体ではない。自分のひいきの幹部(ウィルソン、ホリガン、アブリー)の利害に汲々としていた。財務分析会議を前に、ウィルソンとアブリーは最初の発言権をめぐって争い、スティクトが収拾に乗り出す場面もあった。全社会議での発言のリハーサルでアブリーが割り当て時間をオーバーすると、ホリガンが部屋に飛び込んで来た。「そこであのアホは何をしている！」と彼が怒鳴る。「俺の番じゃないか」。アブリーがシーーランド売却に関する調査を命ずる。シーーランドの担当責任者ウィルソンは機先を制し、調査担当の財務係ジョン・ダウドルを呼び付ける。「申し訳ありません。その件はお話しできません」とダウドル。「そんなことをすれば、アブリーにくびにされます」。ホリガンは経歴に箔を付けようと、ＰＲ会社を雇ってある賞の「適正事業および博愛行為部門」の推薦を受けた。ホリガンの大成果「ホレイシオ・アルジャー賞」だ。

後継者争いは「在庫の積み増し」という病みつきになりやすい慣行をあおり、ビジネスにツケを回す結果となった。在庫の積み増しは何もレイノルズの専売ではない。どのタバコ会社もある程度はやっている。半年ごとの定例の値上げの直前に、レイノルズは毎回大量のシガレットをお得意様（卸売業者やスーパー・チェーン）に旧価格で提供した。得意先がこれをありがたがるのは、コストの安いシガレットを新規の値上げ価格で売れるからだ。レイノルズにとっても、不要在庫の処分ができ、工場のフル稼働ができ、何より莫大な四半期末の利益を人為的に出すことができる。

問題は在庫積み増しがニコチンのように癖になることだ。利益をさらに更新するため、会社はいっそうの積み増しをしなければならなくなる。これが無限に繰り返され、卸・小売業者に巨大な在庫品が発生する。在庫品が売れ残れば二つのうちの一つが起こるが、どちらも好ましくない。まずシガレットがレイノルズに送り返されて来る。会社側はこれを新しいシガレットに加工する費用を背負い込み、おそらくそれでまた積み増しを行う。もう一つは、タバコが何カ月も棚ざらしにされて古くなっていく。レイノルズがこの病にかかるほど、愛煙家は古いウィンストンを吸わされる。こうしてマールボロへの転向が進む。

レイノルズが激しい政争に巻き込まれると、スティクトも必死になって役員会に推薦できる後継者を探そうとした。ロナルド・グリアソンという役員が一つのアイデアを出した。グリアソンは名のあるイギリス人で、ブリティッシュ・ゼネラル・エレクトリックの副社長である。そのグリアソンが言う。ヨーロッパの企業はこのように厳しい決断を迫られた場合、よく筆跡鑑定の専門家を訪れる。かくて、スイスの鑑定家のご託宣が求められた。彼女は後継者候補の筆跡サンプルを眺め、それぞれに気難しげに首を振る。いわく、能力に欠ける、信用できない、などなど……。

スティクトは立ち往生した。断を下したくないのじゃないか、と思う者もあった。すでに六〇代の半ばだが、本人は遅咲きのキャリアの最盛期にいるような気がしている。そして、社内の人間が息を詰めて最後の決断を見守る中、スティクトはあっという発表をした。

スティクトはその前にヒューブラインという会社を一二億ドルで買収することで合意に達していた。彼が獲得したのは、優良なアルコール事業（スミノフ、イングルヌック・ワインズ）と、平凡なファストフード事業（ケンタッキー・フライドチキン）、それにヒューブライン社ＣＥＯのヒックス・ウォルドロンという第四の後継者候補である。ウォルドロンは経歴の大半を現代マネージャーの養成所ともいうべきゼネラル・エレクトリックで過ごし、他の三候補には見られない優雅さというものがあった。ウォルドロンもレイノルズの後継者戦争に無関心ではない。ウォルドロンからすれば、ヒューブラインの売却にはごくわずかの条件があった。すなわち一株当たり六三ドルの売り値と、タイリー・ウィルソンをCEOにしないという約束である。

かくて後継争いは一段と込み入ってくる。一九八二年一〇月、スティクトは六五歳を迎えるが、まだ後継候補は決めていないと役員会に告げた。そして現在のポストの一年延長を求め、承認を取り付けた。希望が容れられるのは確実であった。何しろ七〇年代の半ばからスティクトは役員会を支持者で固めているからだ。

軟弱でロボットのような役員会をアメリカ企業が好む時代にあって、レイノルズの役員たちは例外的に骨があった。中でもはっきりと物を言うのが、化学会社セラニーズCEOのジョン・マコーマーである。マコーマーは後継者問題を扱う役員会の給与委員会議長である。生粋《きっすい》の東部エスタブリッシュメント（イェール、ハーバード・ビジネススクール、リンカーン・センター評議会、国際商工会議所）であり、スティクトと親しい。スティクトはセラニーズの役員でもあり、マコーマーをCEOにした調査委員会のメンバーでもあった。

レイノルズの後継問題に関する限り、マコーマーはまかり間違ってもウィルソン派ではなかった。セラニーズはレイノルズと年間二五〇〇万ドルの取引があり、シガレット・フィルターの原料を納入している。だがレイノルズはその倍額をイーストマン・コダックから購入している。マコーマーがもっと買ってほしいとウィルソンに持ちかけると、政治的配慮に欠けるウィルソンはにべもなく言った。「あなたのところがサブの納入業者であることには理由が二つある。品質とサービスだ」。マコーマーは怒りが込み上げた。「俺はタイリー・ウィルソンがトップを務める会社の取締役には金輪際ならん」

もう一人、元アーバン・リーグ社長のバーノン・ジョーダンもマコーマー－スティクト同盟の一員である。彼もまたセラニーズの取締役に名を連ねている。ワシントンの法律事務所パートナーの一人として、ジョーダンは自分を役員にしてくれる者には悪意を抱けない立場だった。スティクトはジョーダンをよくゲストとしてボヘミアン・グローブに招いた。北カリフォルニアにある会員制の社有保養地で、弁護士が依頼人を見つけるにはもってこいの場所である。

ユアニタ・クレプスもスティクトには借りがある。デューク大学のベテラン教授兼理事のクレプスは、ジミー・カーターの商務長官としてささやかな名声を博するずっと前から、レイノルズの役員会の女性代表だった。スティクトは自分が役員を務めるクライスラーの役員会に彼女を入れた。スティクトの指示で、レイノルズはクレプスが管理委員をしているデューク大学基金に惜しみなく寄付をした。お礼にクレプスはスティクトの名を冠する講座と奨学金という栄誉を贈った。デューク大学には国際研究部門にJ・ポール・スティクト講座があり、またビジネススクールの大学院と母校のグローブシティ・カレッジにはJ・ポール・スティクト奨学基金がある。

グリアソンもスティクトの支持者である。彼の場合も、スティクトがクライスラーの役員会入りの面倒をみた。スティクトはさらにウィンストン－セーラムのアルバート・バトラーも当てにできた。バトラーは一族で経営している繊維会社のトップで、長年モラビア人の慈善団体の代表を務めている。同団体の創設者であり、ローリングギャップで夏を過ごし、オールドタウンでゴルフをし、ウォチョービア銀行とウェークフォレスト大学の役員会に名を連ねる。もともとバトラーはレイノルズの取締役会に魅力を感じていて、ひとたびその座を手にするや完全なイエスマンになった。

ＮＣＲコーポレーション会長のビル・アンダーソンは、スティクトのあこがれる一種の国際ビジネスマンである。アンダーソンは上海で育ち中国の方言をいくつもしゃべる。第二次大戦中、日本軍の捕虜として四年を過ごし、のち戦犯裁判の重要証人として三〇人の日本人を監獄に送った。これに比べれば後継者騒動など小さな嵐で、アンダーソンには騒ぎを楽しむ風があった。

かくも強力な取締役会が、スティクトのポケットにすっぽり収まっていた。だが、役員たちはスティクトには甘くても、部下や後継者まで同様に扱う義理はなかった。レイノルズの幹部は、自分たちを二軍扱いする役員のやり方に怒りを覚えた。「ポールは自分だけの役員ファンクラブを抱えていた。彼らがすべてを知り、経営陣は何も知らなかった」と後年、エド・ホリガンが回想する。「ポールと連中は会社を自己顕示の手段と心得ていた」。ホリガンの敵意は誰の目にも明らかで、役員の中には彼を「例の好戦的なウイスキー・セールスマン」と呼ぶ者もいる。これがトップの座を射止めるチャンスを損なうことになった。「常に銘記すべきは、連中の頭には自分のことしかないということだ」と人事部長のロドニー・オースティンは仲間に言った。「連中の大方は淫売で、ぽん引きで、美人局《つつもたせ》なのさ」

後継者騒動は二年間もだらだらと続くが、一九八三年前半のある土曜日の早朝に、オースティンがホリガンを電話で起こすと、役員の一人からの情報を伝えた。元ヒューブライン会長で現レイノルズ役員のスチュアート・ワトソンが後継者委員会に出席して、元の部下ヒックス・ウォルドロンの推薦の辞を述べたのである。委員会はこれに乗った、とオースティンが言う。どうやらダークホースのウォルドロンで決まりのようだ。

ことの展開にホリガンが怒ると、オースティンはまだ挽回不能ではないと言う。「あんたの最後の望みは、たった今タイやジェリー・ロング（タバコ部門のナンバーツー）と手を結び、成り行きを阻むしかない」

その週末、ホリガン、ロング、ウィルソンは顔を合わせ、意見が一致した。ウォルドロンをどうしても阻まなければならない。最善の策はお互いをてこに使うことだ。互いに矛を収めて連合戦線を結成し、ウィルソンかホリガンを背後から支えれば、ウォルドロン特急を脱線させることも可能だ。

月曜日にウィルソンはスティクトと会い、手書きの書簡を渡した。「我々はヒックス・ウォルドロンを会長としても、ＣＥＯとしても受け入れがたい」。ウィルソンが三人を代表して書いたものだ。「あなたが後継者にウォルドロンを選ぶことは、無用な裏切り行為になると我々は信ずる。後継者委員会は、実績ある有能なトップクラスの幹部を社内に留めることが、社の将来にとって不可欠と思う。しかるに、ウォルドロン選出は我々三人を社外に去らせる結果を招くであろう」。タバコ事業の素人に会社を任せるのは正当とは思えない、と書簡は続く。ベストの候補者が役員会の目の前にいるというのに、である。「我々の結論は、不肖私こそあなたを継ぐにふさわしい候補者だということである」とウィルソンは記した。

スティクトはこの要求に腹を立てたが、三人組は彼を窮地に追い込んだ。タバコ役員のトップスリーを失うことはできない。フィリップ・モリスがタバコ企業のナンバーワンを虎視眈々と狙っている現状では、なおさらである。スティクトは後継者委員会に対し、事情を知る一部の者が「真夜中の書簡」と呼んでいたこの手紙のコピーを送った。取締役一同も怒りをあらわにするが、やはり窮地に追い込まれた。

取締役会が懸命に解答を模索する中で、マコーマーが妥協の産物として候補者に擬せられる場面も再三あった。議論は何週間も続いた。四月の株主総会の後のマラソン協議でも、なおウォルドロンを推す強い空気があった。五月の土曜日にウィンストン－セーラムで開かれた後継者委員会で、ようやくスティクトが推薦候補の名前を挙げ、役員会は渋々了承した。スティクトはコネチカット州ハートフォードのヒューブライン本部に飛んで、その知らせをウォルドロンに伝えた。「ヒックス、私はおそらく株主にとってベストとは言えないことをやろうとしている。

だが選択の余地はなかった」とスティクト。「タイをCEOにするつもりだ」

一九八三年、CEOに昇進したタイリー・ウィルソンはレイノルズの立て直しに取りかかった。他の新参組同様、ウィルソンは消費財部門の出身で、会社の将来はそこにかかっていると考えた。一九八四年、シーランドを分離してジョー・アブリーを同社に送り込み、将来の挑戦者の芽を摘む。同じ年、石油価格が暴落する寸前にアミノイルを一七億ドルで売却する。ウォール街のアナリストはこうした改革を称賛し、レイノルズ株は「買い」だと勧めた。『ビジネス・ウィーク』もこれに追随して、「消費者、再びRJレイノルズを動かす」という好意的なカバーストーリーを掲載した。

よく考えられた動きだった。七〇年代いっぱいのトラブルの後、レイノルズのタバコ事業は長期低落期に入っていた。シガレットの売上は一九八三年にピークを打ち、以後、毎年二パーセントずつ着実に低下した。反喫煙運動（レイノルズ派は「敵対者」と吐き捨てるように言う）の盛り上がりが影響を及ぼしていた。八〇年代に入ると、アメリカ人は三人に一人もタバコを吸わなくなる。連邦タバコ消費税が八三年に倍増されて一箱一六セントになる。それでもタバコは法外に利の出る商売だったが（相変わらず年に二回の値上げ）、いかに強気の業界人と言えども行く手には黄昏《たそがれ》を見た。多角化を進めることで、ウィルソンはレイノルズの避けがたい未来に備えようとしたのだ。

ホリガンはウィルソン体制の社長兼COOに任命された。二人の同盟は不安定ではあるが「真夜中の書簡」の一件でウィルソンはホリガンに借りがあった。だが今では、ウィルソンがスティクトをいらいらさせたように、ホリガンがウィルソンをいらつかせた。タバコ事業について疑問があってもウィルソンはホリガンを避け、ホリガンを継いで国内タバコ部門の社長になった右腕のジェリー・ロングのところに行く。細かな性格のウィルソンは、ホリガンが週末に自宅のあるパームスプリングス（カリフォルニア州）に行くのを批判する。そこにはよくほかの役員も同行したが、ウィルソンは私用の性格が濃いとして、ホリガンの社用ジェットの使用に文句を付けた。

「エド、君はジェットを使い過ぎるぞ」とウィルソンが言う。

ホリガンが髪の毛を逆立てる。「あんたは私の愛社精神を疑っている」。そして、内部監査グループがホリガンの旅費の一部をファーストクラス航空運賃の倍額でレイノルズに返済させた時「小シーザー」は癇しゃく玉を破裂させた。

ウィルソンのレイノルズ再建のアイデアにウォール街は好感を持ったかもしれないが、ポール・スティクトからはさほど歓迎されなかった。要するに、ウィルソンは彼の一〇年の仕事を帳消しにするつもりなのだ。退任してもスティクトは有力な（おそらく最強の）取締役として残り、レイノルズの内部運営になお隠然たる力を持っている。ウィルソンはスティクトの締め出しにあらゆる手を用いた。スティクトの生活は社用ジェットを中心に回っていたが、その空の旅が私用だと感じると、ウィルソンはスティクトに費用の支払いを迫った。引退した会長は秘書付きのオフィスを持つ資格があるが、スティクトがもらったオフィスは、愛する「ガラスの動物園」から離れたダウンタウンの旧本部ビルにあった。「スティクトには私のセックス・コンサルタントになってもらう」。ウィルソンが聞こえよがしに言う。「彼のぞくっとくる助言が欲しい時は、聞きに行くさ」

だがスティクトもおとなしく黙ってはいない。各事業部長に電話を入れては疑問や意見を述べる。ヒックス・ウォルドロンから電話をもらえば、昔のヒューブラインの仲間の愚痴をほかの人に伝える。中でも我慢できないことの一つが、デルモンテの果実部門の責任者サミー・ゴードンのことだ。彼はスティクトのお気に入りで、スティクトの息子もゴードンの下で働いている。スティクトがおしゃべりなゴードンを使って反ウィルソンのゴシップを流した、とウィルソンは思っている。スティクトはバナナの叩き売りのようなゴードンのビジネスのやり方を弁護した。

ゴードンのスタイルは、いわゆる「プロセスと手続き」を固く信奉するウィルソンのスタイルと真っ向から対立する。ウィルソンは官僚主義の装いを大切にする。企業の意思決定の場面では、正しい手続きを踏み承認を得れば、必ずや正しい結論が出るものと信じている。「プロセスこそ」と、ウィルソンは就任直後の上席幹部の集まりで述べた。「一般日常活動の円滑で秩序ある流れを促進し、異例で予期せぬ事態に対処する貴重な時間を与えてくれる」。就任演説として、誠実に原則を表明したものだ。だが同時に、最も必要な時に同盟者を当てにできないウィルソンの頑固さと冷たさを表している。

時にウィルソンは本部を歩き回り、ぎこちなく中堅マネージャーに話しかけた。だが生来の無愛想はどうにもならない。役員食堂に中堅クラスのスタッフが入り浸っているのを知ると、ウィルソンは入室基準の引き上げを命じた。「ランクはそれなりの特権を有する必要がある」と彼は言った。

ウィルソンと役員会の関係は当初からギクシャクしていた。取締役の誰もが会長職獲得の際のウィルソンの強行戦術を許さなかったし、彼らの友人たるスティクトの扱いも気に入らない。ウィルソンは彼なりに関係修復に努力はした。役員会の合い間、合い間に概況説明書を送る。年一回は各役員との昼食をセットし、ゲストが述べる勝手な意見をせっせとメモに取る。そしてそのメモを役員ごとに小さなノートにまとめる。

だが肝心要のところで、ウィルソンにはどうしようもなく欠けるものがあった。ジョン・マコーマーは相も変わらずウィルソンに取引をせがみ、そのたびにはねつけられた。バーノン・ジョーダンが法規関係の仕事を求めると、ウィルソンはにべもなく、自分は法律の素人だから適当な仕事があるかどうか分からないと答え、ジョーダンを首席法律顧問のところに回した。役員会を自分のオーケストラのように扱うポール・スティクトやロス・ジョンソンのようなCEOとは対照的に、ウィルソンは全くの政治音痴だった。

ウィルソンはまた、スティクトと役員会が特に愛着を覚えている国際諮問委員会を縮小することで、さらに彼らを遠ざけた。七〇年代に創設されて以来、この委員会はレイノルズの役員にとって何よりの社交場になっていた。ウィルソンは総会を年二回から一回に減らし、委員会の議長からスティクトを外し、委員会をスタッフ運営の組織に衣替えした。そうした変更がスティクトや役員会の気に入らないことはウィルソンも承知しているが、営業利益も株価も上がっているので、業績については誰にも文句を言わせないという自信があった。

アミノイルとシー-ランドを処分すると、ウィルソンはいよいよ最大の買収準備にとりかかった。この買収によって、レイノルズをP&Gに匹敵する消費財のスーパーパワーにするという壮大な夢が実現するのだ。ウィルソンは特別部隊《タスクフォース》を組織し、レイノルズの職員と、長年付き合いのあるウォール街の投資銀行ディロン・リードの代表をメンバーに選んだ。買収候補をふるいにかけ、ランク付けを進め、数カ月の歳月と数えきれないほどのコンピューター調査の末、このグループは候補を三つに絞った。

その三番目の候補がペプシコで、ウィルソンの買収評価では七五点であった。ウィルソンがまずペプシコに当たったのは、第一にCEOのウェイン・ギャロウェイと知り合いだったせいだ。だがギャロウェイの反応はペプシなみに冷えていた。「この件であなたと話をするつもりは一切ない。そちらが敵対的に出る場合は、こちらも徹底して応戦する」とギャロウェイ。ウィルソンは引き下がった。

二番手は七六点で、シリアル食品最大手のケロッグ。だがケロッグ株の半数はある基金の管理下にあって、そこからの売りは期待できない。で、評価八一点のナンバーワン候補が残った。ウィルソンはさほど異議を唱えなかった。何しろ相手のCEOを知らなかった。特別部隊によれば、レイノルズの理想的な結婚相手はナビスコ・ブランズ。CEOは陽気で愛すべきカナダ人で、ロス・ジョンソンという名前だった。

次の週、二人のCEOはマンハッタン・ミッドタウンのジョンソンのオフィスで、サンドイッチをつまみながら話を交わした。ウィルソンが計画を明らかにした。レイノルズはタバコへの依存度を減らすために大規模な買収が必要だ。ナビスコは文句のない相手だと考えている。

「ええ、あなたのことは存じております」とジョンソンが言った。ウィルソンとはここ数年間に何度かひょっこり会ったことがある。

二人はお互いの年次報告書に目を通した。話を交わしながら、二人はお互いの年次報告書に目を通した。

くつろいで口数の多いジョンソンではあるが、もったいを付けてすぐには返事をしない。ウィルソンはジョンソンにその気があると思っている。噂によればナビスコとフィリップ・モリスも互いに興味を抱いていると言うから、ジョンソンを売る気にさせることは可能だ。そこでウィルソンはおいしい餌を投げた。自分たちは同世代だ、とウィルソン。だが自分は六五歳までCEOでいる気は毛頭ない。あと二、三年で引退するつもりだ。とすれば、合併会社でトップを継ぐ第一候補はあなたということになる、と強く匂わせた。両者は条件を話し合い、仮に合併を進める場合は、株の交換という方式で税金が掛からないようにするほうがいい、という点で意見が一致した。数週間後に再会することにして二人は別れた。その間に双方が役員会を開き、合併を進めるか否かの判断を求める。

ウィルソンは浮き立った気分でジョンソンのオフィスを後にした。遠大な夢がどうやら実現しそうだ。だが一九八五年の四月下旬に役員たちと会ってみると、一同はナビスコとの合併案に冷淡だった。はっきりと怒りを表す者もいる。「この一件はレイノルズ史上最大の取引になると言うのに、なぜ事前に役員会に相談がないのだ?」。ウィルソンが突っけんどんに答えた。「そのわけは、自分にしろジョンソンにしろ予備的な話をしたにすぎないからだ。テーブルに金を積んだわけでも、義務を負ったわけでもない。単なる最初のデートだ」。「じゃあ、ジョンソンを会長にするという口約束はどうなのだ?」。役員会のメンバーが異議を唱えた。「後継者問題は役員会の専決事項じゃないのか?」。非課税の合併というアイデアも彼らには気に入らない。「いやしくも取引となれば、レイノルズ側が買収してしかるべきだ」。厳しい譴責《けんせき》とともに一同はウィルソンに差し戻しを命じた。

だがウィルソンの自信は変わらない。「この件はそれでも実現する。それだけの意義があるのだ」と、昼食の席でホリガンに自信のほどを語る。「だが、この次はロス・ジョンソンにさほどのポストはやれない。こちらが買収するのだ。せいぜい副会長というところだ」

話し合いは数週間後に再開された。ウォール街の弁護士と投資銀行の一群が仲に入り、取締役たちとも折り合いが付き、レイノルズがナビスコを現金で買収することで原則合意ができた。残る問題は値段である。だが、その折衝の間にナビスコ株が上昇を始めた。買収話が漏れた確かな証拠である（原注）。

原注　後になってジョンソンとウィルソンが知り、苦虫をかむような思いをしたのは、折衝に関係した投資銀行の一人が裁定取引業者のアイバン・ボウスキーにインサイダー情報を流していたことだ。そのボウスキーがナビスコ株の買いに回り、株価を吊り上げたのである。

ジョンソンはこの機に乗じてウィルソンからさらに引き出そうとした。一株八〇ドルの段階で、ウィルソンはこれ以上は出せないと言う。「でも、八〇ドルじゃ取引は成立しませんよ」とジョンソン。行き詰まりが打開したのは、ウィルソンが優先株のおまけを付けることを了承したからだ。かくして値段は一株当たり八五ドル、総額四九億ドルになった。石油産業を除けば、これは当時としては史上最大の合併だった。

ジョンソンはウィルソンが乗り気なのを見てとり、二次的な問題でも有利な取引をした。スティクトが社用ジェットを好んだとは言え、給与以外のレイノルズの役得はナビスコを下回っていた。たいていのことは折衝が可能です、とジョンソン。だが役得だけはだめです。ウィルソンのほうは、クッキー・クラッカー会社の上席幹部すべてに社用マンションが付くというのもおかしな話だと思う。だがジョンソンのささいな執着を理由に、自分の夢を捨てるわけにはいかない。ウィルソンは妥協した。さらにジョンソンは、私をウィルソンに次ぐナンバーツー、社長兼COOにしてくれと主張した。そうすればナビスコ社員に対し、彼らが忘れられることはないという証しになる。ウィルソンはこれにも妥協した。

問題は、ジョンソンを昇格させることによって、あの誇り高く気性の激しいホリガンを降格させなければならないことだ。ウィルソンはその知らせをもの柔らかな言い回しでホリガンに告げ、代わりに副会長というおいしいポストを約束した。新設の会長職三人制の一人である。選択の余地はないと見てホリガンは折れた。巨大な新帝国を支配するトロイカの一員となることに慰めを感じたのだ。

一九八五年五月末日、レイノルズの取締役会は電話会議で詳細を詰めた。ホリガンはオーストラリアのレイノルズ支社の視察に向かう途中、デルモンテのサンフランシスコ事務所に立ち寄り、会議を傍聴した。折衝のためニューヨークに滞在中のウィルソンが、項目ごとに最終条件を点検し、経営陣の人事は一番最後になった。「ロス・ジョンソンは社長兼COOとする」とウィルソン。「エドは副会長のポストを受諾した」

「その件はエドの口から聞きたい」。モンサントのジョン・ハンリーが口を挟んだ。「君はそれでいいのかね?」

ホリガンは自らそのポストを望んだと、丁重な口調で短いスピーチをした（まるで彼らしくないと思う者もあった）。より大きな目的のため、自らの野心を犠牲にする必要性についてしばし熱弁を振るった。ウィルソンに回線が戻った。「会長職」というものをつくって、これはウィルソンとジョンソンで構成する、と彼が発表した。ホリガンの名はなかった。

サンフランシスコのホリガンは唖然とした。ウィルソンは彼の控え目なスピーチが終わるのを待って、ホリガンが先の約束でもらったと思っていた鼻薬を奪い返したのだ。怒り心頭に発したホリガンがじっと聞いているうちに、役員会は終了した。「タイ」とホリガンが言う。「この電話会議が終わったら、ぜひ電話をかけてもらいたい」

「いいとも、エド」。ウィルソンがそっけなく言った。

しばしホリガンはじっと座っていた。やがて彼は泣き出した。怒りと不満から涙があふれほおをぼろぼろ伝い落ちる。ようやくウィルソンから電話が入った。

「さっきのとんでもない電話会議で、あんたが言ったことがとても信じられん」ホリガンは怒鳴った。

「私を会長職に入れるという了解だったじゃないか」。ホリガンは怒り狂う。いいとも辞めてやる。あんたはうそつきのろくでなしだ。役員たちの前でよくも大恥をかかせてくれたな。

「まあ落ち着けよ、エド、落ち着くんだ」

「落ち着いてたまるか」ホリガンが叫ぶ。「あんたが気を変えて俺を会長職に入れない限り、さっき役員会で言ったことは全部取り消すぞ。一切合切ぶち壊してやる。あんたが電話をかけ直して約束を元に戻すまでは、俺はここを一歩も動かんからな」

ウィルソンはジョンソンに電話を入れ、ホリガンを会長職に入れる必要があると伝えた。ウィルソンの裏切りや、レイノルズの社内政治にまるで不案内なジョンソンはただちに同意した。ウィルソンはこれをホリガンに伝えてジョンソンの柔軟性を褒めたたえた。だが、ホリガンはこうした侮辱はジョンソンも同罪と見ていた。ジョンソンがどうやってスタンダード・ブランズやナビスコで権力を掌握したか承知していた。思うに、ジョンソンは合併も成立しないうちに、はや彼の追い出しを画策しているのだ。「タイ、あんたの運が強いことを祈るよ」とホリガン。「ロス・ジョンソンは一八カ月もすればあんたのポストに付いてるぞ。よく覚えておいてくれ」

「まさにその通りさ」。ウィルソンが言い返す。「我々は約束したのだ。私が引退すれば彼がCEOになる」

「約束だと、くそ」。ホリガンがうなった。

数日後、合併が無事完了すると、上機嫌のウィルソンはワシントンのフォード・シアターでの祝賀会に出席し、ジョンソンの親しい友人ジム・ロビンソン（アメリカン・エクスプレス会長）に会った。ロビンソンは生まれも育ちもアトランタ。夏はよく母親の故郷のローリングギャップで過ごし、ナビスコもレイノルズもよく知っている。それどころか、合併交渉の合い間も、ジョンソンはロビンソンにあれこれ相談していた。「ロスのことが好きになるよ」と柔らかな南部なまりでロビンソンが言う。「いいやつだ。きっとうまくやっていける」

やがて浮上する落ち着かない動きが底流にはあったが、合併に続く最初の数週間はおおむね順調に進んだ。レイノルズがナビスコを買収したのだから、ウィンストン－セーラムでは合併の知らせが好感をもって迎えられた。大きな北部企業を手中にしたことに地元民は誇りを抱いた。ただ一人不満なのがホリガンで、すっかり落ち込んでいた。ナビスコの幹部の役得について、ホリガンはことあるごとにウィルソンに文句を付けた。たとえば企業方針で禁止しているのに、ローリー・ジョンソンはいつもロスと一緒に旅に出る。「ロス・ジョンソンは蛇だ。ヌルヌルした嫌なやつだ」。耳を貸す人間すべてにホリガンは言う。「あいつとかかわりを持った日をやがて後悔するぞ」。タイとパット・ウィルソンの夫妻が、ウィンストン－セーラムにようこそとジョンソン夫妻をブランチに招いた時、エドとベティ・ホリガン夫妻はことさら欠席した。

ジョンソンもすぐホリガンに敵意を抱くようになった。もっとも、ホリガンほど相手を憎むことはできない。「エド・ホリガンが私を認めるとは思いも寄らない」。彼は友人に言った。「彼には好意を持てないし、信用もできない」。ジョンソンは、ホリガン指揮下のヒューブラインと取引のある酒類の流通業者から、ホリガンが袖の下をもらっているのではないかと考えたことがある。ホリガンについて知れば知るほど、ジョンソンは我慢ならなくなる。「私が社を指揮する暁には、エドはもう用なしだ」。ジョンソンは固く誓う。

ホリガンを別にすれば、ジョンソンのレイノルズでの評判は上々だった。ナビスコの上席幹部ではただ一人、ジョンソンだけがウィンストン－セーラムに移り、旧市街の外れに大きな家を購入した。魅力あふれる人物で、ウィルソンのプロシア的「陰」に対し、気さくで愛想のいい「陽」という評判が立つ。「彼がとやかく言われていることは知っていた。だがひとつとして当たっていないことが分かった」とロドニー・オースティンがまくし立てる。「彼は大した男だと思う」。ウィンストン－セーラムの最初の数週間、ジョンソンは最大限の努力で地元に溶け込もうとした。ジープワゴンで町を走り回り、夕食に人々を招待し、ノースカロライナ動物学協会に評議員として加盟する。ウィンストン－セーラムの大方の市民は感銘を受けた。ただし例外もある。レイノルズの経理担当ジョン・ダウドルの妻のギニー・ダウドルはジョンソンをたったひと言で評した。いわく「中古車セールスマン」。

幹部クラスより下では、二つの組織の根深い違いが間もなく姿を現した。レイノルズの株主サービス部長のレジナルド・スターがニュージャージーに飛んで、ナビスコの担当者と初の話し合いをした時、モリスタウン格納庫で彼を出迎えたのは、スモークガラスの二台の白いリムジンだった。「まるでマフィアの車みたいだった」とレイノルズ勤務三〇年のベテランは語る。「あまりにこれ見よがしで、気恥ずかしくて乗れたものじゃない……」

ウィルソンのナビスコとの初会議もこれに劣らなかった。レイノルズ・ジェットを降りてモリスタウン・ターミナルに足を踏み入れた時、彼はタバコをくわえていた。「ほら、ここは禁煙ですよ！」とナビスコのフライト責任者が怒鳴った。ウィルソンはドキッとしてタバコを床に捨て足で揉み消す。レイノルズ代表団は、何かにつけてナビスコ側が自分たちを子供扱いしていると感じた。帰りのフライトでレイノルズの会議企画担当のナンシー・ホルダーがウィルソンに忠告した。「タイ、気をつけてね。ナビスコはスタンダード・ブランズと合併したけど、現在ナビスコ勢は一人も残っていないわ」。その上司のポール・スコットが混ぜ返す。「ナンシー、考え過ぎだよ。タイはそれほど間抜けじゃないさ」

両社の商品構成も不安定な（人によれば不自然な）組み合わせだった。ホリガンが早々に知ったところでは、ナビスコ・ブランドの一つフライシュマンズ・マーガリンは、全米心臓協会と共同でマーケティング・キャンペーンを展開していた。心臓協会と言えば、よりによって消費者に禁煙を勧めているところだ。ホリガンが激怒し、キャンペーンはすぐ取りやめになった。もちろんジョンソンは、健康的なナビスコとレイノルズの「死の商人」という組み合わせを軽く考えていた。「ママとアップルパイがどくろマーク（毒物の表示）と友達になったのさ」などと軽口を叩く。

だがナビスコの生え抜きにすれば笑い事では済まない。頭の固いナビスコのベイカーたちは、スタンダード・ブランズの酒類担当マネージャーを「酔っ払い連中」とばかにしたが、タバコ会社との合併にはむしろ恐怖感を覚えた。RJRナビスコはワシントンに、一つはレイノルズ用、一つはナビスコ用と二つの政治活動委員会を設立した。ナビスコ従業員は自分たちの献金がタバコ・ロビーに回されることを望まなかったのだ。

ナビスコやスタンダード・ブランズの役員会と概して良好な関係を保ってきたジョンソンは、すぐさまウィルソンとレイノルズの役員との間の緊張関係を見てとった。最初の合同役員会を終えて、強固な党派性といら立ちを感じ取った。片隅では、スティクト、マコーマー、ジョーダン、そしてクレプスが額を寄せ合って、何やらひそひそと話し合う。少し離れた所では、ウィルソンが役員連中の不満を言い、悪口を言われているのではないかと文句を付けている。「ウィルソンは彼らを好まず、彼らもウィルソンを好きでなかった」とジョンソンが振り返る。「はた目にも無数の生傷があった」

アンディ・セージを入れて五人のナビスコ役員が、RJRナビスコの二〇人の役員会のメンバーに任命された。その一人で、コネチカットを本拠とするコンバスチョン・エンジニアリングの陽気なCEOチャールズ・ヒューゲルは、役員会入りした直後にウィルソンと昼食を囲んだ時、公然と他の役員の批判を聞かされて唖然とした。ウィルソンはこと細かに各取締役の悪口を並べ立てる。信じがたい思いでヒューゲルは相手を見つめた。**なぜ私にこんなことをしゃべるんだ？　自分の役員会が間抜けぞろいだと言って、俺を味方にしようとでも言うのか？　いずれにしろ、この男の頭の中身はどうなってるんだ？**

ビジネスの現場に関する限り、合併の狙いは、レイノルズの巨大な商品群をナビスコと一体化することによって、バイヤーへの発言力を高め、スーパーの売り場スペースを広げ、原材料の卸売業者に対してはいっそうの値引きを要求することだ。持論の「プロセスと手続き」さえ守れば成功疑いなし、とウィルソンは確信した。で、特別部隊《タスクフォース》をつくって、共同のマーケティング計画、経営の相互充実、そのほか大きな可能性をはらむ案を研究させた。スティクトの夢が王族と歩くことだとすれば、ウィルソンの夢はハーバード・ビジネススクールのケース・スタディの英雄となることだ。

ジョンソンの「メリーメン」グループは当然ウィルソンをばかにした。ニューヨークのナビスコに残った者は、はるか彼方のウィンストン－セーラムのボスたちに逆らうことに無力感を覚えた。ウィルソンの元では、宣伝からクッキーケースの変更まであらゆる戦略行動に、何人ものサインと何週間という待機が必要だった。ナビスコマンにすれば、ウィルソンのスタッフの規模も、その動きの鈍さも信じられない。特別部隊の一つは通信とコンピューターをつないで、帝国全体をひとまとめにする方法を研究する。ウィルソンにすれば効率を高めるための壮大な手段だが、ナビスコにとっては悪夢である。ナビスコのキャンディ部門担当者は言う。「うちは連邦政府に買収されたみたいだ」

ジョンソンと隔離されて、昔からの側近の多くは不安が募っていく。ウィルソン体制でわずか半年たっただけで、何人かが辞めることを考えた。財務部長のエド・ロビンソンは食品雑貨チェーンA&Pの高いポストに移る気でいる。ピーター・ロジャーズも辞職の腹を固め、人事部長のアンディ・バレットは母国イギリスに職を求めている。ボブ・カーボネルは「トイレに行くにもいちいち手を上げなければならない」といつもぶつくさ言う。マーティン・エメットは合併前に辞めていたが、ナビスコ・カナダの会長としての報酬は受けていた。

ジョンソンはニューヨークに飛んで友人たちに自重を訴えた。やがて事態が変わるから、と彼が断言する。だが、これ以上の引き留めが難しいことも承知していた。はた目にも関係は疎遠になり、一体感が失われている。合併後のダイナ・ショア・ゴルフトーナメントで、退任したデルモンテの幹部がエド・ロビンソンに紹介され、気楽に話しかけた。

「あなたはRJR派、それともナビスコ派？」

「どちらでもない。スタンダード・ブランズ派です」とロビンソンが答えた。

「メリーメン」の意気阻喪が募ると、ジョンソンはPRマンのマイク・マスタープールに指示し、ヘンリー・ワイグル打倒一〇年を祝うパーティーを催した。一九八六年五月、ニューヨークの「ブルック・クラブ」に集まったのは、ジョンソンのクーデター仲間の一団と、一九七六年の運命の日にジョンソンを支援した役員たちである。「メリーメン」が代わるがわる取締役会の議事録を読み上げて大喝采を浴びる。ワイグルの逸話を話すと大笑いが起きる。もちろん盛大に酒を飲む。宴の終わりにジョンソンが「一〇－五－一」と刻んだ文鎮を一同に配った。数字は、スタンダード・ブランズのクーデターから一〇年、ナビスコとの合併から五年、レイノルズとの合併から一年を意味する。結論――現在の隷属もやはり過去のものとなるだろう。

一方で、ジョンソンは力を尽くしてタイリー・ウィルソンに取り入ろうとした。楽ではなかった。二人はまさに水と油で、しかもウィルソンはボブ・シェイバリと違って一筋縄ではいかない。ウィルソンは上席幹部の一人ひとりに向こう三カ月の日程を要求した。ウィルソン自身、向こう四半期の予定が分きざみで決まっている。ジョンソンのスケジュールは（スケジュールと呼べればの話だが）一分ごとに変わる。思い立てば午後遅くウィンストン－セーラムを発って、ニューヨークのディナーに飛んで行く。ウィルソンは週末には一人でヨットでくつろぐのを好む。ジョンソンのほうは週末のぶっ通しパーティーに有名人を呼び集めるのが好きだ。その時は雑貨店の経営者も呼んで、パーティーの元手はちゃんと回収する。ウィルソンはジョンソンの交際費にぎょっとした。コロラドのカントリークラブの週末の費用が一万三〇〇〇ドルと知って、こんなドンチャン騒ぎが本当に必要なのかとジョンソンに尋ねた。ジョンソンはいつも見事な言い訳を述べ立てる。雑貨店の経営者たちの好意に比べれば、パーティーの費用など小さい小さい、とジョンソンは言う。「時の砂の中に数百万ドルが消えていくんだ」とジョンソンが警句を述べた。

ウィルソンにすれば、ジョンソンのスタイルが不安である。ウィルソンが尊重する手続きをものともせず、ジョンソンは新しいアイデアを次々に出してくる。確かに魅力的なアイデアもある。ところがジョンソンときたら、翌日にはもう正反対のほうを向いているのだ。

少なくも、ジョンソンのアイデアの一つは心配の種だった。合併終了直後、喫煙者の死に責任があるとして、タバコ会社に対する大規模訴訟が起きた。おかげで、それまで着実に上がっていたレイノルズの株は一〇ポイント強も下げ、二〇ドル台の半ばまで低下する。ジョンソンがウィルソンのオフィスに飛び込んで来た。「タイ、いいかい。我々はＬＢＯ（レバレッジド・バイアウト）の実施をぜひ考慮すべきだ」

ウィルソンはジョンソンを冷やかに見つめた。ＬＢＯのことはよく知っているし、大嫌いだったのだ。「ロス」。ウィルソンが言う。「そのアイデアは買えないな」。どうすれば訴訟に勝てるか、どうすればタバコ株が回復するか、ウィルソンはジョンソンに講義をたれる。「今は確かに欲求不満になる」とウィルソン。「だが、ほんの一時の後退にすぎない」

スタイルの相違にもかかわらず、ウィルソンとジョンソンはビジネスのことではめったに対立しなかった。ウィルソンはやがてジョンソンの頭の回転を評価するようになる。とりわけナビスコとデルモンテの統合ではボスを助けた。ポール・スティクトと親しい、バナナの叩き売りタイプのサミー・ゴードンの追放にも貢献した。

大きな合併の後ではビジネスの一部を手放す必要がある。どこを売るかでジョンソンとウィルソンに対立はなかった。まずカナダドライ。次にデルモンテの冷凍食品。こうした売却で、ジョンソンは例によって手際の良さを見せた。

事実、ウィルソンはジョンソンが気に入り、役員たちと仲良くするように勧めた。当初ジョンソンをうさん臭いやつと形容したスティクトは、ジョンソンと大西洋の空の旅を共にした後、昼食の相手にこう語った。「まあ、それほど悪い人間じゃない」。ほかの役員はスティクト以上に引きつけられた。一〇年前のヘンリー・ワイグルの場合と同様に、ジョンソンの気さくなところが、ボスのとげとげしさと際立った対照を見せた。ウィルソンは五項目の論点を列挙して、カナダドライが戦略プランに合致しない、故に処分する必要があるのだと主張する。ジョンソンは取締役にひと言こう言う。「確かにこの事業と道連れでも水の上は歩けます。ところがどっこい！　向こう岸ではコークやペプシの連中が待ち構えているんです」

陰に回れば、ジョンソンはウィルソンを「ジガーボール」と呼び、小ばかにしていた。「ジガーボール」の正確な意味は誰にも分からないが、愛情を込めたニックネームでないことは確かである。ニューヨークに出張すると、ジョンソンは意気の上がらぬ仲間のために、ウィルソンのことや低迷するタバコ事業について面白おかしくしゃべった。「うちの社の連中の話を聞くと、まるでフィリップ・モリスをこてんぱんに伸《の》しているみたいだ」とジョンソン。「あるボクサーの話を思い出すよ。そいつはさんざん殴られてラウンドを終わり、コーナーに戻って言ったんだ。『やつのグローブはかすりもしなかったぜ』。するとトレーナーが言った。『じゃあ、レフェリーに気を付けるんだな。そんなに殴るのはレフェリーしかいないだろ』」

ウィンストン－セーラムで八カ月を過ごし、ジョンソンは昔の派手な暮らしが恋しくてたまらなくなる。で、三月はパームスプリングスでたっぷり充電することにした。レイノルズの役員や幹部社員にとっても、初めての「ダイナ・ショア」は目のくらむような体験だった。参加者は、全員に贈られたグッチの一五〇〇ドルの腕時計を見せて入場する。その年の「ダイナと一夜」のパーティーでは、フランク・シナトラがバラードを唄い、ボブ・ホープがジョークで笑わせ、ドン・メレディスが司会を務めた。「あそこでひどい水漏れが起きている」と、前方の噴水を指してメレディスが言う。「でも、ご心配なく。ロスがお金を投げ込んで塞いでくれますから……」。ウィンストン－セーラムの資産家アルバート・バトラーはゴルフスターのパット・ブラッドレー、往年の野球の名選手ジョニー・ベンチとペアを組む。ジェラルド・フォード元大統領が回っているグループに、シャンクボールを打ち込まないように彼は祈ったものだ。

レイノルズの人にはこんな体験は初めてだった。確かにスポーツ・イベントを長年後援してはいるが、ストックカー・レースなどが中心だった。一週間続いたゴルフの祭典はプレゼント攻勢で終わる。ナビスコ・ゴルフシューズ、ポラロイドカメラ、CDプレーヤー……。招待者に贈られたスーツケースがいっぱいになる。「我々は皆度肝を抜かれた」バトラーが振り返る。

ウィルソンとスティクトの対立が決定的になるのも、この「ダイナ・ショア」の時である。スティクトが帰るのにRJRジェットの座席が確保できなかったのだ。彼はウィルソンのせいだと思った。三カ月たっても怒りが収まらなかった。ある朝、ウィンストン－セーラムのダウンタウンのオフィスに向かって車を走らせていると、ウイテカー公園のタバコ工場の脇に新しいビルが建てられている。「何かね、あれは?」。スティクトが運転手のエディに尋ねた。

「あそこで例の無煙タバコの研究を始めるんですよ」。エディが言う。

「何だって?」。スティクトはびっくりした。

スティクトはただちにウィルソンに問い質す。ウィルソンは会社がひそかに画期的なハイテク新製品「無煙」シガレットの開発に着手したことを認めた。間もなく役員会に報告するつもりだった、とウィルソン。スティクトはがく然とした。そんな製品を役員会に相談もなしに開発するなど、とうてい考えられない。

「いつからやっているんだ?」とスティクト。

「一九八一年からです」とウィルソン。五年間も……。

「なぜもっと早く取締役会に報告しなかった?」

「何しろめどを付けるだけでも、何年もテストを重ねる必要があるものですから」とウィルソン。口にこそ出さないが、ウィルソンは役員会からプロジェクトの秘密が漏れると思っていた。開発資金は、役員会の承認が要らないように少しずつ支出してきた。

「プロジェクト・スパ」という暗号名を付けたこの製品は確かに革命的だった。後に「プレミア」と命名される無煙タバコはウィルソンの秘密兵器だった。これがあれば禁煙運動の流れを変え、マールボロを打ちのめし、タバコ産業の衰退を逆転できるのだ。プレミアの外観は普通のシガレットに似ている。しかし中身はタバコをごく少量しか含まない。愛煙家は端のカーボンチップに火を付け、タバコと中身の「フレイバー・ビーズ」(香りを付けた細粒)を熱する。決して燃やすのではない。こうすると煙もタールもほとんど出ない。がんにつながる成分も、出てもごくわずかだ。こうして愛煙家のタバコ離れを防止でき、元愛煙家をレイノルズに引き戻すことができる、とウィルソンは期待した。

成功の可能性はともかく、ウィルソンが承認も受けずにこれほどの大プロジェクトに取りかかったことで、役員会はへそを曲げた。一九八六年七月、ニューヨークで開かれた役員会にウィルソンが呼び出され、説明を求められた。彼は万全の準備をし、プレミアの特性についてタバコ担当の幹部から十分に説明を受けていた。サンプルをどうぞ、とウィルソンが役員たちに勧めた。アルバート・バトラーが吸ってみる。味も香りもさほど感心しない。だが、ウィルソンはその程度では済まない問題を抱えたことが、すぐ明らかになった。

「なぜもっと早く教えてくれなかったのです?」ユアニタ・クレプスが質した。スティクトにした説明を繰り返してもクレプスは納得しない。「あなたはこのプロジェクトにかかわった数百人の従業員を信用した。宣伝にかかわる数十人の広告エージェントを信用した。部外の原料納入業者や科学者を信用した。なのに、私たちを信用しなかった」とクレプス。「少なくとも私は憤慨に堪えません」

ほかの取締役もクレプスの意見に続々と同調し、自分なりの懸念を付け加えた。たとえばヒューブラインのスチュアート・ワトソンは、ウィルソンがケンタッキー・フライドチキンを売却するつもりでいることに文句を付けた。この件についても役員会は相談を受けていない。「あなたは我々を信用していないのか」。ワトソンが尋ねる。「我々を信用していないのですか?」

スティクト同盟のペアとして、ロン・グリアソンとジョン・マコーマーも監査委員会の止まり木からくちばしを挟んだ。プレミアの開発費としてウィルソンがひそかに認めた六八〇〇万ドルは、取締役会が設定した支出額の限度をはるかに上回っている。二人が尋ねた。なぜ監査委員会に提議をしなかったのか? やがてスティクトが自ら尋問に立ち上がった。会議は延々と続き、グランドアーミー・プラザにずらりと並んだ役員たちのリムジンに、ニューヨーク警察が立ち退きを命じたほどだった。会議がようやく終わり、プロジェクト・スパは当面推進が認められた（ここまできての中止はもったいないと思われたからだ）。タイリー・ウィルソンは、それまで役員会の政治工作用に細々と貯えていた元手も遣い果たしてしまった。

一年間のウィルソンとの緊密な連携を打ち切って、今度はジョンソンが稲妻のように襲いかかった。前触れもなく何人かの取締役に電話を入れると、ＲＪＲナビスコを辞めて、多分ビーチャムＰＬＣ（イギリスの食品会社）の社長になるつもりだと知らせた。ジョンソンはそれぞれの取締役に言う。「いいえ、引き留めないでください。皆さんにできることはありません。二社を無事に合併させたことで自分の仕事は終わりました。ＣＥＯになれるのは一人だけです」とジョンソンは巧みに匂わせた。「役員会が選んだのは明らかにウィルソンです。今が辞め時です」

「いや、早まることはない」と、ジョンソンの思惑通り、取締役の一人チャーリー・ヒューゲルが言った。「君がトップにふさわしいかもしれんぞ」

ヒューゲルはジョンソン夫妻をニューハンプシャーのウィニペソーキー湖にある夏の別荘に招いた。ヒューゲルとジョンソンはバックポーチに座り、ほとんど一晩語り明かした。二人でジョンソンの選ぶべき道を検討した。役員を一人ひとり分析し、酒を酌み交わした。午前四時、二人はジョンソンがタイリー・ウィルソンを継ぐべきだと結論付けた。

次の週末にヒューゲルは近くに家のあるポール・スティクトを別荘に招いた。彼らもバックポーチで長時間腹を割った話し合いをした。スティクトが乗り気だと分かっても、ヒューゲルには意外ではなかった。ジョンソンは確認を取ろうと個人的にスティクトを訪ねた。ウィルソンを警戒させないように、アメリカン・エクスプレスから借りたジェットでニューハンプシャーに飛ぶ。ジョンソンが部屋に入るとスティクトが言った。「ここまで来るのに、これだけ時間がかかったのが不思議なくらいだ」

やがてスティクトはマコーマーを仲間に引き入れた。マコーマーはウィルソン追放を素晴らしいアイデアと賛成する。彼とスティクトでほかの保守的な役員にジョンソンの一件を推進した。ヒューゲルはナビスコ側の工作にあたった。もっとも、アンディ・セージとかボブ・シェイバリ、ジム・ウェルチなどは説得するまでもない。昔からのジョンソン党員なのだ。

種をまいたところでジョンソンは待機体制に入った。スティクトとマコーマーが約束通り他の取締役に実情を訴えて回った。「我々は今ロスを失うわけにはいかない」とマコーマーは言い、ジョンソンを失えば、万一の場合頼りになるのはエド・ホリガンしかいなくなると指摘する。「とすれば、どうやってタイのくびを切るかだ」。そして八月の第一週、ジョンソンは辞任の意思をウィルソンに伝えた。理由を取り違えたウィルソンもびっくりした。彼もまたジョンソンを失いたくないのだ。来週給与委員会があるからと、ウィルソンが慌てて言った。そこで私の退任日程の繰り上げを論じてみようじゃないか。一九八八年の半ばにするか、必要なら八七年の終わりだっていい。一週間の猶予ができたことにホッとして、ウィルソンはフロリダキーズの別荘に飛んで、数日の休暇に入った。

だが、フロリダにいるウィルソンの元にウィンストン－セーラムの味方から不安な電話が入り始めた。政敵たちがクーデターを画策し、ジョンソンを押し立てようとしていると言う。心配したウィルソンはジョン・メドリンに電話を入れた。メドリンはウォチョービア銀行の会長で、ウィルソンが役員会に加えた二人のうちの一人だ。「そう、何かが起きている」とメドリン。「できれば力になりたいのだが、困ったことになったな」

次いでウィルソンはヒューゲルに電話を入れ、ヒューゲルがジョンソン擁立運動の音頭を取っていることを知った。スティクトに電話すべきだろうか？　ウィルソンは迷った。

「彼は助けにはならないと思うよ」ヒューゲルがあいまいに言った。

マコーマーは？　「無理な注文だな」とヒューゲル。そしてウィルソンにきっぱりと言う。「投票では勝てないよ」

ウィルソンはわらをもつかむ思いでバーノン・ジョーダンに電話を入れた。やはりだめだ。「もう終わったのだ」とジョーダン。「いさぎよくあきらめて、退場したまえ」

ウィルソンは万事窮したことを知った。翌週の役員会でウィルソンは辞任した。おとなしく出て行く代わりに、ウィルソンは豪勢な見返りを受け取った。一時払いの三二五万ドル、一九八七年の正式退任まで年額一三〇万ドルの給与とボーナス、それ以降は総額六〇万ドルの年金。さらに役員会は一定の役得まで認めた。秘書付きのオフィス、自宅の警備システム、自動車電話、社用マンションの使用。役員会は発表用にそれらしき話をでっち上げた。それによれば、会長の辞職は早期引退という本人の長年の夢を実現したものである。

話し合いの後、電話会議による全体役員会で正式な決定が行われた。大して汗もかかずに、ロス・ジョンソンは全米一九位の大企業RJRナビスコのCEOに任命された。後日タイリー・ウィルソンはつぶやく。「まあ、連中にしてやられたということだ」

第3章
「RJR空軍」と「チーム・ナビスコ」

ロス・ジョンソンのRJRナビスコ支配までの足取りはめざましいスピードで進んだ。ナビスコのCEO（最高経営責任者）就任が一九八四年。レイノルズ－ナビスコ合併が八五年。そしてRJRナビスコのCEO就任が八六年。もしそこで足を止めて方向を転じ、ノースカロライナの貴族生活に甘んずれば、ジョンソンの人生はまるで違っていたかもしれない。だが「かき回し」をモットーとする彼には、やり方を変える気は毛頭ない。レイノルズ・タバコは年間一〇億ドルの現金を稼ぎ出す。これは見果てぬ夢を抱き、どんなミスでもカバーできるほどの資金である。「一〇億ドルと言えば」。うやうやしくジョンソンは言う。「一年じゃとても遣い切れない金額だよ」

だが眠ったようなウィンストン－セーラムにあって、ジョンソンはいわばぎっしり詰まった駐車場でエンジンを吹かすフェラーリだった。ウィルソン時代は控え目に振る舞い、地元を騒がす行動は避けていたが、一九八六年秋にＲＪＲナビスコを支配してからは、レイノルズとの蜜月期間は短かった。最初の仕事の一つはエド・ホリガンの扱いだった。ＣＥＯ就任からわずか数日後、ホリガンがオフィスにやって来て辞職を申し出た。一年にわたる確執の末、くびにされる前に自分から辞めてやろうというのだ。だがジョンソンは辞職届の受理を拒み、ホリガンを仰天させた。「だめだ。私には君が必要なのだ」とジョンソン。

ジョンソンはタバコについては今なお素人同然で、玄人が必要だった。過去のいきさつがどうあれ、それにはホリガンしかいない。もともとホリガンは、ジョンソンのナビスコ仲間の豪勢なニューヨークのマンションに我慢がならなかった。で、ジョンソンはその中でも最高のもの、近代美術館の上のミュージアム・タワーのマンションをホリガンに持たせることを確約した。ウィルソンはパームスプリングスでの週末の費用をホリガンに払わせていた。これからはＲＪＲナビスコが旅費を持つだけでなく、ホリガン専用のガルフストリームＧ３ジェット（社用航空機の最高クラス）を自由に使えることになった。そればかりか、パームスプリングスで会社名義の車をリースするように勧められると、ホリガンは嬉しそうにロールスロイスを選んだ。レイノルズ・タバコの運営は全面的にホリガンに委ねられた。ホリガンはどうやら一夜にしてジョンソン派に変身したようで、地元のゴシップ好きを驚かせた。

ジョンソンは、続いて、レイノルズの「生え抜き組」の追い出しにかかった。グウェイン・ギレスピーが財務部長の座から追われ、ナビスコのエド・ロビンソンに取って代わられる。経理担当のジョン・ダウドルは早期退職契約を受け入れ、ナビスコのマック・ベインズが代わる。ロドニー・オースティンは人事部長をくびにされ、ナビスコのアンドルー・バレットに代わる。広報担当のロン・サスターナはニューヨークに転勤して、全社の広報業務を監督する任務を与えられ、てっきりくびがつながったと思っていた。だが、ホリガンはサスターナを嫌い、それを知ったジョンソンはサスターナを切った。その後はナビスコのマイク・マスタープールが継ぐ。レイノルズ組は十把ひとからげで街角に放り出され、その後釜はジョンソンのナビスコ一派で占められた。

ジョンソンの悩みが始まるのは、ウィンストン―セーラムがその奇矯な振る舞いに注意を向け始めた時からである。ウィルソンのナンバーツー時代なら問題にならなかったことが、今では地元の反感を買う。レイノルズの役員がボディガードを雇う話など聞いたことがなかった。だがオールドタウンやバーミューダランでは、ジョンソンがボディガードを雇ったとささやかれた。噂は本当だった。ボディガードの名はフランク・マンシーニ。頑丈なニューヨークの元警官である。地元民はこの男を「千鳥足」と呼んだ。

マンシーニはレイノルズの治安強化を図るジョンソンの試みの第一弾にすぎない。ある日、腰に拳銃を帯びた男が自宅の前でこそこそしているのを見て、タイリー・ウィルソンはどきっとした。説明を求めると、自分は非番の警察官でこの地区の治安をあずかっていると言う。ポール・スティクトも同じ地域に住んでいた。「だが、うちの前をうろついてもらっては困る」

とウィルソン。「危険などまるで感じないんだから」。この件を知った人たちは当惑した。ウィンストン－セーラムはそんなに危ない町ではないのだ。

　支配力を強めるとともに、ジョンソンは野暮ったいポーズをかなぐり捨てて昔のジョンソンに戻った。週末ともなると、はるか遠くのゴルフクラブにジェットを飛ばす。もしくはフロリダで肌を焼くか、マンハッタンに飛んでフランク・ギフォードや旧友たちをびっくりさせる。スティクトにも前例はあったが、ジョンソンにいたってＲＪＲナビスコは、ついに古めかしいレイノルズ型価値観に別れを告げた。さらばモラビア主義、ようこそドンチャン騒ぎ。

　これまではレイノルズの幹部社員の控え目な慈善行為が、ボウマン・グレイ医学校などの施設を造ってきた。ジョンソンが考える慈善とは、プロアマ・ゴルフトーナメントを組織して、ウェークフォレスト大学のゴルフチームに貢献することである。ダイナ・ショアやドン・メレディスを招いて、地元の社会奉仕活動の開幕を盛り上げる。ノースカロライナ動物学協会の理事会で資金集めキャンペーンの音頭を取る。だが、協会の催しにジョンソンはヘリコプターで降り立ってひんしゅくを買った。何せキャデラックでさえとんでもないという土地柄なのだ。地味な縞模様が当たり前のコミュニティで、ジョンソンは上衣のポケットからパフ・ハンカチーフをひらひらさせて歩くのだ。

　極め付きはジョンソンの妻である。オールドタウン・クラブでは、奥方たちが昼食のテーブルで額を寄せ合う。お聞きになりました、あのニュース？　奥方たちは彼女を「カップケーキ」

と呼ぶ。ローリー・ジョンソンは見事なブロンドで、三〇代の初めだった。レイノルズの妻たる者は地味な服装にしっかりお化粧をするものなのに、ローリーときたらジョギングスーツで跳ね回り、カリフォルニア・ギャルそこのけだった。レイノルズの妻たる者はブリッジをたしなむ。ところがローリーは腕のいいゴルファーで、男も顔負けのボールを飛ばす。

彼女も町に合わせる努力はした。熱心に慈善活動にかかわり、ノースカロライナ美術学校の評議員にもなる。が、国際諮問委員会がウィンストン－セーラムで開催されると、ローリーはショッピングモールに買物ツアーを引き連れて行く。ノルウェーの王女をはじめ、世界中の企業の奥方たちがショッピングバッグを抱えて戻って来る。ニューヨークのトランプ・タワー（不動産王トランプの金ぴかビル）じゃあるまいし……。だがローリー・ジョンソンに得意技があるとしたら、それは買物だった。

どうにもならなかった。ジョンソン夫婦は地元の大多数の人たちを侮辱したと思われ、事態は悪化した。ゴシップの花が咲いたのは、ウェークフォレスト大学のトップゴルファーの一人をジョンソンがひいきにし、自宅に住まわせた時である。若手ゴルファーがジョンソン家の地下室に住むようになると、その若者と「カップケーキ」が泡風呂でけしからぬ振る舞いをしていると噂が広がった。ジョンソンが仕事で出かけるたびに、オールドタウンのプロゴルファーとカップケーキが寝ているという噂が流れる。これが巡り巡ってジョンソン夫婦の耳に入り、ローリーは涙ながらにニューヨークの友達に電話を入れる。友人たちには小さな田舎町の残酷ないじめ方がまるで理解できない。だがジム・ロビンソンの妻リンダは理解してくれた。ロビンソン夫婦とジョンソン夫婦はローリングギャップで一緒に休暇を取る仲だ。そこの人間はウィンストン＝セーラムのエリートたちをよく知っている。「ウィンストン＝セーラムの誰かが気に入らないと、あたしたちがいびってやるのよ」とローリングギャップのある夫人が言ったという。「ジョンソン夫婦には、あたしたちがいろいろと思い知らせてやったわ」

その年の一一月にレイノルズ・タバコが従業員のレイオフを発表すると、緊迫した関係が表面化した。ウィンストン＝セーラム・ジャーナル紙が社説で反対を表明し、ジョンソンとナビスコの「クッキーの怪物ども」はレイオフを実施すべきではないと述べた。ジョンソンにすればもう我慢できなかった。「こんな侮辱に甘んずる必要はない」。懸命に隠してはきたが、田舎町の暮らしなんか大嫌いだった。こんな生活のためにカナダの田舎を逃れ、出世街道をばく進してきたわけではない。合併以来噴き出したみみっちい社内政治が嫌だった。「ガラスの動物園」の企業スタッフは、ダウンタウンのタバコ事業グループと絶えず角突き合わせている。ジョンソンはたちまち仲裁にウンザリしてしまった。

だが最大の悩みは、ウィンストン＝セーラムに住むこと自体だった。「毎日毎日、見るのは同じ顔なんだ」と、ニューヨークの友人にジョンソンはこぼした。それに、土地の人間で会って楽しいやつなどめったにいない。ジム・ロビンソンとか、マーティン・デイビスとか、ITTのランド・アラスコグらと一緒に葉巻をやりたかった。仲間たち……。ホリガンはまずまずだった。少なくともスコッチを酌み交わすことができる。ウォチョービア銀行のジョン・メドリンもいる。だが、それでおしまいだ。「メリーメン」の連中（都会育ちのヤンキーまたは外国人）は誰も南部に来ようとはしない。連中の忠誠もその程度なのだ。

「町の人口が一四万。うち一万七〇〇〇人がうちで働き、一万人が元従業員だった。これじゃ息もできない」とジョンソンは振り返る。

ジョンソンにすれば結論はただ一つと思われた。引っ越しである。RJRナビスコの本部をよそに移せば、ウィンストン－セーラムは干上がってしまう。誇り高き地元の人たちの心臓に短剣を突き刺すようなものである。ジョンソンは百も承知だ。で、慎重に地ならしに取りかかった。まず親しいアドバイザーの一団がひそかに候補地の見積もりに入る。ニューヨークはもちろん候補に入るが、遠過ぎて役員会の気に障るに違いない。今、役員会の気分を害することはできない。レイノルズの古参組も断じてニューヨークには移らないだろう。役員会を警戒させないためにも、古参の一部は引き留めておく必要がある。ダラスはジョンソン好みの町だ。新しいお金と根無し草の人間であふれている上に、ジョンソンの別荘があるパームビーチとベイルの中間にある。だがダラスはもう落ち目だと思った。石油不況に加えて、ダラス・カウボーイズも最近めっきりフットボールの試合に勝てなくなっている。

アトランタ（ジョージア州）もジョンソンの気を引いた。ダラスと同様に成金と根無し草の町で、その上建築ラッシュである。一等地のオフィスは引っぱりだこで、あっという間に塞がってしまう。ウィンストン－セーラムにも近く、もっともらしい理屈が付けられる。そしてその年の秋、ロンドンにいたジョンソンは、ある晩チャールズ・プライス大使が女王を招待した晩餐会で、旧知のコカコーラ社長ドン・キーオウにばったり会った。キーオウの妻が女王陛下の話をお聞きなさいとたしなめるかたわらで、キーオウは心からアトランタを推奨した（訳注）。

━訳注　コカコーラの本部はアトランタにある。

よし、アトランタにしよう。候補地を決め、ジョンソンは役員工作を開始した。「この町では会社とタバコは切っても切れない関係にある」とアルバート・バトラーに話す。「こいつは健全な状態とは言えない」。バトラーは納得した。ジョンソンはまたジョン・メドリンも説き伏せる。ウォチョービアはアトランタの大手銀行を買収したばかりで、当面二本部制を維持しようとしていた。両都市の長短をメドリンはよく承知していた。

最大の難関はスティクトである。「ガラスの動物園」は彼の誇りであり、喜びであった。いつの日かビルに自分の名が付くことがスティクトのひそかな願いではないか、とジョンソンは考えた。苦しみを癒やすのは金である。ジョンソンはスティクトの顧問料を年額一八万五〇〇〇ドルから二五万ドルに増額した。あとは名誉だ。ジョンソンはスティクトを国際諮問委員会の議長にして、委員会の権威をウィルソン時代より前の状態に戻すことを約束した。またボウマン・グレイ医学校の「J・ポール・スティクト高齢者センター」に、六〇〇〇万ドル寄贈したのも効果があった。やがてスティクトは軟化した。地元出身の取締役三人の応援があれば、残るメンバーの支持は確実と思われた。

ところが役員会が公式に動きだす前にアトランタ・コンスティチューション紙が一件をすっぱ抜き、案の定ウィンストン－セーラムに嵐が巻き起こった。ウィンストン－セーラム・ジャーナルは役員会に自重を要請し、社の基礎をつくったのは地元従業員であり、社を育てたのは地元の人たちだと指摘した。「会社の心も魂も、心臓とルーツと伝統のある所でしか繁栄できない」と一面の社説が主張する。「魂が生き残るには、頭と心が一つであることだ」

一夜にしてジョンソンは地元の鼻つまみ者になった。馬に乗った一人の男がウィンストン－セーラムにレイノルズを持ってきた。別の男がガルフストリーム・ジェットでレイノルズを持って行ってしまう。ジョンソンをけなすバラードが地元のカントリーミュージック局でヒットした。工場労働者で大株主のホバート・ジョンソンが、話を聞いてくれとジョンソンのオフィスにやって来た。頭に血が上った八〇代の老人は、半日も待たされたあげく、家に戻って怒りの手紙をしたためた。「我々がこの会社の礎《いしずえ》を築いたのは、あんたがまだ半ズボンをはいていたころだ」

ウィンストン－セーラム・ロータリークラブの講演でジョンソンは自己弁護を試みた。だが、クラブの出席者は内容よりもその後の出来事のほうをよく覚えている。一団のボディガードがジョンソンを取り巻き、貨物用エレベーターからジョンソンを連れ出した。皆の記憶に残ったのは「牧歌的」という一語だった。アトランタ・コンスティチューションとのインタビューで、ジョンソンがウィンストン－セーラムを形容した言葉である。すると、町中の車にこんなステッカーが姿を見せた。「牧歌的なあなた、ひとつ警笛を」。もう一つは、左側に親指を立てた「RJR賛成」、右側には親指を下げた「ナビスコ反対」のステッカーだった。

ジョンソン夫婦にまつわるひどいゴシップが新たに飛び交った。ロスが土地のならず者に殴られた、「カップケーキ」がプロゴルファーと駆け落ちした、いやテニスのプロと駆け落ちしたんだ。大騒ぎの中で、ジョンソンは四面楚歌の妻を何とか慰めようとした。ジョンソンの友人でアーチャー・ダニエルズ・ミッドランド会長のドウェイン・アンドリアス夫人が、バリー大学というフロリダの小さな大学の理事を務めていた。ジョンソンはRJRナビスコ基金に手を回し、大学の新体育館のために大口の寄付をした。お礼に大学はジョンソンに名誉博士号をくれるという。ジョンソンがぜひ妻にももらいたいと言うと、大学側は同意した。悪口を言っていた人たちはさっそく、ローリーのことを「カップケーキ博士」と呼ぶようになる。

アトランタ行きを拒否する従業員数百名は解雇の運びとなった。父親のように優しい雇い主の庇護がなくなることなど考えたこともない古参従業員が、今や毎日、自分のデスクにピンクの解雇通知が来るのではないかとビクビクしていた。時には部門全体が呼び出されて大量処刑を受けた。緊張に耐えられないようになった。「眉間を射ち抜いてくれ」。ある日、税務課の職員が叫んだ。「こんなどっちつかずはもうウンザリだ」。レイノルズの労働倫理はそれでも死ななかった。ある日の午後にくびを宣告された四人の秘書は、真夜中すぎまで残業してプロジェクトを完成させた。

ブラックユーモアが花を咲かせた。ラテンアメリカ出身でジョンソンのクビ切り役のボブ・カーボネルが、エルサルバドルの暗殺団にスカウトされたという。コピー機がフル稼働して、アングラまんがを量産する。まんがの一つは、ジョンソンがキングコングの姿でミニ・エンパイアステートビルによじ登っている。もう一つは、ジョンソンが行方不明の子供になっている。キャプションにいわく「目がさめて、牛乳のカートンにロスの絵を見た時の幸せな気分」。とりわけきついまんががある。F・ロス・ジョンソンというネズミがRJRナビスコと書かれた別のネズミに猛然とのしかかっている。RJRナビスコ・ネズミはわなにかかって身動きが取れない。わなには「牧歌的わな会社」と書かれ、餌はオレオ。別のネズミの一団が役員室から見物に走り寄る。「よお、ロス」。一匹が尋ねる。「その頭の〝F〟はファックのFかい？」

根無し草と言えるジョンソンには、自分が引き起こした反発がよく分からない。「いったいどういうことだ。エクソンがニューヨークから七〇〇〇人分の仕事を移しても、誰も眉ひとつ動かさなかった。私はわずか数百人の仕事をあちらに移そうというだけで、まるでアッティラ王のような扱いだ」

こうした反応から、部下が持つのは「仕事」ではなく「使命」だと言うジョンソンの人柄がよく分かる。つくったとたんに組織は腐り出すと考えるジョンソン。傍観するのは間抜けだ、と確信するジョンソンにはよく分からない。コツコツ進む時代が終わったことを、なぜウィンストン－セーラムは見ようとしないのか？　世の中は変化している。動きを止めてはならない。そうすればたちまち置き去りにされるのだ。「ロスは行動に憑《つ》かれている。日々のダイナミズムに取り憑かれている」とＯ・Ｃ・アダムズは言う。アダムズはコネチカットの心理学者で、個人的な問題でジョンソンを診察した。「第三者に及ぼす影響というものが必ずしも彼には分かっていない」

反撃も何の効果もなかった。ウィンストン－セーラム市長、ノースカロライナ州知事との会談もジョンソンの心をひるがえすことはできない。公式発表をする前に、彼とローリーはアトランタに一〇〇万ドルの新居を購入した。ただ一つ困った徴候と言えば、スティクトが心変わりしたことだ。ジョンソンがウィルソンに取って代わったいきさつをウィンストン－セーラムで知っている者は少ないが、スティクトが何らかの援助をしたことは皆が感じている。アトランタ移転のニュースがすっぱ抜かれると、が然スティクトが引っぱり出されるようになった。移転にスティクトがレイノルズの運営を委ねたとされる人物について、厳しい質問が浴びせられた。ステイクトは賛成票を投じていたが、たび重なる圧力を受けると、アルバート・バトラーと一緒にジョンソンのオフィスを訪れ、移転をやめさせようとした。

ジョンソンは後には引かないが、ここで改めてスティクトの力、とりわけ仲間の役員に対する影響力を考え直した。スティクトと彼の仲間がウィルソンにどんなことをしたか、よく見てきた。同じ運命は避けねばならない。だめだ、とジョンソンは思う。スティクトを敵に回してはならない。スティクトにあれだけ昇給や役得を与えたというのに、ジョンソンはさらに上乗せをすることにした。RJRナビスコの会長にしてやろう。どうせほとんど飾り物のポストなのだ。社長兼CEOとしてのジョンソンの実権は変わらない。それでもこの提案はスティクトの心をとらえた。

「やめたほうがいい。災の元になるだけだ」とエド・ホリガンが言う。

「やめておけよ。スティクトなど君には必要ない」とチャーリー・ヒューゲルも言う。

「冗談じゃないぞ」。会長の座をスティクトに代えられたウィルソンは言った。「どうせあんたの会社なんだ。何でも好きにやるがいいさ。だがこいつはまやかしだ。いずれ後悔するぞ」。

数週間後スティクトが会長に任命された。だがウィルソンは正しかった。ジョンソンは後悔することになる。

一九八七年一月半ばのアトランタ移転の公式発表の際、ジョンソンは精いっぱい体面を取り繕った。移転するのは企業本部だけ。一〇〇〇人のスタッフの一部はアトランタで雇用する。一部はタバコ部門に移籍する。一万二〇〇〇余のRJレイノルズ・タバコの従業員はそのまま残留し、ウィンストン-セーラムではわずか数百人が職を失うだけである（実際その通りになった）。ジョンソンはウィンストン-セーラムに最後の誠意を示し、「ガラスの動物園」をウェークフォレスト大学に寄贈した。

アトランタは歓迎した。上げ潮に乗るビジネスマンたちは『フォーチュン500』企業が仲間入りすることに興奮の面持ちだった。だが、町に根づく温かな企業を迎えるつもりでいたのに、ロス・ジョンソンの正体をほどなく知ることになった。ジョンソンは「ガレリア」という郊外ショッピングセンターの、特徴のないガラス張り高層ビルの一一フロアを占拠した。初の公式会見でジョンソンは、うちのちっぽけな企業本部がたっぷり寄付をすると思ってもらっては困るという趣旨の発言をした。「私が言ったのはありとあらゆる組織を援助することはできないということだ」と、後日ジョンソンはあるインタビューで言った。「それで彼らが怒ったとしても、どうしようもない」

これは町の長老たちが望むところではなかった。「ご心配なく、ウィンストン－セーラム」と、翌日のアトランタ・コンスティチューションは見出しに掲げた。「RJRが出て行っても大した損にはなりません」

アトランタに移転してわずか数週間後、ジョンソンはまたしてもRJRナビスコの応援団にショックを与えた。証券アナリストとの会議の席上、ジョンソンはついでのような調子で、レイノルズ・タバコを株式会社からリミテッド・パートナーシップ（訳注）に改組するつもりだと述べた。

ウィンストン－セーラムでは、株主がパニックに陥った。リミテッド・パートナーシップって何だ？　愛するわが株式にどんな影響があるのだ？　社内でも従業員が目を白黒させた。これは確定事項なのか。それとも、ジョンソンの気まぐれな頭から湧いた、いつもの生焼けのアイデアにすぎないのか。

訳注 有限責任のパートナー組織。収益は限られた出資者の間で分配する。日本の合資会社に似ているが、税法上の扱いが異なる。

この発言は、ジョンソンの企業に対する考え方が前任者とは違うことを端的に示すものであった。乗っ取りが「アメリカ株式会社」に吹き荒れていた八〇年代、ウォール街の投資銀行はレイノルズの巨大な現金収入によだれを垂らしてきた。どうかひとつ買収案件でうちを使ってください。だが彼らもウィルソンには食い込めなかった。金融上の助言はもっぱら手堅くて保守的なディロン・リードに任せていたのだ。メリル・リンチの投資銀行業務担当者が、どうですLBO(レバレッジド・バイアウト)に注目してみたらと言うと、財務部長のグウェイン・ギレスピーが彼らを追い返した。

だがジョンソンは違う。この男とならウォール街人種も取引ができる。どでかい取引、一風変わった取引ができる。ジョンソンの動かす企業は正真正銘のペスケット派の流儀で、常に部分的な再編成や売ったり買ったりの流動状態にあった。可能性の論議に対してドアがいつも開かれていた。電話の主がタイリー・ウィルソンだろうと、ボブ・シェイバリだろうと、もしくはブリーフケースにアイデアを詰め込んだウォール街人種だろうと、相手は問わない。アトランタ移転をきっかけに、まるで暑いジョージアの街灯に群がる黄金虫のように、投資銀行の幹部がいっせいに南下を始めた。ホリガンから見れば、ウォール街の電話攻勢は「ボスを求める絶え間のないセールスマンの波」に似ていた。「これはロスが開け広げだからだ。彼の血が騒いだのだ」

時にはどうしても行き過ぎになる。毎日ジョンソンの元に寄せられる平均四〇数本の電話のうち、半分以上が投資銀行からだ。これまでも、ジョンソンにはいつも気楽なアイデア仲間がいた。だが、今やジョンソンと投資銀行が「今週のアイデア」クラブを結成した、と友人たちは軽口を叩いた。「月曜の晩の破滅クラブ」が解体して久しいが、ジョンソンは投資銀行の連中と「ばか話」を楽しんだ。彼らの自由なアイデアを無料の助言とみた。「犬を飼ったのに、自分のために吠えさせなくてどうする?」と彼はよく言った。

パートナー組織のアイデアもジョンソンを熱心に追いかける人間から出たものだ。ジェフリー・ベックというウォール街の過激なディールメーカー（訳注①）である。ベックはドレクセル・バーナム・ランバートに籍を置く。ここは生き馬の目を抜くような投資銀行で、ビバリーヒルズを本拠とするジャンクボンド（訳注②）の責任者マイケル・ミルケンは、ほとんど独力で八〇年代半ばの企業買収ビジネスを変革した人物である（原注）。ベックのウォール街でのあだ名は「狂犬」。蝶ネクタイに角縁眼鏡のベックは、どちらかというとコメディアンと殺し屋のハーフのように見えた。

―訳注①　M&A（企業の買収・合併）の当事者の間に立って、業務を推進するプロモーター。

訳注②　がらくた債。M&Aで活用される格付けの低い高利回り債。

原注　一九八七年前半、ドレクセル・バーナムとマイケル・ミルケンはアイバン・ボウスキーのインサイダー取引にかかわった容疑で、証券法違反の捜査を受けた。結局ドレクセルは一九八八年一二月、広範な不法行為の告発に対し検察側と司法取引を行い、ミルケンは翌春起訴された。

個性の強いベックは「究極のらつ腕家」「陰の演出者」「ウォール街のトップクラス・ディールメーカー七人衆の一人」（そして他の六人の名を挙げる）と自称する。少々高慢だが実像とさほど遠くない。嬉しい大ニュースには「ロック・アンド・ロール！」と叫び、厳しい会議に臨む時には「ロック・アンド・ロード（錠をかけ、弾をこめろ）」と叫ぶ。映画『ウォール街』の非公式アドバイザーを引き受けて、自ら重要なシーンに登場、敵対的買収を仕掛けた軍団を率いる投資銀行家として、即席の檄《げき》を飛ばした。

他の銀行家が分析や闘争戦術を専門とするのに対し、ベックは機関銃のようなしゃべりとくさい演技でキャリアを築いた。手掛けた最大規模の案件で、エスマークというシカゴの食品会社のLBOを別の相手にさらわれると、エスマーク会長のドナルド・ケリーに、着手料だけでも払ってくださいと泣きついた。

「何とかしてください。何とかしてくださいよ」とベックは訴え、エスマークの部屋の床に大の字に寝ころがる。もともと手数料を出す気でいたケリーは、ひとつからかってやろうと、相手の懇願を無視するふりをした。「やつは頭にくる。面白い見ものになるぞ」とケリーは側近に言った。ベックはケリーのオフィスに呼ばれ、悪いニュースを告げられた。「そんな、ひどい、よくもそんな仕打ちを」と「狂犬」はうめき、オフィスの窓を開けにかかる。「おしまいだ！　窓から飛び降りてやる！　自殺してやる」。ケリーがゲラゲラ笑いながら叫んだ。「飛び降りんでくれ！」。名演技と引き換えにベックは七五〇万ドルの手数料を受け取った。

ベックは持ち前の押しでジョンソンを口説いた。最初の出会いからしばらくして、ジョンソン夫婦がバカンスで南フランスに滞在していた時、ベックは二人にローダー・クリスタルの花瓶と花束を届ける。「良いバカンスを」とカードには記され「狂犬」とあった。ジョンソンはたちまちベックの学生クラブ的な雰囲気が好きになった。二度目の出会いの時、ベックは「ミルク・ボーン」（犬ビス）を一箱持参した。あだ名にちなんだジョークである。そして、全米一九位の大会社のトップと企業の再編成プランを話しながら、一箱平らげてしまった。

一九八六年の後半には、レイノルズ・タバコをパートナー組織にする案を、ベックがしきりに売り込んでいた。常々ジョンソンは、タバコ事業のおかげでＲＪＲナビスコの株価が不当に低く評価されていると考えていた。ジョンソンの考えでは、投資家はナビスコを一切勘案せず、もっぱらタバコのお寒い将来に目を向けている。「プロジェクト・アルファ」と称するベックの案も、狙いはまさにそこにあった。

普通株の所有者は通常、小額の現金配当を株主全員で分け合う。だがＲＪＲナビスコ株の過半をパートナーの出資に切り換えることによって、レイノルズの抜群の現金収入のうち一定の割合がそのまま出資者に流れる。その結果、出資者は法人税を回避しつつ莫大な金額を手にすることができる（訳注）。ベックの狙いは、パートナー組織の法外な利益が残りの普通株にも影響を及ぼし、全員が潤うということにある。

ジョンソンはどうにも複雑なアイデアだと考えたが、ベックが無料で引き受けると言うのでその気になった。ここでサービスしておけば、のちのち大きなビジネスにつながることを「狂犬」は知っていた。

訳注　パートナー組織には法人税が課税されず、収益の配分を受けたパートナー（**出資者**）に個人所得税が課税される。アメリカの法人税の最高税率は三四パーセント、所得税は二八パーセントだから、このほうが税制上有利になる。

ジョンソンという男はアイデアマンで、実務向きではない。ベックのようなアイデアが積み重なると「財務研究開発部」と名付けた私的な諮問グループに検討を任せ、旧友のアンディ・セージにグループの指揮を取らせた。アイデアの優劣をふるいにかけ、独自の金融上のトリックを二つ三つ編み出すという狙いがあった。

ワイグルの追放劇以来ジョンソン主導の役員会に座り続けているセージは、ウォール街の株式専門家の息子である。セントポールのエリート私立高校を追い出され、商業学校で高等教育を受けた。だがセージは特殊な才能の持ち主で、飛行機を飛ばしピアノを弾きこなしながら、リーマン・ブラザーズ（投資銀行）のトップに昇りつめた。マネージング・パートナーとなり、やがて社長となった。だが、ウォール街での盛りはとうに過ぎており、六〇歳の彼は事実上「博物館行き」と見なされていた。その印象は放心した大学教授風で、いつもしわくちゃのスーツを着ている。

セージはウォール街人種には珍しく、商売より会社経営のほうに関心があった。インターナショナル・ハーベスターの再編成、アラスカのパイプラインの資金調達などに実績を残し、アメリカン・モーターズの役員会議長として同社の舵取りを助けた。旅行が好きで、ニューヨーク、ジャクソンホール、パームビーチの持ち家を巡回して歩く。パームビーチの家は以前ジョンソンから手に入れたものだ。レイノルズがナビスコを買収すると、セージはその巡回リストにウィンストン－セーラムを加えた。オフィスを借り、貸借対照表や損益計算書に目を通して時を過ごす。

ジョンソンのアイデアの検討のため、セージはワシントンを本拠とするフランク・ベネベントーというコンサルタントを雇い入れた。ジョンソンはこの男を「サー・フランシス」と呼ぶようになる。ベネベントーは異色のコンサルタントだった。三九歳で、ウォール街の経験はさほどなく、リーマン・ブラザーズに四年間いただけ。その前はワシントンで弁護士をやり、その後エネルギー産業の投資家兼役員を務めた。セージはベネベントーの師匠に当たり、そのベンチャー事業によく投資していた。二人は「財務構造」と称するものを何時間も語り合った。

ジョンソンはこれを最高のコンビだと考えたが、数カ月後に彼らの作品が発表されると、ウォール街の友人は首をかしげた。

ベネベントーの仕事は財務的なもつれをほぐすことで、セージの指示を受けて、勇んでドレクセルのプロジェクト・アルファに取りかかった。パートナー組織の事業は石油・天然ガス産業ではそれなりの成果を上げている。ジョンソン、セージとの話し合いで、ベネベントーは財務構造の新たな再編法について何時間もしゃべりまくった。ジョンソンはふと狂った科学者をイメージした。

結局プロジェクト・アルファは陽《ひ》の目を見なかった。ベネベントーもこの案が株の値上がりにどう役立つのかいまひとつ納得できなかったし、官僚主義が嫌いなジョンソンは必要な事務手続きに腰が引けてしまった。「やれやれ。これじゃあ、税金の還付を扱う人間がビル一つ分もいる。二〇〇ドルの労賃で一ドル節約しようというようなものだ」とジョンソンは言った。パートナー組織案を口走ってウィンストン－セーラムとウォール街を二カ月も振り回したあげく、そんなことはもう考えていないとジョンソンは発表した。

ベックはひるまない。すぐさま大量のコンピューターのデータの束と次のアイデアを抱えて、ジョンソンの元を訪れた。なぜ会社を分割しないのですか？　レイノルズを分離してＬＢＯでナビスコを買収したらいかがですか？　ジョンソンがこの件をセージに回すと、セージが独自の修正案を出した。まず現金と株式を組み合わせてＲＪＲナビスコの全株式を買い取る。そうすれば結局のところ、経営陣は六〇億ドル前後のLBOでナビスコを買収できることになる。セージは大いに気に入り、この案に「プロジェクト・セイディム（Sadim）」という暗号名を付ける。Midas（ギリシヤ神話の大金持ち）を逆に綴ったものだ。ベネベントーも興奮して独自のアイデアをジョンソンに伝えた。

ジョンソンはあくびをした。「今週のアイデア」で有名な役員室では、ベネベントーの走り書きなどデスクを離れた時点で昨日のニュースになっている。ジョンソン本人にも新たなプランがある。たとえばメディア事業にRJRナビスコの「第三の脚」を構築することだ。誘惑の発端はギフォードとの友情にまで遡る。そこでまっ先にESPNに目を付けた。スポーツ専門のケーブルテレビ網で、RJRナビスコがすでに二〇パーセントの株式を保有している。もともとジョンソンはキャピタル・シティズ－ABCが持っているESPN株の八〇パーセントを取得することに関心を寄せていた。同社の見積もりのためドン・オールマイヤー（ABCスポーツ番組プロデューサー）が招聘された。ジョンソンも今度ばかりは最後までやり遂げ、七億二〇〇〇万ドルでキャピタル・シティズの買収を申し込んだが、あっさり断られた。

失望したのはベネベントーも同じだった。三月末にパームスプリングスで開かれた役員会で、ジョンソンがLBO案を持ち出すものと思っていたのだ。だが彼が手持ちぶさたに見守っている中で、ジョンソンはもっぱらESPNに議論を集中させ、財務研究開発部のプランには何一つ触れなかった。後で、LBOのことはしばらく忘れてくれ、とベネベントーに言う。日頃は大盤振る舞いのジョンソンも、さすがに企業債務には慎重にならざるを得ないということだ。ＬＢＯに借金は付き物である。二〇年前のＧＳＷで銀行家を回り、頭を下げた嫌な思い出が忘れられない。銀行というやつはゴルフトーナメントとか社用ジェットの必要性が分からない。連中は俺のやり方を束縛する。だめだ、とベネベントーに言った。ＬＢＯはパスする。

ジェフ・ベックが粘り腰を発揮した。ジョンソンの心の動きをよく心得ていた。ドレクセルでのジョンソンのあだ名の一つが「スター狂い」だった。ＲＪＲナビスコがメディア部門に関心があることを小耳に挟んだベックは、ニューヨークの最高級レストランにディナーをセットして、俳優のマイケル・ダグラスにジョンソンを引き合わせた。ダグラスはベックの友人で、プロダクション会社を発足させようとしていた。別に何事も起きなかったが、ジョンソンは例によって興奮のひと時を過ごした。

権力を確立したジョンソンはリラックスして自分の生活を楽しみだした。ウィンストン－セーラムの制約から解放されて、今やＲＪＲナビスコは自由な絵が描ける白地のキャンバスだった。日々の楽しみが増えていく。ジョンソンにとってこれは二つの意味がある。「変革」と「役得」である。

ガレリアの上層階の新オフィスから、ジョンソンは一級のあやつり人形師の役割を演じて、会社とスタッフを絶え間なく再編成していった。変革の中には悪ふざけとしか思えないものもある。たとえば二つの事業部門にビルの交換を命ずる。やがて片方のビルは満杯になり、片方は閑古鳥が鳴くようになる。ニュージャージーのナビスコ事務所では、ジョンソンは「クァーク・ムービング・システムズ（気まぐれ移転システム）」という改革専門会社の社長だという冗談が出る。ジョンソンはその場の判断で上下の序列を逆転させた。こうして部下がボスになる。「もしうちのボスから電話があったら」と冗談は続く。「名前と電話番号を聞いておいてくれ」

ジョンソンは舵取りにご満悦だったかもしれないが、間に挟まれて絶えず引っかき回される若手幹部はたまったものではない。問題になったケースは、七月にナビスコの一部門プランターズ－ライフセーバーズを、ホリガンが管轄するウィンストン－セーラムに移転させた時だ。表向きの理由は、ナッツとキャンディの流通システムがシガレットと一致するというものであった。両方ともいわゆる「店先商品」で、レジに近い商品棚で販売されているが、本当の理由はむしろホリガン帝国の水増しと関係がある。ウィンストン－セーラムの痛みを癒やし、失業したレイノルズの元従業員に新たな職を提供することにあった。マーティン・オーロウスキー（プランターズ社長）は移転に強く抵抗して、社長の座をホリガン派に奪われた。大勢のプランターズの幹部が、ウィンストン－セーラムに移って「レイノルズの死の商人」と一緒に働くより、会社を辞めるほうを選んだ。

ナビスコの四二歳のやり手社長ジョン・グリーニアスも移転に激しく抵抗し、ついにジョンソンが文句を言うのをやめさせた。「なあ、ジョニー」とジョンソン。「何も大げさに考えることはないだろう。正しいかもしれんし、間違っているかもしれん。だからどうした？　いずれ分かることとさ」。このやりとりは、当時のいいかげんなムードと、気まぐれな決断が引き起こす痛手に、ジョンソンが気が付いていなかったことを物語っている。プランターズの移転は同時に、ジョンソンの衝動的性格に伴う危険を明るみに出した。「ガラスの動物園」をウェークフォレスト大学に寄付してしまったので、ウィンストン－セーラムには新参の従業員を収容するオフィス・スペースがまるでなかった。結局、ＲＪＲナビスコは大学からビルをリースしてもらう羽目になる。

ジョンソンはと言えば、できる限りウィンストン－セーラムには近寄らない。ノースカロライナでは今も「お尋ね者」だった。その年の夏、レイノルズは早期退職プログラムを発表して二八〇〇人以上を削減しようとした。例によってジョンソンが非難の的になる。ジョンソンが地元のタバコ部門の責任者ジェリー・ロングと殴り合いをしたという、もっともらしい噂が町中を駆け巡った。噂によれば、長年レイノルズの従業員の権利を擁護してきたロングが、とうとうジョンソンに一発かましてやったという。ロングもジョンソンも事実を否定した。噂のもとは、ひげそりでジョンソンが切り傷をこしらえ、ロングもちょっとした手術でギプスを着けて出社したことにある。だが噂は静まらない。ウィンストン－セーラムの誰もが心から噂を信じたかったのだ。後日レイノルズを追い出されてから、ロングは郡の行政委員に立候補した。当選の際に何人かの政治評論家がジョンソンとの殴り合いの一件に賛辞を送った。

レイノルズ後援のゴルフトーナメントのためにジョンソンが戻って来ると、ギャラリーから罵声を浴びた。自業自得の面もある。何しろコースにはヘリコプターで到着し、名前入りのゴルフカートでプレーを続けたのだ。「アトランタに帰れ、この〝牧歌〟野郎!」。誰やらが叫ぶ。ジョンソンのパートナー、アーノルド・パーマーにまで野次が飛んだ。「ナイスショット、アーニー」。一人が叫ぶ。「ただ、ろくでなしと組んで残念だったな」。ハイライトはジョンソンが慎重にパットラインを読んでいる時だった。突如ギャラリーから一声。「南下がりだよ、アホ!アトランタの方角さ」

ウィンストン-セーラムとの仲の悪さが、ひょっとすると絶えずホリガンの機嫌を取ることにつながったのかもしれない。昔の憎しみは水に流して二人は日増しに接近し、夫人たちも同様だった。ベティ・ホリガンはカナダ人で、ゴルフの腕前はローリー・ジョンソンにひけを取らない。ジョンソンはホリガンには望むものをすべて、時には望んでいないものまで提供した。たとえば、会社がパームビーチ郊外のカントリークラブに購入した贅沢な屋敷を、ホリガンが自由に使うことを認めた。

さらにホリガンのリムジン・マニアぶりも大目に見た。それもただのリムジンではない。ホリガンは旅に出ると白いストレッチ・タイプにこだわった。ほかのリムジンが来たり、運転手が始終近くにいないと大騒ぎした。アトランタの本部からウェイバリー・ホテルまでのわずか数百メートルの距離でも、運転手付きのリムジンを要求した。一九八〇年代はウィンストン-

セーラムにリムジンが導入された時代である。ジョンソンの承認の下、ホリガンはレイノルズの車を黒のリンカーン・タウンカーから栗色のキャデラックに変更し、運転手の制服も同じ色に合わせた。ホリガンの好きな色だ。

ジョンソンはホリガンのささいなこだわりと役得にかける情熱を大笑いして、ことごとく容認した。「運転手に五万ドルかけても気にしなかった」と後年ジョンソンは語る。「大事なのは一二〇億ドル（タバコ部門の現金収入）のほうだ」。ジョンソンがほかの事にかかわっているうちに、タバコ部門の経営はますますホリガン任せになっていく。タバコは今もＲＪＲナビスコの最大収益部門だった。「問題はこちらが小突き回されるだけの甲斐があるかどうかだ」とジョンソンはよく言ったものだ。

一夜、ホリガン夫妻がジョンソン夫妻を夕食に招いた。話は今をときめくＬＢＯに及んだ。「とんでもない。我々は断じてそんな買収はやらない」とジョンソン。「割を食う人たちのことを考えれば、そんなことはできない。数千人の従業員をくびにしたいとでも言うのか？　ただで済むと思うのかね？」。さらにこうも付け加えた。「アメリカには我々ほど恵まれた仕事をしている人はいない」

これは決して
うそ
ではない。ＲＪＲの幹部社員は王侯暮らしだった。上席幹部三一人の給与は総額で一四〇〇万ドル、平均四五万八〇〇〇ドル。何人かはウェイバリー・ホテルの靴みがき娘に一〇〇ドルのチップを渡して伝説となった。ジョンソンの二人のメイドも会社の払いであり、側近たちはアトランタの高級住宅地の不動産価格を引き上げていた。

最上階の上席幹部の部屋をはじめとして、新しい本部の装飾に費用は惜しまない。受付の後ろには一〇万ドルもする一八世紀清朝期の漆塗り屏風。屏風に配するのがそれより少し後期の淡青色の花瓶一対一万六〇〇〇ドル。訪問者はフランス帝国のマホガニー製のいす（三万ドル）に腰を沈め、同じ時代の対の書棚（三万ドル）に視線を走らせる。棚の中には、英国産の磁器でタバコの葉の模様のついたデザート食器セット（二万ドル）。ボブ・カーボネルの部屋に通された者は、キャメル・カラーのペルシャ絨毯（五万ドル）を踏みしめる。幸運にもロス・ジョンソンに面会がかなえば、オフィスのあちこちに置いてある青白色の一八世紀の陶磁器（三万ドル）を観賞できる。

本当に運がいいのは、訪ねて来ては追加注文をもらう町の骨董業者である。ＲＪＲはロンドン、パリ、ニューヨークの業者のお得意様だ。ローリー・ジョンソンも個人的に室内装飾家を引き連れ、ヨーロッパに買物の旅に出向く。本部移転に五〇〇〇万ドルもかけたというのに、旧タバコ本部でも新ワシントン事務所でも数百万ドル規模の装飾プロジェクトが進行中だった。「予算なしの会社なんて、ここが初めてですよ」と売り手の一人は嬉しい悲鳴を上げた。

文字通り甘い生活だった。日に二回キャンディカートが回って来て、各フロアの受付にボンボンの大皿を置いていく。「ベビールース」ボンボンなどではなくフランス製のお菓子だ。中堅マネージャーの最低クラスでさえ、クラブ会員権一つに二万八〇〇〇ドル以内の社用の車一台（本当に贅沢な車の場合は、幹部でも少々身銭を切る必要がある）の役得。最大の役得はほぼ全員が認める通り、ジョンソンの二〇数カ所のクラブ会員権と、ジョン・マーティンの七万五〇〇〇ドルのメルセデスである。

甘い環境ではあったが、新しい本部には明らかにカースト制度が生まれていた。そこに働く四〇〇人の従業員の約三分の一がニュージャージーから移ってきた者、大半がスタンダード・ブランズの旧社員である。次の三分の一が、ウィンストン－セーラムから来たレイノルズ従業員。残る三分の一が秘書や補助要員で、アトランタで新たに採用された者。レイノルズ従業員はつまらない仕事ばかりやらされていると感じた。自らを「キノコ農夫」と呼ぶ者も出てくる。暗がりで働き、ひたすらシャベルで肥やしをすくうだけだというのだ。

仮住まいのムードが新本部にまん延していた。ウィンストン－セーラムの荘重な旧タバコ・ビルや、タバコ工場と道を隔てた「ガラスの動物園」とは違って、ジョンソンがＲＪＲナビスコ本部を移転させた場所は、モール、ホテル、オフィスの複合パークの中にあり、ハイウェイの立体交差を見下ろしている。ジョンソンの側近の中には、エド・ロビンソンや監査役のアンディ・ハインズのように、わざと北部の自宅を処分しない者もいた。総務部長のウォード・ミラーにいたってはアトランタに移ることさえしない。ＲＪＲナビスコにまつわるすべてが「俺たちはここを通り過ぎるだけだよ」と語っていた。

だが、何と言っても「成金」と「落ち着きのなさ」の究極の表現は、アトランタの企業が社用ジェットを収容しているチャーリー・ブラウン空港である。ジョンソンは増える一方のＲＪＲナビスコの社用機を収容するため、格納庫の建設を発注した。レイノルズはジェットを六機、ナビスコはファルコン50を二機、リアを一機、そしてジョンソンのような幹部は恥ずかしくて乗れない小型機をたくさん持っている。ガルフストリーム二機が新たに到着すると、ジョンソンはさらに一機二一〇〇万ドルで最新鋭のＧ４を二機注文した。格納庫の建設に当たっては、フライト責任者のリンダ・ガルビンに無制限の予算を認め、暗黙のうちにもっと出してもいいと匂わせた。

格納庫が完成すると、ＲＪＲナビスコはタージマハール寺院なみの格納庫群を持つことになり、隣のコカコーラの格納庫を圧倒した。格納庫自体より、隣り合った三階建ての色ガラスのビルのほうが余計に金が掛かった。日本庭園を含む庭づくりに二五万ドルが投じられた。内部は息をのむような三階建てのアトリウム（古代ローマ式中庭つき大広間）。床はイタリアの大理石。壁とドアは象眼のマホガニー。一〇万ドルの美術品をはじめ、優に六〇万ドル相当のモダンな調度が全階に広がる。ガラスケースには古代中国の典礼服、中国の見事な大皿と壺。

凝った化粧室の一角には、部屋を横切るとくたびれるというようにクッション付きのいすが置かれている。そのほかの見ものは、立ったまま入れる大型ワインクーラー、テレビとステレオ付きの「巡回パイロット室」。「フライト・プラニング室」は最先端のコンピューターで埋まり、幹部社員の所在と飛行予定をプログラムしてある。いわゆる「ＲＪＲ空軍」として知られる、RJRナビスコの三六人の社員パイロットと一〇機の航空機をカバーするには、これらすべての設備が必要なのである。

航空スタッフはこうした全体プランをいささか不安に思いながらジョンソンに提出した。最高級のものを命じられたが、そのコストは一二〇〇万ドル。ジョンソンは企業格納庫で必要になりそうなあらゆるものを求めたが、そうすると広さが一八〇〇平方メートルになる。ジョンソンは見取り図を眺め、建築家の意見を聞いて、自分の見解を述べた。あと六〇〇平方メートル追加してくれたまえ。

RJR空軍はまさにジョンソンのシンボルそのものだ。「気まぐれ」と「落ち着きのなさ」の象徴である。「気前の良さ」の象徴でもある。フランク・ギフォードは「マンデーナイト・フットボール」ゲームからのご帰還に空軍を利用する。ギフォードとその新妻でトークショーの司会者キャシー・リーは、RJRナビスコのジェットで新婚旅行に飛び立った（ジョンソンが新郎の付添役を務めた）。ルーン・アーリッジ（ABCスポーツ部門チーフ）がロサンゼルスからサンフランシスコまでの足が必要になると、RJRジェットがアトランタから派遣された。会社を離れて久しいジョンソンの旧友マーティン・エメットは毎年、社にかかわりのある誰よりもジョンソンのジェットを利用した。

ジェットはまた、会社資産の適正な使用と乱用の区別が日々あいまいになっていることの象徴でもあった。ジョンソンの愛犬のドイツシェパード「ロッコー」は乱用の部類と考える人がいる。その年の「ダイナ・ショア」でロッコーは警備員にかみついて、ジョンソン一家の心配の種になった。当局に捕まって隔離されるのだろうか？　最悪の場合は……？　結局、ロッコーを逃亡させることにした。社用ジェットに乗せて、パームスプリングスからウィンストン－セーラムまでひそかに運ばれた。法の網などひとっ跳びだ。デニス・ダーデンという上席副社長が犬に付き添い、乗客名簿には「G・シェパード」と記載された（原注）。ロッコーの冒険はこれで終わらない。後日ジョンソンの庭師がかまれて、RJR社は補償金を支払った。

原注　この旅は愛犬のためだけではなかったとジョンソンは主張する。

RJR空軍はジョンソンの上流生活への入場券でもある。週末ともなれば航空機からさまざまなゲストが吐き出される。サンタフェからドン・メレディス、ボストンからボビー・オー、カナダからマルルーニ夫妻、「チーム・ナビスコ」のスポーツ選手は「ジョンソン航空」のお得意様だった。「法王」（ジョンソン）はとりわけ彼らを優遇し、上席副社長の平均給与より選手たちを引っぱり出すことに大金を払った。メレディスには年間五〇万ドル。ギフォードには四一万三〇〇〇ドル（とニューヨークのオフィスにマンション）。ゴルファーのベン・クレンショーに四〇万ドル。同じくゴルファーのファジー・ゼラーに三〇万ドル。中でも王様はジャック・ニクラウス。年間一〇〇万ドルももらっていた。

有名スポーツ選手はスーパー関係者の勧誘に大いに役に立ったとジョンソンは言う。だがRJRナビスコでは企業と個人のサービスの区別があいまいである。女子プロゴルファーのジュディ・ディッケンソンはローリー・ジョンソンの個人レッスンをした。ギフォードはジョンソンお気に入りのチャリティ・ショーの司会を務めた。ニューヨーク・ジャイアンツを引退したフルバック・コンビ、アレックス・ウェブスターとタッカー・フレデリクソンは、フロリダ州ジュピターのチーム・ナビスコ内に事務所を構えていた。フレデリクソンはそこで投資顧問業を営んでいた。

チーム・ナビスコにそれだけ資金を注ぎ込んでも、選手の中にはなかなか言うことを聞かない者もいる。特にニクラウスが扱いにくかった。そのためのニクラウスであるのに、ジョンソンのお得意様とゴルフをしたがらない。ナビスコの集まりなどで、一人で座を取り持つような真似はできないと考えていた。ジョンソンとホリガンを除けばRJRナビスコで最高の収入を得ているのに、年間のお呼びが六回を超えると「ゴールデン・ベアー」（訳注）はうなり声をあげる。部下たちとさんざん言い争ったあげく、ジョンソンとホリガンの二人が個人的にサービスを依頼して片を付けた。

――訳注　ジャック・ニクラウスのニックネーム。

O・J・シンプソンの問題もあった。フットボール・スターでスポーツアナもやるシンプソンは、年に二五万ドルも取りながらチーム・ナビスコのイベントには万年欠席だった。欠席と言えば、同じく二五万ドルを受け取るニューヨーク・ヤンキースのドン・マッティングリーもそうである。だがジョンソンは気にかけない。その手の問題は部下に任せ、本人は贅沢な時間を過ごしていた。「時の砂の中に数百万ドルが消えていく」とはジョンソンの口癖である。

ＲＪＲナビスコの形ばかりの会長として、ポール・スティクトはジョンソンの大盤振る舞いに肝をつぶした。もっと繊細なやり方を愛するスティクトは、いくら何でもやり過ぎだと感じた。彼に言わせれば、金ぴかのアトランタ本部のＲＪＲナビスコは、贅沢と浪費と行き過ぎた成金趣味を声高に叫んでいる。ジョンソンはゴルフトーナメントとマンハッタンの往復に明け暮れ、会長のスティクトですら会うこともできない。

一九八七年八月、恒例のボヘミアン・グローブ（訳注）での休暇で、大勢の企業トップが見守る中、スティクトは公然とジョンソンを批判した。「衝動的」というのがスティクトが用いた表現である。同時に仲間の取締役や、グローブの住民となったジョン・マコーマー、バーノン・ジョーダンにも不満を述べた。ひょっとして改めてトップを代える潮時なのかもしれない、とスティクトが匂わせた。マコーマーが聞き耳を立てる。セラニーズ社をドイツのヘキストに売却して、時間はたっぷりあるのだ。聞かれればいつも否定するが、マコーマーは常々ＲＪＲの経営に色気があるようだ。

――**訳注**　北カリフォルニアにあるＲＪＲナビスコの社有保養地。

ジョンソンはすばやくクーデターつぶしに動いた。八月三一日に彼はスティクトに会う。「ポール、あなたも一〇月で七〇歳になる。そううまくはいきませんよ。私も変革を考えている」

とジョンソン。政治の風向きに常に敏感なジョンソンは、スティクトの力が衰えたことを察知した。かつて思い切りご機嫌を取ったように、今度はばっさりとスティクトを切り捨てた。彼が会長の座を追われると、スティクトがジェットを要求しても、航空部はジョンソンじきじきの許可を取るよう指示を受けた。これを知ったスティクトはもうジェットを頼まなくなる。

ジョンソンの直感通り取締役の仲間からさほどの異論は出ない。ウィルソンの時代とは逆に、彼らの要望は細かく聞き入れていた。NCRのビル・アンダーソンは国際諮問委員会の議長に横滑りし、スティクトに代わって八万ドルの契約料を受け取る。RJRナビスコの株主サービス部門を解散させ、その仕事をジョン・メドリンのウォチョービア銀行に請け負わせる。ユアニタ・クレプスのデューク大学には二〇〇万ドルの寄付で二つの講座がつくられ、講座の一つに彼女の名前が付いた。さらに二〇〇万ドルの寄付で大学のビジネススクールの新しい建物は「ホリガン・ホール」と命名される（ジョンソンは大学理事に任命された）。ロン・グリアソンにも細かい気配りをした。アトランタに立ち寄るたびにグリアソンは電話に掛かり切りになる。ジョンソンは部屋の片隅を仕切って、ここに「ロニー・グリアソン事務所」と表札をかけた。

ナビスコ役員会以来のジョンソンの仲間は格別に優遇された。ボブ・シェイバリはさしたる仕事もないのに、年額一八万ドルで六年間の顧問契約を結んだ。アンディ・セージは財務研究開発の仕事に対し年間二五万ドル受け取る。異例の人事としては、チャーリー・ヒューゲルがスティクトの後任として「代表権のない」名誉会長となり、一五万ドルの契約料をもらう。ヒユーゲルを会長に据え、役員会との関係をさらに強化することがジョンソンの狙いだった。

同時に役員会の開催回数を減らし、役員報酬は五万ドルに上げた。ウィルソンは正規業務の場合に限って役員一同に社用ジェットの使用を認めた。ジョンソンは、いつでも、どこでも、ただでRJR空軍を使ってくださいと勧めた。「自分は時々輸送指揮官かと思うことがある」。かつてジョンソンは取締役のフライトの面倒を見ながらつぶやいた。「しかしこちらが面倒を見れば、あちらだってきっと面倒を見てくれる」

ある時ヒューブラインを心から売りたいと思ったことがある。英国のコングロマリット、グランド・メトロポリタンPLCが一二億ドルを提示したためだ。問題はスチュアート・ワトソンである。このヒューブライン元会長は今もRJRナビスコの役員会に名を連ね、一度はケンタッキー・フライドチキンの売却に難癖を付けた。自分のいた会社をイギリス人に売り渡すと知れば、ひと悶着は間違いのないところだ。

ある週、ヒューブラインのCEOジャック・パワーズが会議のためにウィンストン－セーラムに来ていた。ジョンソンがパワーズを「オールドタウン・クラブ」の夕食に連れ出す。

「ジャック」とジョンソンが言う。「スチュアート・ワトソンがこの世で一番欲しいものは何かね？」

パワーズがしばし考える。ワトソンはあと数カ月で取締役を退任する。企業権力の飾り物を捨てることは残念至極なはずだ。「この世で一番欲しいものですか？」とパワーズが尋ねる。「それなら秘書付きのオフィスです」

「好きな場所に秘書付きのオフィスが持てる、と伝えてやってくれ。ザイール（現・コンゴ民主共和国）だって構わんよ」とジョンソン。ヒューブラインの売却はすんなりと完了した。

今や役員会は掌中に収めたとジョンソンは考えた。だが、ホリガンは必ずしもそうは思わない。ジョンソンの品の悪い言葉使いは何度も聞いたが、そんな時、取締役一同は横つらを張られたように顔をそむけた。また役員会主催の社交的な集まりで、金のネックレスに開襟シャツ姿はまずいと思ったホリガンは、ついに警告した。単なる「アイルランド人特有の邪推かもしれないがね」とホリガン。「だけど、こいつはあんたの役員会じゃないんだ。ロス、連中はあんたがミスをしでかすのを待ってるんだ」

大勢の人間がジョンソンの次の動きを待っていた。どうやらジョンソンは毎年のように新しいアイデアを試みるようだ。レイノルズとナビスコの合併、アトランタ移転、お流れになったパートナー組織への改組案。ジョンソンのフェラーリにはアメリカ最大級のエンジンが搭載されていた――タバコ事業の一二億ドルの現金収入である。道路の見通しもいい。問題はジョンソンがどちらに進みたいかである。

アトランタ移転から一年間、ジョンソンはＲＪＲナビスコの軽量化に努め、ヒューブラインやその他の小さな会社を売却した。由緒あるミスターＲＪの最初の全国商品「プリンス・アルバート」パイプタバコ、「ウィンチェスター」葉巻も売却する。カナダでもエメットがせっせと事業部門を売却した。五、六カ所の売却でしめて三億五〇〇〇万ドル。

資産処分によってRJRナビスコの金庫に流入した資金を、ジョンソンはもっぱら銀行借り入れの返済に充てた。もっといい資金の遣い道がありますから、と投資銀行が付きまとう。買物をしたらどうですか、企業を買収するのです。だが、ジョンソンには何かを築こうとする気持ちがまるでない。

それでもベアトリスの部分買収の噂が定期的に繰り返された。ベアトリスはシカゴの食品大手で、一九八六年に代表的なLBO専門会社コールバーグ・クラビス・ロバーツの手で非公開会社になっている。確かにジョンソンはベアトリスの一部門に心が動いたこともある。デルモンテとぴったり合う部分があるからだ。またベアトリスの「ラ・チョイ・チャイニーズ」食品は、ナビスコの「チャン・キン」とこれまたぴったり適合する可能性がある。だが、せいぜいのところ漠然とした関心にすぎなかった。

ジョンソンはベアトリスのCEOを知っている。シカゴのサウスサイド出身のドン・ケリーという機知に富んだアイルランド人だ。ケリーは古びたスイフトの精肉ビジネスをエスマークという一大コングロマリットに変身させた人物である。同社はベアトリスに身売りしたが、コールバーグ・クラビスが会社を非公開にした後、再びCEOとして返り咲いた。彼らがもくろんだ三〇億ドルという利益は金融界を驚かせた。どんなに自分たちが儲かったかというケリーの自慢話に、ジョンソンはうんざりしていた。

「モルガン・スタンレー」のM&A部門の責任者エリック・グリーチャーが、何カ月となく、ケリーとヘンリー・クラビス（コールバーグ・クラビス・ロバーツの代表パートナー）に会ってくれとうるさく言ってきていた。ついにジョンソンも折れた。だが約束の朝、グリーチャーがRJRナビスコのニューヨーク事務所（西五七丁目九番地）に到着してみると、ジョンソンの気が変わっていた。

「うちにはそんなつもりはないんだ、エリック」とジョンソン。「そんなよた話には全く興味もない。ヘンリーには悪いが、あんなものはかすのビジネスだよ。こんなことになぜお互いの時間を無駄にすることがある？」

「じゃあなぜ誘いを受けたのかね？」とグリーチャー。

単にケリーの顔を立てただけだ、とジョンソンが言う。「ケリーからこの手のものを買わされた人間はみんなばかをみる。私はドン・ケリーのかもになる気はないね」

ここでアイラ・ハリスが一枚かんでくる。ハリスはシカゴの投資銀行界の長老格で、ジョンソンやケリーとも長年の知り合いだった。ブロンクスの貧困層出身のハリスは、株式ブローカーの階段を昇って、やがてアメリカでも一級のディールメーカーにのし上がった。丸々と太り常に肥満と闘っていたが、ゴルフには目がない。長い間ソロモン・ブラザーズ（投資銀行）のシカゴ代表として、ウィンディ・シティ（シカゴの俗称）の大企業のM&A業務の仲介役を務めてきた。ソロモンの会長のジョン・グットフロイントと衝突し、しばらく浪人生活を送るが、一九八七年になって別のウォール街の投資銀行ラザール・フレールに籍を置いた。

夏も終わりに近いころ、ハリスがジョンソンに電話を入れた。ジョンソンお気に入りのロングアイランドのクラブでゴルフをやろうと言うのだ。そこでプレーをしたことがないケリーが、ぜひ見てみたいらしい。ジョンソンは承知した。九月第一週のある日、三人の大金持は一二時一五分過ぎにゴルフ場に到着し、三ドルの賭け金でナッソー（訳注）を楽しんだ。グループではハンディ一〇のジョンソンが一番うまい。だがケリーがハンディ一四の有利さを活かして、九ドルの賞金をさらった。

訳注　アウト、イン、トータルのそれぞれのスコアを競う賭け。

その後クラブハウスのテラスに腰を据え、互いにグラスを傾ける。ケリーがＬＢＯの信じられないほどの儲け話をする。中でもヘンリー・クラビスと組んだＬＢＯは最高だった。「ロス、あんたはこれからもＣＥＯにふさわしい仕事をやっていくと思う。だけど、もっとべらぼうな大金が稼げるんだ」とケリーは言った。

ジョンソンにもそれは分かっていた。かつてＬＢＯ研究の一環として、ベアトリスの儲けのうちケリーの取り分をフランク・ベネベントーに計算させたことがある。結果は、四億ドルと出た。それでも、ジョンソンはＲＪＲナビスコのＬＢＯ案には冷静だった。「今の状態で満足だ」

とジョンソン。「それに、金は大きな問題とはいえない」

さらにジョンソンは言う。ＲＪＲナビスコの規模を見てほしい。過去最高のＬＢＯがベアトリスの六二億ドルである。近頃ＲＪＲナビスコ株は七〇ドル台前半で取引されている。「仮にＬＢＯともなれば、八〇ドル台、九〇ドル台の話になる」とジョンソン。「プレミアムを考えれば、そいつは途方もない金額になる」。それがいくらになるか、さほどの計算は要しない。ＲＪＲナビスコの発行株式二億三〇〇〇万株について一株九〇ドルとすれば、何と二〇〇億ドルだ！

「ぜひヘンリーに会ってみるべきだ」とケリーが口説く。「とても会いたがっている。私が夕食をセットするから」。ジョンソンの心が動く。その名を聞くだけでＬＢＯを連想させるクラビスは、ウォール街の伝説の男である。コールバーグ・クラビス社は一九七六年の創業以来、借入金を利用して手中に収めた二〇数社の企業をコントロールしている。ジョンソンは思う。「伝説」と会えるチャンスはそうはないかもしれない。

一〇日後、ジョンソンがクラビスのパーク・アベニューのアパートに着くと、ケリーもそこにいた。クラビスの贅沢な住まいにジョンソンは目を丸くした。壁に掛かるルノアールやモネを盗み見る。**大したもんだ。この男は自分の居間を処分するだけで十分に食っていける。**一同はダイニングルームの隅で夕食を取った。ジョン・シンガー・サージェント描くところの、ロンドンデリー第六代侯爵の肖像画がでんと飾られていた。

クラビスは小柄で情熱的な人物。銀髪でまだ四三歳にすぎない。食事の間はもっぱらLBOの利点を強調した。借金をすることによって会社が引き締まること、ちょっと汗をかくだけで役員は大金を手にできること。「関心がおありなら、一緒にやれるかもしれません」とクラビス。「よろしければうちの者をやり、おたくの数字を調べさせましょう」

「その場合、責任者はどなたということに?」。ジョンソンが尋ねる。「そして効果のほどは?」

「それはボスにお尋ねを」とクラビスがケリーをうかがう。

待っていたように、ケリーは互いに余計な干渉をしない、コールバーグ・クラビスとの素晴らしい関係を熱っぽく語った。それがベアトリス株の過半数支配につながったというのである。にわかには信じられないが、ジョンソンはおとなしく聞いていた。「ああいうたわ言は聞き流すに限る」とジョンソンは振り返る。「その手の金の話をする場合は、相手を持ち上げてその気にさせるのが常道というものだ」。ジョンソンには自分以外の相手と組むつもりはない。

ジョンソンは身近な問題に話が及んだのを機に話題を変え、残りの時間はもっぱら近日中に発表する「プレミア」の話に集中した。クラビスはおとなしく傾聴するが、意識はよそにあることは確かだった。やがて夕食が終わりジョンソンは立ち上がった。その間わずか九〇分だった。クラビスについての印象は沈着で頭の切れる若者というものだった。それと同時に、二人が取引をすることはあるまいと確信した。

翌月曜の朝、ジョンソンはナイン・ウエストビル（訳注）のオフィスでセージやベネベントと向かい合い、改めてLBOの可能性を検討した。ベネベントはプロジェクト・セイディムのちりを払い、もう一度数字をコンピューターにかけてみた。LBOの基本は比較的単純で、すでに三人にはおなじみのものだ。つまりコールバーグ・クラビスのような会社が経営陣と手を組み、銀行融資や債券募集で調達した資金を遣って会社を買収するのである。この借金は、会社の営業利益や、多くの場合は事業を切り売りした資金で返済される。

――訳注　西五七丁目九番地の著名なオフィスビル。

奥まったジョンソンのオフィスに腰を据え、ベネベントはRJRナビスコの買収手順をジョンソンに示した。買収価格を一株九〇ドルとして、次の五年間の現金収入をベネベントが計算し、買収に必要な借入金と比較する。ベネベントによれば、ことをうまく運ぶためにはレイノルズ・タバコを除いて何もかも売却する必要があるという。

ジョンソンはベネベントーの仕事にざっと目を通し、特に現金収入と借金返済額の比率に目を付けた。これが極めて頼りなかった。LBOの後、どの企業も現金を確保するためにひどい緊縮経営を迫られる。ジョンソンには経費節減で楽しいことなど一つも思い浮かばない。貴重な役得も無論削減される。「気に入らんな」とジョンソン。「安心できるほどの現金がない。いやもう、こんな条件では会社はとてもやっていけない」

個人的な富の誘惑には強いものがあるが、富を増やすからといって、現に豊かな人生を危険にさらすことはできない。「今のままでもずいぶん運の強い男だと思っている」とジョンソン。「文字通り徒手空拳のスタートだったのだ。それが想像もできないほどの大金を手にしている。引退しても七〇万ドルの給与が手に入る。なぜわざわざ面倒なことをやる必要がある？」。セージも同意見だった。

ジョンソンがベネベントーを振り返る。「フランク、ろくでもないＬＢＯのことは忘れてくれ。当て外れだったということだ。その手の案件はドレクセルに任せておけばいい。我々は自分の事業に集中しよう」

残り九〇分の会議で、三人はその他の議題、ＥＳＰＮ株の売却とか、イギリスのキャンディ会社の買収などを話し合った。終わって席を離れ窓際に歩み寄ると、ジョンソンはマンハッタン・ミッドタウンの南側に視線を走らせた。遠くかすかにウォール街が見える。本日のところは、ウォール街の魅惑的な計画もジョンソンをとらえることはできなかった。窓外を見ながらジョンソンが言う。「五年後も三人が今のままの姿で、会社の戦略ブレーンを構成していたいものだな」

第4章 ブラックマンデーの傷痕《きずあと》

「良いこと、悪いこと、どうでもいいこと……常に何かを考えている、何かをやっている、常に自分を広げている。さもないと、この世は退屈だ。自分でぞくぞくするものを創っていかなければ……」――ロス・ジョンソン

一九八七年一〇月一九日、株式市場が大暴落した。金融界のその他大勢と同じく、ジョンソンもクオトロン（情報サービス）の画面を見つめ、やがて呆然となった。一週間前に六〇ドル台の半ばで取引されていたRJRナビスコが、昼過ぎには四〇ドル台前半まで落ち込んだ。大暴落の後も株価は何週間も回復しなかった。

これがジョンソンの破滅への道の幕開けだった。低い株価はそれから何カ月もジョンソンの

頭を離れない。一二月に会社は二五パーセントの増益を計上したが、ウォール街はこれを無視した。その冬に食品株が上昇してもＲＪＲナビスコは低迷したままだ。ジョンソンがどんな手を打とうと、買い手はＲＪＲをタバコ株扱いする。だが売上の六〇パーセントはナビスコとデルモンテから上がっているのである。

ジョンソンはアトランタでじりじりしていた。他のＣＥＯ同様、彼もまた株価は一種の成績表だと思っている。ほかの食品株が上がるのをよそに、自分はドンチャン騒ぎの中の「壁の花」のような気がした。自分の携わっている事業が面白いとしても、自分自身がプレーヤーでなければ話にならない。ジョンソンは食品会社を合併する可能性を考え始めた。

まず頭に浮かんだのがピルズベリー社。同社はＣＥＯの退任に伴って買収の噂が駆け巡り、まさにジョンソン好みの不安定な状態にあった。とはいえ、企業買収は彼の性に合わない。ジョンソンは売り手ではあっても、買い手ではない。共同経営も考えてみた。ピルズベリーとナビスコを合体させて、株式を公開する。こうしてＲＪＲナビスコの食品部門に照明を当てたらどうだろう？

ジョンソンはこれをセージとベネベントーに持ち出すが、二人はあまり相手にしない。ピルズベリーは「負け犬」だと言う。中核部門は貧血状態にある。「掛け値なしの大手食品会社ではなく、なぜそこそこの食品会社を持ちたいと言うのです？」とベネベントー。セージが「特別マル秘」メモをジョンソン用にタイプしていると、肩越しにベネベントーがのぞきこんだ。

ふとベネベントーに一案が浮かぶ。似たような問題を抱えたゼネラル・モーターズ（GM）は、親会社、ヒューズの航空部門、エレクトロニック・データ・システム部門のそれぞれを別々の株に分割した。もしタバコが食品株の足を引っぱっているとジョンソンが心配するなら、これを別々の株式に分割したらどうだろう？　GMがヒューズ部門の株を持つように、RJRも食品部門の株を持てばいいのではないか？　二人はメモの末尾にこのプランを書き加えた。メモを見たジョンソンは肩をすくめ、この株式分割案をベネベントーにさらに検討させることにした。確かにアイデアの一つだ。

RJRナビスコの低い株価に目を付けたのはジョンソンだけではない。一月にコラムニストのダン・ドーフマンが買収候補としてRJRナビスコの名前を挙げた。ジョンソンはこれを一笑に付すが、エド・ロビンソンら側近は心配した。そして二月の役員会が閉会した時、ポール・スティクトがジョンソンに近寄ってきた。半年前のスティクトの追放以来、二人はあまり口を利いていない。「ロス、この週末はフロリダに来るのかね？」。スティクトが尋ねた。

「ええ。フロリダで親父の税務処理の問題があるんです」

「時間は取れそうかね？」

「そいつは無理でしょう」。ジョンソンにはスティクトの誘いを受ける気はなかった。「貧乏暇なしなので……」

「非常に大切な株主がいるんだ。会っておいて損はないはずだ」とスティクト。「何かプランがあるらしい。ロストツリーにやって来るんだ。スパングラーという男だ」。ジョンソンは渋々、次の土曜日にジュピターで、スティクトとスパングラーに会うことにした。

クレミー・ディクソン・スパングラー・ジュニアはノースカロライナ大学の学長である。一九八六年に学長になるまではノースカロライナの産業界で掛け値なしの実力者だった。シャーロット・C・D・スパングラー建設社長、ノースカロライナ銀行頭取。この銀行は一九八二年に大手のNCNBコープに売却され、スパングラーは大金を手にした。彼の一族はまたRJRナビスコの大株主でもある。

スパングラーはジョンソンがウィンストン－セーラムから本部を移した時には、大いに腹を立てた。その際、ハーバード・ビジネススクール時代の学友で、アメリカ最大手の生命保険会社エクィタブルの会長をしているリチャード・H・ジェンレットに電話を入れた。ディック・ジェンレットは生粋のノースカロライナ人で、スパングラー一族と親しい。スパングラーが知りたかったのは、最大級の機関投資家であるエクィタブルが、アトランタ移転の撤回を迫る株主権行使を支援するつもりはないかということだ。

「我々で移転を阻止できる票数が集められると思うか？」。スパングラーが尋ねる。

「いいや」。ジェンレットが単刀直入に答える。

ジェンレットは電話の一件をすぐ忘れた。だが数カ月してまたスパングラーから電話が入る。

「ディック」とスパングラー。「グループを作って、レイノルズのLBO（レバレッジド・バイアウト）

をやるというのはどうだろう？　できると思うんだが」。スパングラーのプランによれば、まずポール・スティクトに接近する。次に、できればアメリカン・エクスプレスのジム・ロビンソンの関心を引く。ロビンソンとは、バージニア州ウッドベリーフォレスト大学で一緒に学んだ仲だった。

ジェンレットはこの提案を数日考えてみた。だが、がんの犠牲者に毎年数百万ドルの寄付をする大手保険会社が、タバコ・メーカーに投資をするのもどうかと思われた。「こいつはどうも乗れんよ」。ジェンレットはスパングラーに言った。

大暴落でＲＪＲナビスコ株が急降下すると、スパングラーはやきもきした。自分の損害やノースカロライナの損害はひとえにロス・ジョンソンのせいだと思った。で、共通の友人であるウォチョービア銀行のジョン・メドリンを介して、スティクトに接近した。「もし当方に会社を支配する資金が手に入るとしたら、あなたはこれに協力して会社を元通りにする気がおありですか」とスパングラーが尋ねた。

スティクトはしらばっくれた。「いやはや。そんなことが可能であるとも、現実的だとも思えませんな」。だが、スパングラーがニューヨークの説明会に招待すると、スティクトはこれを受けた。説明会ではシティバンクの幹部と同席した。スパングラーはＲＪＲナビスコのＬＢＯ資金の調達に関して、巨大なシティバンクの気を引いていたのだ。

スティクトの心が動いた。彼は現実家でもある。ＬＢＯは敵対的な買収ではない。もしスパングラーのグループがＲＪＲナビスコの買収を望むなら、ジョンソンを仲間に入れる必要がある。「会談を仲介してもらえますか？」。スパングラーが依頼した。

で、ジョンソンは二月下旬の土曜日、ジュピターにあるチーム・ナビスコの事務所のドアを開いた。スティクトに会うことは、その時間だけゴルフができなくなることだ。できるだけ早めに切り上げたかった。スパングラーに紹介されたジョンソンの第一印象は、彼とスティクトは絶妙のコンビというものだった。ディッキー・スパングラーのオールバックの髪型と縁付きの眼鏡は、五〇年代からそのまま抜け出したようだ。

「私は必ずしも本件とは関係ないのだが」とスティクトが口を開く。「ディックが私のところにやって来てプランがあると言う。で、ぜひ君と話し合うべきだと勧めたわけだ」

ＲＪＲナビスコは偉大な会社である、とスパングラーが始めた。今は過小評価されているが大きな将来性がある。

目玉は節穴か、とジョンソンは思った。

スパングラーがべらべらと続ける。七〇ドル台で持ち株を売っておけばよかった。五〇ドル台に落ちてしまってとても残念だ。家族も売らなかったことをぶつぶつ言っている。

「株価がいつ七〇ドル台に戻すのか、私には分かりません」とジョンソン。「私にできることは会社経営だけです」。フェアウェイが恋しかった。

スパングラーがようやく自分のプランに移る。一株七〇ドル前後によるＬＢＯである。この件で彼とスティクトはすでにシティバンクと会っている、とスパングラー。銀行も乗り気になっている。

ジョンソンはがく然とした。彼とスティクトで**何をどうしたんだって？**

「私の役割は純然たる助言だけだ」とスティクトが言葉を挟む。

ジョンソンはスティクトを見やって思った。**あんたの役割は純然たる闇討ちだよ、この古狸め。**だがジョンソンは準備不足だった。今ここで二人と争ってもどうなるものでもない。で、彼は笑みを浮かべる。「私なら七〇ドルでオーケーだよ、ポール」。演技賞ものだった。

ジョンソンが鍵を握ることになる、とスパングラーが続けた。ジョンソンが株式の一五パーセントを所有し、ほかの経営陣が一〇パーセントを持つ。「ロス、私は金持の友人をたくさん知っている」とスパングラー。「君も億万長者になれる」

ジョンソンは「ひどいショック状態で」会談場所を後にした。スティクトは何をやる気なのか？　確かに彼は老いぼれで間抜けかもしれない。だが前会長のスティクトは危険な間抜けだった。彼の存在がスパングラーのような調子外れな提案にも信ぴょう性を与える。シティバンク会長のジョン・リードがフィリップ・モリスの取締役でもあることをスティクトは知らないのか？　こんなことが知れればライバルには大変な武器になる。

ジョンソンは急いでマンションに取って返し、次々に電話をかけた。「一大事だ」と、ジャクソンホールにいるアンディ・セージに知らせる。「不意打ちを食らったところだ。スパングラーが会社を買収する気だ！」。ジム・ロビンソンにも電話を入れた。「私に分かることは、彼が豊富な資金を持っているということ。それに、ディック・ジェンレットと極めて親しいということだ」。ロビンソンがジョンソンに教えた。ジョンソンは一段と警戒を深めた。エクィタブル保険の実力のほどはジョンソンも承知している。「いいか、役員懇談会を招集するんだ」。ジョンソンはハロルド・ヘンダーソンに命じた。月曜日はパームスプリングスの国際諮問委員会に出る予定がある。「そこから戻り次第、ただちに話し合いをしなければならん」

ジョンソンと役員たちは火曜日に集まった。その結果、スパングラーがどこまで話を進めているかを探るためにも、シティバンクと会って話をする必要があるということになった。ジョンソンがジョン・リードに電話を入れ会談をセットした。リードは確かに話があったことを認め、銀行としては話をさらに進めたいと述べた。「いつでも当行をご利用ください」とリードはジョンソンに言った。

翌週ジョンソンはノースカロライナでスパングラーを拾って、ニューヨークに飛んだ。途中、スパングラーはさまざまな財務見積もりを記録したコンピューターのデータの束をジョンソンに見せた。そこには、会社を切り売りしないでも済むとか、必要な節約は資本支出の削減でひねり出すなどと書いてある。ジョンソンは少しも感心しない。**素人のお遊び**、という感じだ。

ジョンソンは、シティバンクとの会合で胸をなで下ろした。銀行側は一株六五ドル、ジョンソンの取り分は一〇パーセントでＬＢＯができると考えていた。研究不十分なことは明らかだ。

ジョンソンははっきり冷淡な態度を示した。帰途のスパングラーは言い訳がましかった。どうやら一件は落着したようだ。

ジョンソンはアトランタに戻ると一気に「感謝はするがお断り」の手紙を書き上げ、シティバンクとスパングラーに送った。そしてヘンダーソンを呼びスティクトの扱いを協議した。RJRナビスコの問題にくちばしを挟むような真似をそうさせてはおけない。翌日ヘンダーソンはウィンストン－セーラムに飛び、スティクトに「騒乱の罪」の規程を読んで聞かせた。

五月に予定されているスティクトの引退までに役員会は二回しかなかった。スティクトはいずれにも出て来なかった。ジョンソンはほっとした。「我々は銀の皿（訳注）をスティクトに郵送し、手続きをすべて書き送った。これでおしまいだった」とジョンソンは振り返る。ポール・スティクトの見納めだと確信していた。

──訳注　役員に贈る引退記念品。

スパングラー事件以後、ジョンソンは改めて低迷する株価のてこ入れに取り組んだ。三月の役員会の席上、役員一同に選択の道は二つあると述べた。一つはハント・ウェッソンの買収。これによって社の食品重視の姿勢がより明確になる。二つは株の買いを増やすことである。出回っている株数を減らせば株価の下支えができる。役員たちは二番目の道を選んだが、誰もジョンソンほど株価に危機感を抱いてはいなかった。

ジョンソンは自社株買いをアイラ・ハリスのラザール・フレールに任せた。三月下旬に一株五二ドルから五八ドルの価格で二〇〇〇万株を買うと発表。一カ月後、さらに二一〇〇万株を一株五三ドル五〇セントで買い上げた。しかしその後、買いへの期待から一株五二ドル前後で取引されていたRJRナビスコは、たちまち四〇ドル台半ばの水準に逆戻りしてしまった。ジョンソンは自社株買いに優に一一億ドルも注ぎ込んだが、株価はかつてないほど低迷した。

一九八八年春の時点では、ウォール街はまだ前年一〇月の大暴落から立ち直っていない。個人投資家はいっせいに市場から離れていた。出来高も低下した。需要の低迷とともに「アメリカ株式会社」は株式の新規公開に関心を失った。ほかのビジネスがそろって好調の中、ウォール街は安定した収入源をM&A（企業の合併・買収）に求めた。

M&Aはウォール街の究極の発明である。勝とうが、負けようが、引き分けようが、手数料を生み出すのだ。顧問料、不要資産処分の手数料、融資手数料といった収入が八〇年代を通じてウォール街の繁栄の糧になったように、その春には買収案件の手数料が証券業界の収益を支えることになった。

大暴落に続く三カ月の不気味な沈黙の後、一月に未曾有の買収ブームが幕を開けた。国の内外を問わず、どの企業も株価の低下に伴う新たな掘り出しものに食い付いた。十指に余る大型の買収競争が展開された。ハイライトはポール・スティクトの元の会社、シンシナティのフェデレーテッド百貨店をめぐる六〇億ドルの戦いであった。企業買収が盛んだった一九八五年全体より八八年上期の買収案件のほうが数が多い。

ウォール街は要するにＭ＆Ａ依存症にかかったのだ。そしてほどなく、ＲＪＲの各オフィスはそうした依存症患者の最新の射的場と化した。

その春の買収ブームの頂点に立つのが投資銀行シェアソン・リーマン・ハットンのＭ＆Ａ部門（金融大手アメリカン・エクスプレスの急成長した買収斡旋部門）である。その冬に、Ｅ・Ｆ・ハットンを買収したシェアソンは、ウォール街最大手の証券会社メリル・リンチをも脅かす勢いだった。そのＭ＆Ａ部門を率いたのがベテランのディールメーカー二人組である。彼らは一〇年に及ぶ黒子役を経て、今や意欲満々で表舞台に登場した。

スティーブ・ウォーターズは組織化の鬼である。ベトナム戦争のヘリコプター・パイロット上がりで、今なお軍隊の雰囲気を残している。シェアソンのＭ＆Ａ部門を海兵隊の猛者たちと考えている。それでいて刃先は意外なほどソフトである。ウォーターズは野暮ったさを気にかけない。彼も夫人もコネチカットの長老派教会の日曜学校で教えている。練達のＭ＆Ａの専門家ではないとしても、ウォーターズの陽気な態度や率直な人柄、そしてこの職業にはまれな誠実さがジョンソンの気に入った。二人はスタンダード・ブランズ時代からの知り合いだった。

ハーバード・ビジネススクール出身のＪ・トミルソン・ヒル三世は二人組のうちの戦士であり、ウォール街砦の闘士だった。敵は少なくなかったが、常に冷徹なプロテスタント的抑制を働かせる。身長一七五センチで髪はオールバックにしていた。ヒルは仕立ての良い服を自慢にしている。地味なスーツを鎧のように着こなし、あるライバルはヒルを「ウォール街のベスト・ドレッサー」と呼んだ。そのオフィスはモダンアートと、過去の勝利を記念するアクリル・ケース入りのトゥームストーン広告（訳注）で飾られている。

――**訳注** 墓碑広告。M&Aにかかわった金融機関の名前が墓石のようにずらりと並んでいる新聞広告。

ヒルは愛想はいいが、おしゃべりはしない。一語一語辞書から言葉を選んでいるように見える時がある。シェアソンでは人気がない。「あの男が好きだという人間が一人でもいるかな」。何人かの同僚がこう問いかける。長年の相棒の一人はヒルをこう形容する。「とんでもない異端者だ。真心を捧げる対象があるとはとうてい思えない。ジャングルの戦士みたいにどこまでも冷酷になれる」。同僚たちにすればウォーターズとヒルは不似合いなコンビだった。

この年の春ほどヒルの戦術的な手腕が求められたこともない。フェデレーテッドの防衛で采配を振るうかと思えば、シェアソンが支援した数々の敵対的買収、たとえば大手トイレ機器メーカーのアメリカン・スタンダードに対するブラック&デッカーの買収攻勢の指揮も取った。だがヒルの名声が上がるとともに（その年の後半、USAトゥデイ紙に人物紹介が掲載された）、仲間のウォーターズは、自分の部下にももっとボーナスをよこせという激しい社内抗争に巻き込まれることになった。シェアソンの幹部会議の席上、ウォーターズはボーナスの配分を徹底的に批判し、M&A部門の最も優秀なキャリア社員数人に、ボーナスが上がらない場合は辞めたほうがいいと勧めたことを明らかにした。この演説はシェアソンの幹部、とりわけ会長のピーター・A・コーエンを怒らせた。ウォーターズが幹部の間に余計な波乱を起こすと考えたのだ。ウォーターズは辞任を申し出て受理された。

シェアソンの役員たちに、ヒルがひそかにM&A部門を任せてくれと言っていたことを知っても、ウォーターズは別に驚きもしなかった。シェアソン最後の日、オフィスを片付けているとヒルがやって来て、別れの握手をしようとした。ウォーターズはその手を宙ぶらりんにしておいた。「俺は人をあんたのようには扱えない」。ウォーターズが言った。その春彼がシェアソンを去ると、スティーブ・ウォーターズの背に突き立てられた短剣には、トム・ヒルの指紋が付いているとウォール街は考えた。

相棒が去るとヒルの動きが速くなる。ウォーターズはシェアソンに大勢の上客を作った。ヒルの仕事はその得意先を一人もウォーターズ側に走らせないことである。ヒルの流出防止リストのトップにあるのがRJRナビスコであった。ロス・ジョンソンはM&A部門の大口客の五指に入る。ヒルはそろそろ取引の機が熟すころだと思った。RJRナビスコの貸借対照表を取り出して見る。誰が見てもタバコ事業が現金の吐き出し口で、手を打つ必要のあることが分かる。**これが金遣いの源だ。どうにかしてやろう**、とヒルは考えた。アンディ・セージのダイヤルを回し、顔合わせの会談をセットする。

シェアソンを去った後、ウォーターズは何人かの得意先に行き先を相談した。この間、ジョンソンが事務所を提供してくれた。もう一人、ウォーターズの勤め先を探してくれたのがヘンリー・クラビスである。その年の春の一日、ウォーターズが声をかけるとクラビスは上機嫌だった。「今朝、新しい友人を見つけたところだ」とクラビス。

トム・ヒルから電話があったのだ。ウォーターズが知る限り、二人の仲は良くなかった。三カ月前、フェデレーテッドの役員会に対する買収のオファーにヒルがけちを付けたことを、クラビスは根にもっていた。「突然、私が世界一すてきな人間になったというわけさ」。ヒルの言葉をまねて、クラビスがおどけた調子で言った。「ヒルは世界一おもしろそうなアイデアを持っていた。これだから世の中は分からない」

ウォーターズは結局、モルガン・スタンレー（投資銀行）にいる旧友のエリック・グリーチャーの申し出を受けた。新しい仕事に就いて二日目、ウォーターズはグリーチャーのオフィスでシェアソンから奪い取れそうな客を検討した。リストのトップにジョンソンがいる。

「いいかね、彼は二、三年ごとに大きなことをやる」とウォーターズ。「我々はそうした状況から目を放してはならない。そろそろ何か大きなことが起こるぞ。そんな感じがする」。グリーチャーのゴーサインを受け、ウォーターズは投資銀行業務部門を結成した。最優先課題はジョンソンをあっと言わせるアイデアだった。

春が終わるころには、ロス・ジョンソンがいよいよ取引をする気になったという噂がウォール街に広まっていた。ジェフ・ベックも知っている。相変わらずジョンソンに盛んにＬＢＯを勧めていた。アイラ・ハリスも知っている。ヒルも、そしてウォーターズも知っている。それぞれ「法王」と手を組むための独自のプランを抱えていた。

銀行マンたちが走り回っている中で、ジョンソンは相変わらず株価で頭がいっぱいだった。かさぶたをいつもはぎ取っているようなものだった。一般のCEOなら気にもかけないことだ。大半の会社が低い株価と道連れで一生を送る。ウォール街が自社株を正当に評価してくれると考えるCEOはいない。RJRナビスコの役員会も関心がなかった。収益は上がっている。売上高も上がっている。だがジョンソンは現状に満足できない。行動に走るいつもの癖がうずうずする。それには株価で示すのが一番手っ取り早かった。

数カ月後に、友人たちから究極のコースを採った理由を聞かれた時、ジョンソンは株価倍率と資本構成の話をした。株価を上げるためにあらゆる手段を採ったと言う。収益の拡大、健全な貸借対照表、自社株買い、新製品プレミア。その通りだが、これは頭の中で考えた粉飾である。そこにはもっと深い理由がある。現状に満足できなかった、要するに、引っかき回したかったのである。

株価を上げる名目でジョンソンはさまざまなプランをふるいにかけた。ベネベントーは持説のゼネラル・モーターズ型会社分割案を強く推したが、五月三一日の会議でジョンソンはこれを葬り去った。ベネベントーにはプランの複雑性がひどく気に入っていた。だがジョンソンにとっては事務手続きが増えるだけのことである。「よしてくれ」。ジョンソンは叫んだ。「ただもう複雑なだけじゃないか」

ジョンソンはピルズベリーとの共同経営案にこだわり、ディーン・ポスバーの企画部にピルズベリー社の徹底評価を行うよう指示を出した。ベックにも可能な方策を考えさせた。そして、ジム・ウェルチをピルズベリーのＣＥＯビル・スプアーの元に派遣する。スプアーは提案を歓迎するが、ジョンソンの会社支配を警戒して、ありとあらゆる現状凍結協定を求めてきた。

ピルズベリーとの話し合いが物別れに終わると、ジョンソンはアイラ・ハリスにクエーカー・オーツへのアプローチを検討させた。おそらく両社は食品雑貨ビジネスを統合できるだろう、とジョンソンが言う。だがクエーカーのＣＥＯビル・スミスバーグは熱心な禁煙論者で、ＲＪＲナビスコとのかかわりを一切望まなかった。スティーブ・ウォーターズが、シカゴの食品最大手クラフトの買収についてジョンソンの関心を引こうとするが、ジョンソンはこれをやり過ごした。クラフトは大き過ぎて、金が掛かり過ぎる。ブランドもナビスコとはしっくりこないだろう。トム・ヒルもまた熱心だった。買収候補を次々に紹介してくる。ジョンソンは喜んで耳を貸すが、何しろみんな金が掛かり過ぎた。

もちろん株価を上げるにはほかにも方法がある。ジョンソンは秋にもテスト販売を始める無煙シガレット、プレミアに大きな期待を寄せた。すでに前年の九月、ニューヨークのグランドハイアット・ホテルでの入念な記者会見で、プレミアのお披露目は済ませてあった。その一週間前、ＲＪＲが革命的なシガレットを開発したという噂が株式市場に流れ、株価が三ポイント跳ね上がった。RJRナビスコの株主はプレミアを「材料」と判断し、その公表を迫ったのだ。ディック・カンペというレイノルズの幹部が指し棒や断面図を使ってマスコミに説明した。別室ではホリガンが金融アナリストに説明する。「ひと言で言えば」とホリガンがにこやかに宣言する。「当社では、これが世界一クリーンなシガレットになると考えております」

ただし二人ともいくつかの懸案には触れなかった。実のところ、ホリガンのスタッフは性急な製品発表を望んでいなかった。まだ市場に出すにはほど遠い状態だったが、強引に押し切られたのだ。まずプレミアの嗜好テストが芳しくない。アメリカの実験研究室では、プレミアの味が良いという愛煙家は五パーセント以下だという事実が判明した。日本では別の研究チームが「とんでもない味」という日本語を英訳する羽目になった。タバコにとっては死活の問題である。特に、ライターでなくマッチで火を付けた時の味がひどい。マッチの硫黄分とプレミアのカーボンチップとの相性が悪いのだ。においもひどくなる。「屁のようなにおい」とジョンソンは微妙に表現した。それはまだしも、タバコを吸うことが難しかった。吸い込むのに力がいるのだ。社内ではこれを称して「ヘルニア効果」と呼んだ。

現場の幹部連中は、こうした欠陥の解決に何年もかかることが個人的には分かっていた。限定生産の段階でも、プレミアのカーボンチップははがれやすかった。社内の予測では、プレミアはまあ一九九一年まで、早くても一九九〇年までテスト販売は無理という結論が出た。だがホリガンは一九八八年に発売すると世間に公表した。

そうは言っても、役員たちはなかなか首を縦に振らなかった。ワシントンのロビイスト、ポール・バーグソンがプロジェクト・スパの有効性に疑問を呈し、規制問題について警告すると、ホリガンがチャンプ・ミッチェルというウィンストン－セーラムの弁護士とくびをすげ替えた。チャーリー・ヒューゲルも無煙シガレットなどばかばかしいと考え、そのことを口にした。煙を吐き出し、灰を落とし、タバコが燃えるのを見るのがいいんだ。とんでもない、とジョンソンが反論した。プレミアこそわが国の健康志向の高まりに必要とされるものだ。とりわけ公共の場での禁煙につながった受動喫煙問題には有効だ。「出してみればいいじゃないか」とジョンソン。「消費者に決めさせればいい」

　秋の発売に向けてプレミアの準備が整うころ、六月に株価上昇への別の期待が盛り上がった。生涯喫煙して亡くなったローズ・シポローンという女性の夫が、ニュージャージーの連邦裁判所に対して、妻の死に責任があるといくつかのタバコ会社を訴えていた。レイノルズは被告ではないが、その運命は仲間のタバコ会社と一体だった。このシポローン裁判はタバコ産業の裁判では最も手ごわいものとされていた。原告弁護団が山のような有害記録を提出しているのだ。だが、もしタバコ会社側が勝てば、とジョンソンは推論した。ＲＪＲナビスコ株の上昇に弾みが付くはずだ。

　陪審の審決はタバコ産業側の不敗記録を打ち破るものだった。とは言っても、審決はタバコ産業による共謀を否定し、わずか四〇万ドルの損害賠償を認めただけだった。「トニー・シポローンへのチップさ」とジョンソンは高笑いし、ＲＪＲナビスコ株の反発を待った。だが株は上がらない。ジョンソンのオフィスは「嘆きの壁」と化し、万人が訪れては何もかも不当だと訴えていく。特にホリガンがうるさかった。悪くとも六ポイントの株価上昇を予想していたのだ。「市場は断じてうちを正当に評価しようとしない」とヘンダーソンも嘆く。「株式市場は一部の企業にとっては満足のいく構造になっていない」。実を言えば、大衆の手から株を取り上げようという主張がＬＢＯの理論的根拠をなしている。ただし、当時これを公に擁護する者はいなかった。ホリガンは、株を非公開にする気がジョンソンにはないと考えた。「会社を非公開にすることの難点は」とホリガンは思う。「誰も彼に注目してくれなくなることだ」

その年の夏、投資銀行家はもはやＲＪＲナビスコの役員室の新参者ではなくなっていた。一五年を経てジョンソンの「メリーメン」グループは崩壊しつつあった。ピーター・ロジャーズはナビスコで三つの上席ポストを経験し、秋にも辞めるつもりでいた。アトランタでジョンソンの右腕として副社長を務めたボブ・カーボネルは、ホリガンと繰り返し衝突し、マイアミのデルモンテのトップに転出していた。彼らに代わって、ジョン・マーティンというジョンソンの親友が筆頭副社長になった。

四六歳のジョン・マーティンはフランク・ギフォードにつながる者である。七〇年代にはＡＢＣスポーツの優秀な若手の一人だった。「マンデーナイト・フットボール」の庶務担当部長として、マーティンはハワード・コーセルに息子のように可愛がられた。ＡＢＣの編成部長として、マーティンは三つのオリンピック放映契約を締結した。テレビ界では評判がよく、甘い低い声の第一印象は抜群だ。「会うと楽しくなる」というのがマーティンの評価だ。身だしなみに気を配り、ＡＢＣの友人は彼を「スーツ」と呼ぶ。スクラッチ・ゴルファーで、ニューヨーク地域では名のあるウィングドフット・カントリークラブのチャンピオンだった年もある。一九八八年一月にオールマイヤー・コミュニケーションズからＲＪＲナビスコに転じ、たちまちジョンソンと意気投合した。

二人は大変うまが合い、アトランタに家が見つかるまでマーティンはジョンソン家の地下室で暮らした。九番アイアンの飛距離しか離れていない同じ通りの家が見つかっても、ローリー・ジョンソンが家の飾り付けをする間、そのままジョンソンの家にいた。三人はいつも一緒である。ゴルフをし、旅行に出かけ、スポーツ番組を何時間も続けて見る。会社の組織図から言えばマーティンにさほどの力があるとは思えないが、彼はジョンソンの信任を得て、監視役として振る舞い始めた。マーティンの台頭をねたんだのは何といってもホリガンである。よく日焼けしたマーティンを見ると俳優のジョージ・ハミルトンを思い出す、とホリガンは冷笑した。

顔の広いマーティンをジョンソンの有名人への「ぽん引き」だという者もいる。確かに新顔を引っぱってきた。その一人がマーティンの長年の友人でプロ野球コミッショナーのピーター・ユベロスである。マーティンはまたボクサーのマイク・タイソンのマネージャーであるジミー・

ジェイコブズの友人で、片手間にチャンピオンの広告を扱っていた。大した仕事ではなかったが、それでもタイソンの試合にジョンソンは招待された。六月のマイク・タイソン－マイケル・スピンクス戦のテレビ観戦に、マーティンはアトランタ政財界の大物を本部に招待した。赤革のグローブに挟んだ金文字の招待状が厳選した一〇〇人に送られた。最上階に着いたゲストたちは白手袋のウエーターに迎えられ、ドン・ペリニョンを勧められた。

時にはマーティンも不用意な紹介をすることがある。前年六月、イギリスにいた時、陽気なスコットランド人をジョンソンに引き合わせた。相手はロンドンのＡＢＣスポーツの使い走りだそうだ。ジョンソンはそれを真に受け、男をアトランタの自宅に招待した。そのスコットランド人はジョンソンのボディガード役を勧められて嬉々として引き受け、ジョンソンと暮らし始めた。とてもうまが合った。だがその年の秋にビザの更新があると、男は何とスコットランド中の金庫を荒らし回ったギャングの一味と判明した。偽造罪を含めて何度も刑務所に入っている。陽気なスコットランド人はただちに片道切符を渡され、グラスゴーに送り返された。

カーボネルのような信頼できる助言者を失ったのも、ジョンソンが安定を欠くようになった一因とする友人も多い。当初ジョンソンはマスコミの注目を浴びていた。その夏『フォーチュン』は分厚い特集で、ジョンソンを「アメリカで一番手ごわいマーケティング・マン」と紹介した。「彼の専門はきちんと分類された古い文化に風穴を開けること。それに代えて、激変と慎重とガッツを混ぜ合わせた組織を持ってくることである」と同誌は物々しく書き立てた。「三回にわたる組織変更で、彼は二六五〇人の会社官僚を現場に戻すか、野に放り出した。マネージャーたちの鼻面を将来という窓にぐいぐい押しつけてきた」

『ビジネス・ウィーク』はそれほど熱烈ではない。同誌は、RJRの低い株価、不透明な長期展望、ならびにタバコ部門の実績低迷を指摘した。当初、同誌はジョンソンの贅沢な支出に焦点を当て、その経営手腕を疑問視する、もっと辛口の記事を目指しているように思われた。だが、RJRが総力を挙げてこれをつぶしにかかった。マーティンが編集長のスティーブン・シェパードに対し、偏見を持っている記者が悪意ある記事を書いたと言って、これ以上RJRに近づけるなと脅しをかけた(原注)。記事の調子が穏やかになり、ジョンソンが気に入らない内容もわずか一行になった。そのくだりには、ジョンソンがいつもワイン係の手に五〇ドル札を押し付ける、とあった。「とんでもない」とジョンソンは顔を曇らせた。「五〇ドルなんてみみっちいチップはもう何年も前のことだ」

——**原注** シェパードは同誌がRJRの圧力を受けたことを否定。記事の変化は通常の編集作業の結果だと言う。

ジョンソンの友人たちは二つの記事を恨むようになる。ジョンソンが記事を真に受けたのだ。彼らは恐れた。「アメリカで一番手ごわいマーケティング・マン」が、実際は全米一の「ずれた」マーケティング・マンになるのではないか。常日頃のジョンソンの自慢は、自分の食品雑貨業者との付き合いは市場シェアの四、五パーセント分、すなわち数億ドルに相当するというものである。しかし、最近付き合っているスーパーの幹部と言えば、もっぱら三人の元スポーツ選手グループで、彼らとゴルフがしたいだけの話なのである。グループをジョンソンは「バッファローズ」と呼んだ。

と同時に、取締役を扱う達人が役員会をないがしろにするようになった。会議の数が減り、間隔は長くなり（一九八八年の五月から一〇月までにわずか一回）、中身も気の抜けたものになった。スタッフが骨を折って財務関係のスライドをまとめても、ジョンソンはお払い箱にした。「スライドがなんだ。役員には数字は良好だと言えばいいんだ」。会議前のジョンソンのリハーサルも取りやめになった。

スタンダード・ブランズやナビスコ時代もそうだったように、ジョンソンはどうやら会社の経営に興味を失くしたようである。あとは二つのことにしかエネルギーを注がない。楽しむことと、株価を刺激することである。かつての「目玉は節穴か？」に代わって、新しいキャッチフレーズがジョンソンの口癖になった。「ええい、クソッたれめ」

七月になると、エド・ロビンソンとハロルド・ヘンダーソンは長期にわたる株価低迷が買収の標的になることを恐れ、ジョンソンの許可を得て、乗っ取り防衛策の強化のためシェアソン・リーマンと連絡を取った。二人が要求したものは「緊急対策」の研究、すなわち敵対的買収の最初の兆候とともに発動する対抗策である。ジョンソンは買収などありそうもないと言うが、ヘンダーソンは万一の事態に備えることが大切だと主張した。

　その手の研究ではシェアソンは適任と言える。ジョンソンはアメリカン・エクスプレスの取締役でもあり、シェアソンのCEOピーター・コーエンも、アメリカン・エクスプレスのCEOジム・ロビンソンも知人である。「シェアソンにはうちで集めたあらゆる資料を持って行くのだ。あらゆるシナリオを検討させ、彼らが打ち出す対策を拝見といこう」とジョンソンは言う。「誰かがうちの買収を望む場合、その狙いはどこにあり、こちらはどう出たらいいかだ」

　アメリカン・エクスプレスの七月の役員会が開かれた時、ジョンソンは初めてこのプロジェクト案を持ってコーエンのところに行った。「アンディ・セージからいずれ電話がいくと思う。会社のことで極めて内密の話をすることになるだろう」とジョンソン。

　七月の末にアンディ・セージとジョンソンの側近数名が、マンハッタン・ダウンタウンのハドソン川を見下ろすコーエンのオフィスに集まった。目的はあらゆる可能性の検討である。各種の資本構成の見直しや部分買収、全面買収の申し込み、などなど。セージは厳重な機密保持を要求した。プロジェクトの存在がちょっとでも漏れればやぶ蛇になる恐れがある。会社側が買収を懸念しているとの噂が憶測を呼び、これが必ずや投機筋を引き寄せる。コーエンとトム・ヒルを含むわずか五人のシェアソン幹部が、プランの検討に参加することを認められた。ヒルがプロジェクトに暗号名を付けたが、その皮肉な意味は数カ月後にようやく明らかになる。その名は「プロジェクト・ストレッチ（極限）」であった。

同時にジョンソンはRJRナビスコの役員会に対し、一連の買収対策条項の承認を求めた。ウォール街の法律事務所の協力を得て、ロビンソンとヘンダーソンが条項の起草に当たった。役員会はまた「ゴールデン・パラシュート」（訳注）として知られる、企業トップ一〇人の解任協定を承認した。アメリカの大企業の大半に類似の協定があり、一般に買収対抗策の一環と考えられている。ただ、RJRナビスコの場合は金額がけた外れで、総額五二五〇万ドルに達した。

訳注　経営陣の解任にあたって高額の退職金や年金を保証する仕組み。

経理課のスタッフはまごついた。ジョンソンの指示で、パラシュートの資金は「ラビ・トラスト」という基金に預けられた。その条件によれば、RJRナビスコのオーナーが変わる場合、新オーナーはこの基金に手を付けることができない。経理課のスタッフにすれば、まるでジョンソンが何事かに備えているようであった。

ジョンソンの株価に対する懸念の解決策を探る際に、問題の分析に当たった人は全員LBOを勧めた。株価の冴えない企業にとって標準的な解決策である。LBOは問題を解決するというより、問題そのものを消滅させてしまうことになる。株式を非公開にするとは、一般株主から株を取り上げてしまうことである。どの投資銀行もジョンソンに非公開化を勧めた。間もなく各種LBO案が向こうから勝手にやってくるようになった。ディロン・リードは「プロジェクト・タラ」と名付けた部分的ＬＢＯを提案した。ジョンソンのスタンダード・ブランズ時代の仲間だったルーベン・グートフは、自分のコンサルティング会社が「プロジェクト・レオ」と呼ぶシナリオを提唱した。ある晩ジョンソンがプールで近所の住人たちと一緒だった時にも、この話題が登場した。「なあ、なぜあんたは自分の会社を非公開にしないんだ」とひとりは言った。

どれにもジョンソンは関心がないと答えた。「絶対やらん」。七月の幹部会議でジョンソンが述べる。「なぜあんなものをやらねばならん？　生活は充実してるし、今のままでも会社はしっかりしているんだ」。だが、当日の昼食に参加した少なくとも一人の耳には、ジョンソンの否定がうつろに響いた。ピーター・ロジャーズは「法王」を知り過ぎている。ジョンソンが本当に下らないと思えば、ひと言で切り捨てる。昼食後、ジョン・グリーニアスと一緒に部屋を出ながらロジャーズが言った。「思うに、お姫様は少々言い訳が過ぎましたな」

それでも、ジョンソンは差し当たりＬＢＯ以外のありとあらゆる対策に興味を抱いているように見えた。最大のプランを思い付いたのは七月のことである。ジョンソンはかねてフィリップ・モリスに働きかけて、両社の海外部門を共同経営にしたいと考えていた。フィリップ・モリスはＲＪＲナビスコの買収に興味を示していたが、代わりにジョンソンが共同経営を提案したのだ。ホリガンは無論とんでもないと思った。敵と一緒になれと言うのか？　白旗を掲げろと言うのか？　だがジョンソンに尻を叩かれて、ホリガンはフィリップ・モリスの代表者と会った。

数カ月に及ぶ断続的な話し合いの末、ジョンソンは共同経営案を反故にした。たとえ了解に達したとしても、独占禁止法を理由に外国の政府が合併反対に回ることが予想されたのである。

そして七月の末、ジョンソンは新しいプランを胸にフィリップ・モリスのCEOへイミッシュ・マクスウェルに電話を入れた。それまで交渉に当たっていた連中と違って、二人はうまが合った。どうやらジョンソンは誰とでもうまが合うようだ。二人はニューヨークのリージェンシー・ホテルにあるRJRナビスコの役員室で夕食を取った。ホストに敬意を表してマクスウェルはウィンストンを吹かしながら、ジョンソンが説明するプランに耳を傾けた。

「現実を見ましょう」とジョンソン。「うちの多角化はどうもうまくいってない。フィリップ・モリスも同じです。両社の株は相も変わらずタバコ株として取引されています」

これは半面の真理でしかない。中核のタバコ事業では、マクスウェルが「クイーン・メリー」号を運航しているのに、ジョンソンが走らせているのは「アフリカン・クイーン」号（訳注）なのだ。フィリップ・モリスのマールボロは、レイノルズのブランドを一段と引き離し、利幅を拡大し、RJRナビスコもまっ青の現金収入を誇っている。機関投資家（株価動向を支配する大型年金基金や投資信託）は一般にポートフォリオにタバコ株を一つしか組み込まず、それもたいていはフィリップ・モリスである。機関投資家の後押しでフィリップ・モリス株は一九八七年初頭比で二五パーセントも上昇し、かたやRJRナビスコ株は乱高下を繰り返したあげく、横這い状態にあった。ファンドマネージャーはフィリップ・モリスの動きが分かりやすいと好感していた。彼らにマクスウェルの行動は予想できたが、ジョンソンが何をするか予想が付かなかったのである。

――訳注 C・S・フォレスターの小説に登場するボロ船。

マクスウェルが耳を傾ける中、ジョンソンはフィリップ・モリスとRJRナビスコがお互いの食品事業（ナビスコとゼネラル・フーズ）を統合し、株を公開して共同経営をしようと提案した。RJRナビスコが三七・五パーセント、フィリップ・モリスも同じく三七・五パーセントの株を保有し、残り二五パーセントを一般に公開する。ジョンソンはジェフ・ベックの持論を引用した。新規公開株の莫大な資産価値が親会社双方の株価を刺激することになるでしょう。

「二人で活力あふれる一八〇億ドル企業を創ることができるでしょう」とジョンソンは言い、さらにだめを押した。「しかも、それを経営するのはあなただ」

ジョンソンは提案した。食品二社が統合した暁には、自分はRJRナビスコのCEOを退き、残るタバコ会社の経営をホリガンに任せる。奇抜な提案だったが、マクスウェルは間違いなく乗ってくるとジョンソンは踏んでいた。

「ロス、大したアイデアだよ」。ジョンソンが終わるとマクスウェルが言った。「だが共同経営には問題が多い」。事務的な作業だけを考えても気の重いものになる。多数の子会社の従業員を一つにまとめなければならない。たとえジョンソンと自分はうまが合うにしても、我々の後継者もそうだという保証はあるだろうか？　それでも、マクスウェルは一応考えてみるとジヨンソンに言った。

二週間後の八月半ばにマクスウェルから回答の電話があった。申し訳ない。フィリップ・モリスとしては乗ることはできない。端的に言って問題があまりにも多過ぎるのだ。忘れてしまおう、とジョンソンは考えた。ほかに株価を上げる奥の手がないわけじゃない。何といってもプレミアがある。ただし、今のところは押し寄せるアイデアの山から一時離れていたい。夏のアトランタの蒸し暑さからも抜け出したい。ジョンソンはジェットに乗り込み、コロラドでの二週間の仕事兼休暇に入った。


カッスルパインズ・ゴルフクラブはデンバーの南四〇キロの所にあり、ジョンソンのようなゴルフマニアには、まさしくこの世の天国だった。ゴルフコースの配置が素晴らしい。天然の峡谷がカッスルロックやパイクスピーク、そして雪を頂くロッキー山脈に囲まれている。ポンデローサ松の広がる青々とした山の草地を、フェアウェイがうねって進む。

全米のトップ三〇に入るこのコースを設計したのはジャック・ニクラウスだ。「ゴールデン・ベアー」は九番ホールをとりわけ難コースに仕上げた。四五八ヤード、パー四。ドライバーショットは右手が池、左手が深いラフ。打ち上げの第二打は難しい。グリーンが見えない。フェアウェイの左手奥にある松林に入ると、そこに三階建ての別荘が固まっている。RJRナビスコは社の保養所として別荘を一つ持っていた。週末の八月二一日に、ジョンソンが生涯忘れられないパーティーを開いたのがこの別荘である。

その週末、カッスルパインズではプロのゴルフトーナメント「インターナショナル」が行われた。ジョンソンはトーナメントを楽しもうと親友の一団を招待した。ピーター・ユベロスやロジャー・ペンスキー（カーレーサー）がいる。ニューオーリンズの共和党大会から駆け付けたルーン・アーリッジがいる。『タイム』の元発行人、ジャック・マイアーズも姿を見せる。フロイド・ホール（スーパーチェーンのグランドユニオン社長）をはじめ、ジョンソンの三人の「バッファローズ」もいる。そしてチャーリー・ヒューゲルにアイラ・ハリス、さらにマーティン・エメットも到着する。

まさしくジョンソン会心の週末だった。午前はゴルフをプレーして、午後はプロのプレーを見る。夜は夜で世界的規模のおしゃべりを楽しむ。RJR空軍が待機し、ハリスを一時シカゴの結婚式に送り届ける。土曜日の晩にはチーム・ナビスコの二選手、ファジー・ゼラーとレイモンド・フロイドが夕食に加わる。同じく参加のベン・クレンショーは「インターナショナル」で競技のまっ最中だった。

その晩、ジョンソンは別荘のゲストのために夕食後のお楽しみを用意した。レイノルズの新製品、無煙シガレットのことはお聞き及びですか、とジョンソンが尋ねた。ほとんどが耳にしていた。エド・ホリガンがプレミアの特徴を示すビデオを映す。科学的裏付けを一時間解説した後、ジョンソンがプレミアを取り出して一同に配った。何なりとご感想を、とジョンソンが促す。味は？　外装は？　マーケティングは？　見落とした所は？

さり気ない風を装いながら、大物の友人の感想にジョンソンは聞き耳を立てた。彼とホリガンは、シガレットをしげしげと眺めるユベロスたちを穴の開くように見つめた。ゲストはカーボンチップの小孔を眺め、一般のシガレットよりしっかりした包装に触ってみる。そしてゆっくり火を付ける。においは誰の鼻にも感じが悪い。

「レタスを燃やしたみたいだ」。誰かがつぶやく。

「いやはや、吸うのに骨が折れる」。もう一人が言う。

少々慣れが必要なんです。ジョンソンが認めた。「広告では、一週間はお試しくださいと言うつもりです」

「果たして一箱がまんできるかな」。誰かが言った。

いいところを探し出そうと、ペンスキーは技術力をほめた。アーリッジはテレビのニュースショーに誰を広報担当として起用するかが問題だと言う。発表されれば必ず波紋を巻き起こすはずだ。そこまでは考えていなかった、とジョンソンが認める。ぜひ考えておくべきだ、とユベロス。マスコミはおもしろがって、きつい質問を浴びせてくるだろう。たとえば「もしこれが安全なタバコなら、ほかのタバコは安全じゃないというわけですね？」とか……。

「そいつは問題だ」。ジョンソンが認めた。「確かに安全なタバコなんだが、それを口に出すことはできんな」

話が進むにつれ、プレミアには懸念していた以上に問題のあることがジョンソンにも分かった。誰もシガレットの味を好まない。少なくともメンソール入りの味は好かれると思っていたのだが……。それに、煙を吸い込むのにスモモを食べるように口をすぼめている。今まで、彼とホリガンは芳しくないテスト結果が出ても楽観していた。愛煙家のわずか五パーセントがプレミアを気に入れば、それでも大ヒットになる。ヒットしないはずはない、とジョンソンは思っていた。

だがユベロスやアーリッジなどの意見を聴いているうちに、ジョンソンは研究スタッフの控え目な見通しが正しいことが分かった。プレミアを成功させるには、数カ月ではなく数年かかるわけだ。大物の友人たちの率直なコメントで、プレミアの即日ヒットの可能性は朝の露と消えた。それとともに、株価を押し上げようというジョンソン最後の望みも消滅した。

「インターナショナル」は翌日終わり、RJR空軍がジョンソンの友人をありとあらゆる地点に送り届けた。ジョンソンはそのままゴルフを楽しむが、翌月曜日にはプレミア問題を検討する上席幹部会議が開かれた。ホリガン、ヘンダーソン、マーティンらとともに、広告代理店のスタンリー・カッツや元モービル・オイルのPR主任ハーブ・シュマーツなど、タバコ戦略家や部外者の一団も顔をそろえた。

ここでは味や香りという基本問題とは別に、マスコミ対策が議論された。たとえば広報担当に誰を起用すればいいのか？　ホリガンはジョンソンがいいと言うと、他の者が異議を唱えた。

ジョンソンは全米二位のタバコ会社のCEOではあっても、タバコの専門家というわけではない。それに、ややもすると、パッと頭に浮かんだことをそのまま口にしてしまう。たとえば「いいかね、一酸化炭素と言えばタバコよりもニューヨークのバスから吸うほうが多いんだ」という具合だ。一同が選んだのはプレミアの開発責任者ディック・カンペだった。カンペを『ナイトライン』に登場させる方法をめぐって、ホリガンとマーティンの間でひと悶着起きた。

会議は昼過ぎに終わり、ホリガンとヘンダーソン以外は別荘を離れた。翌朝ジョンソンとホリガンは別荘の居間のソファに大の字になってくつろいだ。二人のゴルフは一〇時スタートだ。ヘンダーソンはもう練習に出かけている。

「エド、ひとつ聞いてくれないか」とジョンソンは言い、プレミア問題に話を戻す。「これからPRに取りかかってもいいのだが、厄介なことになると思う。PRは続けたり控えたりできるが、私の直感ではテスト販売でトラブルが起きそうな気がするんだ」

ジョンソンが続ける。本当に頭が痛いのはプレミアの進捗状況というより、何ら株価を動かす力がないということだ。「うちの食品事業は最高の値が付いてしかるべきものだ。デルモンテは収益の一八倍、ナビスコは二二倍から二五倍まで買われてもいいのに、株価にはちっとも反映されない。相変わらず九倍のPER（株価収益率）で取引されている。やっぱりタバコ会社なのだ。それに、どうやらプレミアの効果は期待できない。あるとしても当面はマイナスの効果だ」。タバコ会社と見られるのは妥当ではないという点で、二人の意見は一致した。彼らがどんなに頑張っても、ウォール街は少しも評価してくれない。株価は低迷したままだ。「いったいどうすればいいんだ」とジョンソンが尋ねた。

ジョンソンの独演会の最中にヘンダーソンが練習から戻って来た。「ロス、株式市場はこれからも正当な評価はしてくれんよ」とヘンダーソンは言い、持論を展開する。「だから会社を非公開にすべきなんだ」

「うん。法律の仕組みはどうなってる？　君ならＬＢＯ研究をどう進める？」とジョンソン。

ヘンダーソンが分かりやすく基本を説明した。経営陣が買収の提案をすると、取締役による特別委員会が結成されて提案内容を検討する。その過程で委員会は買収価格を明らかにする必要がある。となれば、どの企業も、またウォール街の買い占め屋も自由にそれ以上の価格を提示できる。そこにリスクがあるんだ。

「ＬＢＯ体制下における経営の実態はどうなるんだ？」。ジョンソンが尋ねた。

質問をする形でヘンダーソンが答えた。第一に、ＲＪＲナビスコを買収できるだけの資金を集めることができるか？　これが史上最大規模のＬＢＯになることは間違いない。次に、借金の返済のために事業をいくつ売りに出すつもりか？　アトランタ本部はそのまま維持できるのか、それとも節約のためウィンストン－セーラムに戻らざるを得ないのか？　それでもプレミアを売り出す余裕はあるのか？

ヘンダーソンは続ける。仮に少しでもＬＢＯに関心があるなら、専門家の助けが必要になる。

知り合いのウォール街の弁護士数人の名をヘンダーソンが挙げた。「オーケー」とジョンソン。「シェアソンの提案も本気で考えてみたほうがいいかもしれん」

実現しっこない。コースに向かいながらホリガンは思った。これまでもジョンソンの「今週のアイデア」はいろいろ見てきたが、本気でＬＢＯをやる気になったことは一度もない。ヘンダーソンもジョンソンの真意が疑問だった。ＬＢＯはあまりにも細かなことが要求されるので、ジョンソンの好みに合うまいと考えた。

ジョンソンはジレンマにあった。この二週間を見ても分かる通り、暮らしぶりに文句はない。一級のゴルフコースにある会社の別荘、きらびやかなＶＩＰの友人、指示を待ち構える専用ジェット機。だが行動への誘惑が手招きをする。「確かに、ＬＢＯ案をめったに開けない引き出しに突っ込んだまま、気楽な暮らしを続けることもできた」と、後年ジョンソンは振り返る。「だが、そのことがいつまでも気になったはずだ」。常にむずがゆさが残り、掻かずにいられなくなる。

数日後、ジョンソンはワイオミングの牧場にいるアンディ・セージに電話を入れ、東部に戻る途中カッスルパインズに立ち寄るように言った。そしてある日の午後フェアウェイを歩きながら、出来たてのアイデアを持ち出した。「考え得るあらゆる手を打ってきたが、何ひとつ効果がなかった。何ひとつだ。ひとつとして効果がなかった。株価は低迷したままだ」とジョンソン。「アンディ、私は万人の利益に奉仕する別の方式を考え出そうと思う」

セージには、ＬＢＯでＲＪＲナビスコの課題が解決するとはとても思えない。一般論としても、アメリカの一流企業が、株主が持っている昔ながらの株式を銀行債務に置き換えることなど、ゾッとしない話である。セージの世代の考えによれば、アメリカ産業の最大の強みはその資本力にある。世界市場でアメリカが厳しい競争に直面する今、そうした長所が損なわれていくのは見るに忍びない。ビジネスとは仕事を生み出し、新製品を創り出すもので、借金の支払いに追われてはそれができなくなる。おまけにジョンソンの浪費スタイルが、高額の借金に伴う厳しい経営やコスト削減と両立するとはとうてい思えない。とはいえ、それはまだ胸の内に収めておいた。

ジョンソンは、シェアソンに電話を入れてプロジェクト・ストレッチの話を進めるよう、セージに指示した。すでにヒルのチームは、骨の折れるRJRナビスコの各事業部門の資産分析作業にかかっていた。すぐにLBOの検討に入れるよう、ジョンソンはその宿題を九月中旬までに完成することを要求した。セージはベネベントーに電話を入れ、昔のLBO研究を改めて引っぱり出すよう指示を出した。が、セージはホリガン同様、新路線にはあまりこだわらないようにした。ジョンソンの決心はニューヨークの天気のようにころっと変わるのだ。

その週の後半、ジョンソンはチャーリー・ヒューゲルに電話を入れ、何気ない調子でシェアソンの調査に触れた。「そう言えば、シェアソンの連中にLBOのメリットがあるかどうか調べさせている。LBOがどれほど役に立つか分からないが、連中が調査している。君はどう思う？」

ヒューゲルは率直に感心しないと言った。六〇歳のヒューゲルはジョンソンより三つ年上だが、考え方は天と地ほどの隔たりがある。ヒューゲルは古いタイプの人間だ。AT&Tで出世階段を昇り、五年前にコンバスチョン・エンジニアリングのトップに転じた。元来がビジネスの基本に忠実な人間で、LBOのように人目を引くウォール街の発明は眉につばを付ける。ヒューゲルはコンバスチョンで海外市場の開拓とまじめに取り組んでいる。サービスの悪いことで名高いモスクワのホテルに滞在すれば、モップを手に自ら床磨きをする。かたやジョンソンは貿易フェアでモスクワに出かけた時、スイートルームを注文しようとした。

「ロス、なぜLBOなんかしたがる」。ヒューゲルが尋ねた。「手を付けた仕事でまだ残っているものもあるだろう。なぜそいつを今放り出そうとするんだ?」

「まあ、会社経営に情熱が感じられなくなったということだ」とジョンソンが認めた。株価の改善にあらゆる手を尽くしてきたのだ。ヒューゲルにすれば、自分が経験したもっと厳しい問題に比べれば株価の低迷など何でもない。彼に言わせれば、LBOの提案は指のささくれを鉄砲で撃つようなものである。

「ロス」。ジョンソンの目をさましてやろうとヒューゲルが言った。「節約することになるかもしれんぞ。ジェットも、本部も、あれもこれもだ。本当にそんなことがしたいのか」。二人はさらに話を続けた。電話を切るころには、LBOをあきらめさせたとヒューゲルは考えた。

「レイバー・デイ」（九月の第一月曜日）が終わり、ジョンソンはアトランタに戻ったが、そこには一日しかいなかった。翌朝早くロンドンに発ったのだ。彼とジョン・マーティンにはきついスケジュールが待っている。ゼネラル・エレクトリックの役員会、世界のタバコ産業関係者との集い、国際タバコ部門を買収したいと考えているロスマンズ・インターナショナル（イギリスのタバコ会社）のデビッド・モンタギューとの差しの会談。ロンドンに向かう機中で、ジョンソンはマーティンにＬＢＯの件を知らせた。少し眠りたいので起きてから話をすることにしよう。

だがそのチャンスは来なかった。ジョンソンが大西洋上で眠っているころ、九月七日の水曜日午前二時数分前にニューヨークの近郊で一人の警察官が道端に車を止めた。八七年製のニッサンが衝突して、道路から九〇メートル離れた辺りに横転している。どうやら交通標識にぶつかり、横滑りして引っくり返ったらしい。車のそばにジョンソンの二六歳の息子ブルースの血まみれの体があった。ブルースは意識のないまま近くの病院に担ぎこまれた。

ジョンソンがロンドンのホテルにチェックインしたところにローリーから電話が入った。ブルースの生死ははっきりしない。ジョンソンとマーティンは最初のコンコルドで取って返した。機上ジョンソンは禁煙席でプレミアに火を付け、「誰か気が付くか見てみよう」とマーティンに言った。ジョンソンが病院に到着すると、息子は昏睡状態にあった。いつ意識を回復するのか、そもそも意識を回復するかどうか、医師にもよく分からない。ジョンソン夫婦はコネチカットのフランク・ギフォード夫妻の家に滞在した。ギフォードは頼りがいがあった。息子のカイルが事故で頭に重傷を負ったことがあるのだ。

木曜日にジム・ロビンソンが見舞いに来た。二人の友人は病院の敷地を長いこと歩き回った。「ロス、今君にできるのは最高の治療をしてやるぐらいのものだ」とロビンソン。「後はもう祈る以外、大したことはできない」

「君も似たような経験をしたね」とジョンソン。ロビンソンの先妻は長患いの末なくなったのだ。「大切なのは気をしっかり持ち、大局を見失わないことだ」。ロビンソンが忠告した。「そして自分の生活を続けることだ」

金曜日、ジョンソンは開いたままのブリーフケースを見つめた。オフィスには郵便が山積みになっている。しっかりしなければならない。仕事に戻らなければ……。で、ロビンソンの助言を入れ、思い切って仕事に戻ることにした。月曜の朝にブルースの病室を訪ねてから、ジョンソンはマンハッタンに車をやり、セージとベネベントーに会った。

ジョンソンはオフィスに入り、シャープペンシル、計算器、罫線紙を取り出した。今から三五年前、ゼネラル・エレクトリック時代に使い方を覚えたものだ。自分の周りや床、調度の上に書類を積み上げる。企画部門のレポート、白書類、投資銀行の調査報告、コンピューターのデータの束。ＬＢＯに意味があるのか自分の目で確かめてみたかった。もう投資銀行やコンピューターに答を任せてはおけない。けげんな表情でベネベントーが見守る中、ジョンソンは一覧表をのぞきこみ、作業を始めた。「これをやらせたら俺ほどうまい人間もいない」とジョンソン。

ベネベントーにはジョンソンの心境が分かった。彼にも息子が三人いる。ジョンソンは、初めてLBOの可能性やリスクと四つに取り組んだ。五時間というもの、彼とベネベントーはRJRナビスコの各部門について、統計、収支分析、マーケットシェア、収益、売上見通しなどを一つ一つ検討した。その間もジョンソンはアトランタやウィンストン－セーラムに電話を入れ、最新情報を問い合わせた。

ジョンソンの狙いは各事業部門を評価し、どこが売却できるか判断することにある。これにタバコの将来の現金収入を加えれば、LBOをやる場合の提示価格のめどが付く。月曜の夕方、ジョンソンは感触を得た。買収をやってみようという心の備えができるとともに、真剣にこれを検討する準備もできた。歩いてマンションに戻ったジョンソンは、息子のことから心をそらすものを与えてくれたことを神に感謝した。

翌朝、ピーター・コーエンとトム・ヒルの率いるシェアソン・チームがナイン・ウエストビル（訳注）に到着した。シェアソンの二人が、買収を考える間に目を通しておいてくれと、マニュアルをジョンソンに渡した。ジョンソンはLBOのあらゆる側面の調査を依頼した。自分たちが検討するプロジェクトが、これまでのLBOの三倍の規模になることをジョンソンはよく心得ていた。

訳注　RJRニューヨーク事務所とKKR（コールバーグ・クラビス・ロバーツ）のオフィスが同ビルの中にある。

「ピーター、こいつは実行可能だと思うか」。ジョンソンがコーエンに尋ねた。「何しろ、あんたは途方もない金がいると言う。全くべらぼうな資金だ」

「もちろん実行可能だとも」。コーエンが胸を張った。

翌日ジョンソンは息子の病室に戻った。ブルースの事故を理由に、木曜に開くはずの役員懇談会はキャンセルしてあった。それに、と彼はヒューゲルに語った。これといって緊急な課題はないのだ。

ジェフ・ベックは頭を抱えていた。ジョンソンがつかまらないのだ（原注）。何度電話をかけても、折り返してナビスコ会長のジム・ウェルチが電話を入れてくる。二人の間にジョークができた。ナビスコのベテランで礼儀正しいウェルチは、ベックが「ジミー」と呼びかけるのを丁重に断った。もうそれほど若くないのだ。ベックはむろん頓着しない。で、今度はウェルチがベックを「ジェフィー」と呼ぶようになった。

原注　アンディ・セージもつかまらなかった。ジョンソンがＬＢＯに関心を寄せるようになると、セージはベックの電話に答えなくなった。「本当のところは話せなかった。うそをつくのも嫌だった」とセージは語る。

ウェルチの折り返しの電話を受けながら、ベックもようやくジョンソンの方向転換が分かったような気がした。

「ねえジミー、おたくがこの取引をお望みなら、うちで必要な資金はすべてそろえることができる」。買収という言葉を持ち出すまでもなかった。長年買収案を売り込んできたから、ウェルチも十分に承知している。

「分かってるさ、ジェフィー」

「それに、妙なことが起きてるのもあんたには分かっている。おかしいじゃないか。なぜロスへの電話に毎回あんたが出てくるんだ?」

「我々は何も知らんよ」とウェルチ。「何もありゃしないさ」

何かが起きている。ベックの直感である。ふと、ジョンソンはLBOをやっているのではないかと思った。だがその考えは振り払った。ドレクセルがLBOを勧めてからもう二年になる。それでも何かが変わった。**おそらく連中は何らかの企業再編成の準備をしているのだ。**ベックは思った。

九月一二日、ベックはもう一人熱心に追いかけている人物に疑問をぶつけてみた。ヘンリー・クラビスである。ベックはクラビスの数々の取引に協力してきた。最大の例がベアトリスである。皮肉にもRJRニューヨーク事務所の六階下にあるコールバーグ・クラビスのオフィスに着くと、ベックはただちに核心に入った。

「そろそろRJRを何とかしなければ」とベック。

「と言うと?」。クラビスがけげんそうに尋ねた。

「なぜだか分からないが、ジョンソンがこちらの電話に出ない。ジム・ウェルチに返事をさせる。ここらで話し合って、申し込みをしたほうがいいと思う」

「そうかもしれないな」とクラビス。「資料をくれ。そして会談をセットしてくれ」

ベックがうなずく。「だけど問題が一つある。それはあなたとロスの思惑が違うということだ」

「どう違う?」

ベックは長年ジョンソンの部下と話をして、LBOに対する彼らの懸念を承知していた。ジョンソンは他人のために働くつもりはない。「まず第一に、連中は役員会をコントロールしたがるだろう」とベック。

「なるほど。それをやらせるわけにはいかんな」とクラビス。「確かに問題だ」

二人はさらに話し合ったが結論は出ない。無論、まずジョンソンと話してみなければ何事も始まらない。「話し合いの場を設けよう」とクラビス。「その場で検討すればいい」

その後、ベックはジョンソンとクラビスの会談をウェルチに打診した。ウェルチは煮え切らなかったが、それでも一〇月の終わり一一月の初めなら何とかなるかもしれないと言う。「狂犬」はもちろん知らなかったが、そのころになればベックの要請などまるで意味をなさなくなるのだ。

第5章
買収王クラビス

風の強い九月の晩、メトロポリタン美術館の周りはハリウッドのオープニングのような興奮に包まれていた。カメラマンや記者の群れをかき分けるように、ニューヨーク社交界の華が館内に歩を進める。女性は強い風から髪型を守り、男性はタキシードに身を固めて、ある人に言わせれば「石膏板みたいに頑丈な」招待状を受付に見せる。こうして館内に消えたのは、ソール・スタインバーグ夫妻、ニューヨーク・タイムズのキャロルとパンチ・サルツバーガー夫妻、ジョナサンとローラ・ティッシュ夫妻――その他一〇〇名ほどのゲスト。

彼らほどの社会的地位があっても、美術館で個人パーティーを催すだけのコネはない。だが「中世館」の錬鉄製のゲートの内側でゲストを出迎えたのは、一〇〇〇万ドルの献金でこの機会を手に入れたカップル、ヘンリー・クラビスと魅力的なファッションデザイナーの妻キャロライン・ロームである。一六七センチしか上背のないクラビスはタキシードを着こなし、よく日に焼けている。魅力的な笑顔、キラリと光る青い瞳、オクラホマの出をかすかに示すその言葉。が、例によって人目を引くのはロームのほうである。夫より七センチ上背があって驚くほどきゃしゃな姿。輝く黒髪を後ろに束ね、肩をむき出しにしたエメラルドグリーンのサテン・シャルムーズのロングドレス。ネックレスはきらきらと輝くカボション・エメラルド。こうした社交の場ではいつも夫の腕にしがみついている。

シャンパンとカクテルの後、ゲストたちは小さなステージの周りに集まり、照明が落とされる中で、一〇代のバイオリニスト五嶋みどりの妙なる調べを堪能した。クラビスとロームは最前列右手に席を占めている。彼らは以前パーク・アベニューの豪華なマンションでこの日本人少女の個人リサイタルを楽しみ、今夜の演奏に招いたものだ。ロームは胸に両手を組んでうっとりと聴き入り、クラビスも脇で耳を傾けている。

演奏後クラビス夫妻はツタにおおわれた格子棚を抜け、特別に飾り立てた「ブルーメンソール・パティオ」（中庭）にゲストを案内した。石造りのバルコニーに巨大なタピストリーが掛かり、円柱や欄干に青々としたつる草がからまる。金縁の重厚なタピストリーでおおわれたダイニングテーブルのまん中に、金色のバスケットに入ったミニチュアフルーツがいくつも置かれ、緑のシェードがついた金縁の燭台が取り囲んでいる。ワインはルイ・ラトゥール・ムルソーの一九八五年もの、そしてシャトー・ベイシュベルの一九七九年もの。ディナーの呼び物の一つがラビット・パイで、一部のゲストはジョークとともにこの皿を脇にのけた。「ロジャー・

ラビットをこんなにしたのは誰なんだ」。デザートは大きな銀製のボウルに盛られたババオラム。カラフルなミニチュアフルーツとシャーベットも一緒に付いている。パーティーのしめくくりは美術館最新の呼び物、ドガの作品一六〇点の特別展示。ゲストたちは神妙な顔つきで観賞する。「ああ、これほど完ぺきなパーティーがあるだろうか？」と、社交コラムニストのスージーは書いた。「その晩は一から一〇まで飛び切りのもの。まさしく素晴らしい趣向と大いなるセンスで、もてなしを望むホスト役の模範となるもの」

そのパーティーは事実、ホスト役のクラビスとロームの個人的な戴冠式だった。いわゆる「にわか社交界」の新興成金の王子様と王女様である。三年前に結婚したばかりの二人は、たちまちマンハッタン社交界の中心に駆け上がり、全国の立身出世主義者の空想をかき立てた。ルノアールやフランスの古美術が並ぶパーク・アベニューの五五〇万ドルのマンションは、文字通りチャリティの世界では伝説と化している。妻に対するクラビスの豪華なプレゼント攻勢は、驚嘆とともに語り草になっていた。

だがこれほど関心を集めながら、クラビスはどこか謎の男だ。友人たちは口をそろえて、彼は親切で、優しく、陽気な人物で、熱烈で長いラブレターを書き上げる愛情あふれる夫であり、父親であると言う。こうした特質はビジネスではついぞ顔を見せたことがない。冷静で落ち着いた性格だとよく言われるが、意地の悪い一面もある。たとえばテッド・フォーストマンというライバルを「女性コンプレックスの持ち主」と斬って捨てたり、太り過ぎた部下を酷評したりもする。瞳には鋼《はがね》の輝きが宿り、クラビスの果てのない野心と強欲に関する逸話をつい信じたくなる。多分これは、クラビスの冷静で寄宿舎生活をしているような慎み深さによるものだが、その底にひっそり横たわる、かすかだが危険な香りというものが感じられる。

彼のウォール街での台頭は、急成長の八〇年代の基準に照らしても大変なスピードだった。つい五年前は無名と言っていいほどのクラビスと、その目立たない会社は、ウォール街のLBO（レバレッジド・バイアウト）ブームに乗って、八〇年代半ばには中心的な存在になった。数年後クラビスがその長年の指導者、ジェローム・コールバーグを追い出した時の謎について、あれこれ取りざたされたこともある。バッテリーのデュラセルからスーパーのセーフウェイまで、コールバーグ・クラビスの支配する各種事業を合わせると、全米産業界ベスト10の仲間入りをするだろう。今や四五〇億ドルの資金力を有するクラビスは、押しも押されもせぬウォール街の買収王で、その軍資金はパキスタンやギリシャの国民総生産よりも大きく、その影響力は金融史上でも最大級と言っていい。

クラビスを動かすものは何か必ずしもはっきりしない。せいぜい言えることは、小さな背丈が父親と関係があるのではないかということだ。その父親は浮き沈みを繰り返し、クラビスが生まれた一九四四年にはまた一財産を取り戻していた。少年時代のクラビスに、これといって目に留まるところはない。戦後のタルサで裕福に育った。自転車を乗り回し、ゴルフに熱中したが、エディソン中学の成績はあまり芳しくない。

父親のレイモンド・クラビスは、世紀の変わり目にアトランチックシティに移民したイギリス人の仕立て屋の息子である。ペンシルベニアの炭鉱で働いた後、南西部に移住し、一九二〇年代の株式ブームに乗って一財産を築いた。そして一九二九年の大暴落で無一文になり、信用取引の借金がかさんで、その返済に何年も働いた。戦後は石油技師として第二の人生に乗り出し、ゴールドマン・サックスなどのウォール街企業のために石油埋蔵量の見積もりをして、どうにか二度目の富を築いた。

ヘンリーが一三歳の時、レイとベシーのクラビス夫妻は兄のジョージと同様に、マサチューセッツ州イーグルブルックという全寮制高校に息子を送り込む。コネチカット州のルーミス・スクールに転校した「ハンク」クラビスは人気のある生徒だった。学校では生徒会の副委員長、レスリングチームの勇猛なキャプテン、そして寮長を務めた。教師の記憶にあるヘンリーは大人で、意欲的で、落ち着いた生徒だった。

クラビスは背が低く、大きな仲間の間で自己主張の必要に迫られたこともあるようだ。高校チームのハーフバックとして記録した数々のタッチダウンのことを、後年楽しげに語っている。コーチから無理だからあきらめろと言われたスポーツだった。お気に入りの思い出の一つが一七歳の初仕事のこと。タルサにあるサンレイＤＸ石油会社の郵便業務室で働いた時だ。数日後に初の大役が与えられ、会社中に郵便物を配ることになった。だが大役の朝、目をさますと目が見えない。新しいコンタクトレンズがうまく合わないのだ。針で刺されるような痛みだった。

レンズも外せず、両親も家におらず、ほとんど目も見えないまま車に乗り込むと、人通りのない早朝のタルサの街を走って、何とか職場にたどり着いた。後で眼帯をかけなければならなくなったが「私は郵便を配り終えた」とクラビスは誇らしげに回想する。

ルーミスでの経済学コースからクラビスは実業界に進むことになり、生徒数六〇〇人の小さなクレアモント・メンズカレッジ（カリフォルニア州）で金融学を専攻した（父親の母校のリーハイにも合格したが、これは実力を示すだけの受験だった）。クレアモントの一年目の専攻はもっぱらゴルフ、浜辺、ラスベガス、そして近くのサンタアニータの競馬場である。三年生でゴルフチームのキャプテンを務めた。四年生でウォール街を目標に決め、卒論のテーマは転換社債だった。

レイ・クラビスは老舗のウォール街の投資銀行ゴールドマン・サックスに知り合いがいて、夏休みになると息子はここで働いた。最初は使い走りだった。取引所で顔を紅潮させて叫びまくる男たちの中に放り込まれて、クラビスは四〇過ぎてやる仕事ではないと心に決めた。一つには自分のオフィスが欲しかったのだ。大学四年の時クラビスは、ウォール街の短資会社マディソン・ファンドに、卒業後は見習いとして就職することを決めた。そこでは銘柄の選び方がいいと名を売った。当時は「行け行け《ゴーゴー》の時代」で、どの銘柄でも上がる気配があった。ダーツで銘柄を当てても成績は同じさ、と友人たちは冗談を言い合った。

一九六七年の秋、クラビスはコロンビア・ビジネススクールに入学し、すぐに後悔した。ウォール街の活気が懐かしくなる。父親は学業を続けるように勧めた。クラビスはエド・マークルというマディソン・ファンドのボスを訪ね、勉学の合間に仕事を続けさせてもらった。お義理の学問を続け、二年後の学園紛争の最中にBとCばかりの成績でビジネススクールを卒業した。

　ウォール街が招いていた。マディソンがケイティ・インダストリーズという小さな鉄道会社を買収し、クラビスのやる気を見込んだマークルは、この若きオクラホマ人に事業の多角化を任せた。クラビスは自分がよく知っている油田サービス産業に狙いを定め、初めて「企業ハンター」と協力して、一年間ルイジアナの田舎を回りながら、零細企業の買収に精を出した。こうしてケイティのために、はしけ・タグボートの会社とか浚渫《しゅんせつ》会社を手に入れた。実戦的でためになる経験だった。

　ケイティ・インダストリーズが大きくなると、クラビスはその新社長にジェイコブ・サリーバというビジネススクール時代の友人の父親を選任した。二人は共同でマンハッタンのホテルにスイートを借り、サリーバが寝室、クラビスが居間を使いながら、ケイティのために一連の買収を進めた。やがてケイティは売却され、二五歳で気がはやるクラビスは新しい挑戦先を探した。ゴールドマン・サックスはあまりにも旧弊で組織が固定化していたので、クラビスはファパティ&スォートウッドという小さな会社に入社した。ベンチャー・キャピタルの仕事を始めるのが狙いだった。だが狙いは当たらず一年でそこを退職した。失業したクラビスは、いとこのジョージ・ロバーツに助けを求めた。

一つ年上のロバーツはヒューストンで育った。父親とクラビスの母が兄弟である。クラビスとロバーツの祖父はロシア系ユダヤ人で、一八九〇年代に、ツァー（皇帝）の軍隊で戦うよりはとアメリカに逃げ出した。エリス島の役人に名を変えてもらい、「ジョージ・ロバーツ」はマンシー（インディアナ州）にいる故郷の村の人々の仲間に入った。やがて繊維品ストアと「ロバーツ・ホテル」を経営するようになり（このホテルは今も残っている）、大恐慌でまる裸になるとタルサで石油ビジネスに加わって、最後は油田のテントの中で心臓発作のため一人淋しくこの世を去った。

息子のルイス・ロバーツはヒューストンで自由奔放な石油業者になり、テキサスの油田で財産をつくったり失ったりした。一九五〇年代、ルー・ロバーツは商談の場によく一〇代の息子のジョージを連れて行った。ある年の全米石油協会総会で、父と息子は泥だらけのカウボーイブーツ姿の山師のそばに座り、エクソンの前身ハンブル・オイルの会長のスピーチを聴いた。

「おまえはどっちの人間になりたい？」。総会の後、ルー・ロバーツが息子に尋ねた。

「僕ならステージにいたビジネスマンのほうだ」。若いジョージが答える。

父親が解説してくれた。ビジネスマンのほうは五万人の従業員を抱え、丸一日たっぷり働いて、引退すれば数十万ドルの年金がもらえる。かたや山師のほうは、多分三〇人の従業員と数十の油田を抱えている。油田は寝ている間も石油を汲み上げ、おそらく五〇〇万ドルの価値がある。

「さあ、おまえならどっちを選ぶ？」。ルー・ロバーツが尋ねた（原注）。

――原注　ルー・ロバーツは一九七七年に死去。

ジョージ・ロバーツは陽気な父親に比べ内向的だが、一国一城の主であることが大切だという、この教えを決して忘れなかった。カルバー・ミリタリーアカデミー（インディアナ州）に通った後、クラビスより一年早くクレアモント大学に入学した。ジョージが二一歳の時、レイ・クラビスがウォール街の大手証券会社ベア・スターンズに夏の仕事を見つけてくれた。ロバーツは毎朝誰よりも早く職場に行き、黙々と働いて、投資銀行業務部門の責任者ジェローム・コールバーグとの友情を培った。そしてカリフォルニアーへイスティングス大学で法律を学んだ後、コールバーグのために本格的に働くようになる。

ベア・スターンズはウォール街の基準からしても激烈な職場だった。猛烈チーフのセイリム・ルイスが采配を振るうベアは、基本的には個人領主の緩やかな集合体であった。ルイスの叱咤の下、協力より競争が強調され、嫉妬と社内政治が幅を利かせた。ロバーツが喜んでコールバーグのために働いたのも、この先輩が日常のいざこざから自分を守ってくれたからだ。が、じきにニューヨークに嫌気がさす。家族もできたし、カリフォルニアに帰りたかった。ベアのサンフランシスコ事務所への転属をコールバーグが計らってくれると、ロバーツは後任にいとこのヘンリー・クラビスを指名した。

クラビスの新しいボスのジェリー・コールバーグは、ダークスーツ一着に極細の黄色いネクタイ一本しかない、と友人たちは冗談を言った。コールバーグはスワースモア大学とハーバード・ビジネススクール出身で四四歳。頭のはげたもの静かな家庭人で、テニスにトランペットに三人の子供と読書を愛する。ロバーツ同様クラビスもコールバーグの庇護を受けた。この後輩は波乱を起こしたがる性癖があったが、コールバーグは当初気にもかけなかった。そのクラビスは、三〇歳の誕生パーティーのプレゼントにもらったホンダのバイクで、パーク・アベニューのアパートの周りを走り回り、周囲から文句が出てようやくやめた。

コールバーグの下でのクラビスの仕事はもっぱら投資銀行業務の日常雑務である。私募債の引き受け、買収などの価格の妥当性に関する意見書の作成、株式引き受け。一方、コールバーグはその狭い領分の中で儲かる副業を開発した。自前でM&Aを斡旋する業務である。

この業務は後にLBOとして知られるようになるが、当初は年配者の救済策として始めたものだ。個人企業を興し、戦後の経済繁栄で栄えた人たちが、六〇年代半ばになるとだんだん年を取ってくる。相続税を回避しながら家族経営を続けようとしても、取るべき道は三つしかない。株式非公開を堅持するか、株式を公開するか、大企業に売却するかである。それぞれ欠点がある。非公開の堅持は問題の解決にならない。株式公開は移り気な株式市場に創業者が翻弄される。会社を売却すれば通常は自主経営権が失われる。

コールバーグはLBOを「欠けた環」と言い、熟年経営者が「ケーキを手に持ち、かつ食べられる」手段であるとする。最初の案件は一九六五年のことで、スターン・メタルズという歯科用品メーカーの九五〇万ドルの買収である。何年も温めた計画だった。コールバーグは自分で集めた投資家グループによるペーパーカンパニーを作り、資金の大半を借入金に頼って、七二年に及ぶ同族支配を続けたスターン社を買収した。スターン一族はそのまま経営を続けた。八カ月後コールバーグは株の一部を売却した。一株一ドル二五セントで買ったものを八ドルで売却し、儲けを借金返済に充てた。続いてスターン社に買収攻勢をかけさせ、カリフォルニアの歯科用品供給会社、オハイオのX線会社、ヨーロッパの歯科用いすメーカーを次々に手に入れた。五〇万ドルを出資した投資家グループが二年後、成長した会社を一般投資家に売却する時には、会社の価値は四〇〇〇万ドルになっていた。

こうした手法がその後の取引で洗練されていく。一九六〇年代の巨大コングロマリットが、七〇年代前半の株式市場の低迷に直面して事業部門を売りに出すと、コールバーグはせっせと買収して事業の手を広げた。好みは基礎資材産業だった。煉瓦《れんが》やワイヤーやバルブなどのメーカーで、経営、製品、収益が安定し、信頼できる会社を買った。何しろ買収に莫大な借金をしているので、返済を迫られないためにも、将来の収益や現金収入の見通しが極めて大切である。

貸借対照表が彼のタロットカードであり、現金収支予測が水晶球だった。ひとたび会社を手にすれば情け容赦なく経費を削減し、不要な部門は売却し、余分な資金は一ドルでも借金の返済に充てた。たいていの場合は経営陣に報償として株式を渡す。そうすると、経営効率が驚くほど改善される。一仕事終わると、スリムになった企業は通常、買収価格以上の価値を持つようになる。基本的パターンではそれ以降のＬＢＯも同じような効果があった。

末端の汚れ仕事ではあったが、「ジェリーの秘蔵っ子」のクラビスは自由自在にやってのけた。インコムというロックウェル・インターナショナル国際部門の買収に際し、クラビスは貸借対照表、事業概要、負債見積もりなど七五ページに及ぶ内容説明書をまとめ上げて、大手の保険各社に送り付けた。ある春の日の朝、投資家候補の一団がクインシー（マサチューセッツ州）に集まり、クラビスはまず一同をインコムのボストン・ギア工場に案内した。三台のリムジンに詰め込まれた一行は、さらに三カ所の工場を見学してから、最後にクリーブランド行きの飛行機に乗り、インコムのエア・メーズおよびモース・コントロール部門を訪れた。派手な仕事ではないが成果はあった。

一九七三年になると、三年の修行の末、クラビスは初めて自前の案件を取り仕切る態勢が整った。コールバーグが扱ったスターン・メタルズと同様、ノースカロライナの小さな煉瓦メーカー、ボーレン・クレイ・プロダクツのオーナーも年配の頑固な創業者で、死ぬ前に身売りの相手を探していた。七〇代前半のオーテン・ボーレンはヤンキーを敬遠し、中でもユダヤ人を嫌っていた。

「君ね」。クラビスとの最初の出会いでボーレンが言った。「宗教は？」

クラビスは唇をかむ。「その、僕はユダヤ教です」

「だと思ったよ」。沈黙。「あんたらユダヤ人の子供は賢いんだってな？」

クラビスは歯を食いしばった。反ユダヤ主義を耐え忍んで成功するなら、そうした犠牲も払うつもりでいたが、六カ月にわたる勧誘の間にはもっとひどい目にあうこともあった。ある時ボーレンが社の煉瓦工場を案内した。

「ヘンリー、あそこにある窯が見えるか?」と、ボーレンが煉瓦を焼く巨大な窯の一群を指さした。「こいつはドイツ人が使ったのと同じものだ」。ボーレンは力を込めてこのせりふを繰り返し、クラビスは作り笑いを浮かべた。

「あんた、こっちに来て、もっとそばから見てみないか」

「いや、とんでもない。ここからでも十分見えます」

ボーレン・クレイを買収した後、クラビスはプロビデンス（ロードアイランド州）に出向き、同族経営の宝飾業バローズ・インダストリーズの買収交渉に入った。「私の印象では、彼はいつも親父よりうまくやっていることを見せたがっていた」と、フレッド・バローズ・ジュニア元会長は回想する。「いつも非常に高い目標を立てていた。当時でもヘンリーは大きくなり過ぎて、もうジェリー・コールバーグの胃袋には収まらない感じがあった。ヘンリーがあれほど攻撃的なのに、ジェリーはずっと控え目だった」

クラビスの第二の取引となったバローズの買収は、一連のごたごたの末、三年後に決着した。クラビスは、報償金を手に入れるために同社の役員たちが「数字を操作した」と非難する。フレッド・バローズの見解はまた違う。「率直に言わせてもらえば、連中が会社を絞り取ろうとしたんだ。役員報酬を出せと言うが、連中は経営しているわけじゃない。その上、会社維持手数料と称するものまで持っていった。私は言ったものだ。『なぜそんなに経費がいるんだ？』とね。あんなものはわがヤンキー気質とは相いれない」

結局バローズがクラビスとその投資家グループから持ち株を買い取り、クラビスに譲渡性預金よりやや高い年一六・五パーセントの利子を払った。クラビスはがっかりしたが、結果的には得をした。その直後に金価格が暴騰し、バローズは会社を畳むことになるのである。

バローズだけではない。六〇年代の半ばに三社の買収に成功した後も、コールバーグは後日コールバーグ・クラビスが名をはせた「打ち出の小槌」をまだ見つけてはいなかった。一九六五年から七五年までにまとめた一四社の利回りグラフを見ると、高水準でスタートしてもやがて急速に落ち込み、最後は低いレベルで変動している。

一九七〇年代前半に株価が下落に転ずると、コールバーグの利回りは少なくとも後年の水準から見ればかなり縮小した。一九七三年に買収したアラバマの運送会社は期待外れに終わり、別の会社と合併させる羽目になった。クラビスが最初に手がけたボーレン・クレイは長期不振に陥り、立ち直るまでにほぼ一〇年かかった。

コールバーグの最大の失敗は何といっても六番目の買収で、一九七一年に二七〇〇万ドルで買収した、カリフォルニアの靴メーカー、コブラーズ・インダストリーズのケースである。ジョージ・ロバーツが取引を成立させた三カ月後、天才と評された同社の創業者が、昼休みに工場の屋根によじ登り自殺を図った。「ジェリーが電話口でこう叫んだものだよ。『あのばか、屋根から飛び降りやがった！』とね」。投資家の一人でコブラーズ取締役のロバート・パイリーはそう回想している。さらにペンシルベニア州の工場が洪水で押し流され、結局コブラーズは倒産した。コールバーグと投資家グループは四〇万ドルの投資をふいにした。

コールバーグと若い二人のいとこが買収に精を出すにつれ、本業の投資銀行業務から離れていって、ボスのサイ・ルイスをはじめベア・スターンズの中から不満が出るようになった。「サイは伝説の男だった」。ボブ・パイリーは言う。「伝説的に気難しい男だった」。ルイスはトレーダーでもっぱら短期志向である。取引所で瞬時に決断を下し、コンマ以下の単位で利益を出す。かたや、コールバーグの買収ビジネスは利回りを基礎におき、実を結ぶまでに三年から五年かかる。ベアの本業の取引業務からすれば、これは永遠にも等しい。「ベア・スターンズでは一晩は〝長期〟だった」とクラビスはよく言う。サイ・ルイスの見解では、コールバーグは傍流のくだらない買収ビジネスに精力を注ぎ過ぎている。利益があるにしても、利益が上がるまでに時間がかかり過ぎる。

決定的な局面は一九七六年に訪れた。アドボーという通信販売会社への投資で、クラビスが大みそを付けた時である。「リスクが大き過ぎる」と、彼とコールバーグは当初この取引を断った。考え直したのは、大手保険会社のトラベラーズが一口乗って、買収額七五〇〇万ドルのうち二〇〇〇万ドルを出せば、株式の四〇パーセントを任せると提案したからだ。「どう考えてもうちは損しないだろう？」とクラビスは言ったが、すぐさま損をする羽目になった。アドボー社の業績が急に傾いたのだ。コールバーグは社長を辞めさせ、三週間クラビスを臨時の責任者に任命した。これを知ったサイ・ルイスは激怒した。パートナーの一人が会社のために儲けを出す代わりに、つぶれかかった通信販売会社を経営しているのだ。

「おまえはそこで何をしている？」。電話口でルイスが詰問した。「さっさと戻って来て新しいビジネスでも考えろ。この取引は終わりだ。手数料はもらったし、次の案件を始めればいい」

「ですがサイ、そんなことはできません。当分は頑張ってみなければ」とクラビスは反論した。クラビスはそのまま頑張って、二〇万ドルの投資の半分を回収した。アドボーは彼にとって悪夢だった。自分の損害はそれほどでないにしても、ベア・スターンズ社とルイスを含む数人のベアのパートナーがこの案件に投資しており、コールバーグと同僚たちの溝をさらに広げる結果になった。

社内のごたごたが悪化するとクラビスは辞めたい気分になった。「誰も彼も、一部のパートナーも『ああしろ、こうしろ』と口うるさく言う。人の指図なんかまっぴらだった」とクラビスが振り返る。コールバーグは辞めないように勧めた。コールバーグはルイスに対し、コールバーグとクラビスとロバーツの三人で、ベア・スターンズ内に独立したLBO部門を創設したいと提案した。答はノーであった。

「ジェリーの社内での地位が大幅に低下すると」と後年ロバーツが回想する。「会社側がいろいろ圧力をかけてきた。彼の上に監視役が置かれた。身動きが取れなくなるのは明らかだった」。

歯ぎしりを繰り返したあげく、コールバーグは再度ＬＢＯ部門の創設を要請するが、ルイスは再び却下した。

コールバーグと二人のいとこは辞職を考えるようになる。五〇〇万ドル前後の貯えのあるコールバーグはいつでも飛び出せる。父親から個人事業の魅力を教え込まれたロバーツは、クラビスにも辞めることを勧めた。二人はあと一〇年ベア・スターンズにいたらどれくらい稼げるかを推計し、独立した場合と比べてみた。ベアのほうが高いと出た。それでもクラビスは会社を辞めた。

コールバーグが辞職の意思を明らかにすると、ロバーツはサンフランシスコから飛んできて、サイ・ルイスにじかにこれを伝えた。ベア・スターンズの会長は堂々たる大男で、ロバーツがこの知らせを伝えると、大きな机の上にぐいと身を乗り出した。「分かっとるのか。おまえたちは大変な勘違いをしとるぞ。かつて会社を去った者で、成功したやつは一人もおらん」

それから嫌なことが起きた。数日後、朝クラビスが出社してみると、自分のオフィスが空になってドアに鍵がかかっていた。空挺部隊のブーツをはいた大男がどすどすと近づいて来る。

「おまえはこのオフィスには入れないぞ」。ドイツなまりで男が言った。

「どういう意味だ？」とクラビス。「私はここのパートナーだ」

似たような「刺客」がサンフランシスコにもやって来た。ロバーツの場合は同僚がかろうじてオフィス内の物件を救出した。唖然としたコールバーグとクラビスはルイスと対決した。「いったい、何をしようって言うんです」

ルイスは造反三人組に宣戦を布告した。三人の辞職に際してコールバーグの取引はすべてベア・スターンズが管理するという。だが三人は取引に数百万ドルの自己資金を投入し、大半のケースでは買収した会社の役員会を支配しているのだ。ルイスはコールバーグの投資家グループを通じて圧力をかけようとした。大手保険会社プルデンシャルとかファースト・シカゴ銀行などのグループである。「だがプルデンシャルは『放っておけ』とルイスに言い、ファースト・シカゴも同じだった」とクラビスが回想する。結局、弁護士が仲に入って、長く面倒な交渉の末、三人組は自分たちの投資に対する支配権を保った。

彼らは五番街の古びたニューヨーク・ミューチュアル・ビルで店開きをした。コールバーグが目立つことを嫌ったので、戸口には何年も名前を出さなかった。ロバーツはサンフランシスコで仕事を続けた。一般経費として八人の投資家から五万ドルずつ出資を仰ぎ、レイ・クラビスやピッツバーグのヒルマン一族も出資者になった。コールバーグ・クラビス・ロバーツ社は各案件ごとに収益の二〇パーセントと、一パーセントの運営手数料（のち一・五パーセント）を取ることにした。

五年の間、一同はコールバーグの指導方針を遵守した。買収は友好的なものに限り、常に経営陣と協力し、慎重を旨とする。対象企業は多くの場合、ハリー・ローマンというロサンゼルスの企業ハンターが見つけてきた。骨の折れる、しんどい仕事だった。ＬＢＯといってもたいていの人には訳が分からない。名前も知られていない彼ら三人と一握りの役員だけで、どうすれば会社全体の買収資金の手当ができるのか、三人は時間をかけて説明に努めた。控えめな企業姿勢もマイナスだった。「投資銀行の連中がこちらを見て言うんだ。『KKR？　何だそれは？デリカショップか』」。七〇年代にKKRで働いたことのあるウォール街関係者の回想である。

遠く離れていたのにコールバーグはきまじめなロバーツとうまが合い、相変わらず派手好みのクラビスよりも親しみを覚えた。ロバーツはもの静かで、大方の評価ではクラビスより頭が切れた。コールバーグとの付き合いも長く、知性でも見劣りがしないとされていた。コールバーグの一〇代の息子が問題を起こすと、ロバーツはその息子をカリフォルニアの自宅に引き取った。かたやクラビスは働き者の部下と見られていたようだ。二人には仕事以外の共通点がほとんどない。週末になるとコールバーグはカーキ色の服にハイキングブーツで外に出る。クラビスはイタリア製スラックスとグッチのローファーという姿。日に一六時間肩を並べて働いた後、コールバーグはまっすぐ家に帰って寝る。だがクラビスは妻と一緒に街に出かける。「ヘンリーが街に繰り出すのを見ると、ジェリーが冷ややかに言ったものだ。『ほう、今日もオフかね、ヘンリー』」。コールバーグ・クラビスの元従業員は語っている。

買収案件が増え始めた。一九七七年は三件。七八年はゼロだが、七九年は三件。この中には初の大型上場企業ヒューダイル・インダストリーズも含まれている。一九八〇年にも小規模の買収をした後、コールバーグ・クラビスは八一年に一挙に沈黙を破って六件の買収案件を成立させ、ちっぽけな会社にもかかわらずマスコミに大きく取り上げられた。

　この時期、三人組はさらに腕を磨いた。大きな企業であっても買収しようとする企業の現金収入が多ければ、小企業なみに買収できることを発見した。その現金収入を借金の支払いに充てれば、買収しようとする企業自身の力を活用してその企業を買収できるのだ。投資家から資金プールの募集を始めて、莫大な現金がいち早く手に入るようになった。一九七八年の三〇〇〇万ドル・ファンドを皮切りに着実に資金調達を重ねていき、一九八三年の第四ファンドで一〇億ドルに達した。買収の規模も尻上がりに大きくなり、この時期には、過去最高の四億四〇〇〇万ドルでハワイの建設会社ディリンハム・コープを買収した。

　会社を買収すると、コールバーグとクラビスとロバーツは財務を厳しくチェックはするが、それ以外は経営陣に比較的自由に運営を任せ、莫大な債務を支払えるように会社を軽量化させた。たいていの場合、これは魔法のような効果がある。そうはいかないケース、たとえば同社が二番目に買収したL・B・フォスター油田サービスのように、石油不況にあえいで低迷を脱せない場合は、経営者を更迭しすみやかに新しい経営陣を送り込んだ。そして五年から八年後にその企業を再び売却するか、または株式を公開して、通常は初期投資額の三倍から五倍、時には一〇倍の資金を回収した。一九八三年の時点で、コールバーグ・クラビスは投資家グループに対し年平均六二・七パーセントの利回りを標榜した。自分たち三人も二〇パーセントの分け前を取り、大いに資産を築いた。

六年の間、三人はこつこつと仕事を進め、いつのまにか小さく目立たない金融の透き間を支配していった。ウォール街では珍しくないことだが、やがてほかの人間がこれに目を付けるようになる。一九八二年、ウィリアム・サイモン元財務長官の率いる投資グループが、わずか一〇〇万ドルの自己資金で、ギブソン・グリーティングズ（オハイオ州シンシナティ）を八〇〇〇万ドルで買い入れ、非公開企業にした。一八カ月後にサイモンがギブソンを公開企業に戻すと、同社の株が二億九〇〇〇万ドルで売れた。サイモン本人の三三万ドルの投資は、たちまち六六〇〇万ドル相当の現金と証券に化けた。

これはまぐれ当たりで、たまたまタイミングが良かっただけだが、ウォール街はが然これに注目するようになった。ギブソン・グリーティングズがサッターズミル（ゴールドラッシュ発祥の地）の金鉱のように映ったのだ。突然、猫も杓子もこの「ＬＢＯというやつ」をやってみたくなる。が、ＬＢＯの機能を知っている者は少ない。それでも彼らは実行した。一九七九年から八三年の間にＬＢＯによる買収総額は一〇倍に増えた。ギブソン・グリーティングズの買収からわずか二年後の一九八五年までに、一〇億ドルを超えるＬＢＯが一八件成立した。ロス・ジョンソンが自社の買収を決断する前の五年間にＬＢＯは総額一八一九億ドルに達したが、それ以前の六年間では一一〇億ドルにすぎなかった。

こうしたブームの背景にはいくつもの要因が重なっている。配当は課税所得から控除できないが、利子は控除できるという国内税法は、この趨勢に補助金を出したも同然であった。こうしてＬＢＯは大きく飛躍する。それに拍車をかけたのがジャンクボンドである。

ＬＢＯの調達資金のうち約六〇パーセントを占める担保付き債務は商業銀行からの借入金である。買い手自身の資金は約一〇パーセントにすぎない。サンドイッチの中身に当たる残り三〇パーセントは、従来は少数の大手保険会社が提供し、調達に何カ月もかかることが多かった。だが八〇年代の半ばに、ドレクセル・バーナムが保険会社の資金の代わりにリスクの高いジャンクボンドの活用を始めた。同社の「債券王」マイケル・ミルケンがすご腕を発揮し、敵対的買収のためにこうした債券を発行して、巨額の資金を即座に調達したのだ。買収に投入されたミルケンのジャンクボンドはハイオク・ガソリンと化し、ＬＢＯ産業をフォルクスワーゲンの「かぶと虫」から、炎と煙を吐くドラッグレース（訳注）の怪物に変身させた。

――**訳注**　改造した自動車で発進後四分の一マイル（約四〇〇メートル）の出足を競うレース。

従来の買収合戦では出足が遅れてどうにもならなかったＬＢＯバイヤーが、ジャンクボンドのおかげで初めて、瞬時に対抗ビッドを出せるようになった。あらゆる買収に、が然ＬＢＯが有効な手段になった。自主経営と豊かな資金を保証してくれるというわけで、コールバーグ・クラビスなどの企業には、買い占め屋に包囲された企業のＣＥＯたちから、「白馬の騎士《ホワイト・ナイト》」になって企業を救ってくれという要請が殺到した。

買収の案件ごとに一種の共存関係が繰り返された。買い占め屋は狙う企業を探し、狙われた企業はＬＢＯを求める。その結果、買い占め屋、狙われた企業、ＬＢＯ会社がそろって潤うことになる。唯一泣きをみるのが、その企業の債券を持っている人である。新たな借金が増えて債券価格が下がり、従業員も失業することがある。ウォール街は新たな金儲けに夢中で、こうした人たちのことは気にもかけない。

LBOが流行すると同時に批判も大きくなった。ポストLBO企業の巨大な借金が、政府をはじめとして憂慮の種になった。一九八四年半ばにSFC（証券取引委員会）の委員長はこう予言した。「今日LBOによる買収が増えれば、それだけ明日の倒産が増える」。共和党のSEC委員はLBOを「見せかけだけのもの」と批判した。もちろん擁護グループは、LBOこそ企業のぜい肉をそぎ、スリムな会社を築くことで産業界を強化すると主張した。

奇妙なことに、激しい抗議の声は買い占め屋が猛威を振るっている産業界から沸き上がった。主流派の経営者は、成長するLBOパワーをウォール街がまん延させたペストのように見た。たとえばグッドイヤー・タイヤ&ラバーのあるトップ役員は、LBOを評して「地獄で悪魔が自ら発明したアイデア」と言った。

LBO界の精神的リーダーたるジェリー・コールバーグは、一九八三年になると、自分が育成した産業の変わりように気分が落ち着かなくなった。彼はいまだに、年配オーナーとの差しの話し合いから始まる、小規模で友好的な買収を好んでいた。LBOを進める新人類の代表は若くて猛烈な投資銀行のスタッフで、そういう連中が新しい買収のアイデアを持ってコールバーグ・クラビスに押しかけてくる。クラビスとロバーツは三〇代の後半に入り、買収案件のプロモーターとしても独り立ちして、こういう若手銀行マンのあこがれの的だった。

「実際、これは若者のゲームなのだ」とリチャード・ビーティーは言う。彼はマンハッタンの弁護士で、ボーレン・クレイの買収からクラビスとひそかに協力してきた。「今ではもうジェリーも五三、四歳。投資銀行の連中はジェリーのところへは行かない。行く先はヘンリーとジョージだ。二人はおない年だ。ジェリーは疎外感を覚えている。もう実戦にかんではいないのだ」

LBOゲームが加速するにつれ、買収案件をまとめる責任はますますクラビスとロバーツの肩にかかってくる。一九八四年に二人は初の一〇億ドルLBOを成立させ、コールバーグ・クラビスの大型取引の先鞭を付けた。買収案件が目白押しとなり、二人は企業と従業員を積極的に拡充した。新人が増えてきたが、それ以上の採用にはコールバーグが待ったをかけた。クラビスとロバーツがさらに大型の買収を推進しようとしても、これまたコールバーグが邪魔をした。社内にコールバーグのニックネームが生まれた。「ドクター・ノー」である。コールバーグは六〇年代から進歩していない、とクラビスが不満を述べる。コールバーグが行く手の妨げになっている。二人のいとこは陰でこぼすようになった。「ジェリーは年も上で、猛烈に働こうとしたことがなかった」とクラビスは振り返る。「ジェリーがあれほど後ろ向きだった理由は、現実の事態が読めず、理解もできなかったからだ」

会社が大きくなるにつれ（買収案件の担当者が八三年は八人、八八年には一五人）、緊張が高まっていった。社内紛争が拡大する。ジャンクボンドはますます複雑になり、ルービック・キューブのような金融構造をつくり出す。クラビスとロバーツはさらに忙しくなり、コールバーグはもうついていけない。社外グループが日常業務を肩代わりすることが多くなり、クラビスとロバーツはやがて投資銀行と弁護士の小軍団を指揮するようになった。「ジェリーは内向的になった」と、長年の友人でコールバーグ・クラビス顧問のジョージ・ペックは語る。「何もかも不満になっていく。見るからに意気消沈していた」

一九八三年の後半になると、コールバーグは奇妙なめまいを覚えるようになった。検査の結果脳に凝血が発見された。で、一九八四年前半にニューヨークの病院で手術を受けて摘出した。入院中、「ヘンリーとジョージはめったに見舞いに来たことがなく、ジェリーの心は晴れなかった」と友人の一人が言う。その後コールバーグは一日も早く復帰したいと、サンクロウ島の別荘で予後を過ごそうとしたが、現地に着くと今度は肺に凝血が発見された。病院に担ぎ込まれたジェリー・コールバーグは瀕死の状態だったと、親しい二人の友は言う。

コールバーグは一九八四年半ばに復帰を試みるが、頭痛と倦怠感に悩まされ、復帰をあきらめて数カ月の休養を取った。ようやく仕事に戻っても、もう昔通りの業務はこなせなかった。疲れて薬を飲み、お昼で帰ることが多くなる。そうでない日は、「ジェリーはベッドから起きて七時半に出社するつもりでいたが、頭が割れるように痛みだし家から出られなくなった」とペックは言う。

「健康面から見てジェリーは復帰できる状態ではなかった」。投資銀行出身で、一九八六年に五人目のゼネラル・パートーナーに指名されたポール・レイザーは言う。「ジェリーが一九八五年に復帰すると、本人は大張り切りだったが、現実は違っていた。働いたのは週二五時間程度だった。日々の業務についていけないのだ。ここから緊張関係が生じた。ジェリーが遅いので仕事が溜まっていく。決断も遅れがちで、これが摩擦の種になる。もう一つの問題はジェリーの精神状態だ。すぐ思考の流れが途切れるのだ。本人はこれを信じようとしない。それを言おうものなら、『おまえはアホだ』とくる。だが本当なのだ。紛れもない事実だ。時々本人がふっとそこにいなくなるのだ」

ベアトリスをめぐる戦いの最中に、コールバーグと二人のパートナーとの緊張関係が表面化した。敵対的な株の公開買付けを進めようとする二人に、コールバーグが異議を唱えたのだ。呼ばれていない会合や戦略会議に強引に出席しようとして、気まずい場面が生じた。「最大の問題を抱えていたのは、もちろんジェリーその人だった」とクラビスに近い人間が言う。「ビジネスからのけ者にされると、疑心暗鬼になった。とんでもない時に人のオフィスにやって来て、今何をしているのかと聞いて回る。これまでにはなかった形式的な社内連絡システムをつくるよう主張し始めた」

ロバーツとクラビスにとっても難しい時期だった。以前通りに進められないことが二人には分かった。ベアトリス以降、コールバーグは社内での自分の権限をきちんと決めるように主張して、問題をさらに複雑化した。誰にとっても気の重い対話だった。

「私は何をしたらいいのだ」。コールバーグが尋ねる。

「どういう意味です、『何をしたらいい』というのは？」。クラビスが答える。「ジョージにも他の者にも、私は『こうしろ』などとは言わない。それとも何かを変えろと言うわけですか」

彼らは同じ議論を何度も蒸し返した。クラビスは言う。あなたは昔のやり方でいきたいのだ。だが、それはできない。無理な話なのだ。時代は変わったのです。

「だが最初はお互いにパートナーだった」。コールバーグが言う。

「確かにそうです」とクラビス。「でも世の中は変わる。ビジネスも変わったのです」

端的に言えば、クラビスとロバーツはもう師匠を必要としなかった。コールバーグの療養中も、ストーラ・コミュニケーションズの二四億ドルの買収をはじめ、数々の難しい大型買収をまとめ上げた。

「ヘンリーが言ったものだ。『なあ、俺たちもやるじゃないか。ジェリーがいなくても、まるで問題はない。仕事は万事順調に進んでいる』とね。もう、ジェリーの出番はなかった」とジョージ・ペックは語る。ロバーツは言う。「二人に助けがいらなくなればなるほど、ジェリーが口を差し挟もうとするんだ」

それからの数カ月、コールバーグとクラビスの間の溝は、正反対のライフスタイルの違い以上に拡大した。コールバーグは家庭的な男で、もの堅い結婚生活を四〇年も続けている。富も彼を変えなかった。服装は質素で、静かな家庭生活を送り、余暇はテニスをするか、分厚い小説や伝記類を読んで過ごす。彼が考えるお楽しみと言えば、日曜の午後にソフトボールで遊ぶこと、早めに引退して読書生活を送ることだ。ある友人は言う。「ジェリーをカクテルパーティーに連れ出すのは大仕事だった」

これに対して、クラビスの生きがいは贅沢な暮らしである。最初の結婚生活が破綻にひんすると、キャロライン・ロームと会うようになり、二人はたちまち社交欄の常連になった。毎晩どこかのブラックタイ・パーティーで、ドナルド・トランプ夫妻など派手な友人と笑っている二人の写真が撮られた。コールバーグはこれを成熟した人間の生き方ではないと考える。これ見よがしの暮らしぶりで、会社にも悪いイメージを与える。「これがジェリーの頭痛の種になった」とコールバーグの友人は言う。「ジェリーはパーク・アベニューのヘンリーのマンションに行くのが我慢できなかった。それほど飾り立ててあったんだ」

クラビスと対決するよりも、コールバーグは自分と性格の似たロバーツに不満を持ち込んだ。ロバーツはこらえるように言った。「いいですか、ヘンリーは幸せなんです」とロバーツ。「キャロラインはファッションデザイナーで、宣伝が必要なんです。ご存じのように、ヘンリーは前から、あなたや私より社交に目のないタイプだった。他人の生活をあれこれ言うのはやめましょう」

コールバーグの将来をめぐって何カ月も議論が続いた。クラビスの考えでは、コールバーグは息子のジェームズにそそのかされている。ジェームズは元テニス選手で、今はサンフランシスコのロバーツの下で働いている。コールバーグ、クラビス、ロバーツの三人は、たいてい友人を仲立ちに意思の疎通を図った。ビーティーとペックが三人を協力させようと骨を折った。無駄骨だった。不和の核心は最終的に二点に集約された。金と権力である。クラビスとロバーツからすれば、コールバーグは両方とも求め過ぎた。会社創設時の同意によれば、コールバーグが収益の四〇パーセントを取り、クラビスとロバーツがそれぞれ三〇パーセントずつを取る。ほかのパートナーが加われば、その取り分はコールバーグのシェアから出す。務めを果たしていないとコールバーグに言うのは、若い二人にとって辛いことだった。だが結局、彼を対等のパートナーにしておくのは妥当でないという結論になる。「ただもう公平の原則にそぐわなかった」とロバーツが静かに回想する。

定款には三人による多数決の規定がある。ロバーツによれば、コールバーグは全会一致のルールを求めてきた。これではあらゆる決定に拒否権を与えることになる。我慢も限界だった。「我々は十分な取り分を渡して社に残ってもらい、それなりの敬意をもって処遇するつもりでいた。だが拒否権まで与えることはできない」とロバーツ。「それでは話にならない」

コールバーグの名誉会長案も出るが、本人には引退するつもりがない。はてはけんかが始まった。レイザーが回想する。「いわゆる修羅場だ。ジェリーが言う。『俺がこの会社を創ったんだ。

俺がいなけりゃ、おまえたちなんかここにいないんだ』。誰にとっても後味の悪いものだった」

コールバーグが辞職をほのめかすと、クラビスもロバーツも逆らわなかった。互いに弁護士を立てて、何カ月も絶縁協定を話し合った。それも一九八七年春までに終わり、六月にコールバーグの離職が投資家グループに伝えられた。パートナー間の確執という話は出たが、明確な説明はなかった。

間もなくコールバーグと息子は、ジョージ・ペックとともに、自前のLBO会社「コールバーグ&カンパニー」を創設した。この会社はもっぱら、小規模で厳密に友好的な買収を専門とする。コールバーグは確執についてめったに口にしないが、しゃべる場合は、クラビスとロバーツがもっと手数料収入を増やそうと、大型で攻撃的な買収を狙い始めたことに不満をほのめかす。「自分は小さな買収案件だけにこだわる気はなかった」と、彼は一九八七年にニューヨーク・タイムズに語っている。「ただ私はこれからも理性が通用する取引にこだわっていく」。クラビスとロバーツはこのコメントを読んで、離職の背後にある真の理由をごまかしていると思った。

「悲しい気分だった」と、一九八九年半ばのインタビューでロバーツは言う。「離婚したみたいだった。自分がジェリーと働いた二四年のうち、一九年間はまさしく理想郷だった。ただ最後の五年がどうにも……。親友を失ったような気分だ。彼の離職を決めた我々の判断はベストだった。だが個人的にはとても辛かった。それは今も変わらない」

ジェリー・コールバーグがコールバーグ・クラビスを去る時点で、オフィスはもう長い間空室になり、社を訪れる弁護士が利用していた。トゥームストーン広告のコレクションを見て、弁護士たちはこの部屋を「ＬＢＯライブラリー」と名付けた。八九年の火事でオフィスを模様替えした時、ヘンリー・クラビスはそこを吹き抜けに変えた。

ウォール街の一大勢力となるはるか以前に、クラビスはニューヨーク社交界の常連になっていた。キャロライン・ロームとの長年の噂のせいである。キャロライン・ロームは、ファッションデザイナーとして登場する前の名をジェーン・スミスと言った。シアーズのポリエステル・スポーツウェアの専門家だった。教師の両親の間に生まれたジェニーは、ちっぽけなカークスビルの町（ミズーリ州）でのんびりした子供時代を送った。五歳の時に小遣いを貯め、シアーズのカタログショッピングで最初のファッション製品、模造ダイヤのネックレスを買った。一三歳の時に映画『裏街（Back Street）』でスーザン・ヘイワードを見て、ファッションデザイナーになる決心をした。

痩せっぽちだが明るくエネルギッシュなジェーン・スミスは、ワシントン大学（セントルイス）のファッション科の学生になった。まじめなタイプで、パールをつけスカート姿で平和行進に行き、一度は女子学生会館に戻る道が分からなくなって母親に電話したこともある。卒業と同時に、世界のファッションの中心地、ニューヨーク七番街を目指すが、最初の仕事はわずか二日間で辞めた。上司からトイレ掃除までやるように言われたのだ。別の会社に移り、毎日地下鉄で通い、ちっぽけなアパートでどうにか生計を立てた。それでも家に新鮮な花を飾り、バブルバスに入るのは欠かさないようにした。「美しさと魅力は心の持ちよう」というのが彼女の口癖である。

一一カ月間ポリエステルの勉強をした後、ジェーン・スミスは思い切ってあこがれのオスカー・デラ・レンタに自分のデザインを持ち込んでみた。デラ・レンタの反応はさほどでもなかったが、彼女はあきらめなかった。デザイン助手として契約し、二四歳にして有名デザイナーの「マイ・フェア・レディ」になった。料理と乗馬を学び、フランス語のレッスンを受け、魅力的なディナーの相手となるべく懸命に努力した。オフィスではかわいらしく、無邪気で、押しもあまり強くない。ギフトの包装をテーマに話をする、学生パーティーの理想のデート相手という感じだった。

自己変革の手始めは自分の名前だった。ジェーン・スミスですと自己紹介すると、口の悪い七番街人種はこう言う。「そうかい、俺はターザンだ」(訳注)。ボーイフレンドの一人がキャロラインと改名したらどうかと勧めた。なるほどぴったり合う。

━訳注　『ターザン』映画のヒロインがジェーン。

不幸なことに、そのボーイフレンドのほうもぴったり合ってしまった。アクセル・ロームはドイツの化学会社の御曹司で、背が高くハンサムで、ヨーロッパ人でお金持。要するに夢に出てくる理想の夫である。二人は結婚した。彼女はキャロライン・ロームとしてドイツのダルムシュタットに移住し、お金はあるが寂しい主婦の生活を送った。一年間の退屈な家庭生活の後、ロームは涙にくれてデラ・レンタの元に逃げ帰った。結婚は失敗だった。デラ・レンタは格安品の「ミス・オー」部門を彼女に任せた。夢破れた若き離婚娘は仕事に没頭した。

一年後の一九七九年、彼女はパーティーでクラビスと会った。一目惚れとはいかなかった。まずクラビスは背が低過ぎる。仕事だってウォール街の退屈な仕事だ。九年間別居状態にあるとは言え、結婚している。クリスマスの時期に母親の付き添いでスキーのデートをした後、二人で会うようになった。物語のような恋愛ではなかった。厳しい離婚を経験したロームは、恋には乗り気になれない。

「一種の友情でした」とロームは振り返る。「ヘンリーと一緒にいると、つらい傷口に軟こうを塗ってもらうみたいで……。私の思い出は、ことの始まりがロマンチックにぼやけてないの。そんなものはなかったから……。恋人と思えるまで、友達同士という期間がずいぶん長かった」

クラビスの結婚は何年も破綻状態だった。クラビスは一九七〇年にブルックリンの精神科医の娘ヘディ・シュルマンと結婚した。夫婦はパーク・アベニューにマンションを持ち、グリニッチやハンプトンズに夏の家を借り、常に上昇志向があった。が、後年の富など見果てぬ夢だったクラビスは、妻の浪費癖をもてあました。

「ヘディはいつも一番大きくて最高の品を、たくさん欲しがった」と一家の友人は回想する。「当時のヘンリーは出費を好まなかった。ヘディは金に駆り立てられ、ヘンリーは怒りに駆られた。妻がなぜスタッフと一緒に夏の家に出かけるのか、夏の家があるノースカロライナの人間に説明するのはひと苦労だった」

ある夏の夕べ、クラビスがグリニッチで列車を降りると、そこにヘディが待ち構えていた。「ヘンリー、素晴らしい家があるのよ！」。彼女は邸宅がぽつりぽつりと建ち並ぶ寂しい道にクラビスを案内した。木立ちの中の長い小道を進むと、そこに城と見まがうばかりの建物が現れる。クラビスはたじたじとなって車から出る気もしなかった。

クラビスは買収合戦にも劣らぬ情熱をもってロームに求愛した。ある晩フォーマルなディナーへ向かう途中、クラビスが新しいテニスシューズを試してみろと言ってきかない。彼女が何年もはいているみすぼらしいスニーカーが我慢ならないみたいだ。精いっぱい頑張って赤いレースのドレスを着込んだロームは、ついにシューズを手に取った。瓜先にダイヤのネックレスが入っていた。

「ロマンスということなら、ヘンリーには空想の才があるの」とロームは言う。「オスカー・ワイルドとまで言わなくても、私がデートしたビジネスマンの中では断然ロマンチック。どの記念日にも、どのクリスマスにも、どの誕生日にも、思いのたけを綴った長い優しい手紙をくれるの。『君にわが愛を、わが信頼を、わが誠意を注ぎたい』。それはもう心打たれる手紙で、全部取ってあるわ」

二人は結婚の前からビジネス仲間だった。一九八四年、ロームのデザイン業にクラビスは数百万ドルの資金を出した。彼女はローレン、ビーン、ブラスらの入る七番街のビルに半フロアを借り受けた。七カ月後にベールを脱いだファッションショーで、エレガントなイブニングや華やかなデイウェアで、ローム初のコレクションは大成功を収めた。拍手に促されて舞台に歩み出たロームは目に涙をためて、その日の成功を実現させてくれた男、ヘンリー・クラビスに手を振った。クラビスも泣いていた。

ロームは結婚に異存はない。だが、八四年にようやく離婚にこぎつけたクラビスのほうが、どうも考え直したようだ。ある日、最初のショーの準備に大わらわのロームが不意に先生の前で涙にくれた。

「ヘンリーは私と結婚しないと思うわ」とローム。いつも変わらず父親役のデラ・レンタがクラビスに電話を入れた。「余計なお世話と言われるかもしれない。確かにその通りだ」とデラ・レンタが言った。「ようやく離婚から抜け出して、今は再婚する気分でないこともよく分かる。だがひとつ言わせてもらいたい。キャロラインが未婚の男の情婦になるようなことがあれば、私は大変残念だ。彼女にはそれ以上の値打ちがあるはずだ。どんなことをしても、そんな関係は私がぶち壊してやる」

クラビスがとうとう結婚を申し込むと、今度はロームがためらった。二人はイタリアにいて、次のコレクションのためにロームが新しい布地を買い付けていた。「考えさせてもらう、と私は言ったの」とロームが振り返る。がっかりしたクラビスは、一晩中、さらに次の日もロームをかき口説く。「こう言い通しなの。『君の言葉が信じられない。とうてい信じられない』。そして五分おきに『決めた?』とくるわけ。次の日も一日中私に付きまとうので、とうとう、三時ごろかしら、私は言ったの。『じゃあ、いいわ』」

結婚式の数日前、凝った調度でたちまち街の話題となったマンションに二人は転居した。ルイ一五世から大英帝国に及ぶ英仏の古美術品がラウンジいっぱいに飾られた。豪華な絹のようなドレーパリーが垂れて床に渦を巻く。居間の青磁色の壁にはルノアールとモネが掛かる。書斎にはもっぱらイギリスの馬の画が飾られている。そして応接間にはシスレー、二枚目のルノアール、オランダの花の画が収められる。あんず色にイエローローズの食堂はサージェントの巨大な画で飾られ、壮大なイギリスの領主の館をほうふつとさせる。珊瑚《さんご》色のダマスク模様が壁を縁取り、シルクの花綱シェードが窓際を飾る。一隅に模造大理石の小部屋が作られ、ロームはバイオリニスト二人に、ハープ奏者一人といったトリオをよくここに呼んで、ディナー客のために静かな音楽を演奏させた。

四年後、『ジェントルマンズ・クオータリー(GQ)』誌はクラビスとロームの結婚式をチャールズ王子とダイアナ妃の結婚式と並べて、「一九八〇年以降の世紀の結婚式二〇組」の一つに祭り上げた。夫婦の誓いがこのマンションで交わされ、引き続いてゲスト一〇一人の披露宴が開かれ、クラビスの父親が乾杯の音頭を取った。「ヘンリーはいつも気が焦っている」とレイ・

クラビス。「未熟児の生まれで、以来いつもせっかちに動き回ってきた」

新婚カップルはマンハッタン社交界の注目を集めた。クラビスはすでに「しかるべき」ところの理事を数多く務めているが（ニューヨークシティ・バレー団、マウントサイナイ病院、上流子弟向きのスペンス・スクール）、さらに念願のメトロポリタン美術館の理事の座を射止め、美術館の一翼に彼の名が付けられた。かたやロームはそのドレスに最高八〇〇〇ドルの値を付け、バーバラ・ウォルターズやシガニー・ウィーバーなどの有名人がこれを身にまとった。またニューヨーク公共図書館の理事の座について、メトロポリタン・オペラの特別招待日やニューヨーク・ウィンター・アンティークショーを見事にまとめ上げた。

クラビス夫妻はハンプトンズに海の別荘、ベイルにスキー・シャレー、コネチカットには革命前様式の邸宅を買った。邸宅ではロームが庭仕事をやり、馬に乗り、時にクラビスがホンダの四輪駆動車を乗り回す。二億ドルとも三億五〇〇〇万ドルともいわれるほど資金がふくらんでも、クラビス夫婦は相変わらず日に一二時間働いて、絶えず旅に出ていた。

ニューヨークにいる時は夜な夜な外出し、『W』や『ウィメンズ・ウェア・デイリー』などの雑誌に欠かせぬ存在となった。もっぱらの理由は、ドナ・カランなど新進デザイナーの台頭に危機感を抱いたロームが、意識的に社交的なスポットライトを求めたということだ。彼女のドレスは、自分のように長身でスリムなお金持の女性を対象としており、社交欄はこの厳しい業界で人目を引く格好の機会である。『W』は皮肉に書き立てた。「宣伝効果を求めるあまり、ロームは不動産カタログを含むありとあらゆる出版物の表紙に顔を出す。次の登場はプラウダだろうか?」

いろいろな点で物語のような生活だった。ザルツブルグでの夏休み。ベイルでの休日。コネチカットでの週末の雉狩り。華やかなチャリティ舞踏会の夕べ。アリアを口ずさみ、ルノアールの間をめぐる朝。二人が飼うウエストハイランド・テリアの「プーキー」は毎日制服の召使と散歩に出る。中でも語り継がれた物語は、ある晩クラビスが目を見張るようなエメラルドのネックレスで、ベッドの妻を驚かせたという話だ。ロームがファッションデザイナー会議のカクテルパーティーにそのネックレスを着けていくと、たちまち一座の話題になった。

「それどこで手に入れたの?」と長年の友だちが尋ねる。

「枕の下で見つけたの」とローム。

「じゃあ、その時どこで寝てたの?」

「まっとうなベッドで寝てたわよ」

一九八七年になると、かつてはコールバーグ・クラビスや一部専門会社の独壇場だったLBO産業も、日増しに競争が激しくなった。ギブソン・グリーティングズやベアトリスの買収で実現した途方もない利回りに引かれて、クラビスなみの儲けを狙う機関投資家が、数十の企業に数十億ドルの資金を投入する。ウォール街の二大企業、モルガン・スタンレーとメリル・リンチがそれぞれ一〇億ドルを調達してＬＢＯを行えば、シェアソンを含むその他の企業も同じような投資を計画する。クラビスとロバーツがまだ二〇億ドルの一九八六年ファンド（ウォール街で群を抜く規模であった）を遣い切らないうちに、ライバル企業の一つフォーストマン・リトルが二七億ドルのファンドを発表した。クラビスの後を追いかけていた足音が、にわかに雪崩を打って彼の領分に攻め込んできた。

それまではクラビスが穏やかに買収協定を結んでいた案件が、買収合戦に変貌した。より高いビッドで「成立した取引」を引っくり返され、数カ月の苦労が無駄になることもある。クラビスが買収をまとめても、価格は天文学的な数字になった。「大方の連中はただ買収のための買収をやりたがった」とポール・レイザーが嘆く。「連中は剥いだ〝頭の皮〟を会社の壁に飾りたいのだ。『ゲームの一員となるためにはこの取引をする必要がある。そうすれば名が残るんだ』と言ってね」

一九八六年秋のジム・ウォルター建設会社の買収合戦では、クラビスが唖然とするようなことが起きた。コールバーグ・クラビスのビッドがペイン・ウェバーというＬＢＯの実績ゼロの会社にさらわれたのだ。びっくりしたクラビスは同社のドナルド・マロン会長にその狙いを質した。マロンが言うには、自分の会社は投資銀行業務部門に投入できる資金とスタッフを豊富に抱えているので、これを活用する必要があるというものだった。クラビスはそれからもこの種の話を聞かされることになる。

コールバーグ・クラビスが再度LBOに覇を唱えるためには、とにかく混戦から抜け出す必要がある。それには規模しかなかった。一九八七年前半、クラビスとロバーツは誰も簡単にはできない五〇億ドルと一〇〇億ドルの大型案件を意識的に手がけようとした。二人は一連のマンモスＬＢＯを成立させて、かねてから地ならしを進めてきた。たとえば、六二億ドルのベアトリス買収、四四億ドルのセーフウェイ買収、そして一九八七年のオーエンズ－イリノイの二一億ドルの買収。この規模をさらに拡大し、未知の領域に踏み出そうというのである。

『『ほかの誰に一〇〇億ドルの買収ができるか』というのがその理由だった」と、レイザーが振り返る。「誰もいやしない。唯一考えられるライバルは大企業だった。だが、この価格水準で大企業からビッドが出ることはまず考えられない」

大型買収の魅力は競争相手を減らすだけではない。クラビスとロバーツは経験上、小さなものより大きなＬＢＯを成立させるほうが手間がかからないことを承知していた。取引の規模にかかわらず手数料の比率は変わらないのだ。「ちゃちな」一億ドルの買収より、一〇〇億ドルの取引のほうがずっと金になることは子供でも分かる。二人はベアトリスで四五〇〇万ドルの手数料を稼ぎ、セーフウェイとオーエンズ－イリノイではそれぞれ六〇〇〇万ドルを儲けた。この資金はそのまま各パートナーの懐に入った。

これを可能にしたのが最大規模の新ファンドである。八六年ファンドを遣い切る前から、ロバーツはさらに大きな新ファンドの調達を始めた。「何も八六年ファンドを遣い切る必要はない」

と彼は主張する。「今なら資金が調達できるのだ。できる間に資金を集めることだ」。レイザーはこう回想する。「一九八七年の時点では誰もが大変な資金を持っていた。その中でもうちが飛び抜けた額の資金を集めようとした。そうすればよそとの差別化ができる。うちの力は誰の目にも明らかになり、皆それを認める。大型案件ならうちだとみんなが知るようになるのだ」

一九八七年六月、彼らは新ファンドの調達を始め、ベアトリス買収の名声を利用して投資家の利回りを引き上げた。クラビスは投資家の勧誘策として、一九九〇年までに成立するすべての取引の運用手数料を放棄することを提唱した。これは効き目があった。ファンドの申し込みがわずか四カ月で締め切られると、クラビスとロバーツは五六億ドルの軍資金を手にしていた。二位のライバル企業の倍以上の規模である。世界中のLBO向け資金の推計額二〇〇億ドルのうち、このロシア移民の二人の孫が四分の一を管理していた。てこの効果をフルに活用すれば、空前の四五〇億ドルの購買力を生み出す。『フォーチュン』によれば、これだけの資金があれば、ハネウエル、ゼネラル・ミルズ、ピルズベリーをはじめとして、ミネアポリスを本拠とする「フォーチュン500」企業の上位一〇社を全部買収することができる。ウォール街の歴史でも前代未聞の出来事である。

この半分の規模さえウォール街には例がなかった。クラビスとロバーツは初めて、投資家グループの許可を得て、狙いを定めた企業の株式をひそかに買い集めた。ブーン・ピケンズのような買い占め屋がお家芸とする「足がかりの投資」である。これがCEOとの交渉でクラビスに主導権を握らせ、株価の高騰で利益を上げることもできるようになる。競争の激しい新たな環境に対応するこうした戦術によって、二人はジェリー・コールバーグ流の穏やかな話し合いから遠ざかり、一段と攻撃的な姿勢を打ち出した。こうして友好的対話よりこわもての談判が取引の主流をなすようになった。

だが、こうしたやり方はクラビス側にも綱渡りを強いる。コールバーグ・クラビスの主要資金源である大方の年金ファンドは、敵対的買収を禁止するか慎重な姿勢を取っている。ほんの少し敵対的なそぶりを見せても投資家グループは遠ざかり、厳密に友好的なLBOに取り返しの付かないダメージを与える。コールバーグ・クラビスに買い占め屋の烙印が押されれば、まともなCEOは誰も相手にしなくなる。元来が神経質なクラビスは世間の批判に敏感にならざるを得なかった。

一九八七年一〇月の大暴落で株価が急落すると、クラビスとロバーツはただちに行動を起こし、大手企業数社の相当量の株をひそかに買い集めた。一九八八年、二人はその中の一社（名前は今でも秘密にされている）にLBO案を持ちかけて拒否された。三月末にクラビスはテキサコ株を四・九パーセント取得したと発表した。当時テキサコは最大の株主兼投資家のカール・アイカーンから圧力を受けていた。クラビスとロバーツは二カ月にわたって、同社の幹部に買収または大幅な企業再編成の話し合いを迫った。「我々はあらゆる手段で相手側の協力を求めた」とレイザーは回想する。「だが会社側は応じようとしなかった」。クラビス側は結局株を売却して利益を出した。

やがて、コールバーグ・クラビスはかみついても吠え声を出せないということが明らかになった。年金ファンドの投資家に配慮する限り、クラビスとロバーツは正面きって敵対的ビッドをかけることはできなかった。それは皆が承知している。九月半ば、コールバーグ・クラビスはシンシナティの雑貨チェーン、クローガーの買収のため、先方の要請なしに四億六四〇〇〇万ドルのビッドを行った。同社は数日前にハフト一族による同様の提案を断ったばかりだった。クローガーはクラビスの申し入れを二度にわたって拒否した。クラビスは九・九パーセントの持ち株から十分な利益を出したが、面目を失う結果になった。

うまくいかないのは新しい取引ばかりではない。多数の事業部門を処分した後で、ベアトリスの残っている部門がどうしても売れないことが分かった。買い手が引き受けを望まない複雑な債務関係が問題であった。ロス・ジョンソンからハインツに及ぶあちこちの食品産業にあたったあげく、ベアトリスは差し当たりクラビスが保有することになった。年央の時点で当初の予測収益三〇億ドルを出すどころか、クラビスと投資家グループは収支とんとんがせいぜいだった。

八八年は不作の年だった。狙った企業には袖にされ、ライバルたちには出し抜かれて、クラビスが不機嫌になったのも無理はない。ジェフ・ベックがＲＪＲナビスコへのアプローチを勧めても、クラビスはあまりいい顔をしなかった。クラビスは毎月同じような触手を数十件も伸ばしていた。一〇月五日、クラビスはモルガン・スタンレーの投資銀行業務担当で、お気に入りのスティーブ・ウォーターズと朝食をとった。

「RJRのほうはどうなっている?」とクラビス。一年前の会見以来ジョンソンとは話をしていない。

新しい展開は何もない、とウォーターズ。前回、二人がRJRナビスコを論じた際、クラビスはタバコ産業に対する訴訟問題の盛り上がりを懸念していた。シポローン裁判の結果、その心配は一段落ついた。「タバコ部門に対するマイナスの評価を考え直した」とクラビスはウォーターズに言った。「ロスが話し合いを望むのか、当たってみてもいいころだと思う」

その日の午後、ウォーターズはジョンソンに電話を入れた。ジム・ウェルチから折り返しの電話がきた。「タバコの製造責任問題についてヘンリーが見解を改めたんだ、ジム」とウォーターズ。「おたくとの真剣な話し合いを望んでいる」

「なるほど、そいつは面白い」とウェルチ。「ロスは今手が放せないんだ。しばらく考えさせてもらおう。数字を検討してみて、また電話する」

ウォーターズの電話は警告となったはずだ。が、ジョンソンはこれを無視した。

第6章 史上最大の企業買収

「投資銀行の業務はRJRナビスコを例外として、私には縁のないものだった」――ピーター・A・コーエン

ほっそりしたガルフストリーム・ジェットが金曜の晩にアトランタの雲海を抜けて降下しはじめると、ピーター・コーエンは明日からの週末に思いをはせた。翌一〇月八日の午前、コーエンはほぼひと月ぶりにロス・ジョンソンと会う手はずになっていた。トム・ヒルのチームがもう何週間もデータを集めてきたが、相変わらずジョンソンはLBO（レバレッジド・バイアウト）を進めるかどうかのサインを出さない。翌朝はそれを探り出そうというのである。

商用と遊びを兼ねたヨーロッパの二週間の旅を、コーエンはチューリッヒで終えた。長い空

の旅で疲れていた。コーエンは小柄で、褐色の髪がぴたっと頭に貼り付いている。記事に出る自分の描写を好んでジョークに使った。ちび、色黒、人気者、エネルギッシュ。『インスティチューショナル・インベスター』はかつて彼の外観を、『ゴッドファーザーPARTⅡ』でマイケル・コルレオーネを演じたアル・パチーノになぞらえた。コーエンにはタフガイのイメージがあり、一時は確かにその通りだった。シェアソン創設者の一人サンディ・ウェイルの側近を長く務め、手荒い裏仕事で名前を上げた。動物にたとえれば、コーエンはクズリ（穴熊に似た肉食動物）といったところである。

四〇を超えてシェアソンの指揮を取るようになり、コーエンも丸くなった。またはそう見えた。友人たちは近ごろのコーエンの「成長ぶり」を口にする。たとえば、ディロン・リードなどライバルの小企業を「ピーナッツ」（小物）などと呼ばなくなった。昔、雑誌のインタビューでそう言ったことがあるのだ。また以前のように、批評家を公然と「とんま」などとも言わない。アメリカン・エクスプレスのボス、ジム・ロビンソンの勧めもあって、コーエンは一流財界人への道を探り始め、ワシントン詣でをしたり、証券業の国際化問題を高まいに論じたり、カルロ・ディ・ベネデッティなどヨーロッパの大物産業人と友情を培っている最中だった。

苦労して自分の鋭いとげを抜いていった。彫刻のチェーンソーと、ふくらはぎで切り取られた脚の彫像がオフィスから姿を消し、代わりに家族の写真と子供たちが描いた絵が置かれた。それが流行になる何年も前から、穏やかで家庭的なイメージを感じさせる努力を払ってきた。

コーエンは衣料品メーカーの息子としてロングアイランドで育ち、公立高校を経てオハイオ州立大学に進む。一〇代のころは父親が購読していた『フォーチュン』や『ダンズ・レビュー』を熟読した。父のコーエンが息子に「T・ロウ・プライス」の投資信託を買ってやると、以来息子は株式市場に夢中になった。高校時代はいろいろなアルバイトをやり、大学では男子学生クラブに「コルト45」のビールの仲卸をして、ちょっとした財産をつくった。

ハッスルがコーエンの持ち味だとすれば、学校は性に合わなかった。専攻の金融学の成績もCより上には上がらない。コロンビア・ビジネススクール時代はミッドタウンの証券会社に入り浸り、マーケットを眺めてはビールの仲卸時代の儲けを投資した。当然出してくれると思った資金を父親がくれないと分かると、家の商売を継ぐ計画を棄ててウォール街を目指した。

コーエンは二二歳の若さで結婚し、二〇代の終わりにはもう二人の子持ちだった。ウェイルのアシスタントとして夜遅くまで働き、オフィスの灯はいつまでも消えなかった。コーエンは管理者タイプで、決してトレーダーでも投資銀行家でもなかった。厳しい交渉では悪玉の警官役を演じ、脅しは堂に入っていた。ワイン、芸術、旅行など、ウォール街の一般幹部が身に付けていく優雅な教養を学ぶ時間はまるでなかった。世界の主要都市を訪れても、何年も現地の空港しか知らなかった。それが今やローマやマドリードに行けば、一日の半分をこれまで見過ごしたものの見学に当てている。四〇にしてルーブル、オルセー美術館、台北の故宮博物館を発見した。テニスやゴルフも上達した。友人たちはコーエンが必死にリラックスする方法を身に付けたと考えている。

一九八〇年代前半のシェアソンは中小企業の間に連なり、積極果敢に急成長する「ワイヤーハウス」だった。ワイヤー（電信電話）を使って個人投資家の取引を行い、利益を上げるのである。これといった投資銀行業務部門はない。だが八三年にウェイルから社を引き継いでわずか一年後、コーエンはリーマン・ブラザーズ－クーン・ローブの由緒あるパートナー会社を買収、ウォール街をあっと言わせた。相手は、南北戦争後にパートナー間の対立からあわや分裂しかけたという古い歴史を持つ、最高クラスの名門投資銀行だった。

奇妙な結婚だった。リーマンは純銀のシガレットボックスであり、新鮮な花であり、印象派絵画であり、ワイン貯蔵庫に寝かされたペトルスやオーブリオンである。かたやシェアソンは、空っぽのピザ箱であり、半分空の中華麺の詰め合わせであり、発泡スチロールのコップに入ったコーヒーである。「シェアソンがリーマンを買収するのは、マクドナルドがトゥエンティ・ワン（ニューヨークの老舗レストラン）を買収するようなものだ」と、リーマンゆかりの者は吐き捨てるように言う。

会長の人柄同様、合併したシェアソン・リーマンは優雅さと裏街の厚かましさが奇妙に混ざり合っていることで名を知られた。いわばビロードの手袋で包んだメリケンサックである。一九階にある役員室は上品に静まり返り、趣味のいいオーデュボン・プリントと東洋の絨毯で飾られている。だが、訪問者を出迎えるのはガスという紳士で、ニューヨーク・デイリーニューズ紙のページをめくりながら「そっちだよ。そのダブルドアのほうだ」と、強烈なニューヨークなまりで案内するのである。

一九八一年にシェアソン株の過半数を支配したアメリカン・エクスプレスの強大な力に支えられて、コーエンは社の資本力を活用できる方策を長いこと探ってきた。八〇年代の半ばからモルガン・スタンレーやメリル・リンチなどのライバルがＬＢＯに参入し、ドレクセルのジャンクボンドに対抗して、買収資金のつなぎ融資、いわゆる「ブリッジローン」の貸付を始めた。一般にこうしたローンは、後日ジャンクボンドの売却で借り換えが行われる。こういう活動はマーチャントバンク業務と総称されている。大げさな呼び方だが、要するに投資銀行がもう何年も前から口を出してきた分野に、金も出すようになったということである。

シェアソンのマーチャントバンク業務参入は、遅れるとともに迫力を欠いていた。リーマンの長年にわたる積極的な買収活動のおかげで、コーエンは初めて実りのある投資のチャンスをつかむことができた。だがその熱意とうらはらに、シェアソンはＬＢＯビジネスのほうに逆行してしまった。合併以来リーマンの上席幹部の多くが転職して、コーエンはもうこれ以上人は失えないと判断した。八四年の後半にコーエンはイギリスに飛んで、リーマンのロンドン事務所の責任者スティーブン・Ｗ・バーシャドにある提案をした。気を引くような提案だった。つまりバーシャドにニューヨークに戻ってもらい、収益を上げ、幹部社員たちの懐を満たすようなプランを考えてほしいというのだ。「狙いはその連中をさらに金持にすることだった」とバーシャドは回想する。「要するに、どんな手を使っても金をつくれというのだ」

バーシャドは答を思いついた。LBOである。数々のつまづきの末どうにか一件の買収に成功するが、やがてこれが悪夢と化した。四億八二〇〇万ドルでトレドの自動車部品メーカー、シェラー＝グローブを買収した六カ月後の話である。証券取引委員会によるインサイダー取引捜査の一環として、コーエンとシェアソンの幹部一四人に召喚状が出されたという報道が流れた。コーエンは一切の不法行為を否定し、捜査からは何も出なかったが、これは屈辱的な経験だった。「シェアソンを舞台に引きずりだした問題のディール」と『ビジネス・ウィーク』は呼んだ。

手痛いLBO初体験となったわけである。「コーエンはそれまで投資銀行業務とは一切無縁だった」と回想するバーシャドは、シェラー＝グローブ買収の際のコーエンとのいさかいで会社を辞めた。「ピーターには雑誌記事程度の知識はあるが、投資銀行業務の経験となると僕の親父と変わらなかった」。ウォール街には近づくなと、バーシャドに言っていた父親だった。

一九八六年六月、バーシャドの後任に採用されたのがダニエル・グッドという、とかく噂の多い人物である。グッドはE・F・ハットンのM&A部門のチーフとして、買い占め屋を支援する一大ビジネスを築き上げた。底無しの楽天家であるグッドは時に「ドンキホーテ」と呼ばれるが、カール・アイカーンやブーン・ピケンズのような大物投資家の支援はしない。彼の客は無名の買い占め屋の「卵」たち、具体的にはアッシャー・エデルマン（五番街の裁定取引業者）とかハーバート・ハフト（小売業界の暴れ者）など、三流の買い占め屋だった。

コーエンはLBOの代わりに、グッドの客の買い占め屋たちへのつなぎ融資に、シェアソンの資金を注ぎ込むことにした。グッドの客は片目をつぶり肩をすくめて、これをマーチャントバンク業務と呼んでいたが、たいていの場合、関心はもっぱら「アメリカ株式会社」の弱体企業を狩り立てることにあった。狩り立てられた企業は自社株を買い戻すか、ほかの企業に合併を求める。いずれの場合もシェアソンに儲けが出る。

シェアソンの幹部の多くはグッドの入社に強硬に反対した。ことにM&A部門のヒルとウォーターズはグッドを極め付きの「ゆすりの職人」と見なした。ヒルが主張する。グッドの抱えている買い占め屋の客筋は、シェアソンの評判を汚すことになる。伝統的な合併相談業務の得意先にしなければならない一流大企業を遠ざける結果になる。ヒルは倦むことなく反グッド運動を行い、グッドの入社後もやめなかった。彼とウォーターズはグッドのミスのリストをつけ始めた。「ヒルは」とある同僚が言う。「はなからダンの〝タマ〟をちょん切る気だった」

だが、グッドの初取引(ハマーミル・ペーパーに対する一九八六年のポール・ビルゼリアンの買い占め)で六〇〇万ドルというぼろい手数料を稼ぐと、コーエンの疑いは解消した。シェアソンがこれほど楽に大金を稼いだことはなかった。「すごい」。副会長のジョージ・シェインバーグが興奮した。「でかした!」。バーリントン・インダストリーズやテレックスをはじめとして、数社の買い占めをシェアソンが支援した一五カ月というもの、グッドの客からは絶えることなくコーエンの金庫に手数料が流れ込んだ。

だが、やがてコーエンはグッドを信用しなくなった。マーチャントバンク業務では通常、ジャンクボンドの販売が一番利の出る部分である。だがグッドの買い占め屋たちはめったに買物をしないので、シェアソンのジャンクボンド部門は暇をもて余し、栄養不足に陥った。アッシャー・エデルマンがあるステーキハウス・チェーンの買い占めをようやくものにしたころ、シェアソンのジャンクボンド募集は壊滅状態となり、社は手ひどい損失を被った。コーエンは頭にきた。責任はグッドにある。

シェアソンの「買い占め特急」の最終列車は一九八七年一〇月一九日のブラックマンデーに発車した。株価が暴落すると、さし迫った買収が数十件取りやめになり、コーエンとシェインバーグはパニックに陥った。貸し出した資金を数億ドルも失う恐れがあることを初めて実感したのだ。一週間後、楽天家のダン・グッドは投資委員会の前に姿を現し、元ミシン・メーカーのシンガーに対するビルゼリアンの買い占めの承認を求めて、大変なショックを受けた。ビルゼリアンに一億ドルの頭金を提供するどころか、コーエンはビルゼリアンに二億五〇〇〇万ドル、耳をそろえて持ってくるように要求したのだ。「それが出せんようなら、それまでの話だ」とシェインバーグが言う。「構うものか。ゲームのルールが変わったのだ」

ビルゼリアンがその金額を用意すると、驚いたのはコーエンだった。こうしてシェアソンは最後の買い占めに強引に引っぱり込まれた。シンガーがたちまち降伏すると、ビルゼリアンは初めて企業を買い取る資金の調達を迫られることになった。大暴落で酔いがさめたウォール街を考えれば、一筋縄でいく仕事ではない。長く厳しい戦いとなり、一件が落着する前にシェインバーグとグッドは殴り合いの寸前までいった。ある時は休暇を理由にグッドがカリブ海に逃亡を図った。シェインバーグは天敵のトム・ヒルを差し向けてビルゼリアンとの交渉に入った。さぞかしご満悦だったと思うが、ヒルはグッドの上得意をいたぶり始めた。「取引がめちゃめちゃになると、私が乗り出してビルゼリアンをやっつけねばならなかった」。後日ヒルは自慢げに言ったものだ（原注）。

――**原注**　一九八九年九月、ビルゼリアンは数々の証券法違反で有罪となり懲役四年の刑を受けた。シェアソンには何のおとがめもなかった。

結局ビルゼリアンはシンガーを手に入れたが、この買収案件はグッドのワーテルローになった。確かにシンガーは三〇〇〇万ドルを優に超える手数料を生み出したが、社内でのグッドの信用は失墜した。「グッドはもう頭の両側に拳銃を当てている状態だった」とヒルが振り返る。「ピーター・ソロモンも口の中に銃を突っ込んでいた」

投資銀行業務部門の共同責任者でグッドの先輩格に当たるソロモンは、荒々しい気性のリーマンのベテランである。シェアソンのマーチャントバンク攻勢の最新兵器であるLBOファンドを牛耳る手段として、グッドの領分を虎視眈々《たんたん》と狙っていた。コーエンがようやくファンド資金の募集を決断したわけは、ライバル企業が成功した上に、ブラックマンデーが起きたからであった。他人の資金を投資するほうが自己資金の投資よりはるかに安全なことは、ばかでも分かることだ。

だが一〇億ドル強のファンドに対する思惑は、コーエンとソロモンではまるで違っていた。よその会社ではLBOファンドは半ば独立して運用されている。だが友人たちの言によれば、野心的なソロモンはシェアソンのファンドを自分の縄張り拡張と金儲けのチャンスと見た。そしてファンド収益の分け前をしつこく要求したが、コーエンは強く反対した。

コーエンはファンドを単なるシェアソンの一部門と見ており、ソロモンになぜ「特別待遇」を与える必要があるのか理解できない。共に強情で気性が激しい。一九八八年の春ごろになると、口も利かなくなる。で、裁定取引のチーフで人当たりのいいボブ・ミラードが不本意ながら橋渡し役を務め、双方の意向を取り次いだ。シェアソンのLBO攻勢は順調な滑り出しとはいかなかった（原注）。

原注　コーエンは後にRJRナビスコの買収からピーター・ソロモンを締め出す。アンディ・セージの要請があったからだとコーエンは言っている。気分を害したソロモンはニューヨーク・ヤンキースの野球キャンプを追って街を離れた。セージはそんな要請はしなかったと否定している。

ソロモンとコーエンが角突き合わす間に、トム・ヒルは大仕事の準備に余念がない。三月にスティーブ・ウォーターズが辞職する四日前、ヒルはこれまでで最も派手な買収計画を鳴り物入りで発表した。ピッツバーグにあるコパーズという冴えない会社に対する、イギリス企業ビーザーPLCの一二億七〇〇〇万ドルに上る敵対的買収である。だがこの買収にはおかしな点があった。ビーザー側が株式の半分も持っていないというのに、シェアソンは四五パーセントを所有していたのである。敵対的買収で大手投資銀行が前面に出てくることなど聞いたこともなかった。シェアソンは目に見えぬ境界を踏み越えたことになる。ヒルはこの革新的な買収案件が、自分のビジネス、ひいては自分の名声に跳ね返ると皮算用して気もそぞろだった。頭から楽勝（ウォール街用語で「スラムダンク」と言う）と思い込んでいた。

とんでもない誤算だった。コパーズの防衛がピッツバーグの大義になった。ピッツバーグ市長からペンシルベニア州の収入役まで、シェアソンとアメリカン・エクスプレスを公然と非難し、両社と州との取引をすべてキャンセルした。コパーズの従業員はアメリカン・エクスプレスのカードを真っ二つにしてポーズを取り、アメリカン・エクスプレスの買収ビッド支援を告発する手紙をよその会社に送り付けた。

怒ったのはジム・ロビンソンである。買収についてまともな相談もなかった。「ジム・ロビンソンはかんかんに怒り、その湯気があっという間に五一階から一九階に落ちてきた」とコーエンの側近は語る。「ピーターにはきつい経験だった」

結局は勝利に終わったが、コパーズ買収はシェアソンのマーチャントバンク活動に深刻な影響を与えた。最近の社業繁栄の中心となった敵対的買収がにわかに人気を喪失したのだ。その夏、コーエンは敵対的買収を支援するチャンスを二件見送った。レール兄弟によるセントルイスのインテルコの買い占めと、ビル・ファーリー（大手下着メーカー）によるウエスト－ポイント・

ペパレル（ジョージアの繊維会社）の買収案件である。

同時にシェアソンの収益が落ち始めた。ブラックマンデーの後遺症で証券業界全体が被害を受けていたが、シェアソンはトップクラスだった。そうでなくとも、低迷する証券会社E・F・ハットンの買収で経費が大幅に増加していた。レイオフを繰り返し、さらに続ける予定だったが、コーエンにすれば新しい収益源がのどから手が出るほど欲しかった。マーチャントバンク業務は、ウォール街で最も活発で利益の上がるビジネスということになっており、シェアソンの参入は焦眉の急であった。敵対的買収ができないとあらば、残るはただ一つＬＢＯである。

ロス・ジョンソンが方針を変えてＬＢＯのシナリオを描き始めると、コーエンの祈りは通じたかに見えた。一八〇億ドルの買収が成立すれば問題の大半が消えてなくなる。史上最大のＬＢＯをやったという事実だけで、シェアソンは一躍マーチャントバンクのトップクラスに躍り出ることになる。以後、大型のＬＢＯを考える者はシェアソンとの協力を考慮せざるを得ない。ファンドの初仕事を飾ることもできる。ヒルのＭ＆Ａ業務に対する波及効果も大変なものになろう。買収資金を調達するためにシェアソンが販売する債券も、一転して瀕死のジャンクボンド部門を生き返らせることになる。何よりもまず手数料が入る。

何といっても手数料だ！　買収関連手数料だけで（顧問料、融資手数料、成功報酬を加えれば総計でおそらく二億ドルに達する）シェアソンのふらつく収益に強力なてこ入れができるだろう。話はそこで終わらない。以後何年も資金の流入が続く。借り換え手数料がある。顧問料がある。

業務の面倒を見るだけでも手数料が入る。債務返済のためＲＪＲナビスコの不要部門を分離売却することになれば、Ｍ＆Ａに伴う資産処分から数千万ドルの手数料が期待できる。その前に、自社投資に対する収益もある。ヒルの推計によれば最低でも年四〇パーセントの利回りになる。つまり五億ドルの投資で年二億ドル。これが五年以上に及ぶのだ！

コーエンの頭がくらくらしても無理はない。シェアソン自体による買収を計画したことはあるが、コーエンのＬＢＯ体験はシェラー－グローブ一件だけで、ＲＪＲナビスコの前はこれがシェアソンの最大の買収だった。だがジョンソンとジム・ロビンソンとの友情を考え、この取引がシェアソンに及ぼす有形無形の影響を考えると、コーエンは積極的にならざるを得なかった。ジョンソンが目の前に夢の買収案件をちらつかせている。文字通り生涯最大の取引である。ジェットは夕闇のアトランタに着陸した。すべてはピーター・コーエンの手の中にあった。

土曜日の朝、コーエンはウェイバリー・ホテルでトム・ヒルや首席法律顧問のジャック・ナスバウムと一緒に朝食を取った。コーエンに最も近い顧問のナスバウムは、不安げなブルドックといった顔付きの常識家である。モロッコでの休暇中に、熟しつつある買収案件のことを知らされた。二日前にアトランタに入り、エド・ホリガンとハロルド・ヘンダーソンからタバコの製造責任問題について説明を受けた。その際、法律問題はＬＢＯの妨げにはならないという確信を持った。ヒルとジム・スターンという投資銀行業務のベテランは一日前に到着した。土曜日の会談の地ならしをして、買収案件を進める場合にはどんなことが起きるかをジョンソンのスタッフに伝える。ここまでは順調ということでヒルとナスバウムは意見が一致した。ジョンソンは予定通り動いているようだ。

朝食の後、シェアソン・グループは用心のため駐車場を横切って、三々五々本部に向かった。上に昇って、ジョージア松の青い樹海を見下ろすジョンソンのオフィスに入る。ジョンソンはホリガン、セージ、ヘンダーソンとともに、新メンバーのスティーブン・ゴールドストーン（デイビス・ポーク&ウォードウェル・ウォールストリート事務所）を従えていた。

四二歳のゴールドストーンは、RJRナビスコ役員のアドバイザーとしては一風変わった人選だった。痩身で頭のはげたゴールドストーンは、ランジェリー業者の息子でニューヨーク育ち。ウォール街の弁護士としては変わり種だった。普通の弁護士はM&Aをしようとする依頼人への助言か、訴訟の提起のどちらかを専門にしている。だがゴールドストーンは両方ともこなした。アドバイザーとしての評価はほとんど知られていない。一〇年の間もっぱら、証券業の飯の種である証券引受と中規模の買収を扱ってきた。この夏、デイビス・ポークがRJRナビスコにポイズン・ピル（訳注）の仕込みを手伝った時にジョンソンと出会ったのだ。

―訳注　毒薬条項。買収後の負担が大きい事項をあらかじめ役員会で決めておく敵対的買収の防衛策。

訴訟専門家としてのゴールドストーンは、『アメリカン・ローヤー』誌によれば、一九八七年中に「一番評判になった地裁判決」に果たした役割で悪名を高めた。サンディエゴの訴訟でドナルドソン・ラフキン&ジェンレット（ウォール街の企業）を弁護したゴールドストーンは、なぜか裁判所命令に背いて重要証人の出頭を拒み、依頼人に対して出頭命令不履行の判決を出させるという結果を招いた。おかげでドナルドソン・ラフキンは一億ドルの損失を被った。さらに悪いことに、共同被告人三人の反論が四カ月後に却下されたのだ。ゴールドストーンを採用したのはヘンダーソンのアイデアであった。

平凡なLBOにならないことは誰の目にも明らかだった。当日のジョンソンのオフィスでの話し合いは和やかなもので、各種の問題が議題に上った。価格、利益、攻撃計画。その日までの議論はもっぱら理論上のものであった。電話によるものであった。ジョンソンの決意がもうひとつはっきりしなかったのである。「実行するチャンスはどのくらいだと思う?」。ある時ナスバウムがゴールドストーンに尋ねた。ゴールドストーンはしばし考え込む。そして言った。「五分以下だな」

LBOをやるかどうかはっきりしていないとは言え、トム・ヒルはジョンソンのスタッフのLBOに対する理解度にびっくりした。むしろ生徒のほうが教師に講釈を垂れかねない状況だ。

LBO成功の鍵は「銃を突き付けた脅迫」といわれる作戦にある。企業の上席幹部がシェアソンなどウォール街の会社とひそかに連携を取って資金を調達する。資金が整い買収価格が決まると、CEOが役員会に買収価格を提示し、「イエスか、ノーか」式の提案を行う。自社の買収に際してジョンソンーシェアソン・グループが準拠する「一〇週間スケジュール」までヒルは用意した。「LBO成功のための一〇のステップ」とでもいうべきものだ。すなわち――

［第一週から第三週まで］　資産および買収価格を討議する準備作業。
［第四週］　銀行と融資について協議。
［第五週］　銀行側、融資構成を決定。
［第六週］　経営陣、LBO実行を決断。
［第七週］　取締役一同にひそかに通告。LBO提案を審議する「独立」委員会（訳注①）の設置を内密に依頼。
［第八週］　経営陣、買収協定（訳注②）の準備。
［第九週］　経営陣、取締役会に初提案。委員会との交渉開始。取締役会が目下「買収提案を審議中」という記者発表を行う。
［第一〇週］　買収協定が発効。一般に公表される。

訳注①　買収の当事者から「独立」した委員会。経営側やこれに対抗する側の提案内容を分析して、妥当な提案を選択するため、社外役員や部外の顧問団で構成する。
訳注②　通常は買収側が持株会社を創設、買収された企業を合併する形をとるので、形式上は「合併協定」になる。

その狙いは、対抗ビッドが出てくる前に買収を終わらせてしまうように、すべてのプロセスを秘密にすることである。ウォール街用語にいう「取締役会の頭に銃を突き付ける」目的は、役員一同に選択の余地をなくすことにある。買収提案が事前に漏れれば、どうしても会社が買い占め屋の「おもちゃ」となり、経営陣のビッドも及び腰になってしまう。ここ何年来、役員会は経営陣の「闇討ち」に降伏し、買収協定に調印してきた。ヒルなどウォール街の戦略家は、準備万端、十分な資金を用意して、役員会を急襲することが肝心だと考えている。当然、ジョンソンも同じ考えだと思った。

だがジョンソンはこれに耳を貸さない。役員会がタイリー・ウィルソンにもっと軽い罪状で怒りを爆発させた場面を、彼は目撃している。役員会を軽んじた時の彼らの激怒ほどすさまじいものはない。ジョンソンはシェアソンに資金調達を任せるつもりもないし、万一漏れた場合、役員一同を怒らせるようなことは一切やらないつもりだった。アトランタでは順調にやってきた。LBO実行の腹を固めるまでは、シェアソンを突っ走らせて一切を台なしにするつもりはない。

一方でジョンソンは、相手を説得する腕に満々たる自信を持っていた。LBOが最善の策だとしたら、役員会をきっと納得させてみせる。ただしアイデアの段階で話をすればということで、「闇討ち」などもってのほかだ。

通常のLBO戦略を否定され、コーエンとヒルは不安になったが選択の余地はなかった。ジョンソン抜きでは買収も何もない。提案を役員会が公表することになれば、戦術上の優位性が損なわれる。最悪のシナリオを描けば、公表によって第三者と横並びになり、ビッドで出し抜かれる可能性が生ずる。だが、コーエンもヒルもジョンソンもその手の心配はあまりしなかった。何しろRJRナビスコは大き過ぎる。攻撃を考える企業は世界でも数えるほどしかない。その日、ヒルは候補を列挙した。

●ハンソン・トラスト・PLC――アメリカ企業の買収に意欲的なイギリスのコングロマリット。会長のハンソン卿はタバコ会社を中核に一大帝国を築く。

●アメリカン・ブランズ――コネチカットが本拠のタバコ会社。有名ブランドにポール・モール、ラッキー・ストライクがある。この年の前半、敵対的買収に対し大胆な防衛戦を展開。

●フォーストマン・リトル――ウォール街ナンバーワンのLBO会社。数十億ドル台のビッドで、激しい買収合戦に参加することで定評がある。が、ヒルによれば、二〇〇億ドルのLBOともなれば、おそらくフォーストマン・リトルには手が届かない。

これはすべてダークホースである。真に対抗できる唯一の強敵はヘンリー・クラビスであることを、オフィスの全員が承知していた。世界中のコングロマリットと投資家の中で、パワーと自信と本格的な対抗ビッドのできる資金力を兼ね備えているのはクラビスだけである。ジョンソンのオフィスではもっともらしい意見が続出した。クラビスはアフリカのサファリに出ていて、対応が遅れるかもしれないという者もいる。だがジョンソンが口を開いた時には、シェアソン・チームも耳をそば立てた。クラビスが前年ジョンソンを口説いた話は皆が知っている。「ヘンリーは何もしやしない」とジョンソンが自信たっぷりに言った。「そもそも彼はタバコに興味がないんだ」。アンディ・セージもボスの印象に賛成だった。

ジョンソンはこの重大な確信をそれからも何度も繰り返した。ベックとウォーターズを介したクラビスからの申し込みは知っていたが、まともには受け取らなかった。シェアソンに話すこともことさら避けた。

「話す理由はなかった」と後日ジョンソンは語る。「彼らはもっぱら『あれをやらねば、これもやらねば』と言って走り回っていた。ああいう業界の連中は冷静とは言えない。客観性を失ってもらっては困ると思ったんだ」

事実は、ジョンソンもシェアソン幹部と同じように、基本的に間違った考えを持っていた。つまり、ライバル候補を挙げながらも、彼らのビッドが実行されれば、誰も妨害しないと確信していたのだ。クラビスと言えども、これだけの規模の買収はあえて行わないと信じていた。何しろ、コストを減らすためには経営陣の協力が不可欠なのだ。万一その気になったとしても、間違いなくクラビスは、気が重くなるほど厄介なタバコ訴訟に及び腰になる。コーエンとヒルはジョンソンが対抗ビッドの盾になると考えた。グループを代表する戦略家として、ヒルにはクラビスの意欲を探り出す手段があった。だが後日、ジョンソンの秘密厳守の要請に両手を縛られた感じがしたと語っている。余計な質問をすればやぶ蛇になることも心得ていた（原注）。

原注　数カ月後にウォーターズの電話の一件を知り、ヒルの顔面が蒼白になった。「うそだろう。とても信じられん」とヒル。「クラビスがロスに働きかけたことを知ってさえいれば、戦略全体を練り直したはずだ。それだけの意味合いを持つ」。ジョンソンの戦略顧問の中では、ひとりピーター・コーエンだけがクラビスの対抗ビッドを確信していたと主張する。

ジョンソンなら取締役会を牛耳ることができるとシェアソンが信頼したように、シェアソンなら会社の買収資金を調達できるとジョンソンは信用した。実のところ、その手の試みはシェアソンには初体験で、ドレクセルやメリル・リンチなど大手のジャンクボンド勢力を仲間にしようという話まで出たのである。その案はすぐ却下された。助けを求めれば、シェアソンは独力で買収案件をこなせないと認めるようなものだ。アメリカン・エクスプレスが後ろにいれば、シェアソンだけで資金は調達できるとコーエンには自信があった。

買収価格は真剣な議論にはならなかった。ヒルもジョンソンも一株七五ドル程度のビッドが適当だと考える。この数字は過去の最高値（約七一ドル）より高いが、高過ぎるということもない。一株七五ドルなら総計一七六億ドル。ベアトリス買収のほぼ三倍の規模である。商業銀行から一五〇億ドル以上借り入れる必要があるが、これは過去最大の買収資金融資の倍以上の金額になる。シェアソンのジム・スターンは、世界中にそれほどの買収資金が存在するか一心不乱に計算した。「一七〇億ドルか」とジョンソンが言う。「見ていろよ。手回しのオルガン弾きが連れている猿のように、四つんばいになってでも一七〇億ドルを集めてみせる」

まだ高くなる可能性がある、とヒルが警告した。取締役会はおそらく八〇ドル台前半の水準で交渉を持ちかけてくるだろう。すべてはLBO交渉に付き物の演技の一環である。経営陣は故意に低目のビッドを行い、数ドルを上乗せして取締役会をなだめる。役員一同は自分たちの主張が通ったと納得する。いいPRにもなる。それ以上に、当然出てくる株主の提訴から取締役を守るのに役立つ。

七五ドル以上払うことに話が及ぶと、ジョンソンははた目にも機嫌が悪くなった。価格が上がれば上がるほど借金がかさむことになる。借金がかさめばそれだけ会社のベルトを締める必要がある。ジョンソンは経費節減などまっぴらという人間である。ことに、RJR空軍やその他の役得の削減は耐えられない。一般の貸し手と同様にシェアソンもまた、彼が言うところの「重箱の隅をつつく」予算のチェックに取り憑かれていると感じた。ジョンソンは主張した。仮にLBOを推進しても、プレミアもアトランタ本部も予算削減の対象にはさせない。

「言っておくが、我々はこれから屋台の経営を始めようというのではない」とジョンソンが宣言した。「君たちシェアソンの連中がやって来て、六機のジェットを五機に減らせなどという話は聞きたくもない。これを実行するとなれば、少々の自粛が必要なことは分かる。そいつは構わない。だがライフスタイルを変えるのは嫌だ。私には立派な会社と満足できる生活がある。そうした生活を変えるのは嫌だ」

ＬＢＯにもっと造詣の深い人なら、無傷のＬＢＯなど笑い飛ばしたところかもしれない。だがコーエンとヒルはこれに同調した。ただ、ヒルは個人的にはプレミアも本部もいずれ犠牲になるという確信があった。二人はあれこれ手を尽くしてジョンソンにＬＢＯをやりやすいようにさせた。何しろ、一〇日後の一〇月一九日の晩に迫った役員会のゲートから、手塩にかけた競走馬に逃げ出されては元も子もないのだ。ジョンソンの「要求」にいちいちうなずく。シェアソンのＬＢＯの成否はジョンソンを満足させておくことにかかっていた。

ジョンソンの利益を守るために雇われたスティーブ・ゴールドストーンは、自分の依頼人に対してシェアソンがバラ色の画を描き過ぎているような気がした。「いいですか」と途中でナスバウムに呼びかける。「あなた方がロスに言っていることは、一方で彼が大金を遣いながら、その一方でビッドの競り合いをしなければならないことになるのでは？」。ナスバウムもヒルもそれはあり得ると明言した。

当日の最後の論点で、かつ一番重要なのは経営協定（訳注）だった。ジョンソンとシェアソンの関係を規定する基本文書として、経営協定には、将来ＲＪＲナビスコの経営をどうするか、誰が指揮を取るのか、収益をどう配分するかを明記することになっている。

訳注　正式には経営委託協定。企業買収後の新会社の経営陣、買収による利益の配分などを定めた基本協定。

ＬＢＯの世界では、たとえばヘンリー・クラビスなどと運命を共にした会社幹部は、明確に役割を限定される。公開企業の幹部にはＬＢＯ会社から盛んに誘いがかかる。コールバーグ・クラビスもドアをノックできる。ただし招かれなければ中には入れない。その見返りとして、ＬＢＯ会社は彼らが経営者として運営してきた企業の株式の一〇～一五パーセントを、自己資金で買い入れることを認める。

ＣＥＯは名目上のトップとして残り、自主的な経営権を持つことも多いが、命令を下すのが誰なのかは疑問の余地がない。コールバーグ・クラビスとかフォーストマン・リトルなどの会社が役員会を牛耳り、あらゆる予算を承認し、上席幹部に対する生殺与奪の権限を掌握する。ＬＢＯは民主主義ではない。コールバーグ・クラビスが保有する企業の幹部は、クラビスとロバーツに対して責任を負うのである。

ジョンソンは一般常識には拘泥しない。彼の頭にあることは、要するに、会社幹部とＬＢＯ会社との従来の役割の転換である。ジョンソンは思う。なぜシェアソンが役員会を支配する必要があるのか？　そもそもＬＢＯの主体は自分ではないのか？　なぜ経営陣が、企業を一番よく知っている人間が、命令を下してはいけないのか？　シェアソン側が驚いたことに、ジョンソンは役員会の支配と重大な戦略決定に関しては、買収案件の進行中もそれ以降も拒否権を持つことを要求した。シェアソンがプレミアや本部やＲＪＲ空軍を削減してくることを正しく見通したのである。拒否権とは、ＲＪＲナビスコをシェアソン流ではなく彼のやり方で経営するための保険である。

「投資銀行の連中が私の役員会に加わって、ああしろこうしろと命令するのはごめん被る」とジョンソンはコーエンに言った。「経営のやり方はこちらが心得ていることを信用してもらわなければ困る。一日中コンピューターの画面を見て、私のやることにあれこれ指図するやつは要らない。それが、この面倒くさい仕事をやるに際してのこちら側の条件だ。引退する代わりにあと五年間苦痛を忍ぶ条件だ」

ヘンリー・クラビスなら「勝手にしろ」とジョンソンに言ったところである。だがコーエンとヒルはジョンソンに譲歩する腹を早々に固めていた。ここでも選択の余地はない。何しろジョンソンの決意は固い。拒否権なしには買収もないというわけだ。後にヒルが認めた。それはシェアソンが加入を切望していたクラブへの「入会料」だったのである。

だが、コーエンがジョンソンの法外な要求に躊躇《ちゅうちょ》したこともある。シェアソンは新ファンドの投資家グループに四〇パーセントの利回りを約束していた、とアンディ・セージは言う。結構です、とセージ。シェアソンには四〇パーセントの利回りを出す。だが、残りはジョンソンと経営陣のものだ。ポストLBOのRJRナビスコ株の二〇パーセント強を渡してもらいたい。けんかになることを避けながら、ヒルはその要求はひど過ぎるとセージに伝えた。その証拠として、他のLBO案件の経営協定をどっさりアトランタに持って来た。たとえばベアトリスの場合、ケリーと経営陣が手にしたのは株式の一二・五パーセントだった。

ジョンソンは大変な分け前を求めてきたわけだが、その基礎となる買収案件そのものもけた外れに大きかった。ヒルの計算によれば、株式の二〇パーセントというのは五年後には二五億ドルにも相当する。コーエンへの九月三〇日のメモでジム・スターンはこう指摘した。ジョンソンの言う取り分、いや、せしめる額は「過去の買収案件との規模の違いを考えればあまりにも大き過ぎる。どう見てもこれまでの買収案件とはけたが違う」

この問題は土曜日にも議論された。だが三時前後に一同が休憩に入った時点では、何ら進展は見られなかった。だがほかの分野が大いに前進したので、だらだらした議論で水面をかき回すこともないように思われた。利益分配の問題は障害にはならない、とジョンソンがコーエンに請け合った。交渉の進展に気をよくしたコーエンは、なるほどそうかと思った。この問題は、セージとヒルが翌週議論することになった。

ニューヨークに戻る前に、シェアソンのグループは改めてジョンソンに、商業銀行と融資の話し合いをするように説得したが、ジョンソンは拒否した。シェアソンが接触できるのは二銀行までで、それも予備的な交渉に限る、と彼は言った。本件を進めるだけの資金があるかどうか見極めるだけで、それ以外のことはするな、とジョンソンがコーエンに言った。これからまだ数週間——銀行との協定を話し合う時間はたっぷりある。

月曜日はコロンブス記念日だった。コーエンはバンカーズ・トラストの会長チャールズ・サンフォードの自宅に連絡を入れた。「チャーリー、お互いの重大問題について話をしたい。早くやればやるほど結果はよくなる。内容を知れば、なぜ電話で話せないか分かってもらえると思う」。翌日コーエンはシティバンク会長のジョン・リードにも電話を入れた。「ジョン、あんたのためにすごい儲け話を用意したんだが……」

翌一〇月一二日の水曜日の朝、ジム・スターンの率いるシェアソン・チームが、バンカーズ・トラストとシティバンクの幹部と別々に会談した。機密保持のため、各行の信用調査班は四人以内に留めるようにスターンが要求した。二日のうちに、両行から取引をする意思があることを伝えてきた。こいつは思ったより楽かもしれない、とスターンは考えた。

ニューヨークのバンカーズ・トラストで買収資金融資を担当しているボブ・オブライエンは、わくわくしながらシェアソンの提案を分析した。RJRナビスコのような一流企業のLBOに資金を貸すチャンスとあらば、どの銀行も飛びつくに違いない。最大のジレンマは、ジム・スターンが懸念しているように、果たして世界中に買収資金が十分あるかどうかである。

大型買収案件の場合、通常世界中の銀行にローンを分割してシンジケート（協調融資団）が組織される。オブライエンのチームは、世界中に散らばっている五〇人前後の駐在員一人ひとりに当たってみた。国別、銀行別に、LBOに活用できる資金を合計していく。アイルランド、ベルギー、デンマーク、そしてギリシャの銀行の融資額を見積もる。フィンランドのユニオンバンクはアトランタのコングロマリットの買収にどんな反応を見せるだろうか？　予測を立てにくい日本の銀行はタバコにどんな印象を抱くだろうか？

オブライエンの結論は結局、一件の買収に世界中から調達できそうな資金は合計二一〇億ドルというものであった。そこから引き算をしていく。もとよりすべての資金がそろうわけではない。会長が煙を吹きかけられたことがあるという理由で、タバコが嫌いだという銀行もあるだろう。二一〇億ドルのうち、オブライエンが確実と言えるのは一六〇億ドル。これでも楽観的だった。シェアソン側の計算では一五五億ドル。それでも世界中のＬＢＯ資金のおよそ四分の三である。

人生は長いパーティーだという男にしては、一〇月一九日までの数日間、ジョンソンは妙に元気がないようだった。アンディ・セージは、ジョンソンが浮き浮きしていないという印象を受けた。昨夜のジョンソンの電話からは、これまでの冒険前夜の興奮が感じられなかった。アマチュア心理学者なら、息子の事故による心の穴を埋めようとして、ジョンソンがＬＢＯをやる気になったと考えるところだ。ブルース・ジョンソンは相変わらず昏睡状態にある。

役員会が近づくにつれて、どうやらジョンソンはＬＢＯに矛盾する思いを抱くようになったらしい。理由の一半はもちろん、長年の友人たちの多くがもう彼と一緒に旅をしなくなることである。涙を流す人も出た長いディナーの席上、ジョンソンはボブ・カーボネルに対し、ビッドをする七人グループに自分は参加したくないと言った。グループが勝てば、デルモンテが売却されるからである。関係者の中ではエド・ホリガンが一番張り切っていた。ジョンソンその他によれば、ホリガンはＬＢＯのもたらす富に完全に目がくらんでいた。ちょこまか動き回っては、黄色の法律用箋に記されたグループ参加者のリストを何度も何度も見直していた（原注）。

原注　ジョンソンとホリガン以外のグループ参加者は、セージ、ヘンダーソン、エド・ロビンソン、ジョン・マーティン、そして副会長のジム・ウェルチ。

ジョンソンがこれから手にする数百万ドルによだれを垂らしていたとしても、それを見た者はいない。また、ＬＢＯにかかわる役員に付き物の利害の対立にも無関心なようだった。ジョンソンにすれば、会社の買収は利害の対立ではなく、むしろ利害の理想的な収斂であった。ＬＢＯでは万人が勝利者になるのだ。株価の問題も解決される。株主は一株七五ドルもの値段で買い戻しを受ける。「まともな会社運営でこの水準に届くには四年も五年もかかってしまう」と彼は言う。まるで四、五年が永遠のような口ぶりである。シェアソンと友人のジム・ロビンソンも見事な業績を上げたことになる。そしてジョンソンと友人たちは夢にも見たことのない大金を手にできる。

月曜朝の計画会議がジョンソンの強欲の道を定めた一因ではあろう。だが、ことはそれほど単純でない。何といっても、ＬＢＯがジョンソンの行動への欲求を満たしたように思われる。自分の組織がじり貧になるのが見過ごせなかったのだ。株価問題という名分が大げさだと言うなら、ほかのＣＥＯが気にも留めないジレンマを、ジョンソンは無視できなかったことを示したわけだ。確かに一方では、皆と同じように楽な金儲けが気に入ったとしても、ジョンソンはまた与えることも大好きだった。ＬＢＯは万人に対する究極のプレゼントになる。「ロスはどの鍋にもチキンが入っている状況をつくったのだ」と、友人の心理学者O・C・アダムズは言う。

一〇月一三日、木曜日。ジョンソンは、ソウルのホテルにいるチャーリー・ヒューゲルを探し当てた。ヒューゲルは韓国で原子力プラントを売り歩いていた。信頼のおけない国際通話で話を傍聴されるのを恐れ、ジョンソンは一種の暗号で話を切り出した。「我々が研究していたプロジェクトを覚えているかい」とジョンソン。

ああ、とヒューゲルが答える。LBOのことなら一カ月前にあきらめさせたと思っていたが……。

「だがチャーリー、ちょっと様子が変わってきたんだ。前に話したよりはるかに中身がありそうだ。役員会で検討してもいい内容だと思う」

ヒューゲルは呆然とした。

「この一件を進めるつもりだ」とジョンソン。「ぜひこっちに戻って、会議に出席してほしいんだ」

ヒューゲルは忙しく頭を回転させ、ジョンソンの心変わりの理由を探った。ひょっとしてブルースの事故だろうか？　ヒューゲルはジョンソンにやめさせようと考えたが、思い留まった。ジョンソンの決意と電話の距離が彼の口を封じたのだ。話の最後にジョンソンは、経営陣から独立した立場で提案を審議する委員会の議長を引き受けてくれ、と言った。ヒューゲルは了承した。

経営協定の交渉は問題がないと、ジョンソンは先にコーエンに請け合った。だが、アンディ・セージにはセージの考えがある。彼はばかではない。もしシェアソン側が取引を望むなら、交渉はジョンソンのルールでするべきだ。土曜の会議でも証明済みである。セージはジョンソンに対する利益の分配について強硬な姿勢を取り、この点を強調するつもりだった。スティーブ・ゴールドストーンが言った。「シェアソンがうんと言うはずはないよ」

「だがな、原則的にはすでに了解済みなんだ」とセージ。

「もう一度言うけど」とゴールドストーン。「彼らはうんとは言わない。それでは譲歩のし過ぎになる」

セージも譲らない。「俺も言っておく。これは取引なんだ。連中はこれをのむさ」

木曜の朝、RJRナビスコのマンハッタン事務所で、トム・ヒルとジム・スターンはセージの強硬な姿勢に面食らった。話し合いの冒頭からアトランタの会議とはまるで様子が違っていた。お人好しで、ゴルフのグリーンにいるように砕けた態度のジョンソンに代わって、氷のように威圧的なアンディ・セージがいた。

ガラスの壁で囲まれたRJRナビスコのニューヨーク役員室のドラマチックな舞台で、シェアソンの二人はルールを言い渡すセージの言葉を拝聴した。もしシェアソンがジョンソンにLBOをさせたいなら、シェアソン側は七つの役員ポストのうち二つで我慢しなければならない。ジョンソン側が三つを取り、残り二つのポストは中立の取締役が占める。ジョンソンの幹部社員は株式の購入資金を一切出さない。シェアソンが購入資金を貸し付け、報償金のボーナスで返済を受ける。シェアソン側はジョンソンの税金まで面倒を見ることになる。要するに、経営陣は手ぶらで分け前を手に入れるのだ。「そして」とアンディは繰り返した。「経営側は二〇パーセント以下の分け前では絶対に手を打たない」

ヒルは返す言葉もない。確かに厳しい交渉は予想していた。だがこれほどとは思わなかった。どこから反論していいかも分からない。ヒルとスターンがことを分けて説明しようとすると、セージはジョンソンがいつでも計画そのものを反故にし、さらに悪いことには、別の投資銀行に話をもっていく用意があると明言した。

ヒルにすれば、セージはLBOのやり方をまるで無視しているように思われた。「アンディ」とヒルが反論する。「我々が資金のすべてを出す。我々がリスクをすべて引き受ける。よしてくれよ」。シェアソンの投資家グループを四〇パーセントぎりぎりの利回りで納得させるだけでも、とんでもないことだ。ファンド・マネージャーが資金をシェアソンに預けるのは、四〇パーセントをはるかに超える利回りがあるからだ。ジョンソンの分け前はどう見ても一〇パーセント以下になる。

だがセージは少しもひるまない。ヒルとスターンは二日間、この元リーマンの銀行マンと渡り合った。交渉は次第に感情的になり、ついには三人が怒鳴り合いを始めた。後にシェアソンの二人が回想するところでは、ウォール街の仕事でこれほど厳しい交渉もなかった。その間も彼らはコーエンと連絡を絶やさない。コーエンはその週ツーソンで開かれたアメリカン・エクスプレスの上席幹部会に出席していた。

「セージはまるで聞き分けがない」と木曜の晩スターンがコーエンに言った。話し合いが進むにつれてスターンの見通しは厳しくなる。「ピーター、こいつはとんでもない悪夢ですよ」とスターン。

ジム・スターンはヒル以上にセージの振る舞いにあきれ返っていた。一九七〇年代にリーマンの若手の投資銀行業務担当として、セージと一緒にスタンダード・ブランズを担当し、セージを旧友のように思っていた。ところが今、白熱する議論の最中に、プロらしくないとセージがスターンを非難したのだ。頭にくる発言である。「オーケー、分かった。俺は降りさせてもらう」とスターンは言い、席を立とうとした。セージが慌てて謝った。

セージ自身が後に認めたところによれば、彼がかたくなな態度をとったのは、一つには投資銀行業務の力関係に対する認識が時代遅れのせいであった。セージのウォール街時代は、お客がボスで、投資銀行はあくまで脇役だった。だが、ＲＪＲナビスコの買収に数億ドルを出資するシェアソンは脇役とはいえない。完全なパートナーである。セージにはこの違いが把握できなかった。「彼らはもはや仕事を乞い願う脇役ではない。主役だったのだ」とセージは後に語る。

セージはまた侮蔑の念にも駆られていた。彼からすれば、ヒルもスターンもリーマン伝来の一流の域に達していない。彼は交渉の何たるかを教えてやりたいそぶりさえ見せた。「アンディは連中が間抜けばかりだと考えていた。鋭さがまるでないと感じていた」とジョンソンが後に語る。

セージを説得できる仲間を求めたい一心から、ヒルはゴールドストーンに電話を入れた。この弁護士はセージの要求には懐疑的で、初めてそのことをヒルに教えてくれた。「いいですか」とゴールドストーンが言う。「そちらが依頼人の要求を納得するなら、それはそれで結構だ。だが、こちらで私にできることがあればやってみましょう」

ゴールドストーンはこの電話を後悔した。というのも、彼もシェアソンの立場を支持したと、交渉のヤマ場でヒルがセージに伝えたからである。後でゴールドストーンはセージのしごきを耐え忍ぶ羽目になる。おまえさんはどちらの代表なんだ？　セージが厳しく問い詰めた。以後、ゴールドストーンは努めて議論に参加しないようにした。

交渉が進むにつれ、ヒルはコーエンの了承を得て重要問題で譲歩を始めた。オーケー、シェアソンは二つの役員ポストで我慢しましょう。オーケー、シェアソンがジョンソンの税金の面倒を見ましょう。だが、アメリカの最大手企業の株式二〇パーセントを、経営陣に無条件で引き渡すというのはどうでしょうか？　セージの要求はシェアソンの利益に食い込むばかりでなく、世間一般の印象も悪くするでしょう。

「アンディ、あなたは世の中に大変なマイナスのＰＲをすることになる」とヒルが警告した。「露骨な金の要求を見れば、経営陣が会社を食い物にしていると言われる」。セージが言い返した。そうなればそうなったで、その時に心配するよ。

ヒルの対案はいずれも功を奏さない。セージはことあるごとに退席すると脅しをかける。ジム・スターンは内心、やれるものならやってみろと思う。くたばれ、と怒鳴りたくもなる。とはいえ、スターンはちょっとした譲歩を勝ち取った。一定の実績を上げるたびに「ボギー」と呼ばれる報償金の形で、経営陣の株式を順次上積みしていくという案にセージが賛成したのだ。つまり、資産分割プログラムの遂行、営業利益目標の達成、一定の収益率到達に当たって、そのつどボギーを出すわけである。

だがシェアソン・チームは、肝心要の要求に関してはセージを説得できなかった。ボギーの積み重ねでもいいから、ジョンソンの分け前は二〇パーセントにするという要求である。スターンは一時、協定が欲ばり過ぎていることを納得させようと、一株八〇ドル台後半でLBOをした場合の利回りをコンピューターで計算させてセージに示した。セージは前提そのものを鼻先で笑う。「正気とは思えない」とセージ。「そんなビッドを掛けるやつがどこにいる」

二日後、ヒルとスターンは思案投げ首でコーエンに訴えた。「ピーター、こいつはあなたがロス本人と話し合わなければだめです」とスターン。セージはもうこりごりだった。「あの男はまともじゃない。とても交渉の相手にならない」

セージのほうもシェアソンの相手はもうまっぴらだった。その週末、スターンはセージの電話に応答しなかった。日曜の段階でセージはシェアソンを見放し、ほかの会社、おそらくドレクセルに誘いをかけるつもりになった。「あの連中はお払い箱にして一からやり直しましょう」とジョンソンに不満を述べる。ジョンソンはその週末、ゴールドストーンと一緒にフロリダにいた。

ジョンソンは心配していなかった。交渉はすべてけんかだと思う。こじれるけんかだってある。いずれにしろシェアソンは強い立場にはない。三日後にはジョンソンが役員会で提案を行うことになっている。コーエンがどれほどこの案件を望んでいるか、こちらは承知している。たった一つの交渉事でシェアソンが全体を台なしにするとは思えない。

「なあに、連中は歩み寄るさ」。ジョンソンがセージを励ます。「歩み寄らなけりゃ、それまでの話だ」

韓国から長い空の旅をしながら、チャーリー・ヒューゲルはジョンソンとの電話を考えていた。北太平洋の上空辺りでメモ帳を取り出し、やるべき仕事を書き留めていく。五人のメンバーで特別委員会を作ることにする。三人の委員会もあるが、ヒューゲルには来月モスクワ旅行の計画があり、残るのが二人では心もとない。メンバーは企業経営に理解のある元ＣＥＯを充てたいところだ。時間に余裕のあるメンバーがいい。審議は長引くに決まっているから、ディナーに出られないと文句を言う人は困る。

日曜の晩、コネチカットの自宅に戻ったヒューゲルはジョンソンに電話を入れた。ジョンソンもアトランタに戻っていた。特別委員会の人選について話を交わす。ヒューゲルは自分の判断にジョンソンの意見を加えた。まずガルフ&ウェスタンのマーティン・デイビス。ジョンソンの旧友である。この春取締役に指名されたデイビスは役員の誰よりも企業再編成の知識があり、この五年間絶えず自分の会社をいじり回している。

次がビル・アンダーソン。NCRの元会長で、ジョンソンが八万ドルの顧問契約を結んでいる。少なくとも一人はウィンストン－セーラムから選ぶ必要がある。で、ジョン・メドリンが選任された。最も興味深い人選がジョン・マコーマーである。前回の対立以来、ジョンソンはこの元セラニーズ会長を信用していない。だが外部で余計な波乱を起こされるより、委員会にマコーマーを入れたほうが得策ということで、ジョンソンとヒューゲルの意見が一致した。

「もう一つある」とジョンソン。ゴールドストーンの進言が頭にあった。「委員会には弁護士を入れたほうがいい。トイレをさっと流すようにすっきりやりたいんだ」

ヒューゲルはすでに弁護士をリストに加えてある。弁護士の人選には重大な意味がある。複雑な法的義務、受託義務の範囲内で、委員会メンバーの行動を決めるのが弁護士ということになるからだ。月曜の朝、ヒューゲルはニューヨークの一流法律事務所に電話を入れ、弁護士の人選に取りかかった。だが、最初の三社から利害関係者になっていると断られて、ヒューゲルはにわかに警戒する。つまり、第三者の商業銀行や投資銀行が早くも買収案件の検討に動いていいるということだ。はっとヒューゲルは悟った。ジョンソンの話は見かけよりずっと進んでいる……。

ピーター・アトキンズは、空港のモニターを不快げににらみつけた。アメリカン航空のアルバカーキ便は出発が何時になるか分からないというアナウンスがあった。シカゴのオヘア空港が霧に閉ざされていた。

アトキンズはブリーフケースをつかむと、ラガーディア空港の人波を縫って公衆電話に向かった。重要な会議で午後遅くまでにニューメキシコに着く必要があった。四五歳の彼は嫌になるほどの時間を旅行に取られていた。時差ぼけは気にならなかった。スキャデン・アープス・スレート・ミーガー&フロム法律事務所の同僚はアトキンズの体力にあきれている。真夜中過ぎの話し合いでほかの弁護士が疲労困憊の時、きちんとした身なりのアトキンズは「いつだって『GQ』の表紙のように見える」とパートナーの一人が言う。「我々一同がうとうとしていても、ピーターだけは違う」

ブルックリンでエンジニアの息子に生まれたアトキンズは、ウォール街でも一流の証券担当弁護士の一人である。スキャデン・アープスは全米第三位の法律事務所で、成長著しい企業買収関係法の分野では断然他を引き離している。

アトキンズは受話器を取って秘書を呼び出し、予約を取り直させた。ヒューゲルさんから伝言があります、と秘書が言った。アトキンズの知るヒューゲルと言えば、うろ覚えだが確かコンバスチョン・エンジニアリングの会長のはずだ。後で電話してみることにしよう。

アトキンズの秘書はデンバー経由でユナイテッド航空のアルバカーキ便に搭乗予約を入れた。アトキンズはゲートに走る。だがゲートに着いてみれば、その便も出発時刻未定。デンバー空港も閉鎖されていた。畜生、とつぶやいている時、自分の名前がアナウンスされた。電話に歩み寄り交換手を呼び出す。

ヒューゲルから伝言が届いていた。「生涯最大の取引を見逃すつもりかと彼に伝えてくれ」何を大げさな、とアトキンズは思う。頭はニューメキシコ便をつかまえることでいっぱいだった。秘書が改めて代わりの飛行機を探し、ダラス経由でコンチネンタル航空に座席を予約した。今度は遠いコンチネンタルのゲートまで全力で走った。息を切らして到着し、間に合ったと思ったが搭乗はもう終わっていた。のろのろと機が出て行くのを横目に、アトキンズは持ち歩いている移動電話を取り出し、しつこいヒューゲルのダイヤルを回した。二〇分後ピーター・アトキンズは西に向かう便の機内にあった。チャーリー・ヒューゲルは弁護士を確保したのである。


月曜日。役員会の集まりを二日後に控え、ジョンソンは落ち着かなくなった。半分は値上がりを期待して、一時間ごとに株価をチェックした。株価が暴騰でもすれば、いつでも買収案件そのものを反故にするつもりでいた。

彼が早くも神経質になったのは、『ビジネス・ウィーク』最新号のコラム「ウォール街の内幕」のせいだった。「合図の狼火《のろし》だ。ＲＪＲナビスコを買え」。見出しはこう勧めていた。ＲＪＲの清算価値と株価の大きなギャップを取り上げ、あるファンドマネージャーの言葉を引用している。「ＲＪＲは大幅な企業再編成か、もしくは買収劇の発生を待ち構えている」。憶測はさらに続く。「噂によれば、乗っ取りを回避するため、経営陣は株式を非公開にしてタバコ部門を売却する計画である」。半分だけ当たっている、とジョンソンは思った。食品部門は確かに売りに出す。彼とベネベントーはそう決めていた。だが莫大な現金収入のあるタバコ部門は手放さない。ジョンソンは記事を頭から追い払おうとした。

だが、本物のショックは午後六時数分前に発生した。大手食品企業クラフトに対してフィリップ・モリスが一一〇億ドルの電撃的買収に乗り出すというニュースが、ダウ・ジョーンズ・ニューズサービスの画面に流れたのだ。ジョンソンの計画とはまさに対照的に、ヘイミッシュ・マクスウェルは帝国の解体ではなく拡張を選択したのだ。マクスウェルの発表を受けて、例によって投資銀行から電話が殺到した。クラフト株のビッドで、ジョンソンがもっと高値を付ける気はないかと言うのである。今や連中のせりふも耳にタコができるほど聞いている。

こいつは千載一遇のチャンスですよ。

クラフトはすごい買物です。

やってみるべきです。

手遅れにならないうちに……。

ジョンソンが気になった唯一の電話は、モルガン・スタンレーのスティーブ・ウォーターズからのものだ。ウォーターズはジム・ウェルチに連絡を付けてクラフトのことを尋ねた。話の最後に、つい二日前ウェルチに話した話題を取り上げた。「ところでKKRのことはどうなっているんです?」。「ああ、それはまだ検討中なんだ」とウェルチ。

その日からジョンソンは役員に電話を入れ、水曜夜のディナーへの出席を要請した。役員がその理由を尋ねても、ジョンソンは用心深かった。単に「大事なディナーなんだ」と言うだけだった。特別委員会に予定されるメンバーには、企業再編成案の研究に、グループの一員として参加してもらえないだろうかと依頼した。デイビスは迷惑そうだったが、参加すると言った。マコーマーは協力的だった。アンダーソンにはヒューゲルが連絡を付け、了解を得た。ジョン・メドリンだけが辞退した。

「今、ものすごく忙しいんだ」とメドリンがヒューゲルに言う。本音を言えば、RJRナビスコのメーンバンクの一つを率いながら委員会に関係して、余計な利害の対立に巻き込まれたくなかったのだ。

「ほかの人間ではだめなのかい」とメドリン。「たとえばアルバート・バトラーでは?」

ヒューゲルはおとなしいバトラーを選ぶしかなかった。「もうロスから話がいっているかな?」。その日遅くヒューゲルがバトラーに尋ねた。「いや。ただ、数週間前にいろいろな研究の話は聞いたことがある」とバトラー。

バトラーは委員会への参加を了承した。「一つだけ聞いておきたい」とバトラー。五月に七〇歳の誕生日を迎えても、レイノルズ・タバコの取締役は続けてほしいと、数週間前にジョンソンから丁重な依頼があった。「あれはこの件と何か関係があるのかな」。バトラーが尋ねた。

ヒューゲルの内部で警報が鳴り響く。「どの程度の依頼かな」とヒューゲルが尋ねた。

正式な要請だった、とバトラーが答える。

「後で連絡を入れる」

ヒューゲルは電話を切るが、不満を感じた。ＬＢＯの後もタバコ事業が中核になることは承知していた。ただ、その役員会に現役員を充てるというジョンソンの考え方が気に入らない。取締役はこの一件を通じて中立であるべきだ。その種の要請は公正とはいえないだろう。ヒューゲルはジョンソンに電話を入れてそう言った。

「アルバートは混同しているんだ」とジョンソン。「あの時点では、この一件を進めることをまだ決めてもいない。私の言った意味は、彼にこのままレイノルズの取締役を務めてほしいということなんだ」

果たしてバトラーは混同しているのだろうか？「なあ、ロス、この一件は慎重に進めることだ。そういうのはまずいよ」

するとジョンソンはヒューゲルが忘れられないようなことを言った。つまり、ＬＢＯ後の取締役会には中立の役員ポストが二つできるという。「あんたにそのことを考慮してほしいんだ、チャーリー。そちらで決断してほしい。何はともあれ買収案件の成立が肝心だが、これまでお互い仲良くやってきたわけだから、あんたにはぜひメンバーになってほしいんだ。取締役として株式が持てる」。分け前というわけだ。

「それで、株式をどうしようというのだ?」。半信半疑でヒューゲルが尋ねた。

ジョンソンが説明した。ヒューゲルも経営陣と同じおいしい取引に参加することができる。ローンを借りてシェアソンから株を購入するのだ。後は値上がりを寝て待てばいい。五〇〇万ドルの株式なら、五年もたてば多分二〇〇〇万ドルになるだろう。

ヒューゲルは言うべき言葉がなかった。ジョンソンには発言の意味が分かっているのだろうか? 彼の言うことは事実上の贈賄行為だと分かっているのか? 腹黒いのか、それともナイーブなだけなのか? ジョンソンという男は誰にも分からない。「そいつはできんよ」。ヒューゲルは慌てて言った。「私は特別委員会の議長になるんだぞ」

当惑し、不安な面持ちで、ヒューゲルは電話を切った。ただその前に、バトラーに電話して役員ポストの件をはっきりさせるようジョンソンに提言した。後でヒューゲル自らバトラーに電話を入れた。「このことは一切しゃべらない」とヒューゲル。「誰にもしゃべらない」

月曜の晩、自宅にいるジョンソンの元にアンディ・セージから電話が入った。セージは怒り心頭に発していた。昼間、若手の弁護士たちが経営協定の妥協案を強引にまとめようとしたのだ。シェアソン側が草案をファックスで送ってきたが、これが一から一〇まで間違っている。セージに言わせれば、シェアソンはいくつもの重要な点で約束を違えている。「まあ、こっちに来ないか」とジョンソン。「そして、みんなを集めよう」

ジョンソンはいらいらしていた。役員会まであと四八時間もない段階で、こんな重要問題がまだ未解決というのは常識外れだ。仲間を招集してから、シェアソンに電話を入れて決着を付けることにした。これが最後だ。ローリー・ジョンソンが電話を引き受け、それぞれの居場所を調べ始めた。その晩ゴールドストーンはニューヨークに戻っていたが、助手に連絡が取れた。ハーバード出身のジョージ・ベイソン・ジュニアはホテルの一室でウェンディのハンバーガーを済ませたところだった。ゴールドストーンが不在とあって、三四歳のこの童顔の弁護士が交渉役になった。ホリガンはウェイバリー・ホテルで二人のタバコ事業の幹部と会食中。ジョン・マーティンは目と鼻の先の自宅からやって来た。ベネベントーとヘンダーソンは一緒に夕食を取っていた。

彼らがジョンソンの家にそろった時点で時計は一〇時を回っていた。ローリーが一同にダイエット・コークをサービスした。その間にジョンソンは奥の書斎に陣取り、ニューヨークのピーター・コーエンに電話をかけた。電話が鳴る間、書斎の壁にずらりと並んだ有名人の写真を眺める。

驚いたことにジム・ロビンソンが電話に出た。ロビンソン夫婦はちょうどマンハッタンのマンションでベッドに潜り込んだところだった。ジョンソンがワンタッチ・ボタンを間違えたのだ。「すまん、ジミー。ピーターにかけるつもりだったんだ」

何かまずいことでも、とロビンソンが尋ねた。

ジョンソンの口調が珍しく怒気を帯びていた。「シェアソンのあの間抜け連中が」とジョンソン。「我々からむしり取ろうというのだ。全く聞き分けがない。連中の出す条件はばかげてる。もう顔も見たくないよ」

詳しい経過説明を受けていないロビンソンは、ジョンソンの言うことが完全には理解できない。ジョンソンとの電話を切り、コーエンの五番街のマンションに電話を入れた。「どういう事態になっているか知らんが」とコーエンに言う。「どうやらトム・ヒルとジム・スターンが〝法王〟のご機嫌を損ねてくれたようだ。こいつは君がまとめてくれないか」。コーエンはジョンソンに電話するのが嫌だった。経営協定はヒルとスターンに任せたいところだ。それに明日は『グッドモーニング・アメリカ』のインタビューのため夜明けに起きなければならない。コーエンは不承不承で電話を握り、アトランタに連絡した。「別の機会にできないものかな。今夜はもう遅いし」とコーエン。「いいや、今決着を付ける必要がある」とジョンソン。「なあ、ピーター、こいつを片付けてしまおう。私に言わせれば条件はお話にならない。みみっち過ぎるんだ。ピーター、今夜中に片を付けるか、こちらが手を引くかだ。トラブルの種を残せば、どうなっても知らんぞ」

　コーエンはひるんだ。ジョンソンはかなり興奮状態だ。何とかしてみましょう、とコーエンは言った。いったん電話を切り、個人的なアシスタントのアンドレア・ファラスをマンションに招集した。ファラスはわずか三ブロック北に住んでおり、コーエンのマンションまで数分の距離だった。ジャック・ナスバウムにも電話をかけた。やがて三人が電話を通して、ジョンソンの書斎に座っているガー・ベイソンとやりとりを始めた。「すてきないすですね」とベイソンがジョンソンに言う。

「この取引をまとめれば君に一つ買ってやろう」とジョンソン。

　回線の向こうではコーエンが追い詰められた気分でいる。ジョンソンが要求する分け前の大きさには今でも不満だった。経営面でも資金面でもシェアソン側はどれほど譲歩したことか。だが取引を決裂させたくなければ、すぐさま何か調整の手を打たねばならない。何とかしてジョンソンをなだめなければならない。

　話し合いは二時間とかからなかった。コーエンは事実上、ベイソンが持ち出した要求を一つ残らず受け入れた。その晩セージの秘書がタイプした経営協定によれば、ジョンソンの七人組に株式の八・五パーセントを渡し、金利分が税額控除されるローンをシェアソンが提供する。もしジョンソンが「ボギー」のすべてを達成すれば、グループの持ち株は軽く一八・五パーセントに達する。その総額は数年間で二五億ドルになる。ジョンソンはまた分け前を好きなように分配できる。彼個人の一パーセントの取り分は（ホリガンも同じく一パーセント）、スティーブ・ゴールドストーンによれば五年後には一億ドル相当の値打ちになる。さらにジョンソンには、役員会に対する拒否権と支配権が与えられる。大型のＬＢＯ協定としてはまさしく異例だった。

コーエンはジョンソンから一つの了解を取り付けたことで、まあ仕方がないと思った。買収価格が一株七五ドルを上回ることは当然考えられるが、その場合は協定を再協議するというものである。とはいえ、差し当たり両陣営は望むものを手に入れた。ジョンソンは史上最高額の経営協定を獲得した。コーエンはゲームを続けることができる。仲間に勝負はまだ終わってないと言うことができる。

コーエンの妥協を知ってジム・スターンは憤慨した。「ふざけやがって！」。スターンは叫び、デスクをどんと叩いた。「七五ドルならやってやる。びた一文増えてもお断りだ。七五ドル一セントになれば、**すべて終わりだ！**」

ＲＪＲナビスコの本部では、従業員がムードの変化に気付いた。ある日エド・ロビンソンがゴールデン・パラシュートの「ラビ・ファンド」に四〇〇〇万ドルを即刻預金するように指示したので、財務スタッフは首をかしげた。ジョンソンをはじめ役員は絶えずそわそわしている。噂が飛び始めた。

二人の秘書は霊能者にまで相談した。「あなたの仕事は危なくなっている」。第一の予言者は言った。「政府かＩＢＭか、もっと安定したところを探すことをお勧めします」

第二の女性霊能者の言葉はさらに不吉だった。「ここはあなたの生涯の職場とは思えません」と言う。「何が見えますか？」と秘書が尋ねた。霊能者は目を閉じて長い間集中しているようだった。そして言った。「そう……まさにパッと消滅します」

火曜日もジョンソンは落ち着かず、一時間ごとに株価をチェックした。翌朝ニューヨークから戻ったゴールドストーンを自宅の朝食に招いた。ゴールドストーンはいらいらしていた。ジョンソンがＬＢＯを進めるのか、それとも単に可能性を論じているだけなのか、いまだにはっきりしない。ジョンソンはひとくさり演説をした後、最後にＬＢＯを本気でやるつもりだと言った。「役員会に提案するだけです」とゴールドストーン。「決めるのは彼らなんです」

朝食後ジョンソンはオフィスに出かけて、また株価を調べた。相変わらず値動きはない、もう一度仲間の様子を見て回った。一同がこれから巻き起こす大騒ぎを前に落ち着いているかどうか、その最終確認である。セージはトム・ヒルとの疾風怒涛（シュトゥルム・ウント・ドラング）の交渉にもかかわらず、まだ迷っていた。だが、どんな結論が出ようとジョンソンを支持すると言う。エド・ロビンソンは計画に乗り気だった。「前進あるのみ」とジョンソンに言う。ジョン・マーティンもやる気だった。「資金を投げ出して、あとは一か八《ばち》かの勝負だ」と笑いながら言った。

ホリガンは参戦に大張り切りで、改めて役員会を警戒するようジョンソンに念を押した。フイッグ・ニュートンズ（ナビスコの一事業部門）とつながりの深いマーティン・デイビスを確保したからといって、ポール・スティクトの古い同志がジョンソンに会社を手渡すかどうかは分からない。「ビル・アンダーソンのような連中は体制派の産物だ」と彼は警告した。「ＬＢＯのようなことは好きじゃない。アルバート・バトラーだって結局は保守派だ。マコーマーは不平屋で、後講釈の名人ときている」

ジョンソンは、レイノルズと長年の取引があるディロン・リードとラザール・フレールが、特別委員会に助言する投資銀行としては打ってつけだと考えていた。アイラ・ハリスを入れれば文句はないと思った。ホリガンにはそういう考え方が信じられない。「シェアソンと組んだことで、あんたはアイラ・ハリスに大恥をかかせることになる」とホリガン。「ひどく自尊心が傷付くはずだ。仲間になるどころか、あんたの不倶戴天《ふぐたいてん》の敵になってもおかしくない」。ナイーブさとマキャベリ的な手練手管が奇妙に入り混じったジョンソンという男は、いつもホリガンを驚かせてやまない（原注）。

原注　このやり取りをジョンソンは憶えていない。

水曜日の朝、ヒューゲルとアトキンズがコンバスチョン・エンジニアリングのジェットでアトランタに到着した。ウェイバリー・ホテルにチェックインした後、ヒューゲルは歩いてジョンソンのオフィスを訪ねた。役員会の前はいつもこうして相談をしてきた。ジョンソンは例によって陽気だった。普段以上にはしゃいでいる感じだ。ジョンソンの決心に変わりがないのは確かである。買収はゴーなのだ。ヒューゲルとしては、ジョンソンが今晩役員たちにどう話を切り出すのか知りたかった。二人はジョンソンのスピーチを検討した。

ピーター・アトキンズを役員会に出席させるつもりだ、とヒューゲルが言った。ジョンソンはびっくりしたようだ。買収の公表を延期できないだろうかと言うが、しつこくは食い下がらなかった。その後ヒューゲルはホテルのアトキンズの部屋に戻り、必要な場合は翌朝発表することになるプレスリリースをまとめておくように指示した。

「いや、まいった」

ヒューゲルがアトキンズを同行したと聞くとゴールドストーンはうめいた。その瞬間まで、取締役会はジョンソンの提案を公表せず、経営陣が秘密裡に交渉を終わらせるのを認めてくれるものと期待していた。これで発表はほぼ確実になったわけだ。

鍵はアトキンズの過去にあった。このスキャデン・アープスの弁護士はフォート・ハワード（ウィスコンシン州のペーパーカンパニー）の買収で務めた役割を理由に、ほんの二カ月前にデラウエア（訳注）の判事からお灸《きゅう》を据えられたばかりだった。同社の経営陣が教科書通り「頭に拳銃」の戦術を使って、役員会に買収協定の承認を迫った。アトキンズは役員会を代表しているのに、買収グループから話があったことを土壇場まで秘密にしていて、株価が上がり始めてからやっと公表したのだ。

訳注　公開企業は通常デラウェア州に登記するので、M&A関係の訴訟は同州の衡平法裁判所（court of equity）が扱うことが多い。

そのアトキンズを選任したのが同社のCEOで、ビッドを行った張本人だった。法廷はこの事実を問題にして、秘密保持に動いたアトキンズの行動に異議を唱えた。「株主の利益擁護の観点から見て、経験の浅い取締役を指導する専門弁護士の役割が極めて重大なことは明白である」と法廷は述べた。「利害関係者であるCEOが相手方弁護士の選定に積極的にかかわったとあっては、周囲の不審を招く」。判事の指摘によれば、アトキンズが秘密保持を選択したことは「疑惑の原因となり得る」と言うのだ。

判事の見解は、アトキンズが買収グループに中立を売り渡したと責めているも同然であった。ゴールドストーンによればアトキンズには今もその痛みが残っている。ジャック・ナスバウムも同じ意見だ。「アトキンズがフォート・ハワードの汚名を返上する決意であることは間違いない。彼はシーザーの妻以上に身を慎しむだろう」

ヒューゲルが去ると次に若手のナビスコ社長ジョン・グリーニアスがやって来た。ニュージャージーから着いたばかりだった。知っている人は少なかったが、グリーニアスはジョンソンの後継者のはずであった。三カ月前、ジョンソンは彼を呼び、将来の構想を詳しく説明した。グリーニアスは一九八九年前半にもニューヨークからアトランタに移って筆頭副社長になる。

そして春の定時株主総会で取締役に指名される。九〇年のジョンソン退任に伴い、弱冠四五歳にしてCEOに就任するのだ。

グリーニアスはジョンソンの庇護の下でひたすら出世した。側近グループに入ったことはないが、一貫してジョンソンの言い付けを守り、わずか一〇年のうちにスタンダード・ブランズ・カナダの酒類販売主任からナビスコのCEOにまで昇進した。ジョンソンがいいかげんだとすれば、グリーニアスはまじめで内向的な性格である。と言ってユーモアのセンスがないわけではない。彼のオフィスには金床《かなとこ》が備えられていた（訳注）。

——**訳注**　仕事中であることの象徴。

だが、通常はこの上なく地味なスーツ姿。感動的な演説でセールスマンを奮い立たせることなどとうてい考えられない。ジョンソンが夜な夜などんちゃん騒ぎをするなら、グリーニアスはオフィスに残って書類と取っ組み合いをする。ゴルフはやらず、もっぱらバーベルを持ち上げる。だがグリーニアスは成果を上げた。すごいスピードでジョンソンは彼を引き上げた。ねたんだライバルたちはグリーニアスがカナダ人のせいだとささやき合った。

四時にジョンソンのオフィスに入った時、グリーニアスは今しもRJRナビスコをのみ込もうとしている激変のことは、まるで知らなかった。彼が買収グループに入れてもらえなかったのはごく単純な理由である。デルモンテと同様にナビスコも資金調達のため売りに出すからである。グリーニアスは知らないが、今や「継承確定者」から「宿なし」にされようとしているのである。

「ジョニー」とジョンソンは言って、興奮気味にグリーニアスを迎えた。「私は今からＬＢＯをやるんだ！」

グリーニアスはいすに座り込む。ショックだった。ジョンソンの言葉を頭にしみ込ませて意味合いを考えた。ジョンソンはシェアソンや一部の幹部社員と連携している。**だが俺は仲間外れだ。そうなのだ。**ジョンソンを見つめた。かつての先生はＬＢＯが万人にもたらす信じがたい可能性をべらべらとしゃべっている。**彼はナビスコを解体するつもりだ。俺は職を失う。部下は小突き回される。**

無言のままじっと座っていた。最後に、思い切って質問してみた。「なぜ全員を経営チームに入れなかったのです？」

それはナビスコを売却するからだ、とジョンソンが説明した。だが、グリーニアスのためにいい買い手を探してやると付け加えた。そして彼にとっても絶好のチャンスだと言い続けた。「君は生涯最高の素晴らしい転機を手にしたんだ、ジョニー。新しい環境が気に入らないとしても、君を欲しい者はほかにもいる。君は若い。チャンスは無限にある。世界は君の思いのままなんだ」

ジョンソンは続けた。何らかの理由でナビスコの新しい買い手が気に入らない場合は、辞職して三年分の「ゴールデン・パラシュート」をもらうことができる。持ち株の五万株と合わせ七〇〇〇万ドル以上を懐に、グリーニアスは会社を離れることができる。

「ジョニー」。ジョンソンが宣言した。「私は君を金持にしてやるんだぞ」

一時間後、グリーニアスはジョンソンのオフィスを出た。打ちのめされた気分だった。ウェイバリー・ホテルまで歩きながらも夢を見ているようだった。部屋に戻り、しばし黙然と座っていた。何かしなければ、と思った。このままではいけない。

ジョンソンは一人オフィスにいた。窓の外では暖かな秋の午後が夕闇に包まれていく。あと二時間ちょっとで生涯最大のスピーチをすることになる。机に向かって黄色の法律用箋にメモを取る。言葉は慎重に選んだ。まるで練習ティーにいるみたいだ。集中力、フォームの調整――これで万事は滞りなく進行する。

第7章 揺れるウォール街

役員会の翌朝、ジョンソンは早起きをした。昨夜の記憶がまだ生々しく残っている。給与委員会の会議で八時に本部に行き、その後さらに役員会がある。LBO（レバレッジド・バイアウト）を発表するプレスリリースは九時半の予定だ。朝刊を読むとどうしても皮肉な笑みが浮かんでくる。アトランタ・コンスティチューション紙のビジネス面トップの見出しはこうだった。「アナリストによればRJRナビスコのM&Aの可能性は薄い」

同紙の結論は、一連の食品産業の買収に当たってRJRナビスコは脇役に終始するというものだ。フィリップ・モリスのクラフト買収に加え、グランド・メトロポリタン（イギリスのコングロマリット）もピルズベリーに敵対的ビッドをかけていた。ジョンソンは妻に言った。「マスコミの連中はまたまたこちらの意図を立派に探り当ててくれたよ！」

自宅を出る前に、まずロニー・グリアソンから祝福の電話が入り、続いてヒューゲルから心配そうな電話が入った。ヒューゲルによれば、昨夜のディナーの後、数人の役員が集まった。その際、ジョン・マコーマーやバーノン・ジョーダンが、自分たちの五万ドルの年金に対するLBOの影響を心配していたという。どうも給与委員会は難航しそうだ、とヒューゲル。本部に着くと、果たしてヒューゲルの言う通りだった。

委員会の議題の一つは取締役に対する終身年金の問題。現行一〇年契約の内容を改善しようというものだ。だが今そういうことをすると、ジョンソンが役員会に働きかけをしたように受け取られる。で、ジョンソンが審議の棚上げを求め、給与委員会もこれを認めた。ただし取締役数人は明らかに不満顔だ。さらにジョンソンは自動車保険の保険料割引など役員の役得に関する質問をさばいた。その辺はいったいどうなるのだ？　しばらく様子を見ていただきたい。うんざりしながらジョンソンは答えた。

ホリガンはその朝アトランタに留まり、プレスリリースの件で一騒動起こした。草案にはジョンソンが買収グループを代表するとあった。ホリガンは自分の名も加えるべきだと主張した。ジョンソンが会社を処分すると思い込んで、ウィンストン－セーラムの従業員が反乱を起こすかもしれないというのだ。「ジョンソンとホリガンの連名でいく必要がある」とハロルド・ヘンダーソンに言った。「私が彼に協力していることをはっきり知らせるべきだ」。ホリガンの顔が次第に紅潮してくるのを見て、ヘンダーソンは譲歩した。

九時三五分、ダウ・ジョーンズ・ニューズサービスでその発表が流れると、蜂の巣を突ついたような騒ぎになった。ＲＪＲの広報主任ビル・リスは、朝目をさました時には、その日のビッグニュースは第３四半期の収益報告と、プランターズの新ピーナッツ工場に対する役員会の承認だとばかり思っていた。リリースから数秒のうちに電話の嵐の第一波が交換台に殺到した。通信社、新聞社、ラジオ局、テレビ局。さらに全米各地や海外のレポーター、興奮した株主から……。

たちまち本部の前にテレビ局の前線本部ができた。ヘリコプターが上空を舞い、中の人影が高い窓からこちらをのぞき込む。リスにすれば、こんな一日はかつてＴＷＡ航空のハイジャック事件を扱って以来だった。だが、問い合わせに対しては彼も四人のスタッフも同じことしか言えなかった。プレスリリース以外のコメントはありません。

正午、本部の前にいる一人の記者が、自宅に昼食に戻るジョンソンをつかまえて、インタビューをするつもりだとテレビでしゃべった。自宅でジョンソンのメイドがこれを見ていた。「大変です、奥さま」とローリーに呼びかける。「だんなさまが食事に戻って来るそうです」。不思議に思ったローリーは夫に電話をかけた。「あなた、昼食に帰って来るの？」

ジョンソンは帰りたくても帰れなかった。ビルは終日マスコミに包囲されていた。地元の記者でも、一七六億ドルのＬＢＯが史上最大の企業買収になることぐらいは承知している。これはその日最大のニュースであり、やがては年間最大の経済ニュースになるはずだ。流行の先端を行くアトランタ北部のショッピングセンターが、たちまち産業界の中心になった。

次の木曜の朝、ジム・ロビンソンはアトランタの母親の家にいた。コカコーラの役員会に出るためである（ロビンソンは南部なまりで「コ・コーラ」と発音する）。アトランタに育ちハーバードで学んだ五二歳のジム・ロビンソンは、「アメリカン・エクスプレス」の国務長官と呼ばれていた。彼が一〇年にわたってトップを務めているアメリカ株式会社」は、まさしく世界の金融超大国であり、他人のお金を一九八〇億ドルも管理している。二八〇〇万の加入者がそのクレジットカードを利用していた。ジム・ロビンソンが発言すれば政府首脳も耳を傾ける。昨年提唱した第三世界の債務危機処理構想は世界的な関心を集めた。ロビンソンはきちょうめんな振る舞いの、南部の農園主と北部の銀行家を合わせたような印象を与える。妻のリンダも一国一城の主で、ニューヨークのパブリシティ会社を率いている。

午前七時、ピーター・コーエンが電話で、これから公表するプレスリリースのことを伝えてきた。ロビンソンはびっくりした。詳細は知らないが、発表があるとしても来週になるものと思っていた。

「なぜこんなに早くなったんだ」。ロビンソンが尋ねた。

「弁護士たちが計画は十分に進んでいると考えたわけです」とコーエン。「で、発表の必要があると取締役会が結論を出したのです」

幸先よいスタートとは言えないが、二人はさほど心配しなかった。行く手に暗雲があるとは考えてもいなかった。

一〇月二〇日、ウォール街はひんやりと晴れた朝を迎えた。二ブロック北では、世界貿易センタービルから通勤者が吐き出される。バーガーキングの角を曲がり、証券会社を目指してブロードウェイを進んで行く。その朝の街の話題は、二週間後に迫った大統領選挙と、ロサンゼルス・ドジャースが王手をかけたワールドシリーズだった。

ブラックマンデーから一年、ウォール街にはなお暴落の後遺症が残っていた。大方が予想したほどのひどい落ち込みこそなかったが、といって回復もしない。ウォール街はぬかるみにはまっていた。不安が役員室にまん延し、手数料収入も低下した。いっせいに市場を離れた投資家が戻ってくる兆しもない。出来高は全体で二二パーセント低下した。

暴落以来、約一万五〇〇〇人のウォール街人種が失業した。シェアソンに限らず、どこもレイオフを考慮中だった。毎日どこかの会社の人員整理の噂がウォール街を駆け巡る。失業の不安のない職員は退屈していた。マンハッタンのダウンタウンの立会場でのトレーダーのやり取りと言えば、株式よりもくだらない冗談のほうが多かった。高く舞い上がるのは紙飛行機だけだった。

楽観できる材料と言えば相も変わらずM&Aで、それもマーチャントバンク業務だった。ひとりピーター・コーエンに限らない。マーチャントバンク業務はウォール街のCEOなら誰もが考えることだった。メリル・リンチは、そのＬＢＯポートフォリオが年一〇〇パーセントの利回りを生むと広言した。「Ｊ・Ｐ・モルガンの全盛期このかた、ウォール街がこれほど企業を買収した例はない」。『ビジネス・ウィーク』は六月のカバーストーリーにこんな記事を載せた。

長引くウォール街の不振で、マーチャントバンク業務をめぐる競争は今や必死の様相を帯びるようになった。ＬＢＯやつなぎ融資による棚ぼたの利益が、証券会社の収益低迷を支える手っ取り早い道だった。一つの案件が生み出す当面の手数料だけで五〇〇〇万ドル強。企業収益の四分の一を賄う数字である。六月にテキサスの化学会社の株式一〇パーセントを売却したことによって、モルガン・スタンレーは一億二〇〇〇万ドルの税引前利益を計上した。一九八七年を通じての同社の利益は二億三〇〇〇万ドルであった。この種の数字が流布すると、ゴールドマン・サックスとか、大手トレーディング業者のソロモン・ブラザーズ、さらに中小のディロン・リードなど、マーチャントバンク業務に出遅れた企業まで、投資のチャンスを求めてウォール街を走り回るようになった。

マーチャントバンク業の先陣を走るのがＭ＆Ａ人種である。どの投資銀行にもＭ＆Ａ部門があり、そこに働く人たちのつながりは極めて緊密であった。投資銀行業務の先輩たちは得意先の企業と数十年に及ぶ友情を培い、紳士的な手法で私募債業務や証券の引受を行ってきた。七〇年代後半になると、敵対的買収の隆盛とともに新しいタイプの投資銀行マンが台頭した。

彼らは金に敏感な戦士である。二〇〇〇ドルもするアラン・フラッサーのスーツ、体にぴったりのターンブル&アッサーのシャツ、ブルガリの腕時計、パリやブリュッセルの空港免税店で買ったエルメスのシルクタイを身に着けている。シェアソンのトム・ヒルやその兄弟分ともいうべきM&A担当の弁護士にとっては、どんなM&AもいいM&Aである。何しろ、どのM&Aも手数料が入るのだ。ウォール街のM&Aアドバイザーが「風見鶏」だというのは当たらない。自分の会社と自分自身以外に対しては、元来忠誠心など持ち合わせていないのだ。

「こうした連中は」とあるウォール街最大手企業の会長は言う。「忠誠心について三組の〝タマ〟を持っている。忠誠の一、二、三はもっぱら自分用。四と五は取引仲間のため。六あたりがお客用というわけだ」

この世界では、M&Aは「案件《ディール》」と呼ばれ、それを取り仕切る人は「プレーヤー」である。トッププレーヤーは一度に数組の案件を手玉に取っている。どの瞬間を取っても、どの案件を見ても、親友たちと一方で連携しながら、一方では敵に回ることがあり得る。M&Aのプロモーターはよく傭兵と対比されるが、もっと皮肉な人はこれをプロレスに例える。つまり、高額賞金を狙うレスラーの一団が会場から会場を渡り歩く。そして見終わった観客には、あののしり合いと殴り合いはどこまで本気なのだろうかと疑問が残る、というのである。

M&A人種の中核にいるのが、一〇人余りのトップクラスのディールメーカーからなるエリート集団である。彼らは一〇年にわたって離合集散を繰り返してきた。自らを呼ぶ時は、単に「ザ・グループ」である。彼らは一緒に成長した。その経歴はすでに忘れ去られた数百ものM

&A戦争で互いに絡み合っている。たいていは六〇年代後半に大学を卒業し、七〇年代半ばにM&A業務を開拓している間に友人になり、八〇年代後半には互いに四〇歳のサプライズ誕生パーティーを開き合った。それぞれ、大型M&Aが行われたこの一〇年間の白熱した闘技場の戦士なのである。

「ザ・グループ」のメンバーはヒルのほかにまずブルース・ワッサースタインとジョゼフ・ペレラ。M&A時代の最初のスーパースターである。不満を抱いて長年働いてきたファースト・ボストンを離れ、自分たちのM&A専門会社「ワッサースタイン・ペレラ」を一九八八年前半に設立した。次にエリック・グリーチャーはモルガン・スタンレーのシャモのようなM&Aチーフ。ドナルド・ドラプキンは元弁護士でM&Aに熱心なレブロン・グループの副会長に転じた。マイケル・ゴールドバーグ（原注）とモリス・クレイマーは、スキャデン・アープス法律事務所の弁護士。ジム・マーハーはワッサースタインと親しく、彼の後を継いでファースト・ボストンのM&Aチーフになった。早口のスティーブン・シュワルツマンは、代表的なM&A専門会社ブラックストーン・グループの社長。アレン・フィンケルソンはグラバス・スウェイン&ムーア法律事務所の弁護士。「こういった連中なら私の人生や全経歴を賭けてもいい」とドラプキンは言う。「我々には互いに助け合うところがある」

――原注　ゴールドバーグは一九八九年にファースト・ボストンに移籍。

「ザ・グループ」のメンバーはウォール街の数社に散らばっているが、ほとんどが投資銀行二社（ファースト・ボストン、リーマン・ブラザーズ）と、大手法律事務所二社（スキャデン・アープス、グラバス・スウェイン＆ムーア）の出身である。大半がありふれた証券引受の専門家か不動産担保貸付専門の弁護士だったが、常々何か興奮できるものを求めていた。で、企業買収戦争でアドレナリンを高揚させながら成長してきたのだ。

アメリカのM＆Aは、ある意味ではこうした旧友同士のチェスと見ることができる。中でもワッサースタインはグループの中核で、名人級と認められている。劇作家のウェンディ・ワッサースタインを弟に持ち、M＆Aの戦略、戦術に関して数々の革新的な方式を導入した。ベンディックスーマーティン・マリエッタ戦で名を上げたグリーチャーは長年のライバルだったが、八九年の時点でライバルの座をヒルに譲った。そのヒルは、ワッサースタインとの権力闘争が始まらないうちに、一〇年早くファースト・ボストンを去っている。

「ほとんどの案件に」とヒルが言う。「こうした連中の一人が絡んでくる。我々の生活はいつも重なり合っている。で、ダンスが始まればすぐさま首を突っ込むことができる」。またマイク・ゴールドバーグは言う。「どんな案件でもトム・ヒルやジョーやブルース、そしてファースト・ボストンと顔を合わせる。お互いに相手を知り、こういう状況でどう出るかを知っている。実際のところ、何年も続けているポーカーに新顔は要らないのだ」。ワッサースタインの法律業務で箔を付けたアレン・フィンケルソンがこう付け加える。「みんなが成功の理由を説明してくれと言う。まず成熟度の問題がある。四〇代になったということだ。次にグループ全体が円熟したこと。全員が四〇を超えている。そして互いに助け合っている」

グループの長老格がジョゼフ・フロムである。ウォール街では伝説的なM&A担当の弁護士だ。M&Aに関してはグループの大半がフロムの薫陶を受けた。今なお数人に対しては父親役を果たしている。半ば引退したフロムは、公私にわたる問題で文字通りグループ全員の顧問であり、もめ事の調停役であり、時には最強のライバルにもなる。「小さなグループという点が訓練にぴったりなのだ」とフロムは言う。「小さな町の法曹界にもこういう状況がある。チェスの試合と同じように対抗心が一段と激しくなる。正直でいられるというのも、お互いを知っているからだ。みんながみんなの行動を心得ている。隠し事はまるでないんだ」

この仲間意識が、八〇年代後半のウォール街を巻き込んだインサイダー取引疑惑を生む一因となった。「ザ・グループ」にとって、捜査の手は不快なマッカーシズムの潮流のようなものであった。有罪になった者はほぼ例外なく彼らの友人か同僚だった。スキャンダルで最初に名前が上がったのが、デニス・リバインという飛ぶ鳥を落とす勢いだったドレクセル・バーナムの投資銀行業務担当者。彼は、当時M&Aチーフだったトム・ヒルににらまれてスミス・バーニーを辞めた後、グリーチャーに雇われてその下で働いたことがある。

最大の打撃はワッサースタインほか数人の親しい友人だったマーティン・シーゲルの起訴である。おしゃべりで成り上がり者のリバインと違って、ハーバードで教育を受けたシーゲルは尊敬されていた。「ザ・グループ以外の者はみんな刑務所に入ってる」とグリーチャーが冗談を言う。「ザ・グループ」の友情は客を犠牲にして成り立っているのだろうか？　大陪審だけが正しい答を知ることになろう。一〇億ドルの買収合戦で互いに敵対する時も、メンバー同士は絶えず連絡を取っている。「舞台裏」の対話が彼らの取引の特徴になっているのだ。

ただこうした友情にもかかわらず、競争第一、友情第二というのは事実が示す通りだ。ヒルやワッサースタインやグリーチャーのような人間は、互いに盟友だとまっ先に言いもすれば、相手の失敗のゴシップをまっ先に流したりもするのである。彼らの数百万ドルのボーナスは、笑いながら殴り合うことで手に入れるという面が強い。

もちろん「ザ・グループ」以外にも、ウォール街には重要なディールメーカーがいる。フェリックス・ロハティンは、ラザール・フレールの保守的な投資銀行業務部門の長老格である。アイラ・ハリスは、シカゴのラサール街の主《ぬし》である。ジェフ・ベックは、ドレクセルの「狂犬」。ジェフ・ボイジは、ゴールドマン・サックスの投資銀行業務の責任者。「ザ・グループ」の何人かのメンバー同様、彼らもそれぞれＲＪＲナビスコの渦に巻き込まれることになる。

クラビスにとってはてんてこ舞いの一週間だった。

フィリップ・モリスのクラフト急襲は、クラビスにクラフトの救済に乗り出す絶好の機会を提供した。彼はバードハンティングにスペインに出かけていたが、何とかクラフト会長のジョン・

リッチマンに電話が通じた。クラフトが友好的合併を求めるならサービスを提供します、とクラビスは申し入れた。リッチマンに警戒の色はなく、この話に関心を抱いたようだった。一方、コールバーグ・クラビスの社員たちはクラフトのLBO額について賭けをしていた。こいつは一三〇億ドルを超える史上最高の案件になるかもしれない。クラビスはピルズベリーにも目を付けていた。こちらはグランド・メトロポリタン（敵対的買収を仕掛けたイギリス企業）をはねつけるため、別の合併先候補と話し合いを始めていた。その日の午後スキャデン・アープスで行われるピルズベリーの財務状況報告会に、クラビスは出席の予定だった。

だが、それでなくとも忙しかった一週間が輪を掛けて忙しくなろうとしていた。グランドアーミー・プラザを四二階下に見下ろす角のオフィスでクラビスが電話に出ていると、秘書が目の前にメモを差し出した。

「RJR、一株七五ドルで非公開に移行」

クラビスは受話器を落とすところだった。一瞬、言葉が出なかった。そんなはずがない。しばらくしてクラビスの右腕のポール・レイザーが入って来た。「聞いたか？」。クラビスが早口に尋ねた。

「聞いた？　何を？」

「ロス・ジョンソンが七五ドルで非公開に移行するんだ」

レイザーは一瞬息をのんだ。ことの重大さが頭にしみ込んでいく。「何てことだ」。だがレイザーの頭の中をすぐ別の考えがよぎる――**それにしても安過ぎる。**

クラビスはだんだん腹が立ってきた。「とうてい信じられん。アイデアを出したのはうちだぞ！　それなのにジョンソンは会おうともしない！」

ラジオシティ・ミュージックホールの上のフロアの角にあるエリック・グリーチャーのオフィスは、床から天井まで緑の縁取りをした家族の写真で飾り立てられている。写真に写っているパステル調の服装と無骨で善良そうな表情が、グリーチャーの部屋の壁をまるでラルフ・ローレンのポロシャツの大広告のように見せている。片隅の鉢植えの後ろで加湿器が蒸気を出している。

グリーチャーが机の前のいすに腰を沈めていると、問題の見出しがコンピューター・スクリーンを横切った。グリーチャーはパッと起き上がり、電話呼出ボタンを叩く。「おまえさんが何をしていようが関係ない！　たった今、こっちに来るんだ」

数秒後、スティーブ・ウォーターズはグリーチャーのオフィスにいた。二人は呆然とスクリーンを見つめる。

ＲＪＲ？　買収案件？　モルガン・スタンレー抜きで？

値を見てみろとグリーチャーが言った。七五ドル。ジョンソンはどうやら会社をかすめ取る気だ。

その朝グリーチャーとウォーターズは機械のように動いた。二人とも訓練を積み、尋ねるべき質問は心得ている。この案件は成立したのか。ジョンソンのアドバイザーは誰か。特別委員会のアドバイザーは誰か。とりわけ、どうすればモルガン・スタンレーが一枚かむことができるのか？

行動に移る前にウォーターズは廊下を走り、鳴り響く自分の電話に出なければならなかった。

「いったいどうなっているんだ」。ポール・レイザーが尋ねた。

「分からんよ、ポール。分かり次第折り返し電話を入れる」

受話器を置いた瞬間、また電話が鳴る。今度はクラビス本人からだ。

「いったいどうなっているんだ？」

「ヘンリー、こちらで分かり次第知らせる」

「誰なんだ？　誰が担当しているんだ」

「分からない。今調べてるところだ。シェアソンかもしれない」

グリーチャーとウォーターズは電話に飛びついた。その間にシェアソンが絡んでいるというニュースがスクリーンに流れ、数分後グリーチャーは最初の魚を釣り上げた。アンディ・セージである。今はもう恨み言を言っている場合ではない。「よう、アンディ」。グリーチャーが冷やかした。「あんた、そんな大金をどうするつもりだ」

セージはもぐもぐとあいまいな返事をした。

「話があるんだ」とグリーチャー。「特別委員会を代表させてもらえないので少しばかり驚いてる。シェアソンから何か妨害でも？」

いいや、とセージ。何しろアンディ・セージはプロであり、グリーチャーの得るところはなかった。次に、ジム・ウェルチに連絡を付けた。ウェルチはモルガンがこれから一枚かめる可能性をほのめかした。廊下の向こうではウォーターズがどうにかジョンソンの企画部長ディーン・ポスバーをつかまえた。この一件はほぼ完了した、とポスバーが言う。「目下、肉付けをしているところだ。大車輪で進めている。来週の半ばまでに終わらせなければ……」

チャンスはまだあるが、大きくはないというのがウォーターズの結論だった。いずれにしろ、RJRが欲しければ素早い行動が必要になろう。

ジェフ・ベックはスキャデン・アープスでニュースを聞いた。

ベックと投資銀行四行の戦略スタッフ軍団は、ここ数週間ピルズベリーの防衛策を練ってきた。その日、ベックとピルズベリー担当の銀行スタッフはいくつかの合併候補と会談を重ねていた。

ベックはジョンソンの発表に度肝を抜かれた。

LBOだと？　ドレクセル抜きの？　俺を差し置いてか？　まるで意味が分からない。

ベックはジョン・ハーマンと同じ車でダウンタウンに向かった。ハーマンはシェアソンのスタッフで、リーマン時代の同僚である。ハーマンはにこやかな表情で、この買収案件はシェアソンにとって大ヒットだと述べた。「こいつは史上最大のディールになる」と、ベックがウォール街のオフィスで車から降りる時、ハーマンが言った。

ベックは懸命に怒りを抑えた。「俺はそうは思わない、ジョン。そうは思わん」

上のオフィスでベックはクラビスから電話を受けた。「いったい、どうなっているんだ?」クラビスが言った。

「分からないよ、ヘンリー。こっちから会談を申し入れていたはずなのに……。電話を入れて情勢を探ってみる。後で電話します」

ベックはただちにアトランタのジョンソンに電話を入れたが、秘書のベティ・マーティンにさえぎられた。「皆さん役員会の最中です」

ベックは頭にきた。**ロック・アンド・ロード!**(錠をかけ、弾をこめろ。ベックの口癖)。どうしてもジョンソンと話をしてやる。「ベティ、君が役員連中を引っぱり出せないと言うなら、ここから連中の悪口をわめいてやる。こいつは緊急を通り越した問題なんだ」

数分後、ジョンソンが電話に出た。

「どうも……。どうなっているんですか」とベック。声に怒りがこもっている。

「うむ。会社を買収することにした」とジョンソン。

「ニュースで知らされるというのも乙なもんですよ、ロス。私にはあんたが理解できない」。

もうベックはいら立ちを隠そうともしない。

今度はジョンソンがいら立った。「この案件のメーンパートナーはもう決まったんだ、ジェフ。もう変えようがない」

かくて「狂犬」は口輪をはめられた。

その朝クラビスが受けた最初の電話はディック・ビーティーからだった。M&Aの世界では、ビーティーはクラビスの「懐刀」として通っている。ここ一五年間、ビーティーは最も信頼のおける社外顧問の一人だった。カーター政権下で重用されたビーティーは、ニューヨーク民主党サークルの有力者で、エド・コッチ市長の友人でもある。将来の市長候補だという市の関係者も一人や二人ではない。海兵隊の元戦闘機乗りで四九歳。砂色の髪、澄んだ青い目、優しい叔父さんのようなソフトな声。だが一方では、元海兵隊の鋼のような視線がある。

クラビスのＲＪＲナビスコに対する関心はビーティーのよく知るところだった。ビーティーの会社はもう一年以上もＲＪＲのタバコ訴訟の影響を分析する資料をまとめていた。

「ニュースを見たかね」。ビーティーが尋ねた。

「もちろん見たとも」とクラビス。

「とても信じられん。どうなっているのか、ぜひ調べる必要がある」

「ディック、私には分からんよ。我々がロスに話をしたのだ。なぜうちに来ない？　まるで意味が分からん。アイデアを提供したのは私だ」

「そうとも。まともじゃないな」とビーティー。

「選《よ》りによって、シェアソンなんぞと何をしようと言うんだ？　連中、M&Aなどやったこともないんだぞ」

それもディック・ビーティーは十分心得ていた。コールバーグ・クラビスに次いで、彼の最大の得意先がシェアソン・リーマン・ハットンなのである。

シェアソンの裁定取引部門チーフのボブ・ミラードは、ピーター・コーエンから電話を受けた時、最初のショックからまだ回復していなかった。コーエンは午前中をオフィスで過ごし、部屋をうろうろしながら、クオトロン・スクリーンの見出しを眺めていた。RJRナビスコ株が急騰している。結局、当日の終値は七七・二五ドルで、二一ポイントも値上がりした。

「大したもんだ、ピーター。こいつはすごい」とミラードは言った。

だが、企業買収の動きを追って暮らしを立てているトレーダーのミラードは、なぜコーエンがこうした方法を選んだのか興味があった。なぜシェアソンは発表する前に片を付けてしまわなかったのか？　モルガン・スタンレーならそんなことは避けたろう。「なぜこんな危ない真似をするんです？」

「うむ。それしか道がなかった」とコーエン。

「よそに高値でさらわれない自信はあるんですか？」

よその会社にそれほどの力はないさ、とコーエン。

「ほかの買い手はどうです？　たとえばＫＫＲなんか？」

「ＫＫＲはやる気がない。ヘンリーはうちが出したような条件をロス・ジョンソンに出せない」

「だから、どうなんです？」

ミラードはコーエンに注意した。ここ数カ月クラビスはテキサコやクローガーといった目標に一方的に攻撃を仕掛けてきた。「経営陣を仲間にできなかったからと言って、連中がビッドをかけてこないという理由にはならない。なぜビッドをかけないと言うんです？」

「それはだ。連中はうちみたいな条件をジョンソンに提示できないからだ」とコーエンは繰り返した。

「だが、もし彼らが買収してしまえば」とミラード。「ジョンソンはどんな条件だって受け入れる」。コーエンはミラードの言わんとするところが理解できないようだった。クラビスに探りを入れてみてはどうか、とミラードが提案した。「まあ、君が話してみるんだな」とコーエン。

どうやらコーエンは聞く耳を持たなかった。


木曜の午後になるとジョンソンは、怒ったドレクセル・バーナムが、ディールへの参加を求めてうるさくウォール街を走り回っていてはまずい、と気が付いた。ジム・ウェルチがベックに電話すると、相手はまだ怒りが収まらない。

「とんでもない話だよ、ジム」とベックが言う。「値段がとんでもない。あんたたちが何を考えているのかまるで分からない。ジョンソンはなぜクラビスと組まない？　我々はどうして違った道を歩まなければならないんだ」

ウェルチは、今度は脇役でいてくれと、さほど熱のない依頼をしてみた。「うちとしては、ドレクセルにこの案件に拍手を贈ってもらいたい。お互いに友人でいたいのだ」とウェルチ。

ベックはウェルチの単純さにびっくりした。「なあ、ジミー、確かにこの取引に拍手を贈ってもいい。だが、あんたが考えてるような拍手じゃない」

「なぜかね？」

「我々はこの買収案件を手に入れようと二年半もやってきたんだぞ！　もし我々が史上最大の案件に関与せず、このまま手をこまねいていてほしいと言うんなら、俺には言うべき言葉もないね。どんな返事をすればいいと言うんだ」

「じゃあ、我々と協力することを考えてくれないか？」

「ジム、うちはほかにも義理があるんだよ」

ウェルチはさらに二回ベックに電話を入れてドレクセルをなだめようとしたが、ベックはジョンソンの扱いにへそを曲げたままである。こうして、ウォール街の戦線で最大の金融砲兵隊を、対抗ビッドをする会社が自由に活用できる状況になった。それは誰か、ベックが考えるまでもなかった。

木曜の午後、クラビスとレイザーはショックを一時棚上げして、スキャデン・アープスのピルズベリー報告会に出席した。報告会の後、クラビスはベックを会議室に連れて行った。

「RJRはどうなっている」。クラビスが尋ねる。

「分かりません。現時点では連絡が付かなくなっている」とベック。「どうなっていることやら。だが、我々はこの買収をやらなければ……。まさかあきらめるわけじゃないでしょうね」

「心配するな。おまえの役割は用意してある」とクラビス。

その役割が、結果的にドレクセルを五〇〇〇万ドル以上儲けさせることになった。が、ベックはお金とは別に、ロス・ジョンソンを懲らしめることができればどんなに楽しかろうと考えてしまう。


マンハッタンのダウンタウン、スタテン島フェリー乗り場のそばの、取り立てて特徴のないビルの一七階で、ビル・ストロングという小太りの投資銀行スタッフが電話に向かっていた。ストロングが座っているのは、同じように小さなオフィスが並ぶ窮屈な個室の一つである。よそのM&A部門にあるマホガニーやオリエンタル絨毯もない。どことなく野暮ったい舞台装置は、ストロングの雇い主ソロモン・ブラザーズの長年の方針を反映していた。ここ何年というもの、ソロモンはトレーディング・ルームに大金を注ぎ込んで、役員室まで手が回らないのだ。

大口客の話を半ば聞き流しながら、ストロングはスクリーンに眼を凝らし、公表されたジョンソンの奇妙な提案の詳細をフォローした。ニュースの中身をのみ込んだところで、ストロングは優秀な投資銀行業務の担当者なら誰でもやることをした。「おたくは関心がおありですか」と電話の向こうの客に尋ねる。

いいや、と相手は答えた。

ここで引き下がるわけにはいかない。ソロモンの投資銀行業務はまるで生彩がなかった。あれだけ不吉な予想が出ていたにもかかわらず、大型ＬＢＯでつぶれたのはドラッグストア・チェーンのレブコただ一件で、これがソロモンの手がけた案件だった。一年前に株価が大暴落した時、サウスランド・コーポレーション（ダラス）の大型ジャンクボンドだけは、安全性に欠けると機関投資家から繰り返し袖にされた。ソロモンはこの共同幹事だった。大型のつなぎ融資では、ＴＶＸというテレビ局チェーン（ノーフォーク）に対する大型融資がただ一つ失敗に終わったケースで、これまたソロモンだった。三年の間、ソロモンは懸命にマーチャントバンク業務への参入を図ってきた。結果は赤恥の連続である。以来、ストロングと同僚たちは壊れたガラスを拾い集めて回る毎日だった。

つい二年前にパートナー（訳注）になったばかりのビル・ストロングは、ウォール街では大物とは言えない。だが猛烈でエネルギッシュな彼は、勤勉な中西部の労働倫理感の持ち主だった。インディアナの出身で、それを誇りにする元会計士である。ストロングは客の目をじっと見つめ、自分は正直と誠実さを誇りにしていると言う。投資銀行にこういう人間は少ないと彼は信じている。口先だけでそう言う人は多い。だが本気なのはどうやらストロングぐらいのものである。

他のウォール街の投資銀行関係者と同様に、ストロングもジョンソン提案が道を開いた可能性に関心をそそられた。木曜の晩までに、RJRナビスコの一般向け年次報告書と証券取引委員会に提出された年次報告書をひとまとめ取りそろえた。ざっと目を通しただけで七五ドルは安過ぎると感じた。経営陣は会社をかすめ取るようなものである。

—**訳注**　パートナー組織（167ページ訳注参照）に出資している役員。

ストロングは熱くなった。ソロモンのマーチャントバンク業務はこれまで失敗の連続と言っていい。だが、この買収案件をうまくやれば、嫌な思い出をまとめて一掃できる可能性がある。ストロングの頭には理想的なパートナーがあった。ハンソン・トラストである。ハンソンはアメリカ企業の買収に力を入れて、アメリカ支社を設けている。これが独立した会社だったら、アメリカ最大手の企業になる。ストロングは思う。ソロモンの金融力とハンソンのマーケティング経験を活用すれば、まさしく鬼に金棒だ。

金曜の朝、ストロングはこのアイデアをソロモンのワンマン会長ジョン・グットフロイントの元に持ち込んだ。ストロングは説明する。RJRナビスコはユニークな買物です。まず伝統のある有名ブランドがいくつも楽に手に入る。タバコの現金収入たるやすさまじく、買収資金をすべてこれで賄うことだってできる。「この取引にはすべてがそろっています」

普段は若手のディールメーカーの勇み足に慎重なグットフロイントも、今度ばかりは聞き耳を立てた。「よろしい。電話をしたまえ」

一〇時にストロングは電話を入れて、ハンソンと連絡を付けた。状況を説明し、ＲＪＲナビスコの魅力をまとめた手書きのリストをざっと読み上げた。タバコのすさまじい現金収入、比類のない食品ブランドの数々、過小評価された株式。

「そちらが一五億、こちらも一五億。共同で買収することになる」とストロング。「すぐに返事が欲しい」

回答の電話は午後二時にあった。

「オーケーだ。一緒にやろう」。ハンソンの幹部が言った。

ストロングは天にも昇る気分だ。詳細を詰める会議が月曜に設定された。それまでにやるべきことが山のようにあった。グットフロイントに連絡して経過を知らせた。会長は嬉しそうだった。次に金融部門と調査部門の担当者で一〇人のチームをつくり、ＲＪＲナビスコのデータを研究させた。巨大プロジェクトにしては小ぶりのグループだった。だがストロングの狙いは機密保持にあり、リークの防止にある。月曜の朝、一番に飛び出して行きたかった。

木曜の昼ごろまでにＲＪＲナビスコの役員室は人であふれた。シェアソンの金融担当者は何もすることがない（トム・ヒルはブルーのスーツでめかしこんでいたし、ジム・スターンは朝のジョギングですっきりしていた）。取締役たちは歩き回って、飲み物を手に興奮気味である。ヒユーゲルが前夜呼びつけたラザール・フレールとディロン・リードのチームは一一時前後に到着した。ラザールのフェリックス・ロハティンも姿を見せ、大きなゴマ塩眉を動かしながら談笑している。ロハティンとともにアイラ・ハリスもシカゴから出て来た。同じく精力的なアルゼンチン人ルイス・リナルディーニもいる。元気あふれるディロン・リードの金融担当コンビ、みんながフリックと呼んでいるフランクリン・W・ホッブス四世と、タイリー・ウィルソン時代に金融業務を担当していたジョン・H・マリン四世も一緒に到着した。

「よお、ジョニー!」。マリンを見つけてジョンソンが叫んだ。歩み寄って握手を交わす。LBOというより裏庭のバーベキュー・パーティーのようだ。目の前の仕事の大きさをつかみかねている銀行マンから見れば、ジョンソンはまるで太平楽だ。

「さて、皆さん」とジョンソンが呼びかけた。「いよいよレースのスタートだ!　心境はいかがかな」

正直なところ、どう考えていいのか分からなかった。ヒューゲルに会うために会議室に案内されてからは、特にそうだった。特別委員会の議長として、ヒューゲルはまずラザールの担当者、ついでディロンの二人にこれまでの経過を説明した。両銀行はそれぞれ一四〇〇万ドルの手数料で委員会を代表することを了承した。その仕事はジョンソンのビッドを分析し、株主にとって妥当かどうかを委員会に報告することである。万一ほかのビッドが出てくる場合も同じ作業をすることになる。

ヒューゲルが結論をせっついたことから、担当者の数人にはぴんとくるところがあった。ヒューゲルは一〇日以内に分析をまとめろと言う。ロハティンやハリスにすればあまりにも短か過ぎた。早ければ早いほどジョンソンに有利に働く。二人はヒューゲルがジョンソンに丸め込まれているのでは、と思った。だが当面、疑惑は胸に収めておく。

午後の半ばで会合はお開きになり、二一階の一団は三々五々散って行った。ホリガンはタバコ軍団にニュースを説明するためウィンストン－セーラムに飛ぶ。ジョンソンは一人オフィスに座り、郵便を開けたり書類を見たりする。当面はさしてすることもない。「全く」と彼がマーティンに言った。「ハープをパーティーに持ち込んだものの、誰からも演奏を求められないような感じだ」

ゴールドストーンをはじめとするウォール街人種は、外で待つ記者たちを避けるため地下通路から連れ出された。ゴールドストーンはピーター・アトキンズや二人の取締役と一緒に、RJRナビスコのジェットでニューヨークに向かった。機中、アトキンズは役員たちとひそひそ話をしていた。だがジェットがニューヨークに近づくころには、ゴールドストーンが操縦席のすぐ後ろでアトキンズと身を屈めていた。

「あれをご覧なさい」。パイロットの一人が言った。

二人の弁護士は窓から外をのぞきこむ。眼下のベラザーノ・ナローズ橋越しに、ニューヨーク港とウォール街が見える。夕日が港に沈み、マンハッタン・ダウンタウンの大部分を見事な青と赤の色調に染め上げている。これほど素晴らしい眺めも珍しい、とゴールドストーンは思った。一瞬、弁護士であることを忘れ、何か偉大でロマンチックな冒険の一員になったような気がした。

笑顔を見せて言う。「なあ、ピーター――こいつは面白いことになりそうだ」

「ああ、俺もそう思う」とアトキンズ。

第8章 ライバル出現！

金曜日の午後。ミッドタウンにあるスキャデン・アープス法律事務所では、ピルズベリー戦略会議が遅々として進まず、トム・ヒルは泥沼にはまり込んだような心境だった。グランド・メトロポリタンが敵対的ビッドを始めてからほぼひと月、ピルズベリーはウォール街の企業の半分近くを味方にして守備態勢を固めてきた。LBO（レバレッジド・バイアウト）、防衛的な資本構成の見直し、ポイズン・ピル（毒薬条項）、企業分割……。あらゆる手が検討された。だが決め手になるものはない。

船頭が多過ぎるのも問題だった。シェアソンの代表がヒル。ドレクセル・チームを率いるのはジェフ・ベック。ワッサースタイン・ペレラを代表するのがブルース・ワッサースタイン。ファースト・ボストンの金融担当者の姿もちらほらしている。

ピルズベリー問題はともかく、RJRナビスコのことがヒルの頭から離れない。待機戦術がすでに始まっていた。特別委員会が設けられたことで、二、三週間のうちに、できればＲＪＲナビスコの評価をもっと上げようとする動きが起きるかもしれない。ヒルにはよく見える。その時点でロス・ジョンソンの経営グループが交渉の席に着く。買収価格について取締役と押し問答に入る。結局のところ、七五ドルに数ドルを上積みしたあたりか、ひょっとすると八〇ドル台前半まで買収価格を引き上げて、会社買収が合意に達する。

シェアソンはこの間も、対抗ビッドの気配がないか警戒を怠らない。ジョンソンの発表からわずか三〇時間だが、ウォール街のどの投資銀行も七五ドルを出し抜く道をあれこれ探っていることは百も承知だ。まだ探り当てたところはない。うまくいけばこの先もないだろう。ヒルは待つのが大嫌いだった。待っているといらいらする。

ピルズベリー会議がだらだら長引いている間に、ジェフ・ベックとブルース・ワッサースタインがちょくちょく姿を消すのにヒルは気が付いた。二人とも今日はやけに忙しそうだ。連中、何を企んでいるのだろう。そう言えば先ほどＲＪＲナビスコのことでベックが言っていた。「おたくの値は安いね。競争になるよ」。「狂犬」は自信たっぷりに請け合った。

二人がちょこまか動き回っているのと、ベックの警告の意味が突然ヒルの頭にひらめいた。

クラビスだ。

まさか？　ヘンリー・クラビスは経営陣を仲間に引き入れずに、これだけの規模の仕事をやる人間じゃない。ジョンソンも、クラビスはＲＪＲナビスコに興味がないと何度も言っていた。

確実なところを突き止めなければならない。ヒルは会議を中座すると電話の所に行き、記憶をたどってコールバーグ・クラビスの番号を回した。クラビスが電話に出るとヒルは精いっぱい元気な声を出した。

「ちょっと伺いたいんですが、おたくはクラフトに興味はありませんか」とヒル。「ひょっとしてうちがお手伝いできるんじゃないかと思ったので……」。電話をかける口実であることは見え透いていた。クラフトの買収話が始まってからすでに四日。企業買収の世界では永遠にも等しい時間である。クラビスが乗り気なら、とっくにどこかの投資銀行を押さえているはずだ。

クラビスはどうにか怒りを抑えた。「クラフトの話はほうぼうから来てるよ、トム。どこかと組むかもしれん。だが君のところと組むつもりはない」

ヒルは一瞬にして真相を悟った。一番恐れていたことが起きる。クラビスのとげのある調子がそう思わせた。ヘンリー・クラビスはＲＪＲナビスコを欲しがっている。しかも心底から欲しがっている。「電話越しにびんびん響いてきた」とヒルが後日振り返る。「ヘンリーはすでに出陣の構えだった」

クラビスは手短かに言いたいことを言った。「トム、ＲＪＲはよくもやってくれたじゃないか。あのアイデアはうちがロス・ジョンソンに教えたものだ。これまで君のところとは、ずいぶん仲良くさせてもらったな、トム。こんな大きな案件を一緒にやれないなんて、驚きだよ。こんなチャンスを横目で見過ごせるものじゃない」

電話はあっという間に終わった。ヒルは呆然として受話器を置く。

こいつはまずいぞ。急いで考えをまとめなければ……。

シェアソンのピーター・コーエンにただちに電話を入れ、クラビスとの電話の内容を伝えた。意外にもコーエンはさほど心配していないようだ。

「要するに、クラビスは何が不満なのだ」。コーエンが尋ねた。

「まず彼に会って、それを確かめてみたらどうです」

「会う前に、確かめるほうが先ではないかな」

ヒルはあれこれ代案を考えた。クラビスの狙いをそらせるかもしれない。クラビスを懐柔できるかもしれない。いずれにしても、まず彼と会うことだ。クラビスの狙いを少しは正確に読めるかもしれない。コーエンはクラビスに会う必要はないという考えだった。これはシェアソンの案件《ディール》で、クラビスはお呼びでないというわけだ。

ヒルは電話の意味の重大さをコーエンに分からせる必要があった。ヘンリー・クラビスは簡単に撃退できる相手ではない。

「ピーター、どうかよく考えてほしい……」

三〇分後に、ヒルは再びクラビスに電話をかけた。「ピーターと一緒にお目にかかりたいのですが……」

時間も遅くなっていた。クラビスは月曜ではどうかと言う。

ヒルの声はそわそわと、ひどく落ち着きがない。

「いや、すぐに会いたいんです。そのほうがいいと思います」

「トム、もう時間も遅いよ」

「ヘンリー、ぜひ会ってほしいんです」

オーケー、とクラビスは言った。


六時きっかりにヒルは霧雨を突いてナイン・ウエストビルのロビーに駆け込んだ。ちょうど表に出ようとしていたジェフ・ベックと社員の一人に鉢合わせした。

ヒルは強いて笑顔をつくった。「今までどこにいたか分かるぜ」。**クラビスはドレクセルと契約したのか**、とヒルは思う。刻一刻と状況が悪くなっている。

上階に昇って、ヒルはコーエンを待った。金曜午後の交通渋滞で遅れている。六時半ごろコーエンがようやく姿を見せた。

「ヘンリー」とコーエンが陽気に話しかけた。「金曜の晩の六時半だっていうのに、こんな所で何をしている？　スキーにでも出かけなきゃいかんよ」

「ほう、ピーター。そういうあんたは何をしている」

二人は握手を交わした。コーエンが腰を下ろすと、ヒルがクラビスに向かって話を切り出した。「ヘンリー、お会いしたかったわけは、RJRナビスコにあなたが強い関心があると感じたからです。どの辺に関心があるか、聞かせてもらえれば参考になると思いまして……」

「そう、確かにひとかたならぬ関心を抱いている」とクラビス。「今に始まったことじゃないよ」

「だがこれはうちの案件なんだ、ヘンリー」とコーエンがさえぎった。そしてクラビスに向かって、RJRナビスコがシェアソンの将来にとっていかに大切であるか分からせようとした。マーチャントバンク業務を自分がどれほど重視しているか。シェアソン・リーマンがLBO分野に進出する土台として、この案件にどれだけ力を入れているかを説明した。ヒルもM&Aのアドバイザーとして名を挙げ、おかげでシェアソンに持ち込まれる話もぐっと増えている。「いいかね、わが社はどうしてもやりたいんだ」とコーエン。「うちには当然の話なんだ。何しろビジネスの蓄積というものがある」

「そいつは素晴らしい」とクラビス。「これからはうちのライバルってわけだ」。その言わんとするところは明らかだった。つまり、シェアソンがRJRナビスコとの話を進めるなら、コールバーグ・クラビスはもう二度と取引はお断りだと言うのである。「君のところがこれをやると知って、びっくりした」とクラビスが続ける。「君のところには、ずいぶん仕事を回してきた。どうやらおたくはお客なんかどうでもいいらしい」

「ヘンリー、我々はどうしてもこいつをやらねばならんのだ」とコーエン。「うちの将来がかかっている」

コーエンは、その年の二月にクラビスと交わした話を思い出した。二人はベイルで、シェアソン後援のアメリカン・スキークラシックで一緒に滑ったのである。同じチームになったのも偶然ではなかった。スラロームの順番を待つ間、ＬＢＯ産業の顔ぶれが変わりつつあることをあれこれ話した。

クラビスはその日、モルガン・スタンレーやメリル・リンチなど新顔のライバルを気にしていた。「これからどうなるのかな、ピーター」とクラビスが尋ねた。「ほかに誰が出てくるだろう。君のところはどうなんだ」

コーエンは、シェアソンもマーチャントバンク分野に参入したいと思っていることを大ざっぱに話した。一〇月の株価大暴落で他部門が大打撃を受けたことは言うまでもない。「ほかの部門のマージンがこれ以上圧迫されることになれば」とコーエン。「自分の資本を活用するのは当然の道だ。お客さんもそれを求めている。うちなら彼らのためにやってやることができる。やるだけの意味があるんだ」。その際クラビスは、お互いの買収案件には手を出さないほうがいいという意味の話をした。

今度はコーエンがクラビスにそれを言う番だった。

「ヘンリー」とコーエン。「これはシェアソンの案件だ。八カ月ばかり前に話し合ったじゃないか。あれは約束だと思っていた。あんたはお互いの案件に手を出さないことにしようと言ったはずだ。で、こいつがそうなのだ」

「そんな約束をした覚えはないぞ、ピーター」

コーエンのミニ演説はクラビスをぞっとさせた。**そうか、そういうことか。**投資銀行の連中は、自分の自由になる金ができると、ＬＢＯをやらなければ、と考えるわけだ。この五年間、競争は日ごとに激しさを加え、クラビスはいいかげんうんざりしていた。モルガン・スタンレー、メリル・リンチ、今まで名前も聞いたことのない会社――それがいっせいに自分のビジネスに食い込もうとしている。そして今度はシェアソン・リーマンだ。

コールバーグ・クラビスの一九八七年ファンドの背後にある着想は、大き過ぎて誰も手が出せない買収案件を実行することにあった。これを潮に、会社はもう二度と競争にはさらされたくないとクラビスは考えた。ところが、ようやく自分の領土を開拓し終えたと思ったら、そこにピーター・コーエンである。多分ＬＢＯとＢＯ（わきが）の区別さえ付かないような男が、自分には一八〇億ドルの買収を仕切る権利があるとほざいている！　クラビスにはその破廉恥なずうずうしさが信じられなかった。気持ちの一部に、こういう連中のすべて、わけてもピーター・コーエンに手痛い教訓を教え込んでやりたいという思いがあった。

「私は、シェアソンというのは、うちから仕事を回してやる会社だと思っている」とクラビスが繰り返す。「おたくとは長い付き合いがある。今回のような案件こそ、うちに持ってくるのが当然じゃないか」

「だが我々はもう資金を調達してしまった」。コーエンも繰り返す。「出資者に対して資金運用の責任がある」

「この案件はでかくて人目にも付く」とクラビスが警告した。「現金収入の点でも申し分ない。とうてい見すごすことはできない。どうしてもこの案件に参加したい。また、参加するつもりだ」（原注）。

原注　RJRナビスコの買収にぜひ参加したいと、コーエンとヒルに言ったという事実を、クラビスは否定している。新聞報道によれば、クラビスは自分の「フランチャイズ」の防衛を誓ったとある。そんな言葉を使った覚えはないとクラビスは否定。

トム・ヒルは注意深く二人を観察しながら、コーエンの考え方は少しおかしいのではないかと思った。スキーゲレンデの会話だけで、ヘンリー・クラビスが二〇〇億ドルの案件に手を出さないなどと本気で信じているのだろうか。いずれにしろ、コーエンもクラビスも譲る気配はまるでない。どちらも、自分こそがロス・ジョンソンの会社の正当な後継者だと信じ込んでいるようだ。ヒルはなだめ役に回り、時に応じて「我々が手を組んだら何ができるでしょう?」「一緒にやるにはどんな手があるでしょう?」などと言葉を挟んだ。だが何の効果もなく、二人の闘志は燃え上がる一方だ。

「七五ドルで決着が付くとしたら、まさに驚きだね」とクラビス。

「なぜだ」とコーエン。

「我々はこの会社を長いこと観察してきた。中身をよく知っている。このビッドは安い。安過ぎるね」

「実際に買うのはロスなんだ」。コーエンが弁解がましく言う。「うちは融資するだけだ」

「では、今はロスのパートナーってわけか」

「これはロスの取引なんだ。役員会とも極めてうまくいっている」

クラビスはコーエンのこの言葉を聞き逃さなかった。ジョンソンは役員会をまるめ込んでいるのか。

「あんたの狙いは何だ」。クラビスが尋ねる。

「あんたこそ何をするつもりだ」。コーエンが聞き返す。

「何をするかまだ分からん」

「じゃあ、この件をどうする」

「そうだな」とクラビスが最後に答を出した。「互いにそれぞれの役割があるかもしれない」。クラビスは以前からこういった対決を予想していた。道は三つある、とクラビスは言う。「まず、競争することだ」。これはクラビスもコーエンも望むところではない。ビッドの長期戦ともなれば、RJRの株価はうなぎ昇りに上がる。買収価格が上がれば、それだけ借金も増える。勝ち残ったところで犠牲が大き過ぎる。

クラビスは続けた。シェアソンとコールバーグ・クラビスがチームを組み、共同でビッドを行うこともできる。だが、強烈なエゴの二人にはこのアイデアも気に入らない。コーエンにすれば、クラビスであれ誰であれ、共同出資の形で買収を行うことは、シェアソンには独力で買収を進める力がないと認めたも同然であった。株式の一部を投資家に売ることなら考えられる。コーエンもそれは検討していた。しかし、折半出資の買収となると全く別物である。共同出資という道は、少なくともこの二人の間ではまずありそうもなかった。

あるいは、とクラビスが最後に言った。シェアソンがＲＪＲの食品部門をコールバーグ・クラビスに売って、タバコ部門を手元に残すということもできる。

コーエンは明言を避けた。コールバーグ・クラビスとの合弁事業など、ジョンソンその他の関係者と相談もしないうちは、まともに話し合える問題ではない。「何かを一緒にやるというのも有意義かもしれない、ヘンリー。だが将来のことは誰にも分からない。私にも答は分からない。すべてがどんな意味を持つのか、即答はできない」

話は終わりに近づいていた。コーエンは席を立ちながら、来週にでもさらに詳しい話し合いをしようと言った。

会談の後、コーエンとヒルはアッパー・イーストサイドのヒルのマンションに落ち着いた。そこからジョンソンに電話を入れて、クラビスとの話し合いを伝えた。コーエンは対立の深さを表に出さず、月曜日にもう一度クラビスに会う予定だと強調した。

一応の話が終わると長い沈黙があった。

「君の意見はどうだ」。ジョンソンが尋ねた。

「いずれにせよ、ヘンリーは出てきます」とトム・ヒル。

コーエンはさらに、アメリカン・エクスプレスのジム・ロビンソンにも会談のニュースを伝えた。ロビンソンはコネチカットの農園にいた。

ロビンソンは興味深げに話を聞いた。だが、コーエンの話がクラビスとの対立に及ぶと、興味が不安に変わった。ヘンリー・クラビスは軽くあしらえる男ではない。

クラビスに直接電話で話をしてみよう、とロビンソンが言う。「一緒にやれるかもしれないじゃないか」

コーエンはこれに異議を唱えた。こちらに弱味があると受け取られると言うのだ。

ロビンソンは必ずしもそうは思わない。だがコーエンの現場の判断を尊重することにした。日常業務を任せた幹部に、はたからとやかく言うのはよくない。この買収がコーエンとシェアソンの将来にどれだけ大きな意味を持つか、十分承知している。コーエンはＲＪＲナビスコの一部たりとも、戦わずして譲るつもりはないだろう。

それでもロビンソンは、自分がクラビスと話すのが一番いいと言った。あの男の実力は大したもので、不用意に刺激するわけにはいかない。

「もう一度私にヘンリーと当たらせて下さい」とコーエンが頼んだ。「彼に宿題を片付ける時間をやるんです。月曜の午前、話し合いが終わったらまた電話しますから」。ジム・ロビンソンは了承した。

クラビスのほうはピーター・コーエンをぼんやりと待ってはいなかった。

金曜の夕方の時点で、ＲＪＲナビスコの対抗ビッドの助言と融資に当たる投資銀行グループをすでにまとめ上げていた。筆頭はドレクセル・バーナム。ジェフ・ベックを雇っている会社である。ここはアイバン・ボウスキーのインサイダー取引の疑惑に発する二年越しの捜査の中心であった。それでも、ドレクセルの強力なジャンクボンド・ネットワークは今もって健在である。確かにドレクセルの将来には問題がある。起訴近しという噂もある。競り合いの最中に起訴にでもなれば、クラビスにとっては壊滅的な打撃となる。そこで自衛策として、メリル・リンチをバックアップ用の資金調達要員に加えることにしたのだ。

スティーブ・ウォーターズとエリック・グリーチャーがいるモルガン・スタンレーを選んだのは、いずれ必要になる日常的な財務分析や助言業務を考えれば当然の策である。ウォーターズはクラビスのお気に入りだ。シェアソンでは失脚したとしても、ウォーターズの経歴は大いに活用できる。

この投資銀行三行だけでも、高く付くことはもちろん、扱いにくいチームになりかねなかった。コールバーグ・クラビスの買収案件では最大規模の顧問団になるだろう。にもかかわらず、クラビスはさらに一社を加えた。最新鋭のＭ＆Ａ専門企業、ワッサースタイン・ペレラである。ワッサースタインがウォール街最高のＭ＆Ａアドバイザーかどうか疑問の余地はあるが、大型案件には欠かせない存在である。

だがクラビスの求めるものは助言ではない。ワッサースタインを雇ったのは純然たる防衛目的によるものだ。勝手に動き回れないようにしたかったのである。蚊帳《かや》の外に置けば危険なアジテーターになりかねない男なのだ。勝手に泳がせて、万が一にも対抗ビッド集団を結成されるより、この小太りのディールメーカーを自分の手で使い、手足を縛っておくほうが得策なのである。

投資銀行との契約はすんなりと決まった。だが、一〇〇億ドル強の長期資金の調達に必要な商業銀行グループの取りまとめにかかると、クラビスがびっくりするような問題が起きた。木曜日にバンカーズ・トラスト西海岸部門責任者のロナルド・バディーに電話を入れた。何と言っても、このニューヨークの大手銀行は企業買収融資の第一人者である。クラビスと長い付き合いのバディーは、ニューヨークのボスたちからこの件を担当する許可を受けて、翌日にも仕事に取りかかると約束した。ところが、金曜日の電話で返事をしてきたバディーの声が妙に沈んでいる。

「ヘンリー、問題が一つある」とバディー。「正直に言うが、まだそちらと協力することにはっきりした許可が下りてないんだ。週末を通して何とかするよう努力してみる」

クラビスはがく然とした。少なくともこれだけの規模の仕事で、今までにこんなことが起きたためしはない。バディーが担当できない理由でただ一つ考えられることは、ピーター・コーエンが独占的にバンカーズ・トラストと提携したということである。めったにない非常に厳しい展開だ。第一級の危機である。常連の銀行に融資を断られては、クラビス軍に弾薬はない。「まさか、どこかに一人占めされたんじゃないだろうな！」。クラビスが叫んだ。「そんなことはないよな！」

土曜日、クラビスは終日RJRナビスコ対策を考えた。やきもきすればするほど不安が募る。コーエンにヒルとて、買収のベテランとは言えないまでもばかではない。ほかの噂を耳にしない以上、彼らはすでに銀行融資を確定し、買収は成立寸前にあると考えざるを得ない。前夜のコーエンの調子からすると、役員会は確実にロス・ジョンソンの手中にあるに違いない。

バンカーズ・トラストとの間が危なくなるとは思いもよらなかった。一番頼みとする資金調達源を断たれる恐れがあるだけではない。シェアソンが大手銀行に手を回し、ジョンソンの会社を狙うライバルに融資をさせまいとしている明白な証拠でもあるのだ。おまけに、アメリカン・エクスプレスの役員会が月曜に予定されていることをクラビスは知っている。その意味は一つしかない。買収に必要な巨額のつなぎ融資について、シェアソンは親会社の承認を得る必要があるのだ。

シェアソンとジョンソンがこの案件を素早く片付けようとしてることを、すべての状況が示している。彼らが協定に署名してしまえば、反故にするのは至難の業だろう。土曜の晩、クラビスはブルース・ワッサースタインに相談した。攻撃戦術で定評のあるワッサースタインは電撃作戦を勧告した。ジョンソンに取引を独占されるのがそれほど心配なら、攻撃に出ること、それも速攻を仕掛けるしか方法はない。遅れれば遅れるほど、ジョンソンが自分の友人で固めた役員会との間で買収協定を結ぶ時間を与えることになる。

弁護士でもあるワッサースタインは、元最高裁判事ルイス・D・ブランダイスの言葉をこう言い直してみせた。「日光こそ最高の殺菌剤である」。彼はクラビスに言った。薄暗い舞台裏で、ジョンソンがこの案件をこっそり奪い取る心配があるなら、途中でパッと日の光を当ててやればいい。中でも最高の照明は即刻テンダー・オファー（訳注）をすることである。

――**訳注**　株式の公開買付け。敵対的買収に当たって株式の買い入れ価格を公表し、一定期間中は市場を通さずに買付けに応ずること。

クラビス・チームの全体会議が翌日にセットされた。

急げ、急げ、急げ、とクラビスは思う。**すべてはスピードにかかっている。**

この世には数千の商業銀行が存在する。が、M&Aの世界で問題になるのは三行にすぎない。シティバンク、マニュファクチャラーズ・ハノーバー・トラストそれにバンカーズ・トラストである。この三行が巨頭体制を組んでやんわりと蛇口をコントロールする。そこから数十億ドルの資金を流して、ウォール街のM&Aマシーンにオイルを供給するのである。ドレクセル・バーナムその他が販売するジャンクボンドも、資金調達の補助手段としては重要であるが、ビッグスリーがいなければM&Aの世界はにっちもさっちもいかなくなる。

ビッグスリーは強大で、買収資金の融資にも大変積極的である。一九八〇年代の後半にあっては、三行はM&A資金の「一般運送業者」といった存在に当たる。つまり同じ獲物を狙う複数のビッダーに対し、何のためらいもなく同時に融資するということだ。遠縁に当たる投資銀行同様、商業銀行も機密保持の「万里の長城」（組織内部の情報管理の壁）を築き、各ビッダーの秘密を守る。

ビッグスリーのやり方は当然長年の顧客を怒らせる場合がある。ジレット（ボストンのかみそりメーカー）は、社の経営権を狙う敵対的ビッドをシティバンクの支店が支援したことを知って、同行との長年の取引を打ち切った。こうした例は枚挙にいとまがない。銀行側からすれば、けちなお客を数件失うより、割のいい買収手数料を稼ぐほうが重要なのだ。「アメリカ株式会社」がこの手のやり方をどれほど憎んでも、ビッグスリーの力と影響はいかなる挑戦もはねつけるほど広範である。

まれなケースではあるが、大型買収でビッグスリーの一つをひとり占めにすることも可能である。無論これは高く付く。ヘンリー・クラビスの疑惑にもかかわらず、実際のところ、シェアソンはバンカーズ・トラストにもシティバンクにもこうした独占協定は要求していない。ピーター・コーエンは対抗馬を予想しておらず、独占の必要はないと考えたのである。

シェアソンで銀行折衝を担当しているジム・スターンは、バンカーズ・トラストのボブ・オブライエンに内々でこの話を持ちかけたが、オブライエンはお茶を濁していた。だが、オブライエンが後日認めたところでは、自分の銀行が対抗グループの旗を振るつもりはないという印象をシェアソンに与えていたと言う。つまり、バンカーズ・トラストはロス・ジョンソンにしか協力しないという暗黙の了解があったわけである。

こういう背景があったので、ロン・バディーがクラビス支援の許可を求めた時、ニューヨークのオブライエンの上司は虚を突かれた形となり、待ったをかけて事態を静観することにした。バディーは週末を通して自分の最大の得意先に協力する許可を求めたが、徒労に終わった。問題の解決は週を越すことになるだろう。そうなればクラビスの行動に重大な影響が及ぶ。

土曜の晩まで、クラビス陣営はビッグスリーの他の二行に接触しなかった。土曜の夜、クラビスの弁護士で友人のディック・ビーティーがマンハッタンのマンションでくつろいでいると、マーク・ソローから電話が入った。ソローはマニュファクチャラーズ・ハノーバーの買収融資の責任者で、ウォール街のM&A関係者の間では、抜け目のない銀行マンとして一目置かれている。

ソローはシェアソンのピーター・ソロモンを探していると言う。ビーティーはシェアソンに最も近い社外アドバイザーでもある。「ソロモンの自宅の電話番号が分かりますか」とソロー。

「ピーターと何の話があるのかな」。ビーティーが尋ねた。

「言ってはいけないのでしょうが」とソロー。「シェアソン・リーマンの人間と至急話がしたいのです」。ソローが話さなかった一件とはシェアソンの銀行グループに加わる件で、バンカーズ・トラストのボブ・オブライエンから話があり、これを受ける前にシェアソンの人間と話をしたかったということである。

だが、ビーティーはRJRナビスコの話に違いないと思った。明らかにソローはクラビスが関心を持っていることを知らない。シェアソンとの一戦を前に、ビーティーがクラビスの代理人になることも知らないはずだ。

ビーティーは素早く頭を巡らせた。ロン・バディーとのいきさつから、とりわけ銀行関連の動きには神経質になっていた。ソローがシェアソンと連絡を付ける前に足止めをする必要がある。

「いい時に電話をもらったよ、マーク。と言うのも、ヘンリー・クラビスが話したいことがあるんだ。彼のほうから電話させてもいいかな？」

「ええ、もちろん」

ビーティーは、ピーター・ソロモンの番号は見つからないと言って電話を切った。そしてただちにクラビスに電話を入れ、ことの次第を伝えた。

クラビスは翌朝早くソローに電話をかけた。「マニハニ（マニュファクチャラーズ・ハノーバー・トラスト）は独占ベースでシェアソンと協力しているのでしょうか」。クラビスが尋ねた。

「いや、シェアソンだろうがどこだろうが、独占ベースで協力しているということはありません」とソロー。

ソローを使えることが分かってクラビスはほっとした。それならば、とクラビスが持ちかけた。コールバーグ・クラビスはＲＪＲナビスコに対するビッドで、マニハニを独占ベースで利用したいと思っている。

ソローはびっくりした。「いやあ。そんな前例はありませんが……」

「では、今回初めてそうしていただきたい」とクラビス。「損をさせるような真似はいたしません」

クラビスにとっては久しぶりの明るいニュースだった。これでピーター・コーエンも少なくともマニハニには手が届かない。

週末の間に金融データの第一陣がラザール・フレールとディロン・リードに続々と到着し始めた。ＲＪＲナビスコの適正価格の決定に際し、これから数週間にわたって銀行が参考にする数字の先駆けである。部外者による財務研究もいくつか含まれている。大半はジョンソンに何らかの形で企業再編成を促す意図によるものであった。

ラザールではその土曜日、ルイス・リナルディーニが一束の研究を抱えて同僚のオフィスを走り回り「もうこいつを読んだか」と、びっくりしたような表情で尋ねた。シカゴのアパートでは土曜の朝にアイラ・ハリスが書類を受け取り、その内容にショックを受けた。

どの評価も、ＲＪＲナビスコの価値を一株八〇ドル以下に見ているところはなかった。大多数はむしろ九〇ドルに近い。ディロン・リードのプロジェクト・タラは、RJRナビスコに一株八一ドルから八七ドルの値札を付けていた。平均値を取っても、ジョンソンの七五ドルのビッドより二〇億ドルも高くなる。ルーベン・グートフのプロジェクト・レオは、RJRの評価は一株九六ドルにも達すると指摘している。どのバンカーもRJRナビスコがぜい肉を取る必要があることは知っている（ジョンソンのRJR空軍はウォール街では悪名高い）。だが、まさかこれほどの評価が出るとは思わなかった。

銀行がジョンソンのデータをふるいにかけている間に、匿名の奇妙な荷物がコネチカットのチャーリー・ヒューゲルの手元に届けられた。開けてみるとRJRナビスコの業務企画文書が入っている。文書の作成者は明らかにディーン・ポスバーのスタッフである。タイトルは「企業戦略最新情報」。マル秘のスタンプがあり、日付は九月二九日。ジョンソンの買収提案のちょうど三週間前である。

ヒューゲルは内容を丹念に読んだ。文書は株価問題を総括し、フィリップ・モリスへの対抗手段を概観し、さらに、タバコの製造責任問題が同社を思わざる買収候補にする恐れがあると指摘している。だがヒューゲルの関心を引いたのは自社の評価である。文書は、一株八二ドルの下値から一一一ドルの上値まで、RJRナビスコの値札を段階ごとに分析していく。「RJRナビスコは一株一一一ドル以下のいかなるビッドも拒否することが上策である」という結論であった。

ヒューゲルは当惑した。**最低で八二ドルだと？** ジョンソン自身のスタッフが、自社の評価は八二ドルから一一一ドルだというのに、本人が七五ドルでビッドを掛けてくるとはいったいどういうことなのだ？

同じく興味を引くのが文書の送り主である。メモもなく、送り手を示す手掛かりは一切ない。だが一つだけ明らかな事実がある。社内の誰かが、それも機密文書に近づけるRJRナビスコ上席幹部が、ロス・ジョンソンの足を引っ張ろうとしているのだ。

「我々はタバコ会社に関心がある」。クラビスはブルース・ワッサースタインに視線をやって、こう切り出した。「だが、どの会社になるかはまだ言えない」

クラビスがほほ笑む。役員室にひしめく全員が、クラフトに対するフィリップ・モリスのビッドにワッサースタインが深くかかわっていることを承知している。

日曜日の午後、投資銀行の連中は二人ずつ連れ立って、ある者は週末の家から車で、ある者は落ち葉に埋まるセントラルパークを横切って、コールバーグ・クラビスの役員室で四時から開かれた会議に間に合うようにやって来た。クラビスと部下たちは正午までに到着し、午後の大半をかけてRJRナビスコが秘めているさまざまな価値を分析していた。

クラビスは大きなテーブルの端に腰を下ろし、RJR襲撃のために集めたメンバーをぐるりと見渡した。左側のいつも彼が座る席にディック・ビーティーがいる。落ち着いた淡いブルーの目、がっしりしたあご。その左隣にケーシー・コガット。ビーティーの若々しい副官である。コールバーグ・クラビスの法律業務の大半は、ビーティーの指示を受けてコガットが統轄している。二人の弁護士はコネチカットの自宅から同じ車で朝のうちに到着した。

その隣はテッド・アモン。元弁護士で、現在はコールバーグ・クラビスの古参キャリアである。入り組んだ金融問題の解決に巧みな手腕を発揮する。アモンの隣にワッサースタインが座る。天性の素質と、クラビスに提供した数々のアイデアにもかかわらず、ワッサースタインはいまだにコールバーグ・クラビスの懐に飛び込めない。クラビスとその側近にすれば、彼の長たらしい演説はうんざりなのだ。とりわけジョージ・ロバーツは、ワッサースタインに忠誠心があるかどうか頭から疑っていた。

ワッサースタインの隣に座るのがエリック・グリーチャー。モルガン・スタンレーのシャモのようなM&A部門チーフである。M&A業務では一番名の売れているこの二人、グリーチャーとワッサースタインは、クラビスとその側近から見ればいつもおもしろい気晴らしの種である。会議では、互いに最初の発言を争い、前回はどちらが先にやったか絶対に忘れない。同じようなアドバイスが出てくるのはどうにも避けがたい。あまりにもそっくりな時もあって、クラビスをあきれさせる。この日もそうだったが、ビーティーの見るところ、彼らは戦略会議の前に打ち合わせをしてくる。ワッサースタインとグリーチャーのことを、ジョージ・ロバーツは「投資銀行のシスケルとエバート」（訳注）と呼ぶようになった。

一訳注　テレビ番組の映画評論家コンビ。掛け合いのおもしろさで人気がある。

一番端に座っているのがスティーブ・ウォーターズとマック・ロソフ。童顔のマック・ロソフはワッサースタインの側近の一人。先般マクミランのビッドで見せた水際立った仕事ぶりが、クラビスの気に入るところとなった。そして片側には、ドレクセル組のジェフ・ベックとレオン・ブラックが立っている。ブラックは実践知識の豊かな金融の専門家で、何度となくマイク・ミルケンのアイデアを具体化してきた。最後がコールバーグ・クラビスのスタッフ。ポール・レイザーに、勤勉な若手キャリアの二人、スコット・スチュアートとクリフ・ロビンズ。

クラビスは開会を宣し、一同に現在の状況を簡単に説明した。「どうやらシェアソンが大手銀行と結び、第三者の締め出しを図っているようだ」とクラビス。「そういうことなら、こちらも即刻その防止策を講じなければならない」

そして、ＬＢＯが成功すれば手に入るＲＪＲナビスコの実態価値をめぐって、長い議論が続いた。実質的な意見の対立があるわけではない。ロス・ジョンソンの引き出しに金があることは誰もが承知している。問題はこれを手に入れる方法である。当日の「プロジェクト・ピーチ」チームのために、クリフ・ロビンズがいくつかの案をメモにまとめてきた。

三つの案があった。第一案は、いわゆる「ベア・ハッグ」（訳注）レターを取締役会に送る方法である。その中でクラビスは、一株につき七五ドル以上出すが、敵対的ビッドはやらないという意思を示すことになる。ロビンズはその利点として、「ベア・ハッグ」によりおそらく

RJRナビスコの機密財務資料が手に入る点を挙げる。経営陣と組んでいない場合、どうしても必要な資料である。取引を早急にまとめようとする経営陣の動きを牽制する効果もある。不利な点としては、こうした脅迫的な書簡が返って競り合いを加速する結果を招くことである。メモにはこうあった。「競り合いとなれば、ぎりぎりの線までいくだろう」。それでも勝てるかもしれないが、数十億ドルのコストがかかるだろう。

――訳注　レスリングで正面から相手に組みつきフォールを狙う正攻法。

第二案は、シェアソンおよびジョンソンと会談すること。多分そこで共同ビッドが討議されることになる。「弱みを見せることにならないか？」とメモにはある。そして第三案がテンダー・オファー（株式の公開買付け）。ワッサースタインが勧める「電撃作戦」である。長所は「タイミングを自由に選べる。経営陣グループによる買収に待ったをかけられる」。短所は「情報不足、敵対的である、資金調達の問題」

アドバイザーに発言の順番が回ると、まずエリック・グリーチャーが口火を切った。その演説はまるで軍隊調だ。新兵訓練所や、天下分け目のフットボール試合のハーフタイムにやる演説と大差がない。スポーツマンであることに誇りを持っているグリーチャーには、小柄な人間によくある男臭さがあった。

「ぜひテンダー・オファーをするべきだ」とグリーチャー。「この場合のリスクは、我々が手を打つ前にシェアソン側が役員会と何らかの協定を結ぶことだ。シェアソンに電話を入れて『こちらも関心を持っている』と言ったりすれば、いいようにあしらわれてしまう。公開買付けなら互角の立場に立てる。ここは強気に出ることだ。象徴的にもこれは極めて重要な意義がある。速攻が肝心だ。連中を水面下から引きずり出すのだ。ただちに叩きつぶすのだ」

テーブルの向かい側で、ディック・ビーティーが白い歯を見せた。いかにもグリーチャーらしい。

ワッサースタインが次にしゃべった。基本的には、前夜クラビスにじかに話したこととの繰り返しだった。討議が続き、対策の長所短所を一つ一つ詳しく検討していく。ドレクセルのレオン・ブラックは慎重論を唱えた。「なぜ急ぐ必要があるんだ？　成り行きを見て、それから高値を付ければいいじゃないか」

「後でほぞをかむだけだ」とグリーチャー。

議論はなおも続くが、方向ははっきりしてきた。

「値はどうする」。クラビスが尋ねた。

「そうだな、七五ドルというところかな」とグリーチャー。

ワッサースタインが首を振る。「私は九〇ドル台だ」

遣うのが客の金とあれば、ワッサースタインの財布は開け放しになるというのがライバルたちのジョークである。彼の客のビッドはいつも高いので、トレーダーはこれを「ワッサースタインのプレミアム」と呼んでいる。

クラビスはスティーブ・ウォーターズを振り返った。この中では誰よりもジョンソンを知っている。

「君はジョンソンをどう読む」とクラビス。

ウォーターズはジョンソンの経歴をすらすらと説明し、最後にこう結んだ。「ロスという人間は何かを買ったことがない。もっぱら売るほうだったのだ」。九〇ドルの対抗ビッドなら、ただちにジョンソンを受け身に立たせることができる。理由の一つは、おそらく彼が九〇ドルでの対決は望まないということだ。だがそれよりも、すでにテーブルに出ている七五ドルの提示価格と九〇ドルとを比べれば、ジョンソンがまるで自分の会社をかすめ取ろうとしているかのような印象を世間に与える。とすると、うまくいけばジョンソンと役員会の間に決定的な溝ができるかもしれない。

「我々が強気に出れば」とウォーターズが付け加える。「ジョンソンは尻尾を巻くかもしれない」

最後にクラビスはドレクセルの二人に目を向けた。ＲＪＲナビスコを買収できるだけの債券を売れるだろうか？　世界のマーケットにそれだけの需要があるだろうか？　今回の債券募集と比べれば、ウォール街の史上最大のケースも影が薄くなることは全員が承知していた。さらにドレクセルが起訴されれば、買収も債券募集も手ひどい打撃を受けるという問題がある。

「ジャンクボンドの募集はお任せください」。レオン・ブラックが言う。「当社の問題のほうも心配無用です。十分乗り切れますから……」。ブラックの評判はなかなかのもので、彼が保証すれば心配はあまりいらなかった。

話し合いが終わると、クラビスはポール・レイザーと部下の社員を引き連れ、自分のオフィスに引き上げた。断を下す時だった。後に残されたアドバイザーたちは、この機に乗じてコールバーグ・クラビスのキッチンを襲い、さらにピザを注文した。クラビスがオフィスのドアを閉めたころ、わずか六ブロック北の地点でまさに同じような会議が行われていることを、誰も知らなかった。

ジョン・グットフロイントは三歳になる息子の小さな手を握り締めて、マディソン街に降り立った。二人は買物から戻ったところで、グットフロイントは脇に紙包みを抱えている。道の向こう側で、ビル・ストロングと連れのソロモンの金融担当者が駐車場所を探してうろうろしていた。グットフロイントは手を振った。

五番街の彼のマンションで夕方から開く会議は、長く波乱に富んだウォール街の経歴の中でも最も重大なものになる公算が大きい。彼はよく承知していた。ソロモン・ブラザーズはウォール街でも屈指の証券会社である。ニューヨーク港を見渡す広大なトレーディングルームで、毎日二〇〇億ドルを超す証券が取引される。ニューヨーク証券取引所の出来高もこれには及ばない。

だが今やいくつもの思惑が外れて三年が過ぎ、グットフロイントはトレーディングから大型マーチャントバンク業務に重点を移して、虎の子の資本を投入する決意を固めていた。グットフロイントの投資銀行業務部門の取引は、その金額の大きさとあいまって、ソロモンはLBOで大したことはできないと言っている連中の鼻を明かすことになるだろう。

グットフロイント自身、M&Aの世界にはなじみがなかった。ウォール街はいつの時代も二つに割れており、時にはこれが敵対する。かたや投資銀行業務のグループ。人当たりが良く、スマートで、アンドーバーかハーバードの卒業。かたやトレーダーのグループ。シティ・カレッジを出たユダヤ人やアイルランド人の赤ら顔の若者で、立会場でわめき合いながら生計を立てている。経歴の点でもマナーの点でも、グットフロイントはトレーダーだった。

発展を続けた一〇年間、グットフロイントはトレーディングルームの自分のデスクから情け容赦なくソロモン・ブラザーズを叱咤し、ついには業界の最大手で収益力も最高の企業に育て上げた。『ビジネス・ウィーク』は一九八五年に「ウォール街の王様」という称号を彼に進呈した。金融関係者の多くは、ジョン・グットフロイントがソロモン・ブラザーズだと考えている。

社内では彼の言葉は法律であり、太い葉巻を振り回しながらグットフロイントが部屋に入って来ると、社員たちは文字通り震え上がった。小柄で三つぞろいのダークスーツを好む。丸顔。ぶ厚い官能的な唇。カボチャちょうちんのような笑い顔は時に作り笑いに見える。スタンダード・ブランズ時代から彼を知っているロス・ジョンソンは、グットフロイントを「わがポテト頭」と呼ぶ。

五九歳の時、グットフロイントは新しい人生を見つけた。再婚して息子をもうけ、頻繁に社交界に出入りするようになり、ウォール街の噂の種になった。四〇を出たばかりの元パンナム・スチュワーデス、スーザン・グットフロイントが、ブラックタイの募金パーティーや社交パーティーで地味な夫を変身させたのだ。一九八一年に結婚したグットフロイント夫妻は、たちまち『W』や『ウィメンズ・ウェア・デイリー』の社交ページの常連となった。スーザンはヘンリー・キッシンジャーの六〇歳の誕生パーティーの主催者役を勝ち取り、ニューヨーク社交界での立場を決定的なものにした。スーザンのシェフが用意した青リンゴのデザートは、ゲストたちの間で何カ月も語り草になった。

夫妻がパリのグルネル通りに一八世紀の邸宅を買うと、スーザンはフランスで過ごすことが多くなり、週末になるとグットフロイントがコンコルドで往復するようになった。一九八〇年代半ばにソロモン・ブラザーズに初めて問題が生じると、夫の関心を重要事項からそらしたということで、当然ながらスーザンに責任の一端を求める声が多かった。「私の見るところ、ジョンの問題にはスーザンが大いに関係している」と、八八年初めにウォール街のある友人が『ニューヨーク』誌に語った。「年寄りというのはセックスもまだいけると分かると、とかくうつつを抜かすものだ」

ソロモンが大きくなるにつれ、主力のトレーディング部門と、社内では脇役で長いこと継子《まま こ》扱いされてきた投資銀行業務部門との間に緊張関係が生じた。一九八七年になると緊張は一触即発の状態となる。投資銀行業務部門は社内での発言力の拡張を求め、当然のことながらM&

Aやマーチャントバンク業務に積極的に出ていこうとする。社内で企てられた策謀はメディチ家全盛時代のフローレンスの宮廷をほうふつとさせる。マキャベリの描く主役を演ずるのがグットフロイントである。

自分の指導者を情け容赦なくいびり出す男。自分の権力に挑戦する者のくびを切ることに誇りを覚えるような男である。グットフロイントはもっぱら社内反乱の抑圧に大半の時間をつぶしていた。そうこうするうちに収益も士気もどんどん落ちていく。的外れの機構改革を実行して幹部スタッフに大量に辞められる。その中には、シカゴのディールメーカーのアイラ・ハリスや、教祖的エコノミストのヘンリー・カウフマンもいた。最悪の時点では、投資家ロナルド・O・ペレルマンによる乗っ取りをかろうじて免れるありさまだった。

グットフロイントはほぼ二年間危ない綱渡りを続け、社内には不安の嵐が吹き荒れた。だが息子の手を引いて自宅に向かう現在、不吉な予測を見返すかのように、最悪の事態は脱したようであった。社内の不穏分子は大半追放した。収益も再び上向いている。『ウィメンズ・ウェア・デイリー』のページにも、グットフロイントと妻の話題はめったに登場しなくなった。

M&Aを時々「トレード」（訳注）と言ってしまうグットフロイントも、初めて投資銀行業務業務に積極的な関心を寄せ、担当者を引き連れて有望な得意先に挨拶回りをするようになった。トレード部門の黒字は続いているが、ウォール街のCEOの長年の常識がようやくグットフロイントにも分かりかけていた。今本当に稼げるのはマーチャントバンク業務なのだ。

訳注　ウォール街では株式、債券の取引業務を「トレード」と呼び、M&Aの斡旋、助言等の「ディール」ないし「マーチャントバンク業務」とは区別している。投資銀行や証券会社の内部でも「トレード」と「ディール」は別の部門が扱う。

RJRナビスコはグットフロイントの決断の試金石となった。投資銀行業務部門も大張り切りで、ロス・ジョンソンが始めた勝負に食い込む気でいる。ただグットフロイントの懸念は、彼らの情熱が「ディール熱」ではないかということだ。投資銀行の連中が、一生に一度のM&Aを見つけたと言っては陥る症状である。グットフロイントの見るところ、ひと月かふた月に一回、たいていの「ディール野郎」にこの種の症状が起きる。

どうやら投資銀行業務部門の連中は「聖杯」（訳注）に出会ったと信じているらしい。起死回生の案件というわけだ。RJRナビスコはソロモンの救世主になる。この買収こそ、一撃の下に歴史を塗り替え、過去の難問を一掃し、ソロモンを一挙にLBO分野の一大勢力に変身させる。

訳注　アーサー王伝説に出てくる理想の目標。

見上げた目標である。だが実現は難しい、とグットフロイントは考える。しかも間違いなくリスクが大きい。RJRナビスコに関するビル・ストロングの話によれば、ロス・ジョンソンの会社には魅力がありそうだ。有名ブランド各種、ずば抜けた現金収入。だがグットフロイントには大局的な観点が求められる。必要な資金（おそらく数億ドル）は会社にとって大変な負担になるだろう。

ソロモンのトレーディング活動は、その資金で大量の株と債券をかき集め、薄いマージンで販売して巨額の利益を上げるものだ。資本金に大きく食い込むようなことをすると、ソロモンの格付け（訳注）の見直しにもつながりかねない。格下げともなればトレーディングのコストが数百万ドルも増える。第一、格下げは社内の不満を再燃させる火種になるかもしれない。グットフロイントにはおのれをごまかしている余裕はない。ひとつ取り扱いを誤れば自分の足元に火が付きかねなかった。

訳注　専門の格付け機関が公表する企業の信用度のランク。格付けが下がると、借入金の金利など資金調達コストが高くなる。

駐車場所を見つけたビル・ストロングと、後からやって来た数人の投資銀行業務担当者は、マンションの戸口でグットフロイントに迎えられた。招じ入れられた広間は石造りの壁で、二階まで吹き抜けになっている。一方の壁にはモネの「水蓮」が一枚かかっている。六寝室のこのマンションは全面改装する前の値段が六五〇万ドル。壁一面に札束がぶら下がっているみたいだ。ラウンジは一八世紀フランス風の造りにしてある。一部屋には植物がいっぱいに置かれ、アンティークな色調の羽目板と格子の飾りがついている。社交界の奥方たちのお気に入りのジョークは、スーザン・グットフロイントがどれほどパリ暮らしにかぶれたかである。彼女はナンシー・レーガンに紹介されて「ボンソワール、マダム」と挨拶した。

グットフロイント夫妻が五番街へ引っ越したのは、前に住んでいた上流のリバー・ハウスの隣人たちとゴタゴタを起こした後である。七メートル近くもあるダグラスモミをスーザンがクリマスツリーにしたいと言い出した。大き過ぎてエレベーターに入らないことが分かると、彼女はためらわずクレーンを屋根に取り付け、引き上げさせた。ただし、あいにくペントハウスの住人の許可をもらっていなかったため騒ぎが起こり、三五〇〇万ドルの裁判ざたに発展した。グットフロイント夫妻が五番街のもっと広いアパートに移ったのは、それから間もなくのことである。

ぜいを尽くしたマンションをひとわたり案内された後、ストロングの一行は壁が革張りでほの暗いグットフロイントの書斎に通された。「オーケー。この件に関して知っているべき情報を教えてくれたまえ」とグットフロイント。

ストロングは緊張した。こんな重大なことを説明するのは初めてだ。この先もないかもしれない。彼がグットフロイントに言いたいのは、ソロモンの将来を一変させるほどの、かつてない決意を示してほしいということである。ストロングはざっと概略を説明した。骨組みは単純なものだ。ソロモンとハンソンが「純然たるパートナー」になる。株式もコストも折半し、経営権も五〇パーセントずつ分ける。ソロモン側が金融のノウハウ、ハンソン側が経営のノウハウを提供する。普通と違うのは、ソロモンが買収案件に割り込むためにストロングが持ち出した方法である。

週末を通して検討した結果、ストロングのソロモン・チームが出した結論はヘンリー・クラビスと同じものだった。ＲＪＲナビスコを狙うなら攻めて出るしかない。ストロングの提案は、ソロモンは早急かつ極秘裏にＲＪＲナビスコ株を大量に買い集めるというものだ。ビッドに割り込むタイミングを横目でにらみながら、買い集めた株を足がかりにする。これによってソロモンに交渉力がつく、とストロングは主張した。万一ＲＪＲナビスコの経営権を握れずに終わっても、買い集めた株式でソロモンはほぼ確実に莫大な利益を上げることができる。

ストロングが説明したのは、まさしくブーン・ピケンズやカール・アイカーンなどの買い占め屋が長年使ってきた戦略である。大手投資銀行が同じ手法を試みたという話は聞いたことがない。規模から言えば、トム・ヒルとシェアソンがこの春コパーズを急襲した時を上回っている。だが異例のディールには異例の戦術が必要になる、とストロングは主張した。グットフロイントが認めてくれるなら、月曜の朝からＲＪＲナビスコ株の買付けを始め、一〇億ドルまで買い進みたいとストロングは言った。

簡単にできた案ではない。投資銀行業務部門の人間が週末をつぶして議論したものである。素晴らしい戦略に思われた。各種の有名ブランドを奪い取る千載一遇のチャンス。まさしくソロモンがやってしかるべき積極策である、と彼らは考えた。討議を重ねれば重ねるほど、意気も上がった。後に残る疑問はただ一つ――グットフロイントはやるだろうか？

「だめだ。彼は絶対やらんよ」とチャールズ・フィリップスは言った。グットフロイントは口では大きなことを言うが、腹の中はボタンを押す勇気などない。これを聞いて落胆した者もいた。もしグットフロイントがＲＪＲナビスコの買収を認めないなら、これからも何も認めないだろう。「こいつがやれんようなら」とロナルド・フリーマンというベテランが嘆いた。「俺がソロモンにいた一五年間は無駄だったということになる」

ストロングが説明を終わったところで、グットフロイントが攻撃に出た。相手にジャブを浴びせるボクサーさながら、ちょっとしたすきも見逃さない。彼のやり方は相手を守勢に追いやって、なおかつおのれの立場を徹底的に正当化するというものだ。この案件に一ドルでも投入する前に、つまずく可能性のある点はすべて聞いておきたい、とグットフロイントは言った。「君たちは株主の金を簡単に考え過ぎている。うまくいく保証はあるのか？」

当初はグットフロイントが敵意を持っているのか、それとも当然聞くべき質問をしているだけなのか、そこが担当者に分からない。タバコ訴訟はどうなのだ？　グットフロイントが尋ねる。「問題ありません」と一同が保証する。「債券市場は債券をさばき切れるか」と質問されて、チャズ・フィリップスが「はい」と答える。

さらに一時間論議を尽くしたところで、グットフロイントはソロモンの有力な取締役ウォーレン・バフェットに電話を入れた。バフェットはウォール街きってのインテリ投資家として定評があった。彼の予想で市場が動く。過去に何度も前例があった。早業はやらないし、急襲は趣味に合わない。バフェットの投資法は「買って、持ち続ける」という昔ながらのやり方だ。

前年の秋、ソロモン株の一二パーセントを買い入れて、ロン・ペレルマンの敵対的買収からグットフロイントを救ったことがある。

バフェットが電話に出ると、グットフロイントはスピーカーホンに切り換え、状況を詳しく説明した。社としてはどうしたらいいだろうか？

やってみなさい、とバフェットが勧めた。かつてRJRの大株主だったことがあるのでタバコには詳しく、気に入っていた。「なぜタバコ事業が好きかというと」とバフェット。「生産コストが一セントで、それが一ドルで売れる。やめられるもんじゃない。しかも同じブランドを長く吸ってくれる」

じゃあソロモンに加勢してくれるのか？　いいや、とバフェット。今回はだめだ。タバコは投資対象としては素晴らしい。だがタバコ会社のオーナーということになれば、社会的な負い目が生ずるし、「死の商人」のイメージもある。今はその手の荷物を背負い込むつもりはない。「私はお金も十分にある。タバコ会社のオーナーになって、今さら公の責任を引き受ける必要もない」

バフェットの支持で、どうやら会長の迷いも一掃されたようだ。思い切った手が必要なら、思い切った手を使えばいい。グットフロイントが承認した。

投資銀行業務部門の人たちは各人各様の幸福感を胸に抱いて、グットフロイントのマンションを後にした。会長を信じ切れなかったチャズ・フィリップスも高ぶった気分でバスに乗り、五番街のマンションに戻った。きっと俺はソロモン・ブラザーズの歴史で最も重大な場面に立ち会ったのだ。信じられない気分だった。

グットフロイントが本当に決断したのだ。

一同は夜明けまで祝福の電話をかけ合った。誰も自分たちの幸運が信じられない。何年も評定を重ねたあげく、ようやくソロモン・ブラザーズが重い腰を上げようとしているのだ。

「まあ、ちょっと待ってくれ」。ジョージ・ロバーツが言った。「どうして、今晩でなきゃいかん？明日、飛行機でそっちに行くから」

「それもいいだろう」。クラビスが言う。「だが、明日じゃ遅過ぎるかもしれないんだ」

クラビスのオフィスのスピーカーホンに出たジョージ・ロバーツは、突然のテンダー・オファーの提案に不意を突かれた形だった。クラビスの準備状況の報告は受けていたが、こういう展開はまるで予想外だった。サンフランシスコの南の自宅にいるロバーツにとって、資料と言えるものはニューヨークから二日前に送られてきたコンピューターのデータ一枚だけだ。創業以来初めて、一方的に対抗ビッドをかける前に、ロバーツが詳細を問い質したのも当然だった。

クラビスが急がねばならない理由を事細かに説明した。銀行がよそに抱え込まれそうになっていること、アメリカン・エクスプレスの役員会が明日開かれること、その際、取引の補強に必要なつなぎ融資が承認されるのは確実なこと。クラビスは言う。急がないと、ジョンソンのほうは数時間とはいわずとも数日のうちに、この買収を完了することができる。コールバーグ・

クラビスが買収競争に踏み込む確実な方法は対抗ビッドしかない。対抗ビッドなら役員会は何らかの対応をしなければならない。連邦証券法によれば、ビッドの対象企業はこれに対して一〇日以内に正式回答を行う義務がある。つまり役員会はこちらを無視できなくなる。

クラビスは続けた。これは完全に敵対的なビッドというわけではない。第一に、会社をビッドの対象にしたのはジョンソンのほうだ。こちらの狙いは、ＲＪＲナビスコの役員会が認める条件の下で対抗ビッドを行うことにある。完全に敵対的なビッドをしなくても、対抗ビッドによる時間的メリットを手にすることができる。

ブルース・ワッサースタインとエリック・グリーチャーが呼ばれて、ロバーツのために改めて軍隊調の売り込みを繰り返した。ロバーツは面と向かっては言わなかったが、二人の演説にはさほど感心しなかった。コールバーグ・クラビスに早くディールをやらせたいという、ワッサースタインやグリーチャーのような手合いがウォール街にはごろごろしている。主たる狙いは数百万ドルの顧問料にあるらしい。中でもワッサースタインはたちが悪い。Ｍ＆Ａのアイデアをあれこれ持ち込んではヘンリーに付きまとっている。ロバーツはこの手の話は必ず割り引いて聞き、ほかのニューヨークの大嫌いなものごとと一緒に放っておいた。やがてロバーツは二人に席を外してほしいと頼んだ。

大きな決断だった。本件はこれまで手がけたどの仕事と比べても三倍以上の規模になる。友好的な経営陣の助けを借りずにビッドを仕掛けるのも初めてだ。ＲＪＲナビスコを望むなら、どうやら単独で飛び立たなければならないようだ。

だがロバーツは、クラビスの現場感覚にだんだん引き寄せられていった。一人でカリフォルニアにいて、ニューヨークの人間にあれこれ言っても無駄に思われた。「じゃあ一晩よく考えて明日の朝、相談しよう。それで格別気になる点がなければゴーということだ」とロバーツは言った。

会議がお開きになったのは一〇時一五分ごろである。クラビスがそろそろ帰ろうと思っていると、グリーチャーとワッサースタインがオフィスに入って来た。「手数料について話したいのだが」と二人が言った。

これにはクラビスもむっとした。コールバーグ・クラビスの通常のやり方は、買収がある程度進行してから、場合によっては買収が成立してから初めて、投資銀行と手数料の交渉に入るのである。会社がアドバイザーの面倒を見るのは信頼関係があるからだ、とクラビスは考えている。そこで二人の男をジロリと見やった。小遣いの値上げをせがむ子供と変わりがない……。

「どうしてここで手数料の話をしなけりゃならんのだ」とクラビス。「これまで問題があった例はないじゃないか」

二人の目当ては、モルガン・スタンレーとワッサースタイン・ペレラがそれぞれ五〇〇〇万ドルの手数料を要求することであった。大変な金額だった。過去に決まった最高の手数料でも五〇〇〇万から六〇〇〇万の間だった。しかもそれは、巨額のつなぎ融資と一〇億ドルクラスの資本参加が必要な場合である。ワッサースタインとグリーチャーは単にアドバイスをするだけで、これと同額の手数料が欲しいと言うのである。

ばかばかしい。クラビスは思った。自分のキャリアで最大の（それどころかウォール街史上最大の）買収合戦を仕掛けようというこの時に、アドバイザーたちは戦術より報酬のほうを心配しているのだ。

「ずいぶん細かいんだな」。クラビスが二人に言った。「その話をするつもりはない。こんな話はこれで最後にしてくれ」

「まあ、いいでしょう」。ややあってグリーチャーが言った。「だが我々には大切な問題なんだ、ヘンリー。あんたに下駄を預けるしかないようだ」（原注）

原注　ワッサースタインはこの会話を覚えていないが、こうも言う。「十分あり得ることだ。手数料問題は基本的にはモルガン・スタンレーに任せていた。だからエリックに聞いてみることだ」。そのグリーチャーも記憶がないと言う。

その後、クラビスは車でパーク・アベニューのマンションに戻った。この夜の展開に満足だった。対抗ビッドは当然の成り行きのように思われる。七五パーセントの確率でビッドをかけるだろう。もちろん迷いもまだ残る。ファンドの投資家はどう見るだろうか？　新聞の扱いはどうか？　何よりＲＪＲの役員会はどう受け取るだろうか？　敵対的ビッドでないことを何とか納得させなければならない。

一晩寝て考えてみたかった。朝になったらビーティーやロバーツと話し合うことにしよう。ピーター・コーエンとも話すことになるかもしれない。

最後の断はそれからだ。

ヘンリー・クラビスが精力的に態勢を整えている間、経営グループのほうはのんびり週末を過ごしていた。日曜の夕方、ジョンソンは目前に迫った嵐のことも知らず、近代美術館の上にそびえるジムとリンダ・ロビンソン夫妻のマンションにぶらりと姿を見せた。上機嫌のジョンソンはよく日に焼け、コットンのセーターにカジュアルなスラックス姿でくつろいだ様子だった。

その日の午後、ジョンソンはアトランタを飛行機で発ち、途中チャタヌーガ（テネシー州）で降りて、ローリーとジョン・マーティンを引き連れてゴルフを一ラウンド楽しんできたのだ。そのゴルフ場は、オーナーが元コカコーラ・ボトラーの友人ジャック・ラプトンで、ジョンソンお気に入りのゴルフ場の一つである。ローリーはショートティーから、ジョンソンはミドルティーから、そしてマーティンはバックティーからスタートして、そろっていいスコアを出した。

ジョンソンはクラビスの挑戦を心配していなかった。金曜以降はあまりくよくよ考えなかった。土曜日は昼まで眠り、午後はずっとマーティンと大学フットボールを見て過ごした。月曜日はローリーと一緒にブルースを見舞う予定だった。ブルースはひと月前の事故以来まだ昏睡状態を続けている。火曜日は商業銀行のスタッフと会う。買収に必要な一五〇億ドル前後の資金調達に乗り出すのだ。それが本格的な始動になるとジョンソンは考えていた。クラビスのほうはピーター・コーエンが何とかあしらってくれるだろう。クラビスもおとなしくなって、万事は順調に運ぶ。すべては予定通り進んでいる、というのがコーエンの報告だった。別の報告が届かない限り、コーエンを信用するしかない。いずれにせよ、クラビスに何ができよう？　まさか経営陣抜きで、当社に一八〇億ドルのビッドをかけてくることもあるまい。

ジム・ロビンソンはそれほど楽観していなかった。週末の間ずっとクラビスに直接電話をしようかと迷っていた。コーエンは万事思い通りに運んでいると言うが、力になってやれるのではないかという思いを振り払えない。ジョンソンと二人で、その晩はもっぱら電話を通じて、とるべき道をいろいろコーエンと検討した。

一一時ごろ、ジョンソン夫妻とマーティンは、ピエール・ホテルの隣にあるジョンソンの五番街のマンションに引き上げた。マンションに着くと、マーティンに広報担当のビル・リスから伝言が届いていた。何事だろう。電話に出たリスはほとんどパニック状態だった。

リスはウォール・ストリート・ジャーナルの記者から電話をもらったところだと言った。「明朝、ヘンリー・クラビスが一株九〇ドルで対抗ビッドをかけてくるそうです」

マーティンとジョンソンは、けげんそうに顔を見合わせた。「そんなばかな」。マーティンがリスに言う。

「ばかな……」。ジョンソンもおうむ返しに言う。「九〇ドルも払うやつがいったいどこにいる」

噂にすぎないと二人は思った。これだけの規模の買収となれば、おかしな話があれこれ飛び交うものである。それでも、ジョン・マーティンはこの話をリンダ・ロビンソンに伝えた。

ピーター・コーエンは読みかけの本を置き、ベッドの妻の横に潜り込むところだった。明日は厳しい一日になるだろう。ヘンリー・クラビスと片を付けなきゃならん。

平穏な週末だった。金曜の晩クラビスと会った後、コーエンは疲れ切って帰宅した。土曜日は六時間のフランス語のレッスンに耐えた。その上イタリア語も習っている。こうしたレッスンはカルロ・ディ・ベネデッティと付き合い始めたためだ。ディ・ベネデッティが経営権を握るフランスとイタリアの企業の取締役になったのである。家庭教師には、春にやった時より身を入れて勉強すると約束した。「今度はひとつ見ていてください」とコーエンは言ったが、それから数カ月フランス語のレッスンが受けられなくなるとは夢にも思わなかった。夕方は息子たちのちびっ子フットボールを見物した。

日曜日は終日家でぶらぶらした。ジム・ロビンソンやトム・ヒルと何度か連絡を取った。三人ともシェアソンがクラビスと話し合いを続けることに異論はない。話し合いの結果どうなるのか、コーエンにはまるでめどが立たないが、せいぜいクラビスを牽制して、事態の拡大を防ぐのが利口なやり方のように思われた。

コーエンの電話のベルが鳴った。リンダ・ロビンソンからだった。ジョン・マーティンの電話を取り次ぎ、クラビスがＲＪＲナビスコに対抗ビッドをかけるという穏やかならざる噂を伝えてきた。

「いや、信じられない話だ」とコーエン。「誰かが君たちをからかっているんだよ」。ジョンソンと同様にコーエンも、大型のＭ＆Ａに付き物の噂話だと一笑に付した。リンダ・ロビンソンもそうかもしれないと思った。

それから一時間もたたないうちに、また彼女から電話があった。ある記者から直接電話が入り、同じ噂を伝えてきたのである。

「事実のわけがないよ、リンダ」。コーエンが繰り返した。「明日我々はヘンリーと会う手はずになっている。まだ話し合えるチャンスがあるというのに、なぜ彼がそんな真似をするんだ？　何の意味もないじゃないか。噂にすぎないよ」

一二時を回るころ、リンダ・ロビンソンはジョンソンに最後の電話を入れ、自分のところにも記者から電話があったと伝えた。でも心配することないわ、と彼女が励ました。「マイロンがそんなことあり得ないって」。マイロンとは彼女がコーエンに付けたあだ名である。「午前中にも話し合いがあるみたいだし……」

が、ジョンソンは初めて胸の内に不安の高まりを覚えた。リンダ・ロビンソンにお休みと言ってから、ジョンソンはローリーに言った。「どういうことだ？　リンダのところにも電話があったそうだ。妙な話だな……」

本当なのかな？　ジョンソンは思う。いいや、噂話に決まっている。そんなわけがあるはずがない。考えてみるがいい。万一クラビスがうちの提示価格より高値を付けるとしても、一株一五ドルも高いことはあるまい。

いいや、あり得ないことだ……。

ソロモン・ブラザーズのビル・ストロングは、月曜の早朝にサミット（ニュージャージー州）の自宅で目覚め、今日一日のために気を引き締めた。今日こそ頑迷固陋《ころう》なソロモン・ブラザーズのディールメーカーたちが新世紀に突入する日なのである。

五時二〇分、ストロングは黒のＢＭＷ７３５ⅱに乗り込み、近くの新聞スタンドに向かった。二〇分後には、まだ開いてない新聞の山を助手席に積んで、車はホランド・トンネルに向かっていた。自動車電話が鳴った。ソロモンのキャリア社員デビッド・カークランドからだった。カークランドがたった今聞いたＣＢＳラジオによれば、ヘンリー・クラビスがＲＪＲナビスコに対し一株九〇ドルの対抗ビッドを発表したという。

「何てこった」とビル・ストロング。

ジョンソンの弁護士スティーブ・ゴールドストーンが、朝六時にスウェットパンツに足を通していると電話が鳴った。最近ＵＮ（ユナイテッド・ネーションズ）プラザのマンションに引っ越したばかりだった。階下にジムがあり、ストレス解消に利用している。

「KKRが対抗ビッドをかけたぞ」。トム・ヒルが淡々と言い、続けて詳細不明の話の大筋を早口で説明した。はじめゴールドストーンにはよく理解できなかった。「もう一度頼む」

ヒルが分かっている情報を繰り返した。「で、値段は？」とゴールドストーン。

「一株九〇ドル」

ゴールドストーンは衝撃を受けた。何週間となく準備を進めてきたが、これだけの高値をうかがわせる材料はまるで聞こえてこなかった。シェアソンも八〇ドルを超すことはあるまいと言っていた。

「もう一度言ってくれ。九〇？　ナイン、ゼロ？」

「そうだ」

「すぐ、君のオフィスに行く」

ゴールドストーンは呆然としてジム用のウェアを脱ぎ捨てた。「あの電話で」と数カ月後に彼が回想する。「文字通り靴下まで脱がされたような気分になった」

月曜のウォール・ストリート・ジャーナルとニューヨーク・タイムズがそろって、コールバーグ・クラビスが一株九〇ドルでRJRナビスコに対抗ビッドをかけるというニュースを載せていた。ディック・ビーティーはこの記事を見て、一瞬ぽかんと口を開けた。どこからか情報が漏れたのだ。この二〇年、ウォール街でこれほどひどい信義違反は見たことがない。誰かが、多分クラビスが数百万ドルの報酬を払っているアドバイザーの一人が、クラビスの経歴でも最大の案件をリークしたのだ。七時前後にクラビスから電話が入った時も、ビーティーの気持ちはまだ収まらなかった。

「タイムズのあのいまいましい記事を見たか?」。クラビスの声は悲鳴に近かった。「見たとも。頭にきてるよ」

「あいつだ、ベックの奴だ!」

「いや、ヘンリー……」

「そうさ、あいつさ!」

クラビスはニューヨーク・タイムズの記事の中にドレクセル・バーナムの名を見つけ、即座に犯人はジェフ・ベックだと見当を付けたのだ。長いことベックのばか騒ぎや、ろくでもない冗談、ヒステリーの発作には我慢を重ねてきた。そろそろベックにも年貢を納めてもらおうじゃないか。

三〇分後、クラビスはオフィスに着いてもまだ顔が青ざめていた。対抗ビッドの決断をする前の最後の詰めも、何もかも無意味になった。リークで手の内が明かされてしまった。こうなればビッドを進めるしかない。正式発表を八時に行うよう指示を出した。

ベックへの怒りはひとまず忘れようと努めながら、クラビスは電話をかける相手のリストをメモした。大勢はいない。五人だけだった。チャールズ・ヒューゲル、ロス・ジョンソン、ジム・ロビンソン、ピーター・コーエン、そして特別委員会に協力するアイラ・ハリス。

最初の四人はすぐには連絡がつかなかった。八時二〇分前にようやくアイラ・ハリスのシカゴのマンションに連絡が取れた。絶えず減量と闘っているハリスは、クラビスが電話を入れた時、トレッドミル（ルームランナー）で汗を流していた。

「いや、驚いたな！」。クラビスが目前に迫った対抗ビッドを明かすと、ハリスはそう叫んだ。取締役のアドバイザーとして、ハリスはこの買収には厳正中立の立場である、とクラビスに言った。だが、株主の取り分を増やすようなビッドは、ＲＪＲナビスコの役員にとっても良いニュースに違いない。

「ヘンリー、素晴らしいことだ」とハリスは言った。

月曜の朝ピーター・コーエンは早くから起き、七時半には運転手付きのリムジンに乗り込んで、ダウンタウンのシェアソンの本社に向かった。子供たちを学校で降ろし、リムジンがパーク・アベニューを進んでいると、妻のカレンから電話が入った。「ヘンリーから電話があって、あなたを探しているわ」

まだ朝刊を読んでいないコーエンは数分後にクラビスに連絡をつけた。これまでの二人の会話（ディナーパーティー、開会式、はたまたスキーのゲレンデ）で、これほど緊張したクラビスの声を聞くのは初めてだった。

「ピーター、君に電話したというのも、週末を通じてそちらが企んだことが、こちらに筒抜けになっていることを教えてやるためだ。だから、うちも八時を期して一株九〇ドルでRJR買収のビッドを発表する」

「ヘンリー」。コーエンは必死に怒りを抑えた。「いったい私が週末に何を企んだと言うのだ」

「銀行からうちを締め出そうとしたり、いろいろやってるじゃないか。それが分かったのさ。取締役会のことだって聞いている」

「そんなたわ言をどこから仕込んだか知らんが、その手のことは一切やってない。取締役会の日程は何カ月も前から決まっていた。ヘンリー、いったい何をするつもりだ。これから電話しようと思っていたところだ。口にしたことで、これまで私が実行しなかったことがあるか?」

「ひとつ言わせてくれ」。コーエンはさらに続けた。「君は間違いを犯そうとしている。あんたは我々を甘く見ている」。コーエンはもう不快感を隠そうともしない。

だが受話器を置きながら、コーエンの怒りはたちまちショックへ、さらには不安へと変わっていった。ダウンタウンを疾走するリムジンの中で、コーエンは何が起きたのか理解しようと努めた。何かがクラビスの背中を押したのだ。シェアソンの首席弁護士ジャック・ナスバウムの電話番号を回す。

「なぜ連中はこんなことをするんだ。まるで理解できん！　正気のさたじゃない」。声を荒らげてコーエンが言った。「クラビスは返事をくれることになっていたんだぞ」

二人ともどこで歯車が狂ったのか分からなかった。ナスバウムはほかに何かあるとしか思えないと言う。対抗ビッドだとしても大したものじゃない。第一、クラビスは三日間で二〇〇億ドルも集められないはずだ。

「どうして彼らに対抗ビッドなどできる、ピーター？」とナスバウム。「融資先などないんだ。どうせ夢のような話だ。それに彼にはとても敵対的買収はできない」


トーストにベーコン、イングリッシュ・マフィン、目玉焼きが一つ。ロス・ジョンソンがいつものメニューの朝食の席に着こうとしていると、ジョン・マーティンがアパートに飛び込んできた。「例のクラビスの一件」とマーティン。「あちこちから話が入ってくる。本当だったんだ」

まさか、とジョンソン。いや、あり得ないよ。だが言葉にならなかった。ナンセンスだ。一株九〇ドルだと？　正気のさたじゃない。

しかし事実です、とマーティン。

ジョンソンはすぐピーター・コーエンがクラビスと会った話を思い出した。クラビスをその気にさせるようなことが金曜の晩にあったのだ。コーエンは言わなかったが……。

「誰かが誰かを怒らせたに違いない」とジョンソン。「必ず真相を突き止めてみせる」

物別れに終わった一年前の話し合い以外には、クラビスはジョンソンをそれほどよく知らなかった。そこで、電話会談をセットするために、彼はモルガン・スタンレーのエリック・グリーチャーに電話を入れた。

「ヘンリー」。いかにも驚いたようにグリーチャーが言った。「今あんたの記事を読んでいるところだ」。グリーチャーが笑った。ライバルのジェフ・ベックへの当てこすりを抑えることができない。「ドレクセルの連中をあんたは信用できますか?」

「くそったれ!」とクラビス。「こんなに頭にきたのは初めてだ。こんなことが信じられるか? こうなればもうドレクセルはお払い箱だ」

一人でほくそ笑みながら、グリーチャーはアトランタのジョンソンに電話を入れた。数分後にジョンソンのニューヨークのアパートから返事があった。グリーチャーはいつもと変わらず機嫌のいいジョンソンにびっくりした。クラビスのビッドで彼がパニック状態になったとしても、少なくともジョンソンはそうした気配を見せなかった。

「おい、とんでもない値段じゃないか!」とジョンソン。「まさに正気のさたじゃないな。だが、お互いに株主のためには立派な仕事をしたことになる」

ジョンソンの言葉をどう取ってよいやら、グリーチャーには分からない。自分の会社を失うことを、この男は本当に何とも思っていないのだろうか。ひょっとすると失業するかもしれないのに……。

数分後ジョンソンがヘンリー・クラビスに電話した時も、クラビスはＲＪＲナビスコ社長の元気の良さに圧倒された。クラビスのビッドのニュースに動揺しているとはとうてい思えなかった。

「いや驚いたよ、ヘンリー！」とジョンソン。「君が金持だということは知っていたが、まさかこれほどとは！　べらぼうなビッドじゃないか」

ジョンソンの不可解に明るい挨拶とは対照的に、クラビスの口調は落ち着いて淡々としていた。

「ロス、これは礼儀としてお知らせしたいと思ったんだ。我々はＲＪＲを買収したいと考えている。そちらと話し合いの機会を持ち、一緒に協力できるかどうか相談できればありがたい。我々としてはぜひあなたに経営を担ってもらいたい」

「まあ、しばらく様子を見ることにしよう」とジョンソン。「いずれ返事をする」

あっという間の電話だった。

同じ内容をジム・ロビンソンとチャールズ・ヒューゲルに伝えてから、クラビスは昼ごろジェフ・ベックに電話を入れ、いよいよ彼と対決した。電話線を通じて腕を伸ばし相手の首を締めることができたら、クラビスはそうしたに違いない。

「おまえさんからこんな仕打ちを受けるとはな！」とクラビス。

ベックはたちまちおろおろした。「俺じゃないよ、ヘンリー。信じてくれ。俺はやってない！」

「新聞を読む限り、おまえの仕業としか思えん」。クラビスが冷ややかに言った。「信用できん人間にうろついてもらっては困るんだ。手前勝手に動くような人間はこのチームにいてほしくない。我々はそういう手合いに用はない。以上だ、ジェフ。今後、会議に出ることは一切断る」

ベックはパニックに陥った。自分の評判は言わずもがな、数百万ドルの手数料がふいになるかもしれない。「ヘンリー、俺じゃない。俺はやってない！　俺じゃないったら！　どうか信じてくれ！　ワッサースタインだよ！　ワッサースタインに違いない！」

ベックは泣きつき、哀願した。だがクラビスは恥も外聞もない否定の繰り返しにうんざりした。その日一日、ほぼ三〇分おきにベックはクラビスに電話を入れた。だが返事は一度ももらえなかった。ベックはポール・レイザーなどにも泣きつき、身の潔白を訴えた。新聞記者にまでとりなしを頼んだが、何の効果もない。その日から地獄のような数日間、ベックは眠れず、クラビスと縁切りになるという不安にさいなまれることになる。

その日のうちに、「リークの黒幕はベックだ」とエリック・グリーチャーがあちこちでしゃべっているという噂を耳にした。ベックはグリーチャーのパートナーのスティーブ・ウォータ一ズに電話を入れた。

「エリックに言っておけ」とベック。「そういうことをもう一度言ったら、やつの薄汚ない首をへし折ってやる」

コールバーグ・クラビスではリークの出所について長いこと議論が交わされた。

何週間というものジェフ・ベックは面目を失ったままで、戦略会議から締め出された。最終的にはベックは陣営への復帰が認められた。正真正銘の陰の黒幕、ブルース・ワッサースタインがベックを巧妙にはめたことを、クラビスがようやく納得したからである。

クラビスの側近の見るところ、ワッサースタインはこの話を新聞にリークすることで、クラビスをRJRナビスコとの長期戦に引きずり込もうとしたのである。考えられる動機は、そうなればクラビスがクラフトのビッドに参加できなくなるからだ。ワッサースタインは、クラフトを買おうとしているフィリップ・モリスのアドバイザーであり、ヘンリー・クラビスに獲物をさらわれるのを非常に恐れていた。「やつの狙いは断崖の上の最後のひと押しだった」とポール・レイザーは言う。事実、クラビスは日曜の午後も、その種の相談でクラフトのCEOジョン・リッチマンと接触している。

クラビスによれば、ワッサースタインは自分の足跡を消すため、問題のニューヨーク・タイムズの記事に巧妙にドレクセル・バーナムの名を埋め込んでおいた。そうなれば、おしゃべりベックが疑われることは承知の上だ。

だが買収成立から数カ月して、クラビスとレイザーは再びその筋書を修正した。問題の日曜の晩のコールバーグ・クラビスの通話記録をチェックした結果、ウォール・ストリート・ジャーナルとニューヨーク・タイムズの記者に電話をかけた人間を突き止めたと二人は主張している。クラビスの結論によれば、リークは二カ所から起きた。つまりベックとワッサースタインがそれぞれ片方の新聞に情報を流したのである。ベックの動機は純然たる私利私欲によるものと二人は見ている。功績を認めさせたかったのだ。真相はどうあれ、ベックもワッサースタインもリークの真犯人であることをまっ向から否定している。

クラビスにとって、リーク騒動はその日限りの問題では終わらなかった。その日の朝を境に、クラビスはもうアドバイザーを信用できなくなった。最終的には優に五億ドルを超す手数料を払うアドバイザーが信じられないのである。それ以降のＲＪＲナビスコ戦では、もっぱらクラビスとロバーツ、それに側近たちだけで仕事を進めるようになった。財務分析は引き続き投資銀行の人間にやらせたが（二五〇〇万ドル分の仕事はやらせなければならない）、クラビスとロバーツはコールバーグ・クラビスの仲間内にしか本心を明かさないようになった。場合によっては投資銀行をわざとだまして、ワッサースタインやベックがそのまま偽の情報を広めてくれることを期待したりもした。

ジョン・グットフロイントの懐では、クラビスの発表が爆弾なみにさく裂した。クラビスのビッドのニュースを受けてＲＪＲナビスコの株価が跳ね上がった結果、グットフロイントはソロモンのＲＪＲナビスコ株買収計画を棚上げせざるを得なくなった。一一時にビル・ストロングとチャズ・フィリップスは、イギリス企業ハンソンの代表とミッドタウンの相手方のオフィスで会い、ビッドは再考中であると言われた。午後三時の時点で計画の中止が確定した。

夕方になると、ソロモンの投資銀行業務部門の人たちにとっては、昨夜の会議が悪い夢のような思いだった。グットフロイントは彼らの一七階のオフィスに出向き、一同が昨夜しきりに勧めた戦略について熱心に問い質した。その中でグットフロイントは、一同はソロモンの資金をもった「騎士《カバリア》」だったと述べた。グットフロイントがいなくなると、自嘲気味に自らを「ザ・カバリア」と称する人も現れた。このニックネームはしばらくの間流行した。

「昨夜の俺たちは輝いていた」とチャズ・フィリップスが愚痴をこぼす。「それが一夜にしてそろって間抜けのあほだ」

ロス・ジョンソンは、クラビスのオフィスからグランドアーミー・プラザを隔てた自分のマンションに腰を据え、午前中の出来事の意味合いを考えてみようとした。クラビスとグリーチャーに見せた精いっぱいの虚勢は姿を消している。代わって、友人にもめったに見せたことのないジョンソンの顔がある。「陽気な悪ふざけ屋」は参っていた。

「私に関する限り」とジョンソンがジョン・マーティンに言った。「すべては終わったも同然だ」

第9章 ジャンクボンドをやっつけろ！

シオドア・J・フォーストマンは白タオル地のバスローブを羽織り、緩やかなカーブの階段を降りて朝食に向かった。イーストリバーにそびえるメゾネット型マンションの窓から、朝のまばゆい光が差し込んでいる。はるか眼下では、月曜朝の通勤者がフランクリン・デラノ・ルーズベルト道路の交通渋滞を抜けて懸命に職場に向かっている。

キッチンからはメイドのノエミがいつもの朝食を準備する音が聞こえる。コーヒー、ベーグル、グレープフルーツ二分の一個。フォーストマンはのんびりできる朝食が好きだ。ゆっくり朝刊が読める。

テッド・フォーストマンは四九歳。元運動選手のがっしりした体と、厚みのある肩は変わっていない。テニスは一〇代の時よりうまくなっている。事実、プロの選手と打ち合うこともある。地中海的な風貌の白眉は何といってもオリーブ色の肌だ。イタリア人の母親譲りの肌が、目の周りに厚いしわを刻む。髪の毛は優雅な銀髪に変わりつつある。

食堂のフランス製ロックークリスタル・シャンデリアの下は、革表紙の本が詰まった背の高い書棚がぐるりと周りを囲んでいる。柔らかいトルコ絨毯を心地よく踏みしめて、フォーストマンは虎柄のビロードのいすに腰を下ろした。左頭上からピカソの描いた左右不ぞろいの目が見つめる。フォーストマンの住まいはマンハッタンでも最上級の部類だ。隣人にはレックス・ハリソンやグレタ・ガルボがいる。

ここに暮らす男にないものはないといわれている。ニューヨークで一番有名な独身男の一人で、全国に名をとどろかす共和党のスポンサーでもあるテッド・フォーストマンが暮らす世界は、まず運転手付きのメルセデス、次が新鮮な果物と金張りのバスルーム一式を積み込んだ社用ジェット、酒とテレビを収めた豪華なヘリコプター。おかげで彼はマンハッタンの交通渋滞を知らない。

猛烈な仕事ぶりに多少の幸運が加わり、ＬＢＯ（レバレッジド・バイアウト）専門会社のフォーストマン・リトルは、創業一〇年にして総合収益八〇億ドルを誇る各種企業を傘下に収め、フォーストマン自身はサザンプトンやアスペン（コロラド州）に別荘を持つだけの収入があった。彼のオフィスにはちょっとした西洋美術のコレクションがあり、セントラルパークを真下に見下ろし、さらにロナルド・レーガンと握手するフォーストマンの写真が飾ってある。時間の余裕をみて、彼はアフガニスタンの反乱軍にも資金を提供している。

だが、その富をもってしても心の平安は買えないようだった。フォーストマンは義憤を燃やすタイプで、友人や仕事仲間は面倒を避ける方法をよく心得ていた。ある名前を、「例の」名前（クラビスのこと）をちらりとでも言おうものなら、彼は猛然として延々たる弾劾演説を始める。友人たちはそういう演説を無数に聞かされてきた。ウォール街には彼をカッサンドラ（凶事の予言者。「吾は汝より賢い」と語った）と呼ぶ者がいることをフォーストマンは知っている。ライバルたちは陰で小ばかにする。だがフォーストマンは気にしない。ウィンストン・チャーチルの伝記を愛読して、ナチスドイツに対するチャーチルの孤独な警世活動に自らをなぞらえるのだった。

その朝、フォーストマンは改めて自分の執念を想い起こすことになった。ニューヨーク・タイムズを開くと、視線はたちまちビジネス欄の上右隅の見出しに釘づけになった。「コールバーグ、ＲＪＲにビッド提示へ」。食い入るようにフォーストマンは記事を読んだ。

あのろくでなしのあほどもが、またやろうというのだ。

ナビスコに対するコールバーグ・クラビスのビッドは意味がない、とフォーストマンは考える。一株九〇ドルなど無意味な数字だ。砂上の楼閣だ。**全くあのチビときたら、手持ちのジャンクボンドの倍以上の価格でビッドをかけようというのだ。**またしてもヘンリー・クラビスは、わずかばかりの現金と山のような借金を活用して、アメリカの大企業を買収するつもりだ。フォーストマンは改めて記事を見直した。無論クラビスの資金計画の詳細は載っていないし（これからもないだろう）、関連情報もほとんどない。

フォーストマンの見るところ、クラビスのビッドには無数の条件が必要だ。とりわけ、資金調達とＲＪＲナビスコの役員会の承認がいる。**もしクラビスが風邪を引かなかったら、もしドジャースがワールドシリーズに勝ったら、もし彼の妻がさらにドレスを一四着作るなら……。**このビッドはその手の「もし」と同じレベルのものだ。

フォーストマンは体の中に怒りが沸き上がるのを覚えた。おなじみの感情である。テッド・フォーストマンがこの怒りを覚えてからもう五年になる。

ウォール街はカルテルに乗っ取られたとフォーストマンは信じている。ジャンクボンドのカルテルである。このカルテルの指導者がドレクセル・バーナムのマイケル・ミルケンで、最有力メンバーがコールバーグ・クラビスのヘンリー・クラビスである。カルテルは目前のＲＪＲナビスコ戦でも優位に立っている。

カルテルの産物、つまり高利回りのジャンクボンドは、八八年の時点で、ほぼすべての大口投資家、証券会社、ＬＢＯ会社が、大半はＭ＆Ａ用の資金調達に利用している。テッド・フォーストマンはジャンクボンドがＬＢＯ業界だけでなく、ウォール街そのものを堕落させたと固く信じている。企業買収をする大手企業でジャンクボンドの使用を拒否するのは、ほとんどフォーストマン・リトルだけといっていい。

フォーストマンにすれば、ジャンクボンドはちっぽけな企業でも産業界の巨象をのみ込めるような麻薬であり、買収の世界の秩序を見分けがつかないほど歪めてしまうものなのだ。こうした企業は、フォーストマン・リトルのように経営陣と一体になって会社を買収し、ビジネスを育成し、五年から七年後にこれを売却するというようなことはやらない。

今大事なのは絶え間なく取引を続けていくことだ。そうすれば、これまた絶え間なく手数料を生み出すからである。買い手の企業には経営手数料。投資銀行には顧問料。債券専門業者にはジャンクボンド手数料。テッド・フォーストマンに関する限り、LBO業界全体があぶく銭の世界と化していた。

ジャンクボンド自体には何ら責任はない、とフォーストマンは考える。正常な形のジャンクボンドは有益な資金調達の手段となり得る。彼が反対しているのは、新しい取引のたびに出現する感のある突然変異の新種である。たとえば、新たな債券で利払いを行う債券（いわゆるPIK債券）、株主ののど元まで詰め込まれた株式（芸もなく「詰め込み」と呼ばれる）、債務返済で企業が窒息するまで利子が上がっていく債券。フォーストマンはこうした証券を「いかさまマネー」とか「マネーゲーム」などと呼び、あざ笑った。中でも「ワムパム」（訳注）はお気に入りの言葉だ。機関投資家向けのスピーチなどで、ことさらインディアンの装飾品を振り回したりもする。

訳注　インディアンが貨幣に用いた貝殻。

フォーストマンにはよく分かっていた。早晩経済が下向きになれば、莫大な借金が払えなくなり、ジャンクボンド依存者はそろってつぶれていく。借金返済の期日に、ポケットに一銭もない「空《から》っけつ」不動産投資家たちと同じようなものだ。そんな事態になった時にジャンクボンドが全国的に広がっていれば、アメリカ経済全体が不況に落ち込みかねない、とフォーストマンは心配するのである。

ドレクセルのジャンクボンドを使う客のうち、他を圧して目障りなのが天敵のコールバーグ・クラビスである。クラビスは誰よりもジャンクボンドを利用するだけでなく、活動領域がフォーストマン・リトルの前庭のLBO業界であった。テッド・フォーストマンがジャンクボンドの脅威に気をもめばもむほど、怒りの矛先はヘンリー・クラビスに向けられる。

皮肉にも、かつて二人は友人だった。それが今や、クラビスはテッド・フォーストマンのしゃくの種である。フォーストマンはこの落差について一種の黙示録的な見方をしている。彼にとってクラビスはウォール街のファウストにほかならない。おのれの魂を、ジャンクボンドと月曜の朝ごとのM&Aに売り渡した男なのだ。クラビスの名に触れるだけで、フォーストマンはいかにも不快げに鼻を鳴らし、目をぎょろつかせ、深いため息をつく。そして「ペテン師」とか「うそつき」という言葉が口をついて出る。機嫌がよほど悪いと、クラビスは「あのアホチビ」であり「チビ野郎」である（原注）。

原注 フォーストマンは一時、クラビスと結婚する前のキャロライン・ロームをエスコートした時期がある。最初の夫の友人として、ロームの最初の結婚式では花婿の付添役も務めた。ロームは自分とフォースト

―マンは「単なる友達同士」だったと主張する。

コールバーグ・クラビスとLBO産業を研究しようと思う人間は、必ずやフォーストマンからクラビスをこき下ろす言葉をたっぷり聞かされることになる。当てこすりにため息、さらに目をぎょろつかせたあげく、フォーストマンは正気を失っていく。顔面が蒼白になる。口調が懐疑的な響きに変わる。おまえはどうしてあんな明白なものが見えないのか、という声音である。

「まさしく不思議の国のアリスだよ」。興奮した口調でフォーストマンは言う。「クラビスが信じがたい大金を出せる理由は、**その金が本物じゃないからだ**。まがいものだからだ。いかさまマネーなのだ。ワムパムなのだ。連中のやってることは人殺しに等しい。なのに誰もこれに気が付かない」

フォーストマンはののしる。コールバーグ・クラビスが所有する企業の実態は、言われている半分も健全ではない。クラビスが投資家たちに支払う配当金は、フォーストマン・リトルとは比べものにならないほど低い。さらにコールバーグ・クラビスの買収は、毎回々々、経済を脅かしかねない仕組みを助長している。

二人を知る者の多くは、フォーストマンの怒りが嫉妬にあおられたためと考える。確かにそれも一因である。だがクラビス攻撃を二〇分も続けた後、よくフォーストマンは、これは私恨ではないと言う。「個人を超えたものだ」と言うのだ。クラビスは個人的な敵ではない。端的にいって、クラビスは途方もない病いの象徴なのである。この病いがウォール街全域を汚染し、テッド・フォーストマンがかかわる産業を破滅させたのだ。これがフォーストマン・リトル以外の第三者にはなかなか区別がつかない。

テッド・フォーストマンは時に、怒りながら生まれたと思われることがある。繊維会社を創業した彼の祖父はワンマンで、体重一三五キロのドイツ移民であったが、第二次大戦の前には世界有数の金持になっていた。同族会社のフォーストマン・ウールンズを継いだテッドの父ジュリアスは、子供たちをコネチカット州グリニッチの贅沢な環境で育てた。邸宅にはテニスコートと野球グラウンドがあった。

だがその富にもかかわらず、フォーストマン家の暮らしは理想郷にはほど遠い。ジュリアス・フォーストマンは手の付けられないアルコール依存症だった。一家には銃のコレクションがあり、六人兄弟の二番目のテッドは父親におびえながら育った。フォーストマン家からは毎晩のように怒鳴り声が響き渡った。時には怒鳴り声の主が、医師の指示に背いて酒を口にする夫に挑みかかるフォーストマンの母親だった。ジュリアス・フォーストマンの子供たちが、波乱に満ちた青春時代の問題を克服するまでに何十年とかかった。大人になっても、テッドと兄のトニーは一〇年間も口を利かなかった。

一〇代のテッド・フォーストマンはその怒りをスポーツにぶつけた。一六歳の時には東海岸きってのアマチュア・ジュニア・テニス選手だった。だがテニスの喜びも、フォーストマンの小柄で野心的な母親のプレッシャーで徐々につぶされていく。「テニス・ママ」と彼は母親を呼ぶ。

「それはもううるさかった」

だが、フォーストマンの前途有望なキャリアは一七歳で終わった。フォレストヒルズで行われたメジャー・ジュニア選手権の決勝戦で、彼は五－五のタイから重要な判定に文句をつけた。これが容れられず、フォーストマンの闘争心に水が差された。そのセットは七－五で負け、次のセットは六－〇の完敗。「もうやる気にはなれなかった」と彼が振り返る。以後一七年間というもの、テニスコートには足を踏み入れていない。

アイスホッケーもフォーストマンの心を捉えた。上手なゴールキーパーとして初めてネットの前に立ったのは八歳の時。スケートは滑れなかったが、大きなゴールを背にした自立感が好きだった。手柄は誰のものでもない自分一人のものだ。エール大学時代のフォーストマンは、成績はオールCで、東部大学選抜のゴールキーパーだった。卒業後、世界選手権の米国ナショナルチームへの誘いをフォーストマンは断った。さしたる理由はなかった。こうして一年の間、少年院で体育を教えたり、ワシントンの法律事務所で働いたり、小さな仕事を転々と変えた。後に語るところでは、要するに彼は自分の幼年時代を組み伏せようとした「混迷の子」だった。そして父親が死ぬ。

次男を法律学校にやりたいというのがジュリアス・フォーストマンの念願で、テッド・フォーストマンは父親の死から三カ月後にコロンビア大学に入学した。だが父親の遺産からの仕送りはすぐに先細りになる。フォーストマン・ウールンズは衰退し、売却された。父親の遺産は、授業料や書籍代を含めて月にわずか一五〇ドルしか遣えなかった。慣れた暮らしを維持するため、このグリニッチ出身の金持の子供は、賭け金の高いブリッジに精を出した。カードの腕は確かなもので、やがてフォーストマンはミッドタウン・マンハッタンの家賃三五〇ドルのマンションで暮らすようになった。

卒業と同時に小さなマンハッタンの法律事務所に入り、三年の間細かい会社法律事務を黙々とこなした。ほぼ毎日午後四時に会社を抜け出し、ブリッジゲームに加わり、付いている晩は一五〇〇ドルも巻き上げた。本人は、上席パートナーのために資料室で長時間の調べ物をするのはうんざりだったが、といってそこを辞める自信もない。そんなある日、彼の小さな法律事務所が大規模なウォール街の債券引受業務を手がけることになり、若い弁護士にこれ以上はないというくだらない仕事を押しつけた。「フォーストマン君」と上席の弁護士が尊大に言った。「君には印刷屋との連絡係をやってもらう」。この瞬間、テッド・フォーストマンは法律の世界から逃げ出す決心をした。

彼は友人たちと小さなウォール街の企業に落ち着き、株式の引受その他の金融実務をあれこれと勉強したが、やがてこれにもいら立ちを覚えるようになった。もっと責任ある仕事がやりたかったし、低い給料も我慢できなかった。フォーストマンは別の小さな投資会社に半年勤めて、勤勉なオクラホマ人のヘンリー・クラビスという若者と肩を並べ、せっせと働いた。フォーストマンはすぐにここも辞め、今は存在していない別の小さな投資会社に勤めた。その三年間、証券引受、投資銀行、M&Aなどの業務のイロハをかじった。だが結局は同じことの繰り返しだった。フォーストマンは上席幹部が目を光らせるデスクワークに息が詰まるようになる。

「要するに私は従業員には向いていなかった」とフォーストマン。「指図通りにやったためしはないし、いつだって命令系統をめちゃめちゃにするのだ」

一九七四年には、フォーストマンは三五歳で失業の身。金も底を突いていた。だがプライドがあるので、母親に無心はできない。兄のトニーは頼ろうと考えただけでもぞっとする。トニーは資金管理会社フォーストマン・レフ・アソシエーツを設立し、成功していた。フォーストマンは自分の車を売って二万ドルを手にした。これであと一年はもつだろう。家賃を払うためプリッジテーブルやゴルフコースに足しげく通い、時おりウォール街の友人たちに取引を斡旋して資金を稼いだ。中年に差し掛かろうとしているテッド・フォーストマンは、ウォール街の難民であり、二軍クラスのプレイボーイであり、成功は望み薄の男だった。

ただ、フォーストマンはテキサスの小さな会社グレアム・マグネチックスの役員になっていた。ウォール街最後の仕事として、同社の株式公開を手伝ったのだ。行き詰まったフォーストマンは、グレアムの社長を口説いて、会社を売却することと、競売をフォーストマンに一任することを了承させた。オフィスもないフォーストマンは兄の会社の秘書をまるめ込み、電話の仲介をさせた。彼女にミンクのコートを約束して、電話がかかると「ただ今会議中」と言わせ、伝言をアパートに連絡させるのだ。

グレアム・マグネチックスが売れるまで一八カ月かかった。「どうにも経験不足だった」とフォーストマンは回想する。だが取引を終わってみれば三〇万ドルの金持になっていた。そこでフォーストマン・レフにオフィスを構え、さらに取引をまとめようとした。何にでも手を出した。溶鉱炉のスペア部品をイラン政府に売り込もうとしたこともある。

フォーストマンのゴルフ仲間にデラルド・ルッテンバーグがいた。当時はスチュードベーカー・ワージントンというメーカーの社長をしていた。フォーストマンはルッテンバーグの会社に取引を斡旋しようとしていた。当時、コールバーグ・クラビス・ロバーツという創業したばかりの企業で働いていた弟のニックが、社長との話し合いを希望すると、手数料のにおいを嗅ぎつけたフォーストマンはただちに会談をセットした。

この会談がテッド・フォーストマンの人生を変えた。彼とルッテンバーグは、ヘンリー・クラビスとジェリー・コールバーグが〝レバレッジド・バイアウト〟と称するものを提案するのに聞き耳を立てた。フォーストマンはLBOの何たるかは承知していたが、ウォール街時代にはその体験は一度もなかった。ルッテンバーグは丁重に話を聞き、二人が帰るとフォーストマンに向き直った。

「あれは君が話してたやつじゃないのか」

フォーストマンにはルッテンバーグの言う意味がよく分からない。「まあ……」と彼は慎重に言った。「ああ、そんなものだ」

「で、連中は君や私にないものを持っているのか？」とルッテンバーグが続けた。

「とんでもない」

「オーケー。君ならこの件をどう扱う？」

「まず、いくらかの資金が必要だな」

こうしてルッテンバーグはフォーストマンの新会社に資金提供を申し出た。ルッテンバーグとその友人グループが少しずつ資金を出し、フォーストマンと彼の弟でLBOを手がけることになった。その際、ルッテンバーグは若いフォーストマンが生涯忘れられないことを言った。「私には評判がある。それだけが取り柄といっていい。その評判を私は失いたくない」。フォーストマンはこの原則を信奉した。ブライアン・リトルという元投資銀行マンとチームを組み、フォーストマン・リトル&カンパニーが一九七八年に店開きした。パートナー三人に秘書一人の会社で、テッドは何年も無給だった。

フォーストマン・リトルは、巨額の年金ファンドからいち早く直接資金を調達したLBO企業の一つである。コールバーグ・クラビスが開拓した手法だ。テッド・フォーストマンの売り口上は不動産セールスマンのように単純明快だった。一に評判、二に評判である。資金調達に全国を駆け巡りながら、極めて率直で、時に独善的、時にはナイーブなフォーストマンはその口上に磨きをかけ、これをトレードマークにした。パートナーには頼もしく、仲間内では煩わしく、ライバル陣営には不快極まるものだった。口上は「評判第一」から「誰にでも聞いてほしい、ウォール街で最高」に変わり、フォーストマン・リトルの金融能力と伝統的な手法を論ずる。後年は特に、ジャンクボンドの弊害を口を極めてののしるようになった。

嵐のように口やかましい男ではあったが、フォーストマン・リトルの利回りは第一級だった。買収した企業を三年から五年後に四倍から一〇倍の値で売却した。八〇年代半ばの時点でフォーストマン・リトルを上回る会社は一社だけだった。ＬＢＯの草分けコールバーグ・クラビス・ロバーツである。

フォーストマン・リトルの世界が変わってきた最初の徴候は一九八三年に現れた。その年、同社はビッド競争に勝って、ダラスのソフトドリンク・フランチャイズ会社を買収した。フォーストマンの対抗馬カッスル＆クックの後ろには、カリフォルニアの債券トレーダーで当時は無名のドレクセル・バーナムのミルケンがついていた。経営陣を後ろ盾にしたフォーストマン・リトルの現金ビッドは、カッスル＆クックのジャンクボンド・ビッドの挑戦を受けたが、長い消耗戦の末ようやくこれを下した。

この戦いには勝ったが、フォーストマンは次の戦争に敗れた。ミルケンのジャンクボンド・グループとの次の戦いはフォーストマンの完敗となったばかりか、ウォール街の勢力構造に運命的な変容をもたらすものとなった。一九八五年、国際的な大手化粧品会社レブロンがロン・ペレルマンという無名のフィラデルフィアの投資家から攻撃を受けた。

ペレルマンの主要資産であるパントリー・プライドという雑貨ストア・チェーンは、規模こそレブロンの数千分の一にすぎないが、ドレクセル・バーナム・ジャンクボンドという武器があった。懸命な防衛戦の中で、レブロンの経営者はフォーストマン・リトルの腕の中に跳び込み、職を守ってもらおうと、出所のはっきりしない莫大な個人資金を調達した。だが結局はペレルマンの勝利に終わる。フォーストマンの買収協定の骨格部分がパントリー・プライドを不当に差別しているという新たな判例を、デラウェアの法廷が下したのである。

レブロンのケースは、ジャンクボンドを利用した買い手が大手公開企業を相手に仕掛けた、最初の敵対的買収であった。これが引き金となって、ポール・ビルゼリアンとか、サー・ジェームズ・ゴールドスミスといった買い占め屋による買収攻撃の幕が切って落とされる。「アメリカ株式会社」に襲いかかったジャンクボンドの横暴に対して、ある意味ではテッド・フォーストマン自身にも責任があるわけである。

ジャンクボンドの勝利には、単にフォーストマンの道徳律に対する侮辱という以上の意味がある。彼のビジネスも荒廃した。ジャンクボンドの活用で、買い占め屋は手軽に割安な資金調達ができるようになり、これが乗っ取りの対象企業の価格を高騰させた。フォーストマンにすれば、以前ならば何も問題のない企業のビッドで敗退を繰り返すことになる。

フォーストマンは多くの場合、ジャンクボンドで買収をする相手がわけもなく値段を吊り上げると、ビッド競争への参戦を拒否した。その結果、買収案件の成立がどんどん減っていく。ついには考えられないことが起きた。一九八七年、投資家グループから当時としては空前の二七億ドルの買収ファンドを調達したあげく、フォーストマン・リトルは一件もLBOを提案できなかったのである。ウォール街にテッド・フォーストマンの至上の力を見せつけるはずが、とんだ恥さらしになったわけだ。

当初フォーストマンはドレクセル・バーナムに怒りをぶつけた。かつてミルケンの側近がフォーストマン・リトルを訪れ、ジョン・スプレーグという若手社員がセットした話し合いの席上で、ひとつ貴社もジャンクボンドという車に乗ってはいかが、と勧めたことがある。フォーストマンは丁重な会話を交わし、別れの握手をしてからスプレーグをオフィスに呼び入れた。「ジョン、君はわが社では洋々たる前途がある。しかし、もう二度とあの手のたわ言をここには持ち込むな」

フォーストマンの警戒感が高まるのは、当初ジャンクボンドに冷淡だった他のウォール街企業も、この有望マーケットに参入を始めてからである。「舞踏会にデビューする一〇人の娘がいるとする」と、フォーストマンは証券取引委員会の面々の集まりで語った。「彼らはつまりメリル・リンチや、シェアソン・リーマンや、その他大手投資銀行のトップたちだ。そこに一人の売春婦が入って来た。これがミルケンだ。娘たちは一晩一〇〇ドルで体を売る女とは一切かかわりがなかったはずだ。だがこの売春婦は特別で、一晩に一〇〇万ドルも稼ぐ。ほどなく売春婦は一一人になった」

フォーストマンにとってこれほどいらいらすることはなかった。大型買収でフォーストマン・

リトルが互角に太刀打ちできるのは、ジャンクボンド市場が周期的に混乱する時期だけだった。同社がカリフォルニアの防衛産業リア・シーグラーという史上最大の獲物をつかむことができたのも、一九八六年一一月に発生したアイバン・ボウスキーのインサイダー取引疑惑の発覚によって、ジャンクボンド市場が一時的に干上がった結果である。ここでもドレクセル・バーナムの顧客筋の抵抗を受け、フォーストマンはその「聖戦」を直接リア・シーグラーの役員会に持ち込んだ。

「我々が何者であるかを皆さんにお知らせする前に」と、フォーストマンは集まった役員たちに言った。「何者でないかを言わせてもらいます。我々は現在も、また未来永劫、ドレクセル・バーナム・ランバートの客にはなりません」。フォーストマンは同席したドレクセルの人間のうなり声を耳にした。「我々は過去にも、また将来も、買収した企業を危うくするような、とんでもない債券を発行するつもりはありません。本物の資金を持った本物の人間なのです」。そこで役員たちがいっせいに拍手した。

意外にも、フォーストマンがクラビスと正面衝突した案件は一度きりしかない。だが、それはフォーストマンの心に忘れがたい傷痕を残した。一九八八年春、RJRナビスコ戦が始まる半年前、クラフトが自社のデュラセル・バッテリー部門を売りに出した。フォーストマンは熱心にデュラセルの経営陣を口説いて、社長のC・ロバート・キダーと意気投合していた。やがてキダーは異例の行動に出て、デュラセルをコールバーグ・クラビスのようなジャンクボンドによる買い手に売却しないでくれと、クラフトの経営陣に懇願した。キダーは書簡の中で、そうした売却は会社をつぶすことになると警告した。フォーストマンから強い影響を受けていたキダーは、デュラセルに意欲満々のクラビスにも同じような要請をした。だが、クラビスはキダーの頼みを蹴ったばかりか、さらにデュラセルのビッドを競り上げてフォーストマン・リトルを圧倒し、テッド・フォーストマンの怒りをさらに深めた。

一九八八年の夏と秋を通じて、フォーストマンの怒りは抑えがたいまでになった。LBO産業の神聖な教義をクラビスが破り、まさしく敵対的な買い占め屋そのままに、テキサコやクローガーの株式をひそかに買い集めるのを見て、フォーストマンはがく然とした。攻撃的な戦術を見て、フォーストマン自身の信念が激しく動揺した。**俺が間違っているのかもしれない。**落ち着いた時間にふと考えることがある。**もしかすると金融の新時代が見えないのかもしれない。**若いパートナーたちは彼のジャンクボンド・アレルギーを考え直すように勧めた。ガールフレンドも、「クラビスなんか忘れて」心配をやめ豊かさを楽しめばいいと言う。フォーストマンも力を抜こうとした。だが、長年培った信念はますます強固になるばかりだった。

ＲＪＲの買収が明らかになるほんの数週間前、フォーストマンはとうとう自分の感情を公に吐露した。友人たちの勧めを受けてウォール・ストリート・ジャーナルの社説面に痛烈な反ジャンクボンド論を書き下ろしたのだ。記事は一〇月二五日、火曜日に掲載された。

「今日の金融時代は放縦な過剰の時代と化した。得るべき報酬に対して、リスクの拡大は著しく均衡を欠いている」とフォーストマンは述べた。「毎週々々、無責任の度合いは上昇の一途をたどっている。数十億ドルというアメリカの資産が、文字通り返済の当てのない借金の形にされている。その原因の大半は、ウォール街の投資銀行、弁護士、ＬＢＯ会社、そしてジャンクボンドの販売業者が目先の利益を追求するあまり、〝本流〟たるべき従業員、地域社会、企業、そして投資家たちの長期的利益を犠牲にしていることにある」

ＬＢＯの専門家なら、フォーストマンの論文の主要な論点、たとえば石油、林業など景気循環型産業に対する投資批判を読めば、ヘンリー・クラビス攻撃が歴然と透けて見える。「こうしたディールの成り行きを観察すると」とフォーストマンは結んだ。「酔っ払いドライバーの一団が大晦日の晩にハイウェイに繰り出すのを見ているような印象を受ける。どの車がどの車に衝突するかは分からない。だが危険なことはよく分かる」

月曜の朝、イーストリバーを見渡しながらテッド・フォーストマンは決意を固めた。もはやナビスコ買収はありきたりの大型買収ではない。ヘンリー・クラビスの「今週のディール」の一つではない。「特別の」ディールになったのだ。ジャンクボンドとコールバーグ・クラビスの実態を世間に明らかにしてきた、五年間の「聖戦」の総仕上げとなるものだ。「白のテッド・フォーストマン」対「黒のヘンリー・クラビス」の一騎打ちである。このディールで、クラビスの欺瞞性を天下に知らせるのだ。フォーストマンは心に誓った。

だが、それにはまずドアに足を差し込む必要がある。フォーストマンの古風なダイニングテーブルに拡げられた新聞記事では、ロス・ジョンソンの買収提案の詳細は不明だ。だが状況は悪くない。記事の行間を読めば、どうやらジョンソンのグループは時期尚早な発表に追い込まれた模様だ。とすれば、正式のビッドがまとまり、融資のための銀行団がそろうまでに、数日間、ひょっとすると数週間かかるかもしれない。フォーストマン・リトルは時間を稼げる。

シェアソンの存在も意欲をかき立てる。シェアソンの人間に知り合いはいないが、トム・ヒルのチームがＬＢＯで大した経験がないことは確かである。その上、ディールを仕上げるには山のような資金が必要となろう。フォーストマン・リトルの九〇億ドルの資金力は貴重なものとなるはずだ。

ロス・ジョンソンの存在も有利に働く。フォーストマンはジョンソンと若い妻のローリーをよく知っており、好感を抱いていた。初めてジョンソンに会ったのは八〇年代初めのことで、フォーストマン・リトルがスタンダード・ブランズのフライシュマン部門の買収を考えていた時である。当時の話し合いの結果、ジョンソンという男は少々セールスマン的ではあるが、切れ者という印象を受けた。その後フォーストマンは、ジョンソンを自分が理事をしているディープデール・クラブの会員に推薦した（皮肉にも、その後ドン・ケリーがジョンソンに、クラビスと会うように勧めた場所もこのクラブであった）。

数年後、フォーストマンはジョンソンに電話を入れ、フォーストマン・リトルの買収ファンドへの投資を勧誘したことがある。ジョンソンは大乗り気でオーバーに喜びを表現した。「いやはや、大変なチャンスだよ！」。そして受話器に向かって叫んだ。「千載一遇のチャンスだ。喜んで投資させていただく！」。電話を終えたフォーストマンは、このRJRの社長には少々ゲームショーの司会者みたいなところはあるが、愛すべき男だと思った。

月曜の朝じっくり新聞を眺めながら、テッド・フォーストマンの頭にプランが形成されていった。最も信頼しているゴールドマン・サックスの投資銀行業務担当、ジェフ・ボイジとの四日前の会話を思い浮かべた。ウォール街のトップクラスのディールメーカーであるボイジは、ゴールドマンの一流顧客でグループを作り、RJRナビスコに第三者ビッドをかける計画を立てていた。

「あんたがタバコ会社のオーナーになったら何か問題があるかね？」。その際ボイジが尋ねた。

「あるさ。なぜだ」とフォーストマン。

「どんな問題？」

間髪を入れずフォーストマンが答えた。「私はがんを売るのはごめんだ」

それでもボイジが強く迫るので、フォーストマンは考えてみると言った。その後フォーストマンがパートナーに当たってみると、彼らもタバコ産業に漠然たる嫌悪感を抱いていた。フォーストマンと同様に禁煙した弟のニックは、シェアソンその他がジョンソンの買収案件で稼ぐ収入を合計し、声を上げて笑った。計算によれば、手数料だけでフォーストマン・リトルがそれ以前の買収で考えていた五億ドルの買収価格を上回る。「まるでサメのプールに血まみれの肉をちょっぴり投げ込むようなものだ」とニック。

それでも、史上最大の買収に挑戦することは否定しがたい魅力である。保険として、フォーストマンはなじみの弁護士スティーブン・フレイディンの事務所に電話をしておいた。「よそと仕事をする前に必ずうちに声をかけてくれ」とフォーストマンは言った。金曜日、仕事を終えた時も、一件は棚上げのままだった。

朝食を終えたフォーストマンは運転手付きの黒のメルセデスに乗り込み、ゼネラル・モーターズ・ビルのオフィスに向かった。ビルはプラザホテルの向かい側で、ナイン・ウエストビルにあるコールバーグ・クラビス本部から目と鼻の距離である。

「ジム・ロビンソンに連絡を取ってくれ」。フォーストマンは秘書に命じた。

「聞いてくれ、ジム」。ロビンソンからの折り返しの電話にフォーストマンが言った。「どういう事態なのか私には分からない。だが、あんたも私の評判は知っているはずだ」。彼はフォーストマン・リトルをまくし立てるように売り込んだ。

ロビンソンはほどほどのところで相手をさえぎった。「テディ、そういうことはすべて分かってるよ。誰かに電話させよう」

フォーストマンは満足した。これは第一段階である。土壇場が足早に近づきつつあった。その感触が伝わってくる。いよいよ反撃に出る時だ。

だがそれ以外に、フォーストマンが自慢できない感情もあった。その存在を何カ月もたってからようやく認めることになる。つまり、テッド・フォーストマンは心の奥底でヘンリー・クラビスを痛めつけたいと思っていた。

よく見るがいい。どうあってもこれをKKRの案件にはしない。フォーストマンは自ら誓う。俺はロス・ジョンソンの友人だ。ジム・ロビンソンの友人だ。ヘンリー・クラビスなどにディールをさらわれてたまるか。

第10章 腹の探り合い

月曜の朝、シェアソンは混乱のさなかにあった。オーデュボンの版画や鉢植えや見事なオリエンタル絨毯がある一九階の役員室に、泡を食った経営グループの面々が集まっていた。コーエンやヒルは自分たちの準備の不甲斐なさを責める代わりに、クラビスに怒りを向けた。クラビスがなぜフライングしたのか、それぞれ意見があった。

ジョンソンが部屋に入り、シェアソンの重役室の長いテーブルに着いた。呆然とした表情でクラビスの不意打ちについて説明を求めた。コーエンは彼と会うはずではなかったのか？ いったいどうしてクラビスはこんな行動に出る気になったんだ？

「何かの歯車が狂ったんだよ、ピーター」。ジョンソンはコーエンとクラビスの最初の会談のことを言っている。「誰かが誰かを怒らせたに違いない。誰かが誰かの横面を張らない限り、フランチャイズ（訳注）かどうかに関係なく、あの会談と月曜の会談の間にあんな真似はしないはずだ。金曜の会談でクラビスをその気にさせたことがあったに違いない」

――**訳注**　経営陣のＬＢＯ（レバレッジド・バイアウト）発表に対して、クラビスが「自分のフランチャイズの防衛を誓った」という新聞報道。

それはシェアソンの人間が見たこともないロス・ジョンソンだった。顔に、声に、クラビスのビッドのショックがありありとうかがわれる。スティーブ・ゴールドストーンも初めて依頼人の陽気な表情が歪むのを見た。ヒルの目にはジョンソンは「まるで煉瓦の山に押しつぶされたような感じ」だった。

「万事うまくいってると思っていた」とジョンソンが繰り返した。「君はあの男と会うものとばかり思っていた。いったい何があったのだ?」

コーエンはヒルやジャック・ナスバウムと話をした結果、答が出たと思った。犯人はブルース・ワッサースタインをはじめとするウォール街のアドバイザーである。連中が、シェアソンが銀行を取り込んだというとんでもない話を吹き込み、クラビスを大慌てのビッドに走らせたに違いない。

コーエンは一同に説明した。クラビスのアドバイザーはそれぞれ――ドレクセルも、モルガン・スタンレーも、ワッサースタイン・ペレラも――シェアソンの大型買収案件をつぶしたいお家の事情がある。ＲＪＲ買収に伴うジャンクボンドの募集は間違いなく史上最大の規模になる。とすれば、一夜にしてシェアソンは、ドレクセルのジャンクボンド市場支配に対する最大の挑戦者となる。

同じくモルガン・スタンレーもシェアソンのビッドを、LBO市場で成長していくことに対する挑戦と取る。コーエンの見るところ、シェアソンを追われたスティーブ・ウォーターズは、昔のパートナーのトム・ヒルの足を引っ張ってやろうと思っているはずだ。大物ディールメーカーとしてのヒルの台頭は、ワッサースタインの評判に対する直接の脅威でもある。「ことの全貌は」とコーエンが続けた。「おそらくヘンリーにアドバイスをした全員が『攻撃あるのみ』と彼に勧めたのだ。我々が失敗すれば、彼ら全員の利益になる。多分あのピラニアどもが週末いっぱいヘンリーの手足の指を突つき回したのだ」

ジョンソンはウォール街におけるシェアソンの入り組んだライバル関係などに格別の興味はない。コーエンとヒルが反攻作戦を練り始めても、すっかり弱気になっていた。「要するに」とジョンソン。「もう終わったと思う。決着は付いたんだ。第一、あんなビッドに誰が対抗できるというんだ」

どうやらスティーブ・ゴールドストーンが説明する時が来たようだ。ジョンソンの利益は必ずしもシェアソンの利益と同じではない。もしジョンソンが手持ちのカードをうまく使えば、まだ満足できる条件で乗り切ることもできる。ジョンソンが選択できる道はたくさんある。クラビスと手を組むのも一案だ。その点はコーエンも十分心得ている。ジョンソンをシェアソンのオフィスから連れ出す理由がもう一つあった。彼とコーエンは激突寸前にあるように思われたのだ。ゴールドストーンはジョンソンに近寄り、その腕を取った。

「ロス、さあ、デイビス・ポーク（ゴールドストーンの法律事務所）に戻りましょう。あちらでまだ検討することが残っていますから」

ゴールドストーンが先に立って、チェース・マンハッタン・プラザにあるデイビス・ポークのオフィスまで三ブロックを歩いている間も、シュールで「不思議の国のアリス」的な雰囲気が漂っていた。

ジョンソンにすれば何もかも悪夢と化していた。現実世界をアトランタに置き忘れてきたような思いが拭いきれない。鏡を通り抜け、現実が宙吊りになった世界に紛れ込んでしまったのだ。ここでは古い数字も、古いルールも、古い金融常識もまるで通用しない。お金は紙切れで、紙切れはお金である。ここの連中は相手にうそをつくことで二五〇〇万ドルも懐に収める。

ゴールドストーンはジョンソン、ジョン・マーティン、そしてハロルド・ヘンダーソンを三八階の会議室に残し、自分のオフィスに資料を取りに上がった。彼の周りにたちまち同僚が集まって来る。**どうした、いったい何があったんだ？** 彼らがいっせいに叫んだ。**スティーブ、おまえ大丈夫か。これからどうするつもりだ？**

ゴールドストーンはオフィスの北側の窓からクライスラー・ビルディングのアールデコ調の尖塔を見つめた。「展望は芳しくないな」とゆっくりしゃべる。「何もかも変わってしまった。

こちらとしてはヘンリーと協定を結ぶか、それとも……」。それとも何をすべきか――彼には分からなかった。クラビスには完全に不意をつかれた。彼と戦うということは、七五ドル・ビッドの金融上、経営上の前提をすべてご破算にし、改めて一からやり直すことである。果たしてジョンソンにそんな意欲があるか、大いに疑問だった。

ゴールドストーンが戻るとジョンソンは会議室を歩き回っていた。あとの二人はぼーっとしている。降って湧いた事態の重大さがようやく分かりかけていた。手軽な金儲けの夢は過去のものとなったのだ。クラビスの登場を告げるダウ・ジョーンズ・チッカー装置のベルとともに雲散霧消したのである。

「現時点で勝負は付いている」とジョンソンは口を開いた。「これが事実ならすべて無意味なんだ。彼らに資金があれば、すべて終わったんだ」。ここでもジョンソンは、コーエンがクラビスにいったい何をしたのかと繰り返した。

ゴールドストーンはジョンソンの関心を過去から未来に向けようとした。クラビスの不意打ちで賭け金は途方もなく上がった。経営陣が戦うつもりなら、一株九〇ドルを上回るビッドを出す必要がある。一株九〇ドルのＬＢＯ後の企業の経営は、七五ドルの買収によるそれとはまるで違う、とゴールドストーンは言った。借金の上乗せで、ジョンソンが恐れている大規模な経費削減を求められるだろう。ジェットも、アトランタ本部も、場合によってはプレミアも再評価の対象とならざるを得ない。

「ロス」とゴールドストーン。「九〇ドル以上でもあなたはこの会社を経営する気があるかどうか、決断する必要がある。その気があるなら、次の決断はシェアソンだ。今度はシェアソン側の決断になる。あなたの資金ではないのだから……」

ジョンソンが言った。まず第一に、ヘンリー・クラビスのビッドについてもっと情報が知りたい。クラビスの真の狙いは何か？　いずれジョンソンを追い出すことになるのか？　シェアソンがようやく七五ドルのところを、クラビスはどうして九〇ドルも出せるのか？　そうとも、とジョンソンは言う。クラビスから詳しい話を聞くまでは、どのような決断もするつもりはない。いずれコーエンがクラビスと話し、真相が分かるだろう。その時点で、その時初めて、次の行動を決めることになる。

ゴールドストーンが途中で会議室を出ると、トム・ヒルが外でうろうろしていた。ゴールドストーンは内心にやりとした。ヒルが来た理由は、明らかにジョンソンから目を離さず、思い切った行動を取らせないためだ。

具体的には、ヘンリー・クラビスと会談することである。

クラビス陣営は月曜午後に集まり、朝の新聞報道によるダメージを検討した。

それからの数日間、クラビスの一番役に立つ情報源はディック・ビーティーだった。物腰の柔らかなビーティーは、長年をかけてウォール街の友人たちの間に信頼できるサークルを築いていた。シェアソンとの仕事で、コーエン軍団との間にはとりわけ良好な関係を作った。中でも最良の関係を築いた相手はシェアソンの裁定取引部門チーフ、ボブ・ミラードである。二人は古い友人で、ミラードのほうもその午後ビーティーからの電話を半ば期待していた。この会話を手始めに、二人は数週間にわたって何度も話し合いを重ね、クラビスに貴重な情報をもたらした。コーエンとも親しいミラードは、シェアソンのチーフとの非公式な橋渡し役を果たし、コーエンの考え方や脅し文句を、対立にまで発展しない穏やかな表現で伝えた。ビーティーもクラビスのアイデアを代弁しながら、シェアソン・グループの戦略を知ることができた。安全のため、ビーティーはミラードの身元をクラビスには決して明かさなかった。

月曜日、二人は共通の友人を和解させようと話を始めた。「ピーターはロス・ジョンソンを手に入れた以上、自分が勝つと言っている」とミラード。

「それは間違ってる」とビーティーが反論する。「ボブ、ピーターに説明してくれ。一番いいビッドをした者が勝つんだ。ロス・ジョンソンを誰が抱えたかではない。ジョンソン抜きでも、ヘンリーはいつでもディールにかかれるということが彼には分からないのか？」

ミラードも同意せざるを得ない。先週の木曜日、彼も同じことをコーエンに話したのだ。だが、これまでコーエンは聞く耳を持たなかった。ビーティーもミラードも、一番の解決策はクラビスとコーエンが手を結んで、ジョンソンの会社を分け合うことだと思っている。ビッド戦争は、勝っても数十億ドルの余計な費用がかかり、世間に醜い印象を与える。だがエゴが絡むと協力できるかどうかは別問題になる。

ボブ・ミラードは、ビーティーがピーター・コーエンに電話してみることを勧めた。


クラビスのビッドでコーエンの悪夢は現実のものになった。だがロス・ジョンソンと違って、コーエンには白旗を掲げる気は全くない。そんなことは彼の性分に反した。

月曜日、クラビスのビッドの情報が少しずつ入ってくるにつれ、コーエンとヒルはそれが当初恐れていたほどのものではないことが分かった。まずビッドは全額が現金ではない。クラビスが現金で手当てできるのは一株七九ドルまでで、残る一一ドル分は証券類で補うことになる。コーエンとヒルは目ざとくこれをスローガンに利用した。彼らは言う。いいですか、クラビスはうちのキャッシュを一株当たりわずか四ドルしか上回っていない。シェアソンだって「ペーパー」を加えれば、これに対抗できる。もとより証券に対するジョンソンの抵抗感を解消する必要はあるが、ほかに手がないとすれば問題にはならないだろう。

混迷の中から、もう一つの現実が浮かび上がってきた。シェアソンが戦う相手はクラビスだけではない。九〇ドル台後半のビッドともなれば、当初用意しておく資金として二五億ドル前後の出資が要求される。アメリカン・エクスプレスの資金があっても、シェアソンがそれだけの規模の投資を自分で引き受けるのは難しい。

その日の午後、コーエンは親友の一人で、ソロモン・ブラザーズ社長のトーマス・ストラウスから電話を受けた。ストラウスはソロモンではジョン・グットフロイントに次ぐナンバーツーで、トレーディングルームを見下ろすオフィスにいる。ストラウスとコーエンはよく家族ぐるみで休暇を過ごし、一緒にアフリカのサファリに行ったこともある。また互いに家を訪ね合う仲でもあった。そのストラウスが、シェアソンのディールでソロモンにできることはないかと尋ねてきた。同じような電話は終日引きも切らなかったが、ストラウスの電話は数少ない歓迎できる話だった。二人は翌日昼食を共にすることにした。

パートナー候補の宇宙は小さくて、しかも急激に縮まっている、とヒルがコーエンにアドバイスした。めぼしいところはすでにクラビスに取り込まれていた。メリル・リンチ、ドレクセル、モルガン。「我々が選択できるのはサリー（ソロモンの略称）かファースト・ボストンです」とヒル。「資金はサリーのほうが多いが、LBO市場で実績がない。それどころかLBO市場では失敗続きです。M&Aの実績もこれといったものがない」。それに比べるとファースト・ボストンは、先ごろワッサースタインとペレラに出て行かれたとは言っても、ジャンクボンド活動は活発だし、M&Aの実績も上がっている。ヒルはファースト・ボストンを推したが、それが無駄な努力であることも承知していた。ウォール街は友情がものをいう世界であり、親しいトム・ストラウスと組むチャンスを、コーエンがむざむざ見逃すことはまず考えられなかった。

ディック・ビーティーは月曜の午後四時ごろピーター・コーエンに連絡を取った。

ビーティーは微妙な立場にあった。自分の会社はもう四〇年以上もリーマンを代表し、ジャック・ナスバウムの会社とともに、シェアソンの主要法律事務所の一つだった。確かにコーエンはナスバウムを腹心の友と見ているが、ビーティーも貴重なアドバイザーだった。RJRナビスコ戦でビーティーがクラビスに協力すると聞くと、コーエンはかっとなった。少なくとも承認を求めるぐらいの礼儀があってしかるべきではないか。

コーエンが電話に出ると、ビーティーはやんわりとその点に触れ、自分がクラビスを代表していることを正式に知らせたが、コーエンの承認を求めるようなことはしなかった。「ピーター、電話をしたというのも、我々としては意思疎通のルートをできるだけ開いておきたいと思うからだ」とビーティー。「ビッドにしても、お互いが協力できないというわけじゃない」

「なぜだ？　もしヘンリー・クラビスが話し合いを望むなら、なぜビッドをしたんだ。あれはルール違反だ。なぜ電話してこない？　こちらは電話をかけるつもりだった。どうもおかしい」

ビーティーがコーエンをなだめにかかった。「ピーター、いろいろ戦略上の理由があって、それがベストと思ったんだ。だが話し合いは続けるべきだ。話し合いのチャンネルを閉ざす理由は何もない。ぜひヘンリーと話をするべきだ」

かもしれんな、とコーエンは言った。返事をする前にコーエンはジョンソンに伝えた。ジョンソンはその午後、ナイン・ウエストビルのオフィスで電話の応対をしたり、手紙の返事を書いたり、コンピューターの新情報を検討したり、大わらわだった。

「なあ、ピーター」とジョンソン。「こいつはニワトリのけんかじゃない。本物のけんかだ。クラビスに冗談は通じない。君たちも気を引き締めてかかる必要がある。クラビスがどの程度本気なのか探り出すんだ」

コーエンとクラビスの会談は火曜日の午前中にセットされた。

月曜の午後、ジム・ロビンソンは初めてジョンソンの経営協定のコピーに目を通し、が然警戒感を強めた。想像以上にひどい内容だった。拒否権、不労所得、信じがたい利益配分——気がかりなものばかりだ。とりわけアメリカン・エクスプレスの会長を悩ませたのは、ウォール街人種がディールの「お化粧」と呼んでいるものだった。一般常識からすれば（協定が最終的に世間に公表されるのは間違いのないところだ）、協定はまさにお話にならなかった。記者連中の手にかかれば、欲ぼけ文書の典型にされること疑いなしだ。七人の男で二〇億ドルを分け合う図など、最悪の宣伝だった。

何とか手を打たねばなるまい。必ずしも「お化粧」のためだけではない。協定自体が贅沢過ぎる。こうなったら、ジョンソンに約束した大金の大部分を、クラビスを打ち破るビッドの資金に回す必要があろう。ここは当然ジム・ロビンソンが、ウォール街で一番の親友として、難しいメッセージをジョンソンに伝える役回りになる。

月曜の夜ロビンソンはジョンソンのオフィスに腰を下ろし、精いっぱい穏やかに切り出そうとした。「ロス」。ロビンソンがアトランタなまりで言う。「ことがこうなった以上、我々としてもそれに合わせて事態を再調整する必要があるんだ」

どういうことかな、とジョンソン。やや警戒している。彼の頭に経営協定に対するスティーブ・ゴールドストーンの警告が浮かんだ。「あの連中、これからあなたを目いっぱい引き締めようとしますよ」。ジョンソンはジム・ロビンソンをある程度まで信用していた。

「あんたがここに来たのは、まさかピーター・コーエンの代理ではないだろう？」とジョンソン。「連中が我々をだますことはないだろうし、すべてをシェアソンに返せというわけでもあるまい」

「いいや、ロス。これは私個人の考えからだ。友人として来たのだ」

「なら、話は全然別だ。まるで違う」とジョンソン。「で、お望みは？」

「経営協定にはどれほどの人間がかかわることになる？」

「八人かもしれないし、二〇人になるかもしれない。別に真剣に考えたことはない」

「私は数を限定したいのだと思っていた」とロビンソン。

「とんでもない」とジョンソン。「私は常々大勢の社員を参加させたいと思っていた。できる限り幅広いグループに分けてやりたいのだ」

ロビンソンはそのアイデアを実行に移したらいいと勧めた。最善の方法は、デイビス・ポークとチャンプ・ミッチェルの法律事務所に「従業員持ち株制度」の検討を一任することだ。ジョンソンに異論はない。いずれ自分もそうするつもりだった、と彼は後に語った。

従業員が実際にジョンソンと富を分けあうかどうかは、無論ここでは問題にならない。ポイントはあくまで「お化粧」にある。ジム・ロビンソンは経営協定を反故にすることはできなかった。だがこれで、取締役や疑い深い一般大衆に公表されても、印象がずいぶん良くなるはずである。

とにかくロビンソンはそれを期待した。

「RJRビッド合戦、KKRとシェアソンの一騎打ち」。火曜朝のウォール・ストリート・ジャーナル一面の見出しにはこうあった。

クラビスは苦々しげにこの記事を眺めた。大新聞のウォール・ストリート・ジャーナルにもニューヨーク・タイムズにも、金曜のコーエンとの会談が詳しく載っている。両紙とも、新興ライバルを叩きつぶそうとするLBO業界の重戦車のようにクラビスを描いていた。中でも腹立たしいのが、「フランチャイズ」の防衛うんぬんという記事である。クラビスは後日、そんな言葉を吐いた覚えはないと否定する。真相はどうあれ、明らかにシェアソンはマスコミを利用して、世間に対するイメージという彼のアキレス腱を突こうとしている、とクラビスは考えた。

だがウォール・ストリート・ジャーナルのコーエンの談話を読んで、クラビスは思わず笑いだした。コーエンは一方的な被害者を装い、クラビスがシェアソンとの会談を約束しておきながら、強引なビッドを仕掛けてきたと文句を付けている。「我々はスキーを一緒にやり、社交の場も共にする仲だ」とコーエンがクラビスを語る。「こういうことには、もっと良識が働いてしかるべきだと思う」

クラビスには信じられない。彼はコーエンを友人とは思わない。なぜ友達なんだ、とクラビスは友人たちに尋ねた。あの男のことは何も知らない。確かに一度だけスキーをしたことはある。あれはベイルでの「シェアソン後援のつまらんスキー大会」だった。だが、ウォール街の集まりでよく鉢合わせする以外に「社交上」の付き合いなどない。**あの男の面の皮の厚さときたら……**。


火曜の朝のコーエンとクラビスの朝食の雰囲気は、せいぜい冷凍庫の中で食事をする程度の冷たさで収まった。

コーエンがまず到着して会場を見渡した。二人が選んだのは中立地帯で、プラザホテルのダイニングルームである。コーエンは給仕長に、彼とクラビスが内密の話し合いができる静かなテーブルを注文して、ダイニングルームの目立たない一角に案内された。数分後にクラビスが到着してコーエンの向かい側の席に着いた。コーヒーを注文してから二人はすぐさま本題に入った。

「ヘンリー、私は電話をかけると言ったし、そのつもりでいたんだ」とコーエン。「私は約束は守る男だ。なのに、そちらが事態をエスカレートさせた」

コーエンはいくら戦闘的でも、同時にリアリストでもある。クラビスとの戦いが長引けばシェアソン側の勝ち目は薄い。で、妥協案を出した。「この件に関して我々に偏見はないんだ、ヘンリー。つまり買い取った株を独占するつもりはさらさらない。第一、独占するには大き過ぎる。我々は良識ある取引をやろうとしている。万人の目的にかなう良識ある取引ができるのなら、それをやるべきだ。で、どうだろう、我々が一緒に何かをやるというのは？」

「たとえば何を？」とクラビス。

「分割ディール（訳注）だ。五分と五分の」

「そいつはまず無理だろう」とクラビス。過去、コールバーグ・クラビスが分割ディールを行ったためしはない。「五分では多過ぎる」

「こちらとしては、五分の条件を外すことはできないな」とコーエン。

「では、だめだ」。クラビスはそれ以上議論をするつもりはない。

訳注　ディールとは企業の買収、合併など一連のM&A関連の取引案件の総称。この場合は買収後の株式を両社で折半するという提案。

クラビスは経営協定を取り上げた。ひと月前にジェフ・ベックが言ったことが頭にあった。**連中は取締役会の支配を望んでいる**。もしジョンソンがコールバーグ・クラビス型の買収を望まないなら、どういう買収を望んでいるのか？

「普通の買収だ」とコーエン。何も特別なことはない。

「どういう意味だ」とクラビス。「つまり五パーセントとか一〇パーセント、一五パーセント、三〇パーセントを取るという意味か」

「ああ、そういうことだ」

コーエンはことさらジョンソンの拒否権には触れなかった。またジョンソンが要求して獲得した二〇億ドル相当の経営協定のことも話さなかった。「もし我々で何かをするようなことになれば」とコーエン。「もちろんすべてはそちらにも適用する」

話を進めながらクラビスはコーエンを値踏みした。この男は言うなれば陸《おか》に上がった河童《かっぱ》だ。コーエンは過去に一度か二度ぐらいしか買収経験がないはずだ。エリック・グリーチャーは彼を称して「少年投資銀行家ピーター・コーエン」と呼ぶ。だがコーエン本人は実力でやっていると思っているようだ。**いい気なものだ**、とクラビスは思う。**経営陣を押さえている以上、カードはすべて握っていると考えている。ロス・ジョンソンの存在が我々に対する盾になると思っているのだ。**

だがな、少年投資銀行家さん、とクラビスは思う。あんたはじき吠え面をかくことになる。「コーエンがご存じなかったことは」と数カ月後にクラビスが回想した。「我々は水田を突っ切っても進むということだ。何があろうと止まらないし、捕虜を取る気もさらさらない」

コーヒー越しにコーエンとクラビスがにらみ合っている時、ジョンソンは自分の手で一件を処理する腹を固めた。彼が知りたいのはただ一点しかない。もしクラビスのビッドが本物だとすれば、それは彼の経営グループにとってどういう意味を持つかということだ。読みが早くなければ現在のジョンソンは存在しない。彼の見るところ、コーエンは生涯最大の買収案件をクラビスと分け合うことにさほどの熱意はない。コーエンとクラビスの二回にわたる話し合いも、けんか別れに終わっている。多分クラビスと何らかの提携を図るのが利口なやり方だろう。間違いのない道を探るにはクラビスと直接会う以外に方法はない。

電話のメッセージを調べてみるとスティーブ・ウォータースの名前があった。現在はクラビスに協力しているが、元シェアソンの投資銀行業務担当だから、多分いい橋渡し役になってくれるだろう。数分後にモルガン・スタンレーのオフィスで電話を取ったウォータースは、ジョンソンの笑い声を聞いて驚いた。「ああ、ようやく連絡が付いた」。笑いながらジョンソンが言った。

「ロス、いつだって話し相手になるのに」とウォータースが言い返した。

ジョンソンは、クラビスと話し合ってもいいと思っていると言った。「そうとも、ぜひクラビスに会うべきだ」とウォータース。「言われてるほど悪い人間じゃない。話し合いは間違いなく双方にとって意味のあることだ」

ジョンソンも同意した。続いてジョンソンは、アメリカン・エクスプレスのジム・ロビンソンに電話を入れた。わが道を行く前にひと言連絡をしておきたかった。「聞いてくれ、ジム。

これからヘンリーと会おうと思っている。相手の言い分を聞くだけだ。あんたはどう思う？」

ロビンソンが耳を傾けていると、ジョンソンが理由を述べた。

「より大勢の人間と、話をすればするほどいいと考えているだけなんだ。正しいかもしれないし、間違いかもしれない。ただ、私は直接彼らの考えを聞いてみたい。ジム、あんたは王道を歩む人間だ。私もそうだ。これが王道だという気がするんだ」。言いたいことは明らかだった。コーエンとクラビスとの「脇道」の論争は何の役にも立たない。「ジミー」。最後にジョンソンが言った。「私は代表チームが欲しいんだ。二軍チームではない」

ロビンソンが了承すると、ジョンソンは折り返しスティーブ・ウォーターズに電話を入れた。クラビスとの会談はその日の午後四時にセットされた。


コーエンとの朝食後、クラビスは道路を渡り、セントラルパークを見下ろす四二階のオフィスで、ビーティーや前夜カリフォルニアから飛んで来たロバーツと幹部会議を開いた。一同の見解では、RJRナビスコの獲得を邪魔する者はピーター・コーエンただ一人である。シェアソンがこの案件にかかわるべき理由はこれっぽっちもない。ロス・ジョンソンには経営の実績があるし、コールバーグ・クラビスには買収の実績がある。コーエンの狙いは莫大な手数料とLBOの大物になることである。不純な態度というべきだ。

「連中の手持ちカードは大したものじゃない」とロバーツ。

「ああ、その通りだ」とクラビス。

シェアソンを追い払う方法があるはずだ。簡単な方法は、シェアソンにマイナーな役割を提供することだ。クラビスはある種の顧問料か、場合によっては利益の分け前をやってもいいと考えた。だが株式で大きなシェアを渡すつもりはない。五分五分などとんでもない。せいぜい一〇パーセントというところだ。

ビーティーはそれではどうかと思った。一〇パーセントは低過ぎるような気がする。何といっても仕掛け人はシェアソンなのだ。ビーティーは強くは言わなかったが、コーエンは明らかにこのオファーを侮辱と受け取ると思った。だが同じくらいはっきりしていることは、ヘンリー・クラビスがそんなことは何とも思わないことだ。

コーエンがソロモン・ブラザーズのトム・ストラウス、ジョン・グットフロイントと昼食を共にし、さらにシェアソンの役員会に出席している途中に、ジョンソンはナイン・ウエストビルのオフィスで商業銀行のグレイ・スーツの一団と会談し、ナビスコ買収の資金調達を図っていた。経費削減の説明をあれこれと聞かれて煩わしくなったジョンソンは、シェアソンのジム・スターンに彼らを押しつけようとした。一方、バンカーズ・トラストのボブ・オブライエンが率いる一団は、銀行の役割の大切さがジョンソンには分かっていないと感じた。一三〇億ドルもの融資を受けるなら、もう少し真剣に質問に答えて当然だと思うのだ。

だがジョンソンの頭はもっと重大な問題でいっぱいだった。中でもクラビスとの会談である。午後四時数分前にジョンソンは一人でエレベーターに乗り込むと、六階下のコールバーグ・クラビスのオフィスを目指した。エレベーターが閉まったところで、クラビスのフロアを忘れていることに気が付いた。四四階を押して降りたが、とんだ見当違いだった。次に四二階で降り、数分間うろうろしたあげく、ようやく奥まった所にクラビスの会社を見つけた。

中に入って、角にあるクラビスのオフィスに案内され、ジョージ・ロバーツと初めて顔を合わせた。なごやかな雰囲気だった。ジョンソンに何ら敵意はなかったし、クラビスにしてもジョンソンの経営のノウハウを心から必要としていた。プレミアをたっぷり吸い込んでから、ジョンソンはポストLBOのRJRナビスコの経営方針を説明し始めた。

会話は概括的な内容だった。三人はそれぞれ腹の中を探り合った。クラビスとロバーツがその経営理念を開陳すると、ジョンソンは強い印象を受けた。コーエンのスタッフより、はるかに金融構造や資金調達法を心得ているように思われた。代わってジョンソンが自社の現況を述べた。二人のいとこは獲物の情報について真剣に耳を傾けた。

ジョンソンはさらに探りを入れ、コールバーグ・クラビスと協力する可能性にはっきりと関心を示した。「ところで、ヘンリー」とジョンソン。「もしあんた方がこのディールに勝った場合、まさかジェット機やゴルフコースのことで細かいことは言わないと思うが、どうだろう?」

「そんなことはうちにとって重大ではない。ジェットに余分に乗りたければ、そちらの自由です」。ドン・ケリー（KKR傘下のベアトリスCEO）にひとつ聞いてみればいい、とクラビス。

「そういうことなら結構だ」とジョンソンがうなずく。

だがロバーツはそれほど物分かりがよくなかった。時に「冷たい人間」と言われるジョージ・ロバーツは、ジョンソンの気楽で遊び半分の態度に不快を感じていた。「確かに我々もあなたに禁欲生活は望んでいない」とロバーツ。「だが筋道は立てたい。ほかに行きようがなければ、社用の飛行機を使ってどこへ行こうと文句は言わない。我々のディールではCEOが模範となることが大切なのだ。ピーター・マゴワンに聞いてみてほしい」。マゴワンはKKRが掌握するセーフウェイ・チェーンのCEOで、ジョンソンの友人でもあった。

「もう聞いたさ」とジョンソン。「我々が模索するディールは、通常のものとは少々違うと思うのだ」。自分が大幅な経営権を持ち続けるような仕組みを模索しているのだ、とジョンソンが説明した。

とんでもない、とロバーツが首を振る。コールバーグ・クラビスはそんなやり方はしていない。「我々は経営陣が支配権を握るような買収をするつもりはない」とロバーツ。「うちはあなたと協力してもいい。だが経営権を失ってまで協力する気はない」

どうしてだ？　ジョンソンには不思議だった。

「我々が資金を集めたのだ」とロバーツ。「我々には投資家がいる。だから、買収案件を掌握する必要があるんだ」。ジョンソンの表情からして、そんな話を聞きたくないことがはっきりしている、とロバーツは思った。

「まあ、それはおもしろい考えだ」とジョンソン。「だが正直に言って、今のままならもっと行動の自由がある」

ＬＢＯ成功の一つの鍵となるコスト削減のテーマが取り上げられた。ロバーツが驚いたことには、予算に大ナタを振るうことにジョンソンはさほど抵抗しなかった。ジョンソンが言う。いずれにしろコスト削減の手続きがオーバーに扱われ過ぎている。「ネアンデルタール人だって、獲物を山分けしたら、あとはコストを削減するさ」とジョンソン。「浪費のできる人間がいたら、ひとつ紹介してほしい」

ジョンソンは続けた。「私は誰もがやるようにスパルタ式経営を進めてきた。だが我々が連れて行く経営陣は一流チームなのだ。別に放蕩をしているわけではない。つまらん連中に、やれリムジンに乗れとか、乗るなとか命令されるのはごめんだ。みみっちいことだ。頭を煩わすべきことは、私が売ろうと思っているタバコの値段とか、資産の売却価格についてだ。私は大きな問題を協議したい」

たとえばプレミアのような大きな問題である。ジョンソンは無煙タバコの話を始めた。その長所と短所、テスト販売の状況。その秘密はタバコを燃やさずに温めることにある。ジョンソンは不意にプレミアをポイと放り、クラビスの由緒あるオリエンタル絨毯の上に落とした。

ぎょっとした表情で、ジョージ・ロバーツがジョンソンの足下から煙を上げているタバコを見つめた。「ご覧の通り、どこも焦げません」。にやりとしてジョンソンがタバコを拾い上げた。ロバーツのやつ、跳び上がらんばかりだった……。

三人が一時間ほど話をしたところで、ジョンソンに電話の呼び出しがかかった。一分後にジョンソンが戻って詫びを言った。「ジミーとピーターからだった。あなた方のお仲間のテッド・フォーストマンと会う時間に遅れてしまった」とジョンソンが笑う。ジョンソンに第三の道があったとしても、気を悪くする二人ではあるまい。「ああ、テディならよく知っています」。クラビスが笑顔を返した。**すると、フォーストマンもディールに参加するつもりなのだ。**

その知らせはロバーツの肝を冷やした。と同時に、ロス・ジョンソンのすべてがロバーツの肝を冷やした。この男はまともなビジネスマンとは思えない。今この足でテッド・フォーストマンに会おうというのか？　ジョージ・ロバーツはおもちゃにされるのが好きな人間ではない。

去り際にジョンソンは、シェアソンとさらに話を続ける可能性を持ち出した。「うまくいくことを祈ります」とジョンソン。「ただフェアにやりましょう。どちらも相手を出し抜こうとすることのないように……。そうすれば万事はうまく収まる」

ジョンソンが六時すぎにオフィスを出ると、クラビスとロバーツはいよいよ行動を起こすことで一致した。

ジム・ロビンソンは腹の中で携帯電話に毒づいた。

ロビンソンが「ニューヨーク市パートナーシップ」（市の改善を図る企業幹部のグループ）の集いから外に出ると、驚いたことにヘンリー・クラビスからの電話メッセージがリムジンに届いていた。

車を出してみると、夕方の渋滞以上にひどいのが携帯電話の受信状態だった。クラビスに通じても交信は途切れ途切れ。だが、クラビスの言わんとすることははっきりしていた。

あなたにひとつ提案をしたい、とクラビスは言った。

その提案とは、まずコールバーグ・クラビスがＲＪＲナビスコを買収する。その代わり、シェアソンはコールバーグ・クラビスから一億二五〇〇万ドルの一括手数料と、株式の一〇パーセントを購入するオプションを手に入れる。クラビスは今夜中に返事をもらいたいと言う。

ジム・ロビンソンは他人の財布の中を見て興奮するようなタイプではない。「ヘンリー、そいつは中身が薄過ぎるんじゃないのか？」とロビンソン。それでも回答は約束した。

数分後、シェアソンの役員会を終えたコーエンのところにも同じ提案が届いた。コーエンはあまりしゃべらなかったが、声の調子から、双手を挙げて歓迎してはいないことがクラビスには分かった。

ロス・ジョンソンはどこに消えたんだ？

テッド・フォーストマンはもう二時間も待っていたが、ジョンソンが現れる気配は一向にない。

丸一日考えたあげく、フォーストマンはクラビスに対する「聖戦」と、ジャンクボンド退治に乗り出そうとしていた。フォーストマン・リトルのコンピューターはＲＪＲナビスコに関するあらゆる公開情報を処理していた。ゴールドマン・サックスの分析チームもデータの検討を終えたが、その結論はフォーストマンの常識を裏書きしたにすぎない。一株九〇ドルでもＲＪＲナビスコは有利な買収になる。

フォーストマン・リトルの戦略は、少なくとも第一段階は単純明快である。クラビスの性急な公開買付けが、同社の参入とＲＪＲナビスコ「救済」のきっかけを作ったのである。クラビスはすでに「フランチャイズ」発言でマスコミに叩かれており、フォーストマンの顧問団はこれに付け込むつもりだった。「我々は家庭的な母性を売り物にすべきだ」とジェフ・ボイジが言った。この狙いにフォーストマンも全面的に賛成した。

あと必要なのはロス・ジョンソンだけである。

ようやく六時半に、ジョンソンがトム・ヒルに連れられてフォーストマン・リトルに到着した。握手を交わしたフォーストマンは二人の後ろの見慣れぬ男に気付いた。

フォーストマンはヒルを脇に連れて行った。

「何だ、あいつは？」男を指してささやく。ヒルは言いにくそうだった。「まあ、その、仕事の中身には立ち入らないが、ジョンソンと行動を共にしている男だ。この件とは無関係だ」

ボディガードか？　フォーストマンは思う。ボディガードというのはフォーストマン・リトルのスタイルではない。嫌な徴候だ。

フォーストマンはヒルとジョンソンを会議室に案内した。室内の砕けた調度類は、重役会室というより居間のような雰囲気だ。一二脚の黒革のいすが木製のテーブルを取り囲んでいる。隅にテレビセットが置いてある。壁にはフォーストマンが好きな「大恐慌」時代のポスター。

ジョンソンは満面に笑みをたたえてテーブルの上座に着いた。

「たった今コンペから帰って来たところだ」とジョンソン。

「何だって?」。テッド・フォーストマンはたじたじとなった。

「今までクラビスと話をしていた」

フォーストマンはいら立ちを隠すことができなかった。「いったい何のために?」

トム・ヒルが割って入った。「まあ、一つの手続きみたいなものだ。別にどうというほどのものじゃない。何の意味もないと言える」。ジョンソンはすべてのベースを一応回ってみただけなのだ、とヒルが説明した。

クラビスの名がフォーストマンの能弁に火を付けた。ほぼ三〇分にわたって説教が続いた。ジャンクボンドの弊害、ヘンリー・クラビスの罪業《ざいごう》、フォーストマン・リトルがいかにしてウォール街を救うか。とりわけ、その朝のウォール・ストリート・ジャーナルに載った自分の論文を強調した。ジョンソンは耳を傾け、内心おもしろがっていた。

この記事で、この男のイチモツはまさにピンピンというところだ。ジョンソンにはおかしかった。フォーストマンの世界観が分かったような気がする。ヘンリー・クラビスは悪魔で、テッド・フォーストマンは天使なのだ。彼の得意先は完全無欠であり、彼は手数料などに関心はない。この男は株を非公開にしたいという人々のために、神の仕事を代行しているのだ……。

なるほど、そういうことなのか。

フォーストマンが演説を終えると、ニック・フォーストマンと社員のスティーブ・クリンスキーがジョンソンに向かって、あれこれと会社にまつわる質問を始めた。タバコの将来はどうか？　どの部門を売却するのか？　ジョンソンは取りとめのない答ぶりで、ほとんど舞い上がっているように思われた。明らかにディールのプレッシャーのなせる業だ、フォーストマンは思った。

トム・ヒルが電話に呼ばれて会議室を出た。コーエンからだった。クラビスの一億二五〇〇万ドルの提案を伝えてきたのだ。「私が考えている提携とは違うような気がする」とヒル。

「私とも違う」とコーエンが同意した。

それでもかなり魅力のある提案だとヒルは思った。これだけの手数料となると、シェアソンの一九八七年度のM&A関連顧問料総額のほぼ五割に相当する。第４四半期のシェアソンの収益は落ち込みが予想され、コーエンが対策に苦慮していることはヒルも承知している。一億二五〇〇万ドルのカンフル注射は魅力に違いない。

「言うまでもないでしょうが」とヒル。「もし提案を受ければ、わが社のマーチャントバンク業務はそれで終わりということです。一定の価格になればもうついていけない、と認めることになる。いかに取り繕おうと、誰の目にも明らかです。ここは断じて提案に乗るべきじゃない」

「また、連中から話があった」。会議室に戻ってヒルが言った。「極めて侮辱的な提案を受けたところだ」

フォーストマンは戸惑った。クラビスのことを言っているのは明らかだ。今の電話でヒルはクラビスと交渉したのだろうか？　どんな内容だったのか？　もの思いにふけるフォーストマンは右肩の上に貼ってある標語の皮肉さに気が付かない。ポスターにはこうあった。「私の時間を浪費するのはやめてくれ。くだらないおしゃべりは何の役にも立たない」

「今のことで我々は話し合う必要がある」。ジョンソンに向かってヒルが言った。「この提案はあなたにとっては侮辱的と言えないからだ」

ジョンソンとヒルはほどなくオフィスを出た。残されたフォーストマン兄弟は当惑した。ジョンソンはクラビスと交渉を続けているのか？　そうだとしたら、なぜフォーストマン・リトルに話をしているのだ。まあ、いずれ分かるだろう。と言うのも、共同チーム結成の件で、ヒルがその晩フォーストマンのスタッフをナイン・ウエストビルのオフィスに招いているからだ。兄弟がその会合の中身を詰めていると、スティーブ・クリンスキーがテッド・フォーストマンに歩み寄った。「あの男は頭は大丈夫ですか？」

フォーストマンはジョンソンの妙な行動を興奮のせいと見た。そういう光景はこれまで何度も見てきた。自分の会社の環境に慣れたＣＥＯが、ウォール街の目まぐるしいペースに戸惑っているのだ。「大変なプレッシャーを受けているのだ」とフォーストマン。「難しい立場にいるわけだ。私は世間一般のＣＥＯに同情を禁じ得ない」

クリンスキーはそれでも納得しない。「私にはあの男はとても普通とは思えない」

クラビスが一億二五〇〇万ドルの提案をしてから一時間後、ディック・ビーティーがシェアソンのボブ・ミラードに電話を入れた。

「我々の提案のことは聞いているか」とビーティー。

ミラードはビーティーが期待していたニュースを教えてくれた。それによると、コーエンはクラビスの提案に怒り狂っていた。侮辱されたと逆上している。いまだかつてこんな仕打ちを受けたことはなかったと言っている。

「彼はこれをわいろだと言っている」とミラード。

「よく分かった」とビーティーが溜め息を付いた。

ジョンソンが四八階のオフィスに戻ってみると、コーエンがソファーでクラビスの提案に頭から湯気を立てていた。やがてヒルにも興奮が伝染した。足を踏み鳴らし、クラビスに毒づき、顔面がまっ赤になる。心臓発作でも起こさないかとジョンソンは心配した。ジム・ロビンソンもその場にいた。

　騒々しい怒りの合唱にもかかわらず、クラビスのビッドはシェアソン側とジョンソンの間の隠れた亀裂を明るみに出した。月曜朝のクラビスの発表以来、ほぼ二日越しの亀裂である。ジョンソンはいまだにシェアソンの提案に積極的に乗るとは公式に述べていなかった。ロビンソンもコーエンもそれを迫りはしないが、今日の午後のジョンソンとクラビスの会談には明らかに頭を痛めていた。果たしてジョンソンはシェアソンと行動を共にするのか？　それともクラビス陣営に鞍替えするのか？

「ロス、もし君が連中と一緒にやりたいと言うなら、それは一〇〇パーセントそちらの胸一つだ」。ロビンソンがジョンソンに言った。「我々もあなたを止めるつもりはない」。コーエンもロビンソンの考えに同調した。

「何を言うんだ」とジョンソン。「まあ、みんな落ち着いてくれ。まず私の仲間たちとの相談が先だ。どうするか決めるのはそれからの話だ」

　日が暮れるころには四八階は人でごった返していた。シェアソン、デイビス・ポーク、そしてジャック・ナスバウムの法律事務所のチームが、クラビスを上回るビッドの準備のため、過去数週間の分析の見直しに大わらわだった。ホリガン、ヘンダーソン、ジョン・マーティンは、クリーム色の家具に身を沈め、壁際にずらりと並んでいる。

「容易ならざる事態と言える」。クラビスの提案を説明してジョンソンが言った。「ここで私は一方的な断を下すつもりはない。これから投票にかける。そして皆さんの総意を実行する。一人ひとりの考えをお聞きしたい。どちらなりと自分の好きな道を選ぶことができる。ただし、皆さんはこの投票に自分のキャリアを賭けることになる。ヘンリーと一緒に進むことも、ジムと一緒に進むこともできる」

ジョンソンは室内を見回し、「偉大な冒険」のために自ら選んだ人たちに目をやった。ヘンリー・クラビスと組むことがどういうことか一同は承知しているはずだ、とジョンソン。皆が一様にうなずく。確かに承知していた。だが、シェアソンと組んだ場合の勝率は決して高くないことに、ジョンソンが注意を促した。

「ご存じの通り、仮にシェアソンと組んだ場合」とジョンソン。「あなた方はおそらく死んだも同然だ」。クラビスに対するシェアソンの勝ち目はそれほど小さい。コーエンの陣営では、戦いに必要な資金の調達さえおぼつかない。シェアソンと組んで負け戦になれば、全員がその職を失うことになる。

スピーチを聴きながらエド・ホリガンは、ジョンソンが本気でどちらと組んだらいいか再考を促しているように思った。これに先立って二人だけで話をしていた。ホリガンはクラビスとの会談の模様を尋ね、ジョンソンの矛盾した考えにびっくりした。「いや、彼らは大した連中だよ」とクラビスとロバーツのことを言うのだ。

「彼らが？」。信じがたい面持ちのホリガン。

ホリガンは四二階の出来事をジョンソンに詳しく問い質した。熱血漢のタバコ部門トップの心の一部には、ジョンソンが自由に振る舞う権限を持つ代理人として、どれだけ好き勝手な分け前を取ったのかという疑いがある。と同時に面食らってもいた。いったいなぜ、こうも突然に、あれほど忌み嫌っていたクラビスを抱き締めるような事態になったのか? 無節操なロス・ジョンソンならその手の離れ業ができるかもしれない。だが節操の固いエド・ホリガンにそんな真似はできない。

「あんたが何を話したかは、知らない」とホリガン。「だが俺は気に入らないな」

「あんたの気持ちがよく分からない」とジョンソン。「私は世界最大の買収をやろうというのだ。それなのに、あんたは冷淡な態度だ」

ホリガンは話を単純化しようとした。彼は言う。そもそもこれが役員会に与える印象を考えてみることだ。クラビスと組んで、間違いなく会社の買収価格を抑えることになるようなディールをすれば、株主のためになるという主張をどこまで貫き通せるのか。「そんなもの、取締役会が突っ返すに決まっている」。ホリガンは断言した。

ジョンソンはそうは思わない。クラビスが確定した九〇ドルの最低ラインで、株主の利益はすでに守られている。今大切なことは、ビッドが乱戦にならないように気を配ることである。借金ばかり積み上げて会社経営が不可能にならないように配慮することである。

ホリガンはこれ以上クラビスとの結婚話は聞きたくもなかった。「連中は敵なんだ」とホリガン。

「どうしてそんな連中と組むことができる?」

で、今経営グループが集まっている中で、ホリガンは改めてクラビスとそのやり方を非難した。勝利の確率がどうあろうと、このままシェアソンと組むのが正しいコースだ。「自分の家には、連れて来てくれた人と一緒に戻るべきだ」とホリガン。「勝つも負けるもシェアソンと一緒だ」

ほかの経営陣（ヘンダーソン、エド・ロビンソン、セージ）もこれに同調した。「よし、これで決まりだ。その線でいこう」とジョン・マーティン。「我々はもうパートナーを選んだのだ。これからも彼らと一緒だ」

こうして危機は去った。グループは席を移し、ジョンソンがコーエンを呼び入れた。「多分そちらも疑念を持っていたことと思う」とジョンソン。「それなのに、フリーハンドを与えるという寛大な申し出をしてくれた。感謝している。でも私は君たちと組むことを再確認したかっただけなのだ」

コーエンはいかにも嬉しそうだった。「信任投票に感謝します。約束しよう。最後の最後まで一緒にいきます」

その晩の混乱が最高潮に達したころ、テッド・フォーストマンが四八階に到着した。エレベーターを降りたとたん、フォーストマンは嫌な感じがした。何やら人でごった返している。大半が弁護士のようだった。フォーストマンはうなった。**船頭が多過ぎる。**

フォーストマンは、弟のニック、弁護士のスティーブ・フレイディン、ゴールドマン・サックスのジェフ・ボイジを引き連れていた。彼らもまた周りの混乱に目がいく。投資銀行との交渉に慣れているボイジは、コーエンやロビンソンなどの上席幹部が飛び回っているのを見て面食らった。**いったい、ここの責任者は誰なんだろう？**

フォーストマン・グループは窓のない会議室に案内された。まん中に桜材のテーブルがでんと置かれ、一〇数人の弁護士や投資銀行のスタッフであふれていた。ジョンソンもいる。コーエンもいる。たちまちシェアソンのスタッフがフォーストマンを質問攻めにした。もっぱら一つのテーマをめぐる質問だ。ヘンリー・クラビスといかに戦うのか？ フォーストマンはそんな質問に答えるつもりはない。彼はこう説明した。皆が同じ考えでいるかどうかも確認しないうちに、そんな話をしてどうなるというのだ。フォーストマンが熱弁を振るうのは、今日少なくとも二度目である。

まず、クラビスの非難が始まった。ジャンクボンド、ノー。つなぎ融資、ノー。フォーストマンのボルテージが上がっていくと、ジョンソンがこそこそと出て行った。彼は演説を続けた。敵対的買収のビッド、ノー。調子外れな取引は、一切ノー。演説は延々と続く。ジョンソンに続いてコーエンも席を外した。「姑息なことは一切やらないのだ」。ようやくフォーストマンが結論に入った。「我々は多くのものにノーと言う。だがこの件には異論がない。お分かりか？」

フォーストマンは室内を見回した。気が付くと会議室はほとんど空だった。残っているのは自分の連れの三人ぐらいだ。フォーストマンが頭をかくと、シェアソンの若手社員が提言を始めた。フォーストマン・リトルの倫理観を汚すことなく、ジャンクボンドを目標達成に活用する道があるのではないか？

フォーストマンは戸惑った。こいつは今まで何を聞いていたのだ？　今朝のウォール・ストリート・ジャーナルの記事さえ読んでいないのか。誰に向かって口を利いているのだ。「待て、待て、待て」。フォーストマンがいら立たしげに言った。「君たちには何も分かっていない。私はそんなことはやらないんだ」

そこで、ふと気付いたように言葉を止めた。「みんなどこに行ったのだ？」

誰も知らなかった。残っていたシェアソンの社員がいなくなると、フォーストマンにはどうしたらいいか分からなくなった。彼は待った。一時間以上たっても、ジョンソンもコーエンもジム・ロビンソンもトム・ヒルも現れる気配がない。ジェフ・ボイジの頭に血が上った。「どうも妙な雰囲気だぞ」。ボイジが警告した。

その晩じゅうコーエンはクラビスと連絡を取ろうとした。一億二五〇〇万ドルのクラビスの「わいろ」は全く納得できないとぜひ通告すべきだという点で、コーエンとジョンソンが一致したのだ。ジョン・マーティンは、死んだ魚を送り付けてやればはっきりすると言う。コーエンはクラビスのマンションに伝言を残し、ディック・ビーティーに電話を入れた。ビーティーならクラビスの居場所を知っているかもしれない。確かにビーティーは知っていた。だがコーエンに教える気はなかった。

この電話の間、クラビスは近くのレストランで豪華なブラックタイ・ディナーを楽しんでいた。PR代理店のスウィフティ・レーザーが主催した、ヘンリー・キッシンジャーのためのディナーである。クラビスはその席でラザール・フレールのフェリックス・ロハティンやソロモンのジョン・グットフロイントと談笑した。

室内はもちろんRJRナビスコ買収の噂で持ち切りだった。グットフロイントはクラビスのテーブルに座り、同席したゲストたちが小柄なディールメーカーに浴びせる質問を楽しんでいた。あと一歩で、ソロモンもクラビスと戦うはずだったとはひと言も言わない。クラビスとのディナーの会話はもっぱら最近のクラビスに対するマスコミの扱いだった。

「思うに」とグットフロイント。「金融人が同じ日にウォール・ストリート・ジャーナルとニューヨーク・タイムズの一面を飾ったのはこれが初めてじゃないかな」

ほほ笑むヘンリー・クラビス。彼はジョン・グットフロイントがさほど好きでなかった。

ディナーの後クラビスはマンションに戻り、コーエンからの電話を待った。書斎の窓からは、ナイン・ウエストビルの四八階にこうこうと明かりがついているのが見える。**まだ連中、あそこにいるんだな、**とクラビスは思った。

一二時一五分に電話が鳴った。ジョンソンからだった。

ジョンソンのいつもの陽気な雰囲気はまるでない。「ヘンリー、あんたには失望している」とジョンソン。「連中にあんなひどい提案をするなんて……。フェアな勝負をするんだと思っていた。あれは少しもフェアじゃない。まともじゃないよ」

まだ対話の余地はあるが今のままの条件ではだめだ、とジョンソン。もしクラビスが提案をし直す気があるなら、今でも歓迎する。

クラビスは少しも驚かない。例によってビーティーの見通しが的を射ていたのだ。「結構です」とクラビス。論争をする気は全くない。「そちらがそのようにお感じになるのなら……」

ジョンソンは受話器を置きゴールドストーンを見やった。二人はジョンソンのオフィスの脇にある控え室にいた。コーエンはドアの外でうろうろしている。

ゴールドストーンはジョンソンの話した内容に満足できなかった。ジョンソンの個性は対決にはまるでそぐわない。この人物はもっと陽気にわがままを貫くタイプなのだ。

「ロス、あなたがパートナーを変える気がないことをヘンリーに伝えたいと言うなら、そのメッセージは彼に伝わってはいない」とゴールドストーン。「もう一度電話して、もっとはっきり言うべきだと思う」

「確かにはっきりしなかったかもしれない」

「そう思うな。ちょっと漠然としていた」

「かけ直したほうがいいかもしれない」

「そう。そうすべきだと思う」

五分後、ジョンソンは改めてクラビスに電話した。

「ヘンリー、おそらくはっきり言わなかった点が一つあると思う。私はやはりシェアソンと組むつもりだ。我々がパートナーではなくなったと考えてもらいたくない。私が自分のパートナーを見捨てたと思ってもらっては困るのだ」

クラビスはなぜジョンソンが二度も電話してくるのか不思議だった。まあ、誰かに指図されてのことだろう。いったい、誰が経営陣の指揮を取っているのだ?

「分かった。そういう期待はかけないことにする」とクラビス。「ロス、ひとつはっきりさせてくれ。誰もあんた方を分断しようとは考えていない。我々にそんな気持ちはない」

どちらかと言えばこれはうそだった。だが今はロス・ジョンソンの気分を害する時ではない。クラビスは電話を切り、頭をひねり、すぐジョージ・ロバーツとディック・ビーティーに相談を持ちかけた。提案が蹴られたのは芳しくない。全く好ましくない。一株九〇ドルの公開買付けは形の上では申し分ない。だがクラビスにはよく分かっていた。企業の表も裏も心得ている経営陣が企業分析に協力しない限り、大型のM&Aが成功したためしはないということだ。認めたくはないが、一つだけ明らかな事実がある。クラビスにはロス・ジョンソンが必要なのだ。

その上、この水準でのビッド合戦は、勝ったほうが数十億ドルのコストを余分に負担することになる。クラビスとロバーツは第二弾のアプローチが必要ということで意見が一致した。

クラビスはナイン・ウエストビルのジョンソンに電話を入れた。しばらくして電話に出たのはコーエンだった。

「ピーター、話し合うのがお互いのためになると思うんだ」とクラビス。「我々は何も君たちの分断を狙っているわけじゃない。この件で話し合いをしようと思っているだけだ」

いいとも、とコーエン。話し合おうじゃないか。

「朝にでも会うというのはどうかな？」

「いや、会いたいと言うなら、今すぐ会うことにしよう」。奥の部屋にテッド・フォーストマンを待たせていることを、コーエンは言わなかった。

「ピーター、もう夜中の一二時半だし……」

「いや、言いたいことがあるなら今言うことだ。明日では遅過ぎる」

数分後、クラビスはディック・ビーティーに電話を入れた。

「連中が会いたがってる」

「明日か。何時だ」。ビーティーはベッドに入るところだった。

「今夜だ」

「今夜だと？」

ビーティーはライトジャケットを引っかけると、五番街のマンションを出てタクシーを呼び止めた。まずカーライル・ホテルでロバーツを拾い、パーク・アベニューのマンションでクラビスを乗せた。車は人気のない通りを気持ちよく進んだ。三人がナイン・ウエストビルのオフィスに到着すると、ずらりと並んだリムジンに度肝を抜かれた。

クラビスが頭を振った。「おやまあ！　上には全世界が集まっているに違いない」

シェアソン副会長のジョージ・シェインバーグは、一時少し過ぎにクラビスがエレベーターから出て来るのを目撃した。一流のカメラマンでもあるシェインバーグはカメラを持参していた。歴史的瞬間を撮影しようとカメラを構えかけたが、やめにした。日頃は縁起担ぎと無縁のシェインバーグも、会談の前途にけちを付ける気にはなれなかった。

シェアソンのジム・スターンは、クラビス、ロバーツ、ビーティーがエレベーターから姿を見せると手を振った。その晩、スターンはもっぱらソロモンの投資銀行業務チームに、最新の情報を提供することに忙殺されていた。その会議室はフォーストマンたちの部屋とわずか二、三メートルしか離れていない。二つのグループの鉢合わせを防ぐのは、二枚の鍵のかかったドアだけだ。ソロモン・グループの所に足早に戻りながら、スターンは今夜は「三面サーカス」（訳注）の様相を呈してきたと思わざるを得なかった。

――訳注　隣り合った三つのステージで同時に演技をする豪華なサーカス。

シェアソン・グループがクラビスの到着を待つ間、ジョンソンのオフィスの空気はぴりぴりしていた。

コーエンをはじめジム・ロビンソンやトム・ヒルが室内をそわそわと歩き回った。コーエンは、クラビスが何かの拍子でテッド・フォーストマンと鉢合わせすることを死ぬほど恐れていた。そんなことになれば何が起きるか知れたものではない。

ジョンソンのオフィスは、実際にも、比喩的にも「紫煙に満ちた部屋」（訳注）だった。ジョンソンの唇にはシガリロがくわえられ、コーエンはトレードマークの葉巻をすぱすぱ吹かしている。むっとする煙が室内に立ち込めていたが、気にする者はいなかった。何しろ一同が買おうというのはタバコ会社なのだ。

――訳注　首脳会談などに使う秘密会議室。

ジョンソンのデスクの後ろの書棚には『孫子の兵法』が置いてあるが、これをジョンソンが読んだという証拠はない。オフィスの窓は壁いっぱいの広さ。その南側の薄暗いＲＣＡビルと赤いネオンサインの文字の彼方に、マンハッタン・ダウンタウンの光がきらめいている。

クラビス、ロバーツ、そしてビーティーは、アンディ・セージの空っぽのオフィスとベニヤ板張りの小会議室が並んでいる脇を抜け、ジョンソンのオフィスに案内された。込み合った室内でしばし挨拶が交わされた。ジャック・ナスバウムがビーティーをからかった。パジャマの上にジャケットを羽織ったように見えるのだ。「ディック、まるでベッドから直行したみたいじゃないか」

汚れた空気がジョージ・ロバーツを悩ませた。目がちくちくした。それでもロバーツは強いて気にしないようにした。「あんた方が葉巻を作らないのはいいことだ」。エド・ホリガンにロバーツが言った。「葉巻の煙は頭にくる」

ロバーツの嫌みが通じるまでやや間があった。ジョンソンとホリガンがけげんそうな視線を交わす。**煙がたまらないと言っているのだろうか？**　アメリカ有数のタバコ会社を買収するにしては、信じがたい告白のように思われる。このちょっとした言葉が、先行きの見えないこの晩の基調を決めた。

「これがお気に召さんと言うのなら」とコーエンが火の付いた葉巻を指して言った。「すぐにでも消すが」

「ああ、その通りだ」とロバーツ。

「何とまあうるわしい光景だ」。ホリガンがつぶやく。

コーエンは部屋を出て行き、葉巻の火を消して戻って来た。その葉巻を手に持って、ジョンソンの空いたデスクに移る。コーエンとジム・ロビンソンは、クラビスが到着したらアメリカン・エクスプレスの会長は席を立つことをあらかじめ決めておいた。ロビンソンとクラビス一家は乗馬の仲間であり、コーエンは友人との対決でロビンソンの判断が曇ることを心配したのである。

で、ロビンソンとジョンソンは部屋を出るために席を立った。「君たちに話し合いはお任せする」とジョンソンが一同に言った。「何とか協力ができればいいと思う。それが万人のためになる。用があれば私たちは向こうの部屋にいる」

「議会をはじめ、大勢の人たちが成り行きを注目していることを忘れないように」とロビンソン。「我々は自分が敬愛するビジネスを傷付けるようなまねはしない」。ジョージ・ロバーツがそっけなく言った。

ロビンソンとジョンソンがいなくなると、コーエンは自分とヒルとが敵に対する方法に直観的に気が付いた。ウォール街の普通の交渉と同じようにやればいい。一般には上席パートナーが指導者として「善玉」警官役を演じ、若手パートナーがその手足となる「悪玉」警官役を演ずる。コーエンはその昔サンディ・ウェイル（シェアソンの創業者）の「悪玉」警官役を見事に演じ、これが第二の天性にまでなっていた。だが今夜のコーエンは初体験の外交官役を演ずるつもりだった。

だが、今もってクラビスの「わいろ」に腹の虫が収まらぬコーエンは、出だしから失敗した。ジョンソンのデスクの後ろに立ち、彼は今でもコールバーグ・クラビスとの提携には「偏見を持っていない」と強調した。口調は落ち着いていたが、やがてコーエンの闘争本能が前面に出てきた。「これはうちの案件なんだ」とコーエン。「引き下がるつもりはない。相手が誰だろうと、従属的な役割に甘んずるつもりはない。我々はロスを味方に付けてる。これは大きなポイントだ」コールバーグ・クラビスの提案についてコーエンはさらに続けた。「我々はわいろには一切関心がない。金額を倍にしたところで同じことだ。これは侮辱的だ。傲慢な提案だ」（後日コーエンは自らこう認めた。「あれでは誰も〝善玉〟とは思わないだろう」）。

長いすのビーティーの横に座ったジョージ・ロバーツが、膝に手を置いたままの姿勢でそっけなく言った。「ピーター、我々がここに来たのは問題を冷静に話し合うためだ。皆が協力できるアイデアの一つも出したらどうかね。いろいろな可能性を探り、協力できる道を見つけたいのだ」。だがシェアソン陣営はまだ終わっていなかった。クールで、ベストドレッサーで、ひるむことを知らないトム・ヒルが、「悪玉」警官役で議論に参加した。「経営陣はシェアソン・リーマンと組むことを先ほど決断した」とヒルが始めた。「我々の問が提携不能ということになれば、いよいよ競り合いの段階に突入する」

ヒルは全面戦争になった場合のクラビス側のリスクをはっきりさせておきたかった。「ヘンリー、あなたは地図のない領域に入ろうとしている。これは異例の買収だ。経営陣が味方に付いていないのだから、さまざまな問題が出てくる。特に正確な分析能力が問われることになる」

ここからヒルがダメ押しに入る。「あなた方が友好的と見られるか、敵対的と見られるかという問題もある。これは敵対的ビッドだから、そちらの投資家グループは条件を付けるだろう。と同時に、将来の経営陣が果たしてあなた方と交渉を望むかという問題もある。加えて、ご承知の通りRJRは南部やカロライナ地方に拠点を持っている。あちらの選挙区には、ジェス・ヘルムズを筆頭に非常に有力な議員が多い。当然ジェス・ヘルムズは会社と地元コミュニティの先行きに極めて積極的な関心を抱くだろう」

紛れもない威嚇だった。ヒルが言葉を切ると全員がいっせいに話しだした。顔面を紅潮させてクラビスが言った。「トム、それが脅しなら片腹痛いというものだ。おまえさんの脅迫を黙って聞くつもりはないぞ」

「ジェス・ヘルムズに電話したいのなら、どうぞご勝手に」とロバーツ。「ここは自由の国だ」ディック・ビーティーは両手を広げて進路を変えようとした。「トム、そんな風に言っては話にも何にもならない」

全員が叫び出す前にコーエンが割って入った。「まあ、まあ、みんな落ち着いて。これが会談の目的じゃないはずだ。我々が集まったのは協力の道を探るためだろう」

ビーティーはコーエンの「オリーブの枝」（和解提案）を歓迎したものの、彼がヒルの演説の終わりを待って口を挟んだことは見逃さなかった。

午前二時を回るころ、ようやく一人のメッセンジャーがフォーストマンたちの待つ会議室に顔を出した。ロス・ジョンソンが会いたいそうです。「フレイディンを同行していいのか」。フォーストマンが尋ねた。

「いいえ、弁護士はだめです」とメッセンジャーが答えた。

テッド・フォーストマンと弟のニックはうんざりした表情でいすから立ち上がると、電気の消えた部屋の脇を抜け、エド・ホリガンのオフィスに案内された。オフィスにはジョンソン、ジム・ロビンソン、ホリガンが待っていた。ロビンソンのタキシードにはしわが寄り、ネクタイも半分外れている。

「どうなっているんだ」とフォーストマン。

ジム・ロビンソンが口を開いた。「テッド、そいつを君に知ってもらいたい。ここは本当のことを話すしかないと思う」

「どういうことだ」

「我々の陣営は今別の会議室で、ヘンリー・クラビスと会談の最中なのだ」

フォーストマンはロビンソンの頭上とおぼしき辺りをにらんだ。みぞおちに一発食らったような表情だ。フォーストマンはしばらく言葉を探していた。やがて長いすの弟の横に腰を下ろした。

その時のフォーストマンの気持ちは、失望という言葉では十分に表現できない。むしろ裏切りという言葉に近い。この連中にも節操というものがあると思っていた。自分同様クラビスの正体が見抜けるものと思っていた。が、今分かった。自分は間違っていた。

汚い言葉が、株式相場のチッカーテープのように、フォーストマンの頭の中をゆっくり流れ始めた。**くそったれ。くそったれのろくでなしめ。いったい俺はここに何をしに来たんだ？よりによって、こいつらはあのチビのクラビスと話し合っているのだ。**

フォーストマンはひと言も言わない。

ロビンソンが続けた。「テディ、我々がやったことは最適とはいわんが、最善の策なのだ。賢いビジネスのやり方なのだ」

フォーストマンは相変わらず黙っている。

「これでどうにかなると考えているわけではない」とロビンソン。

ジョンソンが口を添えた。「そう、どうにかなるとは思っていない。別に結果が変わるものじゃない。連中と経営陣が組むということはないのだ」

フォーストマンは思った。**じゃあ、なぜおまえたちはあそこで連中と話し合っているのだ？ああ、もううそっぱちは聞きたくもない。**叫んでやりたかった。「この恥知らずども！」。だが、それだけは抑えた。癇しゃくを起こせば商売を失う羽目になると、日頃からパートナーたちに言い聞かせてあった。

フォーストマンはジム・ロビンソンに視線を送った。「まあ、私には関係のないことだ。ただ私は賛成できない」

できれば、それで済ませたかった。だがしょせんは無理な話だ。「連中は本当に三流の人間だと思う。三流だという事実は、彼ら自身が繰り返し立証していることだ」

フォーストマンは改めてジム・ロビンソンを悲しげに見やった。ばつの悪い瞬間だった。「我々は社交上の友人なんだ、テッド」とロビンソン。「彼らを社交的に知っているだけだ」。一瞬の沈黙。「いずれにしろ、特に心配することはない。うまくいくことはないんだから……」

「ジム」とフォーストマン。「うまくいくかどうかはともかく、なぜこんなことをしている？　そいつが納得できない。我々というものがありながら、どうしてあんな連中とビジネスができるんだ？　うちの資金コストは九パーセントだ。ジャンクボンドなんか要らないじゃないか。クラビスなど要らないじゃないか。私なら連中がしたようなことは断じてやらなかった。私なら九〇ドルものビッドはしなかった。もしＫＫＲが出しゃばらなければ、我々は脇からあんた方に声援を送っていたところだ」

一同はそれからしばらく話を続け、テニスやゴルフの話題で間の悪い時間をつぶした。「まあいずれにしろ」とフォーストマン。「真実を知らせてくれたことには感謝する」

「そうとも」とジョンソン。「真実を知らせたことで、少しはこちらの誠意を感じてもらいたい」

「ああ、礼を言う」

フォーストマンは打ちひしがれた思いで、ボイジとフレイディンの所に戻った。「君たちにはとうてい信じられないことだ」とフォーストマンが言った。

「帰りましょう」。フォーストマンからニュースを聞いたフレイディンが言った。ここに残って、こんな扱いをした連中と協力するいわれはまるでない。フォーストマンならそんな田舎芝居は断じてしない、とフレイディンが付け加えた。こんな田舎芝居をやる連中に協力などする必要はない。「私はあなたにここに残っていてほしくない」

フレイディンはまるで運動場のけんかの後の優しい叔父さんのような口調だった。テディ・フォーストマンと八年間付き合って、奇妙に彼を守ってやりたい心が育っていたのだ。さまざまな面で、彼はウォール街にしてはナイーブなところがある。フォーストマンはコーエンやクラビスといった連中とはうまが合わない。彼らを批判はするが、連中を本当には理解していない。フォーストマンは他人も自分と同じようにまっ正直だと思っている。そして今夜のように、時々とんでもない不意打ちを食わされるのだ。

「こんな所はおさらばだ」とフォーストマンも認め、席を立とうとした。

ジェフ・ボイジがこれを止めた。「ちょっと待って、テッド。確かにその気持ちはみんな同じだ。だけど、これは我々に有利に展開できる状況だ。それにはここに残ることだ」

ゴールドマンのボイジは周囲の混乱に気付いていた。困惑したスタッフの表情、コーエンやロビンソンなどのトップがあたふたと走り回る状態。ボイジはシェアソン・チームの周りに漂う必死の雰囲気をチャンスと見た。

「連中は、よたよたしている」とフォーストマンにボイジが言った。「KKRとの間に何らかの進展がなければ、必ず我々が必要になる。となれば、有利な条件を押し付けることもできる」

フォーストマンの心が揺らいだ。クラビスと戦って、ジャンクボンドの真の姿を世間に知らせたいのは山々である。だがジョンソンという男は、善悪の区別も、フォーストマン・リトルとコールバーグ・クラビスの区別もつかないように思われる。それが彼の心を悩ませた。

彼らは待つことにした。


四八階全体を通じて、紫煙に満ちたオフィスでの話し合いはすべて出口のないものだった。理屈からすれば、一定の提携関係の確立は双方の利益になる。延々と続く公開の場での争いは、誰にとっても失うものが多過ぎる。だが「提携関係」と言っても、その解釈は百人百様である。コーエンは、クラビスの一〇パーセントの株式提供という提案を侮辱と見て、これを一蹴した。クラビスは五分五分の分割案などとうてい受け入れられない。「うちにそんな前例はない」とクラビス。「またそういう前例をつくるつもりもない」

「だが何事にも最初がある」とトム・ヒルが言う。「二〇〇億ドルの案件がいくつあると言うんだ？　我々みんなに十分な取り分があるはずだ」

クラビスはヒルがジェス・ヘルムズに触れたことで今も怒りが収まらず、相手をにらみつけて言った。「経営権を放棄するような買収をやるつもりはない。できないのだ。それが社の方針だ」

一時間もの間、彼らは次々に論点を移していったが、合意に達することもなければ、正面衝突に発展することもなかった。「ところで」とクラビスがコーエンに聞いた。「あんた方は自分の役割をどう考えているんだ」

「金融はうちが引き受ける。買収案件全体をうちが取り仕切る」

クラビスが頭を振った。「買収はこちらに任せたらどうなんだ？　あんた方は共同出資ということでいいじゃないか。なぜ、そうこだわるんだ？　手数料も十分入るじゃないか」

途中、クラビスとロバーツは改めてシェアソンとジョンソンの間の取引について質問した。「ディールが整うまでは、経営協定のことは言っても仕方がない」とコーエン。

「その内容も知らずに、どうしてうちが参加できるのだ？」。ロバーツが言い返した。そこでコーエンは漠然とした言い方で内容を説明した。

相変わらず妥協点はない。

ジョージ・ロバーツが大人の妥協案を出してみた。まず、RJRナビスコをシェアソン・グループが単独で買収する。次いで、食品部門をコールバーグ・クラビスに売却することに同意する。これは複雑な提案で、ややこしい節税問題が絡んでくるので、説明に何分もかかった。

ロバーツが、シェアソンはいったいどのくらいでRJRの食品部門を手放す気があるのか、とトム・ヒルに尋ねた。「そう、一五か、一五半ぐらいなら」とヒルが言う。一五五億ドルということだ。

「うむ」とロバーツ。「ここでまた問題が生ずるわけだ。食品部門の価値はせいぜい一四〇億というところだ」。コーエンとヒルは会議室を出てしばらく相談したが、結局提案を蹴ることにした。

さらに議論は続く。何しろ不一致事項にはこと欠かなかった。たとえば買収後の債券募集を統括する投資銀行をどこにするか、という問題が出てくる。LBO投資の利益のほかに、「取引を仕切る」つまり主幹事を務めることは割のいい仕事になる。クラビスはドレクセルが当然の選択だと言う。何といっても、ジャンクボンド市場の生みの親で、市場を長年支配している。「我々はドレクセルの風下に立つつもりはない」とコーエン。「その点は交渉の対象にすらならない」。ドレクセルが起訴寸前だという事実を言うまでもない。「そんなことになれば、いったいどうなると思う?」

三時の時点で、どんな妥協もあり得ないことが明らかになった。クラビスとロバーツが席を立つと、コーエンがディック・ビーティーを脇に連れ出した。

「聞いてくれ」とコーエン。「あんたの力も借りて乱戦状態になる前に何とかまとまるようにしたい。でないと、本当に手に負えなくなってしまう」

下に降りてクラビスとロバーツはタクシーを呼び止めた。

車が動き出した時ヘンリー・クラビスの頭にあるのは、ただもうトム・ヒルを締め殺してやりたいという思いだった。ジェス・ヘルムズの一件がまだ頭にきていた。ディック・ビーティーがいくらなだめても、まるで効き目がない。

「あの男が信じられるか? 我々を脅したんだぞ」とクラビス。

ジョージ・ロバーツの考えによれば、端的にいってトム・ヒルという男は、出来の悪い人種の中でも最悪だった。「トム・ヒルを知っていれば、やつの言いそうなことはすべて事前に分かったはずだ」

ロス・ジョンソンは、オフィスに戻れば軟化したクラビスに会えるものと思っていた。で、話し合いが物別れに終わったと知るとショックを受けた。コーエンはオフィスを歩き回ってクラビスの悪態を付いた。「全くどうにもならない」とジョンソンに言う。「連中とはとうていビジネスはできない」

それがジョンソンには信じられない。これでもう四度目の話し合いだというのに、コーエンとクラビスは妥協のかけらも見出だせないというのだ。この部屋でいったい何をしていたのか？　他人に調子を合わせることでは人後に落ちないジョンソンは、コーエンがこれほど重大な時期になぜ妥協に至れないのか、どうしても理解できなかった。クラビスとコーエンは混ぜ合わせると爆発する化学物質のようだ。午後に会ってみたところでは、クラビスはそれほど妥協の難しい相手とは思えなかった。

どのくらいクラビスが物分かりの悪い男か、コーエンがくどくどと非難した。その口調からすると、まるで会談が物別れに終わったのを喜んでいるようだ。これでクラビスの前に立ちふさがり、シェアソンの案件を守る論拠ができたわけだ。ウォール街のライバル関係より自分の会社のほうが心配なジョンソンは、コーエンのマッチョ・スタイルに強い疑念を抱き始めた。**全く、どこか狂っている。**ジョンソンは思った。

ジョンソンがそんなことを考えていると、スタッフが部屋に顔を出し、テッド・フォーストマンが帰ると言っていると知らせた。

「ああそうか」とジム・ロビンソン。「テディはまだここにいたんだ」

コーエンたちがどっとオフィスを出て行く。ジョンソンとロビンソンが後に残された。「まるで精神病院の監視役のような気分だよ」。ジョンソンが言った。

ジェフ・ボイジはもう一分たりとも待てなかった。いすから立ち上がると、決意を胸に窓のない会議室を後にした。部屋の外には誰もいない。人気のないオフィスをあちこち当たってみて、ようやく目指す相手を見つけた。

オフィスの中では、シェアソンの幹部のジェフ・レーンとジョージ・シェインバーグがデスクに座って話をしていた。ドアからボイジが顔を突き出した。

「あんたたちに一つだけ言いたいことがある。このビジネスで私は一八年の経験があるが、これほど無礼な扱いを受けたことはない。言語道断だ。もうこんな扱いに甘んずるつもりはない。これ以上はもうたくさんだ」

それだけ言うとボイジはさっと姿を消した。

テッド・フォーストマンも限界だった。彼と三人のアドバイザーはコートを手に取り、「さよなら」を言う相手を探し始めた。

長い廊下の向うからコーエンと五、六人の一団がこちらに走って来た。二つのグループは、フォーストマンが一晩中待機していた会議室の外で鉢合わせした。

「いやどうも、パートナー」とコーエン。親しげにフォーストマンに両腕を広げてみせる。「さあ、どうぞ。話を始めましょう」

フォーストマンははっと事態を悟った。クラビスとの話し合いが物別れに終わったのだ。コーエンは今度はフォーストマン・リトルが必要になる。

今晩はこれで二度目だが、フォーストマンは叫びたかった。コーエンを見つめて、こう言ってやりたかった。**おまえの顔なんか見たくもない**。

だがフォーストマンはその場を立ち去ることができなかった。後になって考えてみると、高校時代のロマンスそっくりだった。どんな女の子でもいざ別れるとなると、今ここで切れたら二度と恋はできないんじゃないかしら、と思うものである。この瞬間にRJRナビスコのオフィスを後にすれば、もう二度と戻らないことをフォーストマンは承知していた。その結果、ヘンリー・クラビスが史上最大の獲物を手にすることになる。真実は誰も知らない。クラビスは裸の王様だったという事実を誰も知らないままで終わることになる。二つのグループはぞろぞろと会議室に戻った。

フォーストマンは冷静になろうとしたが、例によってそれは難しいことだった。一同が先に進む前に、そもそも「パートナー」などと考える前に、フォーストマン・リトルが何であるかをコーエンに納得させなければ気が済まなかった。フォーストマン・リトルとコールバーグ・クラビスの根本的な違いを、どうしても連中に理解させなければならない。

「フォーストマン・リトルとコールバーグ・クラビスを同じ口で語ってほしくはない」とフォーストマン。「我々は比較にならない。一〇年前にこのビジネスを始めた時、私はベストになりたいと言った。ビッグになることに関心はなかった。ビッグがベストだと考えるなら、あなた方に用はない。それならクラビス陣営と同じだ。うちの利回りは、彼らが儲けているという、そをついている利回りの三倍から四倍もあるのだ」

フォーストマンが本格的な「口上」を始める前に、ジム・ロビンソンが割って入った。「その辺はよく分かってるよ、テッド。事実であることは承知している。だからこそ我々はこうして集まったのだ」

数分後にロス・ジョンソンも会談に参加した。フォーストマンがジョンソンに向き直った。「私の言いたいことは、もしあなたがKKRにも気があるなら仲間にはなれないということだ。その点は断言しておく」。「オール・オア・ナッシングだ」とフォーストマン。クラビスと組むことをちらりとでも考える者とパートナーになるつもりはない。

ジェフ・ボイジがその先を引き継いだ。「皆さんの口から聞かせてもらいたい。これから話を進めるつもりなら、二度とああいう連中とは取引をしないということを……」。ボイジは数回同じことを言って、中身を一同の胸に浸透させた。

ボイジがジョンソンを見やった。ジョンソンは前かがみに座り、テーブル上わずか一〇数センチのところで右手で頭を抱え疲れ果てた様子だった。時おりコップの透明な液体を口に含む。スティーブ・フレイディンはジョンソンの言葉がもつれ気味なのを見て、グラスの中身は水なのか、はたまたウォッカなのかと疑った。

「ロス」。ボイジが続けた。「テディはあなたがもうクラビスは卒業したという点を確認したいのだ。テディの目をまっすぐ見て、腹は固めたと言ってほしい。もう第三者とは取引しないと言ってほしい。でなければ、我々はただちに席を立つことになる」

フォーストマンが口を挟んだ。「もう終わったのか？　まだ終わっていないなら、こちらのほうを終わりにしなければならない」

ようやくジョンソンが口を開いた。「あの連中とはもう取引の余地はない。一応の話し合いが必要だったのだ。話し合いをしてみる必要があった。だが、もう終わった。我々にはあなたの助けがいる。あなた方と組みたい」

さらに話し合いが進み、戦略や戦術、敵対的なヘンリー・クラビスの上手な扱い方について議論が続いた。誰かがふと、もう朝の四時だと言った。皆さん、明日も山のように仕事があるんじゃないですか?　一同は立ち上がり、握手をしてエレベーターに向かった。その途中フォーストマンは、自分を三時間以上も待たせておきながら、誰もひと言も詫びを言わなかったことを考えずにはいられなかった。

フォーストマン・グループがオフィスの外に出ると、朝の冷たい風が顔に強く吹き付けた。四人の男たちはしばし黙然と突っ立っていた。それぞれ物思いに沈んでいる。

ボイジが沈黙を破った。「本当にあんな連中と組むつもりですか」とフォーストマンに尋ねた。

「ジェフ」とフォーストマン。「何と言っても経営陣が仲間なんだ。それが肝心なことだ。少なくとも努力してみる必要がある。反対かね」

「アドバイザー的に言えば――現にアドバイザーですが」とボイジ。「私はこう思う。あなたは不愉快な思いをしたと、連中に言うべきだ。これは本気だ。ああいう扱いでは不満だと、連中に言って聞かせる必要がある」

ボイジの立場ははっきりしていた。ピーター・コーエンなどとかかわり合いたくないのである。ボイジにはボイジのシナリオがあった。P&Gをはじめとして、ゴールドマンの最高の客筋のいくつかが、ディールに一枚かむことを望んでいたのだ。「テディ、あなたに別の道は考えられないだろうか」。ボイジが疑問を投げかけた。「我々と協力してはどうだろう?」。ゴールドマン・サックスと組めというのだ。

「ジェフ」とフォーストマン。「私には選ぶ道が三つある。あの連中と組むこともできる。君たちと組むこともできる。十分考えられることだ。もう一つ、何もしないこともできる」

フレイディンが笑い声を立てた。ウォール街の自由奔放な空気の中で、何もしないという考えは、テッド・フォーストマンにして初めて言えるように思われた。

「ジェフ、こいつは本気で言っているんだ」とフォーストマン。「何もしないということだが、その意味は、そこに何もなければ私は何もやらないということだ」

「そいつはコーエンに言うべきだと思う」とボイジ。

「それはアドバイザーが言うことさ」とフォーストマン。「私はあのコーエンという男とはできることなら口も利きたくない」

〔下巻へ続く〕

■著者紹介

ブライアン・バロー（Bryan Burrough）

ウォール・ストリート・ジャーナルほか米国各紙の記者を経験後、作家として活躍。本書以外にも『パブリック・エネミーズ（Public Enemies）』（2004年）、『ビッグ・リッチ（The Big Rich）』（2009年）、『デイズ・オブ・レイジ（Days of Rage）』（2015年）などの著書がある。

ジョン・ヘルヤー（John Helyar）

ウォール・ストリート・ジャーナル・アトランタ支局次長、『サウスポイント』主席編集部員などを歴任。ウォール・ストリート・ジャーナル時代のRIRナビスコ買収に関する取材活動によって、ブライアン・バローとともにジェラルド・ローブ賞を贈られた。

■訳者紹介

鈴田敦之（すずた・あつゆき）

毎日新聞社経済部副部長、ラジオ・テレビ報道部長、電波本部長等を歴任後、評論家となる。著書に『図説 銀行はどうなる！』（ダイヤモンド社）、『最新版 この一冊で「経済」がわかる！』（三笠書房）、訳書に『金融革命の衝撃』、『シアーズの革命』（ダイヤモンド社）など。

2017年11月3日　初版第1刷発行

ウィザードブックシリーズ255

〔新版〕野蛮な来訪者（上）
――ＲＪＲナビスコの陥落

著　者　ブライアン・バロー、ジョン・ヘルヤー
訳　者　鈴田敦之
発行者　後藤康徳
発行所　パンローリング株式会社
〒160-0023　東京都新宿区西新宿7-9-18　6階
TEL 03-5386-7391　FAX 03-5386-7393
http://www.panrolling.com/
E-mail　info@panrolling.com
装　丁　パンローリング装丁室
組　版　パンローリング制作室
印刷・製本　株式会社シナノ

ISBN978-4-7759-7223-6